深化经济体制改革研究丛书

主编：张卓元　吴敬琏　厉以宁

论市场在资源配置中的决定性作用

郑红亮 等◇著

SPM
南方出版传媒
广东经济出版社
— 广州 —

图书在版编目（CIP）数据

论市场在资源配置中的决定性作用/郑红亮等著．—广州：广东经济出版社，2015.10（2016.10重印）
（深化经济体制改革研究丛书）
ISBN 978-7-5454-3970-0

Ⅰ.①论… Ⅱ.①郑… Ⅲ.①市场-作用-资源配置-研究-中国 Ⅳ.①F723.6

中国版本图书馆CIP数据核字（2015）第075410号

出 版 人：姚丹林
责任编辑：温键键
责任技编：许伟斌
封面设计：彩奇风

出版发行	广东经济出版社（广州市环市东路水荫路11号11~12楼）
经销	全国新华书店
印刷	佛山市浩文彩色印刷有限公司（南海狮山科技工业园A区兴旺路）
开本	787毫米×1092毫米 1/16
印张	17.5
字数	343 000字
版次	2015年10月第1版
印次	2016年10月第2次
印数	2 001~5 000册
书号	ISBN 978-7-5454-3970-0
定价	40.00元

如发现印装质量问题，影响阅读，请与承印厂联系调换。
发行部地址：广州市环市东路水荫路11号11楼
电话：（020）38306055 37601950 邮政编码：510075
邮购地址：广州市环市东路水荫路11号11楼
电话：（020）37601950 营销网址：**http://www.gebook.com**
广东经济出版社新浪官方微博：**http://e.weibo.com/gebook**
广东经济出版社常年法律顾问：何剑桥律师

从农村改革起步到以经济体制改革为重点的全面深化改革

（代序言）

张卓元

中国从1978年开始实行改革开放，采取的是渐进式改革，摸着石头过河，从农村改革起步，到2012年党的十八大后发展为以经济体制改革为重点的全面深化改革，30多年来，一直为中国经济起飞和经济社会科学发展不断提供强大动力。

一、全面深化改革是30多年渐进式改革逻辑发展必然结果

渐进式改革的显著特点是先着重推进经济改革，以振兴经济，为改变国家贫穷落后面貌并逐步迈向工业化和现代化提供坚实的物质基础。采取渐进式改革，不搞快速转轨、一步到位，可以减轻社会震荡，在保持社会稳定前提下调整经济关系和上层建筑一些环节，以适应社会生产力的发展，稳步前进。改革为什么从农村起步？就是因为20世纪70年代末中国物资供应特别是农产品供应紧张，主要农产品凭票供应，上亿农民吃饱穿暖的问题还没有很好解决，农民要求改变“一大二公”传统体制的要求特别迫切。农村实行家庭联产承包责任制以及接着逐步放开农产品价格后，农民开始有了生产经营的自主权，大大解放了社会生产力，农业生产迅速增长。1978—1985年，农林牧渔业总产值年平均增长率达7.1%，大大高于一般年均2%～3%的增速。

市场取向改革的初步成果增强了广大干部和群众改革的信心和期望，增强了商品意识和等价交换的意识。1984年，党的十二届三中全会作出了《关于经济体制改革的决定》，确认社会主义经济是公有制基础上的有计划的商品经济，提出进一步贯彻执行对内搞活经济对外实行开放的方针，加快以城市为重点的整个经济体制改革的步伐，还提出，全面开展经济体制改革的中心环节是增强企业活力。从此，中国进入以城市为重点的全面开展经济体制改革的阶段。需要指出的

是，中国在体制内对公有制经济特别是国有经济进行改革、引入市场机制的同时，在体制外允许和鼓励个体私营等非公有制经济发展，并逐渐成为中国经济迅速崛起的一个重要生力军。这是公认的中国渐进式经济体制改革的一个成功案例。

市场取向改革的推进和随之而来的经济的快速增长和市场的日趋繁荣，使市场化改革日益深入人心。1992 年，在邓小平关于“计划不等于社会主义、市场不等于资本主义、计划和市场都是经济手段”的思想指引下，党的十四大确立了社会主义市场经济体制的改革目标。从此中国开创了在一个大国把社会主义和市场经济相结合的伟大征程。中国经济迅速起飞，社会各项事业全面发展。到 20 世纪末中国已初步建立起社会主义市场经济体制，开始实现了从计划经济体制向社会主义市场经济体制的转型。

2001 年年底，中国加入世贸组织，对外开放进入了崭新的阶段，中国经济加快融入全球化的进程。加入世贸组织扩大对外开放，不仅大大促进了外向型经济发展，目前我国已成为世界第一外贸大国，而且有力地推动了市场化改革的深化，促进我国各项经济活动必须遵循市场经济一般规则行事。

进入新世纪后，随着社会主义市场经济体制的逐步完善和经济的持续高速增长，除经济体制改革外，政治、文化、社会、生态文明体制的改革也日显重要和迫切。2012 年，党的十八大顺势提出全面深化改革的任务，2013 年党的十八届三中全会进一步提出全面推进经济、政治、文化、社会和生态文明体制五位一体的改革任务。这标志着中国的改革开放进入了一个崭新的阶段。首先，改革的目标更高更全面。过去主要提经济体制改革目标即建立和完善社会主义市场经济体制，政治、文化、社会等体制改革主要围绕建立和完善社会主义市场经济体制而展开，而十八届三中全会决定确定全面深化改革的总目标是完善和发展中国特色社会主义制度，推进国家治理体系和治理能力现代化。其次，全面深化改革是经济、政治、文化、社会和生态文明体制五位一体的改革，虽然经济体制改革是全面深化改革的重点，但现在毕竟是要全面推进五位一体的改革。再次，提出全面深化改革是经济体制改革深化逻辑的必然结果。实际上中国的经济体制改革从一开始就不是单兵突进的，在经济体制改革过程中，为配合和适应经济体制改革，一直在逐步推进政治、文化、社会和生态文明体制改革并取得明显成效。每次党代表大会的报告除了着重论述经济体制改革外，都会分别论述政治、文化、社会等方面的改革。1997 年党的十五大报告提出了依法治国的方略。2004 年党的十六届四中全会通过了《关于加强党的执政能力建设的决定》。2005 年党的十六届五中全会建议提出了加快行政管理体制改革，是全面深化改革和提高对外开放水平的关键。2011 年，党的十七届六中全会通过了《中共中央关于深化文化体制改革推动社会主义文化大发展大繁荣若干重大问题的决定》。2007 年，党的十七

大报告第一次把加快推进以改善民生为重点的社会建设独立为一个大部分，同经济、政治、文化建设并列。而党的十八大报告又进一步把大力推进生态文明建设独立设一部分，形成“五位一体”总体布局。

二、发展要求改革，改革推动发展

改革的目的是为了解放和发展社会生产力，促进经济增长和社会进步，提高人民的生活水平与质量。一方面，改革是在经济社会碰到严重困难或者受到严重瓶颈制约时人们寻找出路的重要抉择，比如20世纪70年代后期由于“文革”使我国国民经济濒临崩溃，改革成为中国经济社会摆脱困境的关键抉择。又如前三四年，由于经过改革开放30多年经济社会的飞速发展，积累了不少矛盾和问题，加上由于2008年国际金融危机的影响，经济社会的可持续发展受到严重挑战，为了更好地到2020年全面建成小康社会，跳出“中等收入陷阱”顺利进入高收入国家行列并走向现代化，2012年党的十八大提出了全面深化改革的任务，以便继续释放改革红利，找到新的经济社会发展的动力源泉。另一方面，改革由于能够扫除妨碍经济社会发展的体制弊端，从而能有力地推动经济社会发展。中国改革开放后经济的飞速增长充分说明了这一点。1978—2014年，中国GDP年均增长近10%，即使是在国际金融危机后的2012年、2013年、2014年，GDP的增速也达7%以上。由于经济的长期高速增长，2010年起，中国已超越日本成为世界第二大经济体。2014年，中国人均GDP已达7000美元以上，稳步进入中上等收入国家行列。中国经济崛起，从贫穷落后的弱国一跃成为在全世界各方面有重要影响的大国，让全世界人民都赞叹不已，被称为“中国的奇迹”。

三、扎实推进全面深化改革，促进中国经济顺利进入新常态

目前，中国经济正在进入新常态。何谓新常态？按照习近平总书记2014年11月9日在亚太经合组织工商领导人峰会演讲时说的，“中国经济呈现出新常态，有几个主要特点。一是从高速增长转为中高速增长。二是经济结构不断优化升级，第三产业、消费需求逐步成为主体，城乡区域差距逐步缩小，居民收入占比上升，发展成果惠及更广大民众。三是从要素驱动、投资驱动转向创新驱动。新常态将给中国带来新的发展机遇。”可见，中国经济进入新常态意味着经济活动向着重追求质量和效益转型。而要做到这一点，需要有几年的努力。在这过程中，必须不断深化经济体制改革和其他方面改革，为经济转型提供不竭的动力。在这个意义上，可以说，中国经济能否顺利进入新常态，实现持续健康发展，主

要取决于我们能否顺利推进已经进入深水区的经济改革和其他改革。因此，从多方面多角度研究经济体制改革问题，提出中肯的可行的改革建议，对于中国经济进入新常态、全面建成小康社会以及进一步基本实现现代化，具有重要意义。

全面深化改革是改革的攻坚战，不仅要统一思想，使大家充分认识到重新启动各方面改革的重要性、紧迫性；要有好的顶层设计，十八届三中全会60条改革项目、336个改革举措就是一个很好的顶层设计；而且要克服既得利益群体的阻挠和干扰，形成既得利益群体是渐进式改革不可避免的结果。为了更好地冲破思想观念的束缚、突破利益固化的藩篱，中央全面深化改革领导小组强有力的领导和推动是非常重要和必不可少的。全面深化改革不仅要以经济体制改革为重点，还要选择好着力点和突破口，我认为，目前，应着力推进政府改革或政府职能转变改革，因为要使市场在资源配置中起决定性作用和更好地发挥政府作用，首先要解决政府对社会经济活动干预过多和监管不到位问题，深化国企改革、财税改革、金融改革、收入分配改革、教育改革等等，也有待于政府改革的深化和到位。

中国现阶段仍然处于工业化、信息化、新型城镇化和农业现代化相互促进时期，发展潜力巨大。我们坚信，在全面深化改革推动下，中国将越来越在创新驱动下不断提高经济活动的质量和效益，使今后十年八年保持7%左右的中高速增长；与此同时，中国特色社会主义的各项制度逐步成熟和定型，人民群众将更好地、更切实地享受到经济社会发展的成果！

2015年3月

目　录

第一章 导论：市场机制完善与资源优化配置

中共十八届三中全会通过的《关于全面深化改革若干重大问题的决定》（以下简称《决定》），提出了“市场在资源配置中起决定性作用”的新命题，是对传统理论的重大突破，必将对我国今后全面深化经济体制改革产生重大影响，也将对我国经济学理论的创新和发展提供重要的契机。正如《决定》所指出的，我们要“紧紧围绕使市场在资源配置中起决定性作用深化经济体制改革，坚持和完善基本经济制度，加快完善现代市场体系、宏观调控体系、开放型经济体系，加快转变经济发展方式，加快建设创新型国家，推动经济更有效率、更加公平、更可持续发展”。而在实践层面，这些改革措施的出台和实施是一个难得的天然试验场，无疑能为经济学的研究提供丰富的土壤。当然，经济学本质上是一门“经世济民”之学，其自身的发展和突破也离不开对重大现实经济问题的正确解读和理解，正所谓“实践是检验真理的唯一标准”，经济学作为一门社会科学，也必须不断接受实践的检验，这种检验的一个重要方法就是为我国的改革开放现实服好务。因此，我国经济学界当前面临的一项重要任务就是，贯彻和落实《决定》精神，为全面深化经济体制改革献计献策。本章就试图在理论和实践相结合的层面上，对“市场在资源配置中起决定性作用”这个命题作一些分析。而本书的其他各章，也将围绕《决定》所作的上述论述，先后展开阐述。

一、市场配置资源的一般理论：商品经济发展和演化的视角

市场对资源的配置作用是通过市场特有的机制，即市场机制来实现的。何谓市场机制，其在资源配置中的一般作用如何？本节拟从马克思主义政治经济学基本理论的层面，从商品经济的产生、发展和演化的视角，展开一些分析和讨论。

1.“看不见的手”和市场机制的资源配置作用

所谓市场机制，按照《现代经济辞典》给出的定义是：“以市场为基本联结

方式，即在商品等价交换关系的基础上，各种经济活动之间内在的相互作用，或各种经济行为发生与形成的内在过程。”（刘树成，2004，第935页）用比较形象但又不失学术性的语言来表述的话，就是一只“看不见的手”在不以人的意志为转移地发生作用。

“看不见的手”的提法源自英国古典经济学家亚当·斯密。他在1759年出版的《道德情操论》一书中，具体是这样说的：“尽管富人的天性是自私和贪婪的，但是他们的消费量毕竟要比穷人少，况且为了维持生产的继续运转，富人也不得不将其所获得的利益与他雇来的穷人分享。这样就有一只看不见的手会引导富人对生活必需品进行分配，从而不知不觉地促进了社会整体利益的增加，并为不断增多的人口提供生活资料。”（亚当·斯密，2008，中译本，第71页）而在1776年出版的名著《国民财富的性质和原因的研究》（或简称《国富论》）中又进一步指出：“由于每个个人都努力把他的资本尽可能用来支持国内产业，都努力管理国内产业，使其生产物的价值能达到最高程度，他就必然竭力使社会的年收入尽量增大起来。确实，他通常既不打算促进公共的利益，也不知道他自己是在什么程度上促进那种利益。由于宁愿投资支持国内产业而不支持国外产业，他只是盘算他自己的安全；由于他管理产业的方式目的在于使其生产物的价值能达到最大程度，他所盘算的也只是他自己的利益。在这场合，像在其他许多场合一样，他受着一只看不见的手的指导，去尽力达到一个并非他本意想要达到的目的。”（亚当·斯密，1972，中译本，第27页）

由此可以看到，市场机制作为一只“看不见的手”，通过对生产过程以及与之相对应的流通和分配过程的调节作用，实现了资源的有效配置。正如后来马克思在《资本论》中所描述的：“生产这些产品的社会必要劳动时间作为起调节作用的自然规律强制地为自己开辟道路，就像房屋倒在人的头上时重力定律强制地为自己开辟道路一样。”（马克思，1975a，中译本，第92页）

市场机制作为价值规律发生作用的一种表现形式，是一个有机的整体，其构成要素有价格机制、供求机制和竞争机制等。这些机制各司其职、各有侧重，但又是紧密相连的。比如，随着劳动生产率的提高和社会必要劳动时间的变化，市场上各种商品的价格就会发生相应的变动，这种变动又会引起商品供求关系的变化，而后者的变化又会引发生产者之间的竞争。这个过程可以说是在循环往复地不断进行着，从而持续推动着社会经济的运行和资源的配置。

当然，市场机制的作用程度和完善程度，在不同的社会发展阶段上也是很不一样的。并且，市场机制作用的发生与商品生产以及其所进行的交换市场的发育是密不可分的。在没有商品交换的自给自足的自然经济时代，市场机制没有发生作用的土壤。而商品经济的发展又经历了简单商品经济和发达商品经济两个阶段。

2. 简单商品经济和价值规律的作用

简单商品经济又叫“小商品经济”，它以生产资料私人所有制和个体劳动为基础，是商品经济发展的一个历史阶段或初期的阶段。

在简单商品经济时期，有了分工和交换，市场机制才开始发生作用，尽管其作用还很不充分。也就是说，简单商品经济的产生和存在是存在一定条件的，这就是：①社会分工，各个生产者生产各种不同的产品，由此产生了相互交换的需要；②生产资料私有制，使得不同生产者生产的各种不同的产品分属于各自的生产者，别人不能无偿地取得，而必须通过等价交换的方式来互通有无。

在这个时期，市场机制这只“看不见的手”，也就是政治经济学中所说的价值规律的作用，是通过商品价格围绕商品价值上下波动来实现的，而商品价值则由社会必要劳动时间来决定。所谓社会必要劳动时间，马克思在《资本论》中做了如下精辟概括：“社会必要劳动时间是在现有的社会正常的生产条件下，在社会平均的劳动熟练程度和劳动强度下制造某种使用价值所需要的劳动时间。”（马克思，1975a，中译本，第 52 页）也就是说，进行商品交换的时候，不是说你生产一个商品花了多少时间就能形成多少价值，你那个时间还只是你个人的个别劳动；如果你花的时间超过了社会必要劳动时间，那你多花的部分就“打了水漂”，是无用劳动；相反，如果你花的时间低于社会必要劳动时间，那你就能得到额外的激励，差额部分就是你能多得到的超额收益。当然，这里说的几个方面，都是以你生产的商品是为社会所需要为前提条件的；如果你生产的商品并不为社会所需要，则你所花的劳动，不管是多是少，就都形不成真正的价值。由此可以看到，市场机制这只“看不见的手”，或者说价值规律，在不以人的意志为转移地对社会生产起着资源分配的积极作用，这种作用具体地说有以下几个方面：①

第一，调节着劳动力以及生产资料等要素在社会各部门的分配，使商品的供给和需求之间保持着大致的平衡。具体的作用机制是：当某个领域的某个商品供不应求时，其价格就会上涨，生产者从自身利益出发自然就会去扩大生产；当某个商品供过于求时，价格就会下跌，生产者同样会从自身利益出发去缩减生产。这样，市场机制就像是“无形的手”，在指挥着劳动力和生产资料等资源要素的流动方向：当某种商品供过于求时，价值规律这只“看不见的手”就会指挥劳动力和生产资料等资源要素从生产这种商品的部门流出；相反，当某个商品供不应求时，则指挥着这些资源要素流入到生产这种商品的部门。因此，市场机制客

① 参见《马克思主义政治经济学概论》编写组，2011：《马克思主义政治经济学概论》，人民出版社和高等教育出版社 2011 年版。

观上起着调节器的作用，调节着资源的分配和供给的平衡。

第二，通过市场竞争机制优胜劣汰，刺激生产者改进技术和提高劳动生产率。在一个生产部门中的各个商品生产者，由于其使用的生产工具、劳动对象等客观条件的不同，以及生产者自身的劳动技能、劳动熟练程度等主观条件的差异，生产同样使用价值的商品所花费的劳动量可能是不同的。但是，商品的价值不由个别劳动时间决定，而是由社会必要劳动时间决定。因此，生产商品时使用的个别劳动时间少于社会必要劳动时间的生产者，就能够获得较多的收益；相反，使用的个别劳动时间多于社会必要劳动时间的生产者，则不仅收益减少，甚至会出现亏损，严重时会导致破产。商品生产者为了得到比较多的收益，使自身能在竞争中立得住脚，就会千方百计想办法提高劳动生产率，包括采用新的生产工具，改进生产的方法，通过学习培训提高劳动熟练程度等等，以便尽可能地降低生产商品时耗费的个别劳动时间。商品经济中的生产者就是这样在价值规律的作用下，在市场优胜劣汰竞争法则的刺激下，不断努力去工作，从而推动整个社会的生产力的发展的。可见，商品经济和市场机制的出现，相比于自然经济来说，是一个历史性的进步，有利于社会资源的更好配置和社会成员福利的改进。

第三，商品生产者在竞争中两极分化，使简单商品经济逐步演变为资本主义商品经济。价值规律和市场价值法则的作用，即社会必要劳动时间决定商品价值的作用，其结果是使主、客观生产条件很不相同的商品生产者，在激烈的竞争中产生贫富差异的两极分化。因为虽然各位商品生产者都想通过改进生产条件或扩大生产规模来使自身在竞争中处于有利的地位，但是受限于主客观条件，有的人并没有能力添置新的技术设备，无法使自己的生产条件紧跟上有能力者的步伐，在竞争中的处境会越来越难，最终可能维持不下去而不得不走向破产。而那些技术设备比较好、生产条件比较优越的生产者，他们得到的收益也会比较多，可以进一步扩大生产规模，变得越来越富有。简单商品经济中商品生产者竞争产生的这种两极分化，在一定的历史条件下，就会导致资本主义生产关系的萌芽和产生：一方面，很多破产的小商品生产者失去了原来作为独立生产者的地位，除了自己的劳动力外，已经没有任何生产资料，用马克思的话来说就是“除了自身以外一无所有”，只好通过出卖劳动力来谋生；另外一方面，那些条件比较好的生产者，在竞争中积累了一定的财富，有条件增加帮工或学徒，以扩大生产的规模，扩大到一定的程度以后，自己就逐步脱离生产劳动，从而转变为靠剥削雇佣劳动者为生的企业主或资本家。这就是资本主义生产关系从简单商品经济中萌芽和产生的条件和过程，虽然这个过程很漫长并充满着残酷性，但从历史发展的高度来看，资本主义商品经济的产生和发展，又是一个巨大的社会进步，它使价值规律发生作用的形态有了新的变化，市场配置资源的机制又有了新的巨大的发展。

3. 资本主义商品经济中价值规律作用形式的变化

在封建社会的后期阶段，资本主义形态的商品经济就随着简单商品经济的发展而萌芽了。其后，经过不同形式的资本原始积累，又得到了进一步的发展。尤其是后来首先在英国发生的产业革命，以机器大工业为特征的生产方式的变革，最终使资本主义商品经济成为了占统治地位的社会生产形式。

与简单商品经济形式相比，资本主义商品经济的发展获得了更大的动力源泉。简单商品经济中小商品生产者的基本行为是，生产商品，通过交换卖出商品得到货币，再用货币买回自己需要的商品，最终目的是取得自己需要的使用价值，用公式表示就是“商品—货币—商品”（W—G—W）的循环。在这里，生产者生产的最终目的还是为了获得使用价值，而使用价值的满足是有一定限度的，到了这个限度就不再需要，这无疑降低了生产者的生产积极性。与此不同，在资本主义商品经济中，作为资本家的商品生产者，首先用货币资本去投资购买设备和劳动力，生产出包含剩余价值的商品以后，通过出售商品取得了货币，其最终目的不再是使用价值，而是价值本身，其基本循环公式是：“货币—商品—货币”（G—W′—G′）。在这里，经过生产过程的商品是已经包含了剩余价值的，经过在市场出售最终实现为货币形态的价值和剩余价值。资本家追求的不再是具体的商品的使用价值，而是作为一般等价物的货币本身，并且要求不断地增殖，它是一个无止境的过程，可能永远都不会满足。从这个意义上说，资本主义由此就获得了不断生产的源源不断的动力。正如马克思、恩格斯1848年写的《共产党宣言》第一章所写到的：“资产阶级在它的不到一百年的阶级统治中所创造的生产力，比过去一切世代创造的全部生产力还要多，还要大。自然力的征服，机器的采用，化学在工业和农业中的应用，轮船的行驶，铁路的通行，电报的使用，整个大陆的开垦，河川的通航，仿佛用法术从地下呼唤出来的大量人口，——过去哪一个世纪料想到在社会劳动里蕴藏有这样的生产力呢？”

自然，作为商品经济形态，价值规律在其中同样起着不以人的意志为转移的调节作用，并且其作用强度明显要强于简单商品经济中的状态，因为资本家无止境地追求价值增值的结果是竞争更为激烈，动力更为持久，价格波动幅度也可能更大。正因为如此，与资本主义机器大工业的产生相对应的资本主义商品经济，也被称作是自由竞争的资本主义商品经济。

在自由竞争的资本主义商品经济中，价值规律的作用形态也发生了明显的变化，即价格不再是围绕价值上下波动，而是围绕着生产价格上下波动。何为生产价格呢？马克思说：“求出不同生产部门的不同利润率的平均数，把这个平均数加到不同生产部门的成本价格上，由此形成的价格，就是生产价格。”（马克思，1975b，中译本，第176页）通俗地讲，商品的生产价格就是生产成本加平均利润，即部门平均生产成本和社会平均利润构成的价格。生产价格是价值的转化形式，是价值规律作用形式的变化，而非对价值规律的否定，因为社会商品的生产价格总额仍然等于商品价值总额。

生产价格作为价值规律新的作用形式，其基本的机理是：在资本家的眼里，作为生产要素投入的商品并非一般的商品，而是资本品，等量的资本品投入就要求得到等量的利润回报；如果投入到某个部门的资本品没有能够获得社会平均水平的利润，他就会想办法把资本转移到利润高的部门，这样自由竞争的长期结果就形成了平均利润，平均利润和生产价格也就由此产生。当然，即使在这个时期，生产价格也仍然没有脱离开商品价值。马克思说：“价值规律支配着价格的运动，生产上所需要的劳动时间的减少或增加，会使生产价格降低或提高。”（马克思，1975b，中译本，第200页）可见，价值规律不仅调节着商品价值，同时也调节着生产价格。从这个意义上也可以看出，价值规律作为商品经济的资源配置方式，本质上没有发生改变，改变的只是其外在的作用形式。

4. 社会主义商品经济中价值规律的作用形态变化

价值规律是商品经济的基本规律，因此它在社会主义商品经济中也必然发生不以人的主观意志为转移的客观作用，这些基本的客观作用的原理与简单商品经济时期和资本主义商品经济时期可以说是相似的，有其共性。在认识其共性的基础上，我们这里重点分析其作用形态可能会发生的一些变化。尤其是在我国这样的社会主义初级阶段，商品经济还不够发达，因而价值规律的作用形式可能会不同于后来商品经济比较发达的时期。本节讨论价值规律的作用，主要也是着眼于这个社会主义初级阶段的大背景来展开的。

首先，社会主义商品经济建立在公有制基础之上，公有企业，尤其是国有企业之间的竞争形式会发生一些变化。按照马克思关于商品经济存在的两个条件即社会分工和商品属于不同的所有者，以斯大林时期苏联模式为蓝本建立的传统政治经济学理论认为，全民所有制或国有制企业属于同一个所有者，因此它们之间的交换关系属于产品交换而不是商品交换，只有与集体所有制企业或集体所有制企业之间的交换才是商品交换。这样，在社会主义经济中，商品经济就只能是一个局部的存在，价值规律的作用空间事实上收到了极大的限制。在这种理论语境下，社会主义经济就不被称为商品经济，而只能说是存在商品生产和商品交换的经济。但是，后来的经济实践和理论研究表明，这种认识是十分片面的，不仅给社会主义经济实践带来了极大的损害，而且也形成了关于社会主义经济运行的新的理论教条，禁锢着人们的思想。事实上，不仅集体企业之间的交换是商品交换关系，即使是国有企业之间的交换也是商品交换，因为它们之间是存在利益差别的不同交换主体；只有承认其利益差别，并通过商品交换实现这种利益关系，才

能充分发挥其生产和经营的积极性，从而推动整个社会主义经济的良性发展。当然，也确实因为国有企业属于全面或者国家所有，国家与企业之间存在着科尔奈说的“父爱关系”而产生的“软预算约束关系”，使得国有企业之间的商品交换关系因为政府部门的干预或无偿调拨而打了一定的折扣。而这也正是传统计划经济体制向商品经济、市场经济体制转型过程中需要继续重点改革的一个大问题。

第二，价值规律在不完善、不平等的市场竞争环境中，其作用可能会不充分或发生扭曲。从生产力方面看，我国的社会主义经济是在不发达的商品经济基础上建立的，这意味着市场竞争的环境可能不够完善；从生产关系的角度看，我国一开始实行的是排斥商品经济的计划经济体制，因而在计划经济的改革过程中，市场竞争的环境可能并不平等或者被扭曲。这两个方面的因素决定了，价值规律在社会主义初级阶段发生作用也会发生一些变化。比如在改革开放之前，我国由于不承认商品经济的存在，企业生产的产品，其价格绝大部分都是由国家计划定价的，结果是计划价格长期低于市场价格，造成了整个社会物质产品的短缺，印证了所谓社会主义经济是“短缺经济”的说法。改革开放政策逐步改变了这个被动的局面，但其过程也是充满了曲折。在20世纪80年代中期，我们通过“渐进式改革”逐步形成了颇具中国特色的“价格双轨制”体系，包括大部分的消费品和一部分生产资料产品，都出现了国家计划定价价格和市场自由调节价格并存的局面，即企业生产的国家计划内产品实行的是计划价格，而超出计划多生产的产品则执行市场价格。这种双轨制价格有利的方面是打破了原来计划经济一统天下、产品全部由国家计划定价的僵化局面，增加了市场机制的作用空间，激发了企业的生产积极性，为打破“短缺经济”创造了条件，也为进一步放开价格的改革提供了现实可能性。其不利的方面在于，由于存在着计划价格低于市场价格的谋利空间，也为一些有特殊背景的所谓的“官倒”提供了机会，产生了腐败现象，扭曲了资源配置，引起了民众的不满。随着价格改革的进一步推进，这种双轨制现象逐步消失，几乎全部的消费品和大部分的生产资料的价格全部由市场来定价，市场机制的作用进一步加强。

第三，在社会主义商品经济条件下，价值规律这只无形的手是在社会主义国家计划调节和宏观调控这只有形的手的引导下发挥作用的，因此市场机制的作用空间可能会受到一定的限制。现实中的社会主义商品经济，如前所述，是在以下两个基础性的条件下产生和发展的：一是不够发达的生产力水平。这一点与社会主义制度首先在不发达国家取得成功这个现实是直接相关的，它决定了社会主义的商品经济只能在不发达的生产力基础上开始发展，因而这样的商品经济一开始可能与简单商品经济有些类似。当然，随着社会主义国家工业化的快速推进，这个局面也在比较快地改变着，简单商品经济形式的生产和交换被大规模形式的生产和交换所取代，生产力水平有较快的提高，但与发达资本主义国家仍然有很大的差距。这是我们分析社会主义商品经济条件下价值规律作用时需要关注的重要条件。二是在生产关系或制度的层面，我们是从排斥商品经济的计划经济体制逐步过渡到重视商品生产和交换的有计划商品经济体制。在这个过渡阶段，价值规律发生作用的土壤是逐步丰润起来的，市场机制的作用空间也是逐步拓展开来的。与此相对应，社会主义国家的计划调节和宏观调控也在发挥着重要的作用。从历史的进程来看，在这样一种所谓的“计划经济为主，市场调节为辅”或后来的“国家引导市场，市场调节企业”的思想和体制的指导下，社会主义商品经济中价值规律或市场机制的作用显然是受到了很大的限制的，我国 20 世纪 80 年代的现实就是这种状态的一个真实写照。

5. 现代市场经济的特点与社会主义市场经济中市场机制作用的加强

现代市场经济是在资本主义商品经济基础上发展起来的，是一种高度发达的商品经济。社会主义市场经济也是在社会主义商品经济的基础上发展起来的，是现代市场经济的一种形态。在我国比较早提出“社会主义市场经济是‘现代的市场经济’”，并指出其特点的是老一辈经济学家于光远，他在《要的是现代的市场经济》一文中讲到：只要我们看一看现代市场经济中，市场组织得如此严密，如此规范，加上电子计算机、现代电讯工具、现代编辑印刷工具的广泛使用，工作效率有了惊人的提高，我们就可以看出现代市场经济的特点。（于光远，1992）

一般认为，为应对 20 世纪末发生的世界经济大危机，发达资本主义国家普遍采用了凯恩斯主义的国家干预政策，从而使早期古典的或自由竞争的市场经济发展成为了现代市场经济或成熟的市场经济，国家这只有形的手和市场这只无形的手同时都在起着作用。而具体的形式又有以美国、英国为代表的盎格鲁－撒克逊模式，也有德国为代表的社会市场经济模式。但是不管什么模式，其都有一些共同的特征。

我国有专家将现代市场经济的特点概括为如下五个方面：①独立的企业制度，它包括三层含义：一是企业拥有明确和独立的产权并受到法律的有效保护；二是企业有充分的决策权，能根据市场信息的变化自主决策；三是企业对自己的决策和行为负民事责任。②有效的市场竞争，具体体现在一是竞争必须公平，二是竞争必须相对充分，三是竞争必须有序。③规范的政府职能，包括政府的职能通过法律得到明确和恰当的界定，民主和透明的政府决策程序，政府权力要受到法律的有效约束，有效制止政府官员腐败。④良好的社会信用，包括社会经济中市场主体的诚实守信和政府的诚信等。⑤健全的法治基础，包括法的内容要符合基本的或公认的正义，法律面前人人平等，法律得到公正执行等。（张军扩等，2003）

也有学者认为现代市场经济的新特点体现在：①体制模式的二重性，即资本主义市场经济和社会主义市场经济共同构成其在外延上的主体内容，它们之间既有共性也有差异，因而是既有斗争又有合作；②运行模式的平行性，即与历史上的市场经济相比，现代市场经济的最大特点在于"看不见的手"和"看得见的手"这两手的互动性上，而不再仅仅受某一只手单独支配；③干预模式的全面性，即过去只把拉动需求的扩张性财政政策视为国家干预范畴，而不把加强供给管理以优化供给的财政政策看作是国家干预范畴，这就有失片面，供给管理现在也不再只是市场的事，不能再把两者对立起来。（胡培兆，2005）而有的学者则特别强调了现代市场经济的最突出方面加以讨论，认为现代市场经济中的生产要素市场已经高度发达，其中最为重要的是资本市场高度发达。（钱津，2011）

资本主义市场经济和社会主义市场经济作为现代市场经济的两种大的经济形态，除了其共性的一面外，由于其社会性质的差异，也必然存在着一些重要的差异，这是不能否认的。这种既有共性又有差异的特性，加上它们又同处于一个全球化的时代，同时存在于一个地球村，因而它们之间既合作又竞争就是必然的。这种合作与竞争主要在市场这个"战场"上展开。这两种不同体制形态的市场经济一旦走上同一个市场，就还原为同一的所谓"商品平等派"，合作也好，竞争也好，根本性的基础在于你的竞争力，买家可能只会问你提供的商品和服务是好还是差，而不问你是姓社还是姓资，公有还是私有（当然现实中个别的歧视还是有的，但总体上这一点可以成立）。这就正如马克思所说的，在市场上，"他们不承认任何别的权威，只承认竞争的权威。"（马克思，1975a，中译本，第394页）这正是市场机制的力量在发挥着自己的指挥作用。

在当今这样一个经济、金融日益全球化，不同市场经济体制之间既合作又斗争的新时代，我国的生产力发展虽然还没有发达国家先进，但也在不断追赶和缩小差距，我国的社会主义市场经济也是现代市场经济的一种形式，与现代发达资本主义国家的市场经济有许多方面相通的方面。正因为如此，我们才有可能不仅在生产力发展层面向西方发达国家学习，而且在市场经济体系建设方面也向它们借鉴经验，不断提高经济的开放水平。只有不断地提升我们自己的市场经济水平，才能在激烈的全球化竞争中立于不败之地。当然，这样做并不是照搬照抄，因为我们有自己的国情，我们搞的是社会主义版的现代市场经济，这是前无古人的伟大事业，自然会面临很多的困难和挑战。

早在20世纪90年代初期，于光远就具体描述了我国市场经济还很不成熟的一些表现：①为数众多的企业，特别是国有制企业未成为独立的商品生产者；②由市场供求决定的价格体系正在形成过程之中；③整个市场经济体系不够完整、不够健全，有些在市场经济中少不了的东西现在我国还没有或者基本没有；④市场经济的运行不够规范化，不够现代化；⑤工作人员对在市场经济条件下如何操作还不熟悉，不能做到很好地遵循市场的规则，从很好地发展市场经济的需要来看，干部和居民的素质，水平比较低；⑥市场经济中人与人的关系还没有调整好。总的说来，同它的发展目标——现代市场经济的要求相比，还有很大的一段距离。(参见李新家，1993)

1992 年 10 月党的十四大的召开，为在我国建设社会主义市场经济开启了一个新的时代。会议全面落实了邓小平同志南方重要谈话的精神，开创性地吸收了经济理论界有关社会主义商品经济或市场经济问题讨论的重要成果并指出："我们要建立的社会主义市场经济体制，就是要使市场在社会主义国家宏观调控下对资源配置起基础性作用，使经济活动遵循价值规律的要求，适应供求关系的变化；通过价格杠杆和竞争机制的功能，把资源配置到效益较好的环节中去，并给企业以压力和动力，实现优胜劣汰；运用市场对各种经济信号反应比较灵敏的优点，促进生产和需求的及时协调。同时也要看到市场有其自身的弱点和消极方面，必须加强和改善国家对经济的宏观调控。我们要大力发展全国的统一市场，进一步扩大市场的作用，并依据客观规律的要求，运用好经济政策、经济法规、计划指导和必要的行政管理，引导市场健康发展。"（江泽民，1992）

从十四大到十八大，有关中国社会主义市场经济理论又有了许多新的发展，尤其是十八届三中全会通过的《关于全面深化改革若干重大问题的决定》，提出了"使市场在资源配置中起决定性作用"的全新命题。《决定》明确指出："经济体制改革是全面深化改革的重点，核心问题是处理好政府和市场的关系，使市场在资源配置中起决定性作用和更好地发挥政府作用。市场决定资源配置是市场经济的一般规律，健全社会主义市场经济体制必须遵循这条规律，着力解决市场体系不完善、政府干预过多和监管不到位问题。"这些论述切中了我国市场经济建设过程中存在问题的要害，为今后通过改革把我国的社会主义市场经济建设成真正的现代市场经济，缩小和发达国家生产力的差距，实现"中国梦"提供了指南。

二、资源配置的另一种方式：计划经济的理论和历史的考察

作为商品经济中资源配置的基本方式的市场机制，在其发挥积极作用的同时，也存在其消极的一面，这就是其自发性和盲目性，历史上资本主义社会发生的若干经济危机就是其有力的证明。为此，一些经济学家提出了一种替代的方案，这就是用计划这只"看得见的手"来配置资源，以彻底消除市场这只"看不见的手"所带来的弊端。从实践的层面看，就是实行计划经济，通过计划来实现资源的优化配置。本节就拟从理论和历史的视角，对此两个方面作出分析和讨

论。这有利于我们从正反两个方面加深对资源配置方式——计划和市场关系以及各自优缺点的认识，从而避免走弯路和回头路，以更好地推动我国社会主义市场经济的现代化建设。

1. 马克思主义经典作家的有关论述

针对以私有制为基础的资本主义商品经济中存在的市场的自发性、盲目性所带来的问题，以及资本家剥削工人的非人道状态，马克思和恩格斯提出了自己对未来理想的共产主义社会的设想，在其中由于实行了生产资料的公有制，生产的产品也已经公有，不再存在生产者交换自己产品的必要性，因而商品经济也就消亡了，价值规律和市场机制也就失去了存在的土壤。比如，马克思在《哥达纲领批判》中就指出："在一个集体的、以生产资料公有为基础的社会中，生产者不交换自己的产品；用在产品上的劳动，在这里也不表现为这些产品的价值，不表现为这些产品所具有的某种物的属性，因为这时，同资本主义社会相反，个人的劳动不再经过迂回曲折的道路，而是直接作为总劳动的组成部分存在着。"（马克思，1995，中译本，第 303 页）

恩格斯在《反杜林论》中也明确地说："社会一旦占有生产资料并且以直接社会化的形式把它们应用于生产，每一个人的劳动，无论其特殊的有用性质是如何的不同，从一开始就直接成为社会劳动。那时，一个产品中所包含的社会劳动量，可以不必首先采用迂回的途径加以确定；日常的经验就直接显示出这个产品平均需要多少数量的社会劳动……诚然，就在这种情况下，社会也必须知道，每一种消费品的生产需要多少劳动。它必须按照生产资料来安排生产计划，这里特别是劳动力也要考虑在内。各种消费品的效用（它们被相互衡量并和制造它们所必需的劳动量相比较）最后决定这一计划。人们可以非常简单地处理这一切，而不需要著名的'价值'插手其间。"（恩格斯，1995a，中译本，第 660～661 页）

恩格斯还在《社会主义从空想到科学的发展》中指出："一旦社会占有了生产资料，商品生产就将被消除，而产品对生产者的统治也将随之消除。社会生产内部的无政府状态将为有计划的自觉的组织所代替。个体生存斗争停止了。于是，人在一定意义上才最终地脱离了动物界，从动物的生存条件进入真正人的生存条件。人们周围的、至今统治着人们的生活条件，现在受人们的支配和控制，人们第一次成为自然界的自觉的和真正的主人，因为他们已经成为自身的社会结合的主人了。人们自己的社会行动的规律，这些一直作为异己的、支配着人们的自然规律而同人们相对立的规律，那时就将被人们熟练地运用，因而将听从人们的支配。人们自身的社会结合一直是作为自然界和历史强加于他们的东西而同他们相对立的，现在则变成他们自己的自由行动了。至今一直统治着历史的客观的异己的力量，现在处于人们自己的控制之下了。只是从这时起，人们才完全自觉地自己创造自己的历史；只是从这时起，由人们使之起作用的社会原因才大部分并且越来越多地达到他们所预期的结果。这是人类从必然王国进入自由王国的飞跃。”“完成这一解放世界的事业，是现代无产阶级的历史使命。”（恩格斯，1995b，中译本，第757～758、760页）

需要指出的是，他们的论述是根据对当时资本主义商品经济发展中产生的弊端而针锋相对地提出的远景思路，并且这个思路是建立在生产力高度发达的社会生产方式基础之上的。后来的一些理论和实践显然是没有能够准确地把握这两点，而是简单地照搬到了现实当中来了，这样当然就会出现偏差。当然，作为一项前无古人的实践，走一些弯路也是在所难免的，我们不能苛求于前人。但是，到了今天，在理论和实践都有充分认识和证明的情况下，仍然要坚持旧的思路，则是很不明智的选择，可能会对社会带来危害。因此，我们应该尽最大努力避免重蹈覆辙。恩格斯在谈到《资本论》第一卷时提醒人们：如果谁想在这本书中寻求“共产主义的千年王国”的实际样式，那他就“大错特错了”，因为马克思“只是最一般地”谈到社会变革后的发展趋势。① 马克思本人也强调：“在将来某个特定的时刻应该做些什么，应该马上做些什么，这当然完全取决于人们将不得不在其中活动的那个既定的历史环境。”②

2. 关于社会主义计划经济可行性的争论

伴随俄国十月革命的胜利和东欧社会主义思潮的兴起，有关社会主义经济如何运行和资源如何配置的问题引起了广泛的争论，其中最为著名的就是发生在20世纪二三十年代的兰格与米塞斯、哈耶克之间的有关“社会主义计划经济可行性”的辩论。

首先是米塞斯在1920年发表了一篇题为《社会主义制度下的经济计算》的文章。他的观点令人震撼，因为如果它能够成立，显然会否定新生的社会主义经济存在的理由。按照当时主流马克思主义的社会主义观，废除生产资料私有制后，商品货币经济将不复存在。但是，米塞斯在文章中认为：“我们每离开生产资料私有制和货币使用一步，就意味着离开了理性经济学一步”；马克思和恩格斯的计划经济必然“陷入黑暗中的摸索”，生产出“一架盲目的机器的荒谬产品。”（路德维希·冯·米塞斯，1986，中译本，第60～67页）确实，当时的马克思主义者把理性计划与所谓的市场“无政府状态”对立了起来，但是米塞斯认为这种观点站不住脚，废除了市场关系只会是摧毁经济核算的普遍基础，即市场价格。因此，他否认社会主义经济中有实行经济计算和合理配置资源的可能

① 参见《马克思恩格斯全集》第16卷，人民出版社1964年版，第243页。

② 参见《马克思恩格斯选集》第4卷，人民出版社1995年版，第643页。

性。他在文章中提出："如果没有企业家（包括股票持有者）对利润、地主对地租、资本家对利息和劳动者对工资的追求，那么整个市场机制就不可能成功地运转。"他的结论是："问题仍然是二者必居其一，要么是社会主义，要么是市场经济。"

针对米塞斯的这些观点，波兰经济学家兰格在美国期间，写了关于社会主义经济理论的文章，发表在《经济研究评论》上。[①] 他对米塞斯的观点提出挑战，并提出了模拟市场竞争的社会主义经济模式即"兰格模式"。该模式从市场均衡理论的基础出发，证明在社会主义经济中可以用表现消费者偏好的价格作为资源配置的指导标准，而价格则由计划机关模拟市场，并按照与竞争性市场机制相同的"试错法"即逐步试验改正的方法来决定。在实行这种模式的社会主义经济中，有真正的消费品和劳动力市场，即家庭或个人可以根据工资多少自由地选择职业，根据消费品价格自由地选购消费品，但没有真正的生产资料市场，只存在由国家计划组织的生产资料的模拟市场，并由中央计划委员会确定生产资料的价格、社会红利的分配和积累率，以及企业行为准则等，企业则从自身生产目标函数出发，按照这些规定自主进行生产经营决策。

兰格认为米塞斯混淆了狭义价格即市场上商品交换的比例和广义价格的区别，而恰恰是只有广义价格才是解决资源配置问题所不可缺少的。他引用了维克斯蒂德（Wicksteed）的权威定义，"'价格'一词有两层含义。它可以表示通常意义上的价格，即两种商品的市场交换比率；它也可以表示一般化的含义，即'替代品被提供的条件'。……只有一般化意义上的价格对于解决资源配置问题才是不可或缺的。"（Lange，1938，P. 59～60）可见，兰格在捍卫社会主义时采用的基本观点是，社会主义经济能够在这种一般化的意义上运行价格制度，在某些方面模拟市场系统的运行，而不需要实际的生产资料市场。兰格正是在阐述了竞争市场上如何通过"试错法"建立均衡之后，提出了社会主义经济可以通过"试错法"获得均衡的价格，从而得出社会主义经济可以实现资源的合理配置的结论。

后来，哈耶克也参与到了争论之中。哈耶克在 1935 年之后再版了米塞斯的文章并对兰格模式进行了批评。（Mises，von，L.，1935）他认为，虽然在社会主义的计划经济下生产不会停止，但中央计划当局在利用资源上会面临许多的困难，产出量必然会低于市场价格机制自动运行的社会。具体地说，他的批评主要集中在下面三个方面：

第一，中央计划经济的运行存在信息收集和处理的困难。中央计划当局要做

---

① 后来论文连同美国经济学家泰勒的文章，编成了一本名为《社会主义经济理论》的书在 1938 年出版。（Lange，1938）

出全面恰当的计划决策，需要收集一切信息以便应用于中央权威的计算之中，但他认为这一信息收集的任务本身就已超越了人类的能力。而即使搜集到了信息，还需要做出具体的决策，每个决策的作出都要求解许多联立微分方程，这个任务从已知的手段看是很难完成的。

第二，中央计划经济的运行存在激励机制方面的问题。他提出，即使中央计划当局能合理地决定生产和分配，那些并不是财产的主人，又对自己管辖的生产资料无直接利益关系的个人，能否担当起责任并成功做出决策，是一个很大的疑问。兰格模式并没有阐述如何向这些人提供适当的激励的问题。

第三，兰格模式局限于静态均衡理论，难以真正模拟价格机制的动态作用。虽然该模式在一定程度上主张依靠竞争机制来决定相对价格，但又反对直接由市场决定价格，而主张由中央计划定价来替代市场。哈耶克认为，中央当局确定价格的方法极不灵活，和市场价格体系的差别就像两支不同的进攻部队，前者如同一支部队的每个分队和每个士兵，只有在接到总部的命令后才能行动，并且还只能在总部命令的距离内行动，后者则是一支部队的每个分队和每个士兵都可以利用每一个机会，见机行事，机动灵活。

因此，他认为，虽然一个无所不在、无所不知、无所不能的中央经济计划当局及时调整每一种价格在理论逻辑上是可能的，但要在现实中运行则非常困难。因为市场是复杂多变的，以“试错法”确定价格将难以实际应用。中央计划者确定价格不仅可能行动迟缓，而且只限于为各类商品定价，无法体现建立在具体时间、地点和质量基础上的价格差异，这可能意味着抹杀生产管理者不同努力带来的利益差异，因而会失去工作的动力。

对于上述思想，哈耶克 1945 年 9 月在《美国经济评论》发表的一篇题为《价格制度是一种使用知识的机制》的文章又进行了总结分析。他认为，要理解价格制度的真正功能，就必须把它视作一种信息传递的机制。中央计划者离开市场价格制度必然导致必要的信息的缺乏，有效配置资源所需的价格及成本的信息只有通过市场过程本身才可以获得。由此，他进一步论证了由市场力量决定价格的分散决策能比中央计划者集中决策更好地利用这些信息，从资源配置的角度看，市场经济将优于中央计划经济。

关于这场辩论的意义，学界已经有不少的评论，普遍认为其为以后留下了宝贵的思想遗产。而笔者觉得最重要的意义在于证明了社会主义经济也是可以有效运行的。这一点主要体现在兰格的贡献上，可以说他的思想是社会主义经济思想史上的一个重要的里程碑，他首次从理论上论证了社会主义经济可以模拟市场机制的作用，能够将计划与市场有机地结合起来。一方面，这是对马恩经典作家理论的突破和发展，因为在马恩看来，建立在发达生产力基础上的未来的社会主义是不存在市场机制这只“看不见的手”的作用土壤的，它将彻底地被计划这只

“看得见的手”所替代。而兰格则认为，社会主义经济中不仅消费品的分配和就业安排是受市场机制价格的调节，而且生产资料的计划配置也可以或需要模拟市场机制的作用。这无疑是一个大的理论突破。另一方面，针对米塞斯等对建立在马恩经典作家论述基础之上的社会主义计划经济的运行可能性的质疑，兰格进行了反驳，认为社会主义计划经济可以通过模拟市场来达到有效运行的目的。这无疑为新生的社会主义制度在现实中的运行探索提供了有力的理论支持。当然，受时代的局限，兰格模式的缺陷也是明显的，尤其是其有关中央计划当局可以有效模拟市场的思想可能为后来有关中央计划者完全用计划替代埋下了伏笔。另外，正如哈耶克所指出的，兰格模式忽视了中央计划者、经济当事人的激励问题，忽视了市场经济动态运行中的个体如企业家等的作用，信息问题也没有得到满意的解决。尽管后来随着计算机技术的进步，兰格在 1967 年写的《计算机与市场》一文认为计算机可以用来解决这些问题，但从实践的层面看，其实际的可能性仍然是一个很大的问题。

作为兰格批驳对象的米塞斯，其贡献则主要体现在提出了社会主义经济离开市场机制将不可能有效运行的命题。确实，这个命题即使在今天看来也是具有洞察力的，更何况是在半个多世纪以前。而作为兰格模式的批判者的哈耶克，其理论贡献也是重要的，他在对兰格模式进行了深入的分析基础上所提出的信息收集处理问题、激励机制问题、模拟市场的动态均衡问题，确实是抓住了兰格模式的弱点，对后人理解中央计划经济的缺陷很有启发意义。当然，他们两人的论述也是建立在马克思、恩格斯有关未来共产主义社会的设想基础上的，即未来社会既然没有商品货币和市场机制，它将不可能有效运行。这样，他们事实上就把社会主义同计划经济、资本主义和商品经济联系在一起了，或者说，把社会主义和商品经济或市场经济对立了起来。这个教条式的理解，虽然在当时的历史条件下可以理解，但作为理论遗产，其危害也是很深远的，可以说一直影响到后来很长时期里人们对社会主义、资本主义的理解，普遍认为社会主义就是计划经济，资本主义就是商品经济或市场经济。

3. “新经济政策”的探索和斯大林模式的经验教训

根据马克思、恩格斯的理论设想，未来没有商品经济和市场交换的共产主义社会是在西方发达的资本主义商品经济基础上建立的，这是一个比较漫长的历史过程。后来列宁发展了马恩的理论，提出可以在资本主义发展的薄弱环节进行突破，通过无产阶级革命武装夺取政权，在不发达的资本主义国家首先建立社会主义的政权。1917 年，俄国十月革命取得了胜利，世界上第一个工农苏维埃政府宣告成立，并在经济上采取了接管银行、铁路，将大企业收归国有，没收地主土地分配给农民耕种等战时共产主义政策。但是，由于长年战争，加上严重的自然灾害，对苏维埃经济造成了极大的伤害，列宁和布尔什维克党放弃了原先要由战时共产主义直接过渡到社会主义的设想，开始从国情实际出发，主动利用商品货币和市场交换关系来增加生产，改善和巩固工农联盟，以逐步地过渡到社会主义。这就是著名的“新经济政策”，其主要内容包括：①用粮食税代替余粮征集制，农民纳税后剩下的粮食归自己支配并可以自由出售；②在国营企业中实行经济核算，并以租赁等国家资本主义形式把某些国营企业租给本国或外国的资本家经营；③发展商业，由原先实行的产品交换转为一定限度的商品自由贸易。

“新经济政策”的实施是列宁对小农占优势、经济发展比较落后的俄国如何运用商品交换关系建设社会主义的一种探索，是对马恩有关商品经济理论的一个突破和发展。但 1924 年列宁逝世后，斯大林推行的以高度集权和行政命令为主要特征、排斥商品生产和交换的计划经济管理模式，即所谓的“斯大林模式”或“苏联模式”，显然完全背离了“新经济政策”的方向。虽然通过农业集体化和优先发展重工业等措施，到 1937 年苏联的工业总产值跃居欧洲第一，世界第二，但这种快速发展的背后存在着巨大的隐忧，其根源在于该模式对社会主义商品经济关系的排斥和否定，认为社会主义经济中的商品交换关系只是一个“外壳”，社会主义最核心的经济关系是非商品性质的，因而是排斥价值规律的调节作用的。与此相联系，该模式有这样几个特征：①在所有制关系上，实行全民（国家）所有和集体农庄所有两种基本形式，排斥私有经济的存在和发展；②经济决策权高度集中，对经济活动实行指令性计划，企业基本没有经营自主权；③只在集体所有制内部和两种所有制形式之间存在商品交换关系，国营企业之间不存在商品交换关系；④国民经济各部门有计划按比例发展，工业尤其是重工业根据战略计划得到优先发展，农业和轻工业受到忽视。

这种高度集权的计划经济模式虽然具有决策指令发布快、社会动员能力强、可集中进行资源配置等方面的优点，对冲破外国经济封锁和实现工业化起过积极的作用，但它也有权力过分集中、不尊重经济规律尤其是价值规律的作用、简单用行政命令管理经济等致命的弱点，必然导致经济效益低下、资源错配比例失调、难以可持续发展等结果，使社会主义经济在与资本主义经济的竞争中处于了十分不利的地位。这是斯大林模式给我们留下的难题和遗产。

4. 中国实行计划经济模式的原因和教训

新中国建立后走的也是计划经济的道路，虽然与斯大林模式相比事实上具有了很多中国自身的特点。“照搬说”认为，中国的计划经济体制是“照搬”“搬用”“模仿”或“移植”“苏联模式”而形成的。而这种观点又具体可以分为“全盘照搬说”“基本照搬说”和“移植加修改说”。（赵凌云，2009）“新中国建立初期，我国基本搬用了苏联经济管理的一整套做法”。（董辅礽，1999）这

可能是一个较为普遍地被接受的观点。

之所以在建国初期的几年中我们基本上是照搬苏联的模式，主要有几方面的原因：①在意识形态、思想理论的指导上，社会主义实行计划经济在当时似乎是天经地义的，因为马克思、恩格斯就认为“在一个集体的、以生产资料公有为基础的社会中，生产者不交换自己的产品”（马克思，1995，中译本，第303页），“社会生产内部的无政府状态将为有计划的自觉的组织所代替”。（恩格斯，1995b，中译本，第757页）②外部环境的因素，当时受到帝国主义的包围和封锁，需要学习苏联并寻求援助。毛泽东就生动地指出：“社会主义胜利建设的苏联”是我们“向前发展的活榜样”，“苏联共产党就是我们最好的先生，我们必须向他们学习。”① 苏联的大规模援助为中国奠定了工业体系的基础，也使中国成功地建立起了指令性计划经济体制的雏形。（沈宗武，2003）③落后的经济基础，尤其是薄弱的工业基础，使我们接受了苏联的社会主义工业化道路的理论，并受到苏联当时巨大成功的鼓舞，使我们也选择了重工业优先发展的战略。而要实现这个战略，在当时资金极度紧张的条件下，就必须借助政府计划这只“看得见的手”来配置资源，把有限的资源运用到最需要的地方以发挥其最大效能。例如，对于粮食、棉花、钢材、煤炭、水泥、电力等产品来说，当市场调节在短期内不能有效增加供给而需求弹性又很小的条件下，在资金非常匮乏、农产品剩余非常有限，同时供给和消费结构都比较单一的情况下，运用政府力量，通过计划经济来集中工业建设是有比较优势的。（武力，2009）

当然，对于优先发展重工业战略的利弊，目前我国学术界也是有争论的。持比较否定态度的学者主要是从这个战略对我国整个传统计划经济体制形成的重大影响的角度来分析的。比如，有学者认为，中国的传统的经济体制，是为了在资源稀缺的经济中推行重工业优先发展战略而形成的，其主要内容是扭曲产品和要素价格的宏观政策环境，高度集中的资源计划配置制度和毫无独立自主权的微观经营机制。（林毅夫、蔡昉、李周，1994，第20页）对此持有一定异议的学者则认为，虽然长期实行重工业优先发展战略使得轻重工业比例严重失调，轻工业严重滞后，消费品品种单一、短缺现象严重，但重工业优先发展战略把有限的资源积聚到最紧迫发展的行业，使我国在较短的时期内迅速建立了较完整的工业体系，为改革开放之后我国经济的高速增长奠定了坚实基础。目前对计划经济时期实行的重工业优先发展战略的批评，很大程度上是由于实践中重工业优先发展战略过头了。如果我们采取适当的重工业优先发展战略，那么它就有利于经济的发展和人民福利的提高。（姚洋、郑东雅，2008）

现在回过头来看，虽然说从20世纪50年代开始，我国是学习和实施了苏联

① 参见《毛泽东选集》第4卷，人民出版社1991年版，第1471页。

式的计划经济制度，但有研究表明：受中国自身条件的制约，“理想的”计划经济制度在中国事实上难以实现，受计划管理制约的那一部分经济活动也多少“走了样”。其中一个典型的现象是：1953—1980 年计划经济时期，中国制定和实施的 5 个五年计划中有 4 个没有经过全国人民代表大会通过形成正式版本公开颁布；唯一形成正式版本的第一个五年计划也在制定的过程中不断修改，在实施了两年多以后才正式颁布。情况表明，相对于苏联曾将计划当作“法律”一般要求严格实施，在计划经济时期，中国的五年计划则是多变的计划，受制于政治与意识形态斗争。（董志凯，2003）这也在一定程度上说明，一开始实行的所谓“一边倒”政策和照搬苏联模式的做法，后来是发生了很大的变化的。正如毛泽东在《论十大关系》中提出的，以苏联为借鉴，“走自己的路”。他很具体地谈到：“苏联的办法把农民挖得很苦。他们采取所谓义务交售制等项办法，把农民生产的东西拿走太多，给的代价又极低。”“我们对农民的政策不是苏联的那种政策，而是兼顾国家和农民的利益。我们的农业税历来比较低。”①

以上分析表明，中国实行的计划经济体制开始无疑是以苏联模式为样板建立的，但由于主客观方面的原因，以及后来内外部环境的变化，这种体制也发生了很多变化，具有中国自身的一些特点。客观原因方面，我国长期以来商品经济发展并不发达，反倒是自然经济占据着统治地位，这无疑会给计划经济体制烙上印记。这也就是说，我国的计划经济体制的弊病，既有与苏联模式一样的共性方面，也会有中国国情条件下的特殊方面，从这两个方面来全面认识，有利于我们更准确地把握计划经济体制作为资源配置机制所存在的缺陷。

三、社会主义市场经济建设：中国的理论和实践探索

实行计划经济体制的结果是我国经济发展缺乏活力、动力和效率，加上文化大革命“以阶级斗争为纲”的政治运动的干扰，到 20 世纪 70 年代末的时候，国民经济已经处于“崩溃的边缘”。1978 年 12 月召开的党的十一届三中全会开启了中国改革开放的新时代，计划经济向市场经济的转型逐步、渐进展开，市场在资源配置中的作用逐渐增强。当然，改革的历程并非一帆风顺，而是充满了曲折和艰难。这里仅就对市场机制和市场经济的认识问题作一个简要的回顾和分析。

1. 计划经济为主，市场调节为辅

十一届三中全会以后中国经济学界有一次重要的全国性会议，这就是 1979 年 4 月在无锡召开的“关于社会主义经济中价值规律作用问题”的讨论会，会议

① 参见《毛泽东著作选读》（下册），人民出版社 1986 年版，第 727、728 页。

讨论了社会主义经济中计划与市场的关系、扩大企业自主权与价值规律的关系以及价格问题等等，冲破了“文化大革命”的观念束缚，引领了其后一个时期的经济理论讨论，在经济学界起到了“拨乱反正”的作用。经过一年多的讨论，大家在以下一些问题上打破禁区，取得了进展（参见吴敬琏、张问敏，1999，第95～97页）：①社会主义经济也是一种商品经济，因为在根本利益一致的前提下，各个经济主体之间还存在着利益的差别。传统的观点则只承认社会主义是计划经济。②全民所有制内部交换的生产资料在实质上也是商品，这是对斯大林在《苏联社会主义经济问题》中提出的全民所有制内部交换的生产资料不是商品的观点的重要突破。③价值规律也是社会主义经济发展的内在规律。孙冶方早在20世纪60年代的批斗会上就冲口说出，“千规律，万规律，价值规律第一条”，而后在1978年10月，即党的十一届三中全会前夕，当经济理论界还受传统的社会主义经济理论严重束缚的时候，又以“千规律，万规律，价值规律第一条”为标题，在《光明日报》发表文章，系统地阐发了自己的观点。之后，价值规律的作用得到了经济学界比较广泛的认同。④社会主义经济中存在竞争规律。而传统理论则把竞争等同于无政府状态，要加以限制。⑤利用价值规律实现企业自动调节。而传统的计划经济管理体制下，企业只是国家计划拨动下的算盘珠子，企业的生机和活力被严重窒息。利用价值规律实现企业的自动调节，就是要通过改革，给企业以动力、活力和压力，这也是我国经济体制改革的中心环节。

在涉及计划经济与商品经济的关系上，讨论的结果是，社会主义经济应该是计划经济与商品经济的统一，有计划发展规律和价值规律共同起调节作用，因而应当实行计划调节与市场调节相结合的方针。但是，这种结合具体是一种什么样的关系形式的呢？一种较为普遍的观点是：计划调节和市场调节是相互渗透的，计划调节离不开利用市场机制，市场调节不能离开计划的指导，两者是你中有我，我中有你的关系，其中以计划调节为主。（刘国光、赵人伟，1979）当时，一种比较官方的提法就是“计划经济为主，市场调节为辅”。这种提法相对于传统的计划经济思想是一大进步，因为它承认了市场机制的调节作用，但其局限性也非常明显，用通俗的语言来描述，它还是一种“鸟笼经济”，即市场还只是在计划圈定的范围内起作用的。因此，这种理论或者体制也还需要进一步的突破。

2. 社会主义经济是有计划的商品经济

1984年10月，中共十二届三中全会通过了《关于经济体制改革的决定》，明确指出：“要突破把计划经济同商品经济对立起来的传统观念，明确认识社会主义计划经济必须自觉依据和运用价值规律，是在公有制基础上的有计划的商品经济。商品经济的充分发展，是社会经济发展的不可逾越的阶段，是实现我国经济现代化的必要条件。只有充分发展商品经济，才能把经济真正搞活，促使各个企业提高效率，灵活经营，灵敏地适应复杂多变的社会需求，而这是单纯依靠行政手段和指令性计划所不能做到的。”“列宁在十月革命后，曾经在制订电气化计划的时候产生这样的思想：‘现在对我们来说，完整的、无所不包的、真正的计划 = 官僚主义的空想。’‘不要追求这种空想。’今天我国同当时俄国经济十分困难的情况已大不相同，但是我们的实践经验证明列宁的这个思想不仅适用于当时条件下的俄国，而且具有长久的意义。”

对于此次会议的贡献，邓小平给予了很高的评价，认为它“是马克思主义基本原理和中国社会主义实践相结合的政治经济学”。还指出：“这次经济体制改革的文件好，就是解释了什么是社会主义，有些是我们老祖宗没有说过的话，有些新话。我看讲清楚了。”（邓小平，1993a，第 83、91 页）在这次会议精神的指导下，我国以增强企业的活力，特别是增强全民所有制大、中型企业的活力为中心环节的整个经济体制改革如火如荼地展开，市场机制的活力得到了释放，国民经济得到了较快的发展。

3. 政府调控市场，市场引导企业

当然，受主客观条件的制约，《关于经济体制改革的决定》把市场的作用还大体限制在商品生产的范围，而没有把要素市场包括在内。随着改革的推进和认识的提高，1985 年召开的中共十二届四中全会提出了“逐步完善市场经济体系”的问题，强调对商品、资金、劳务（劳动力）、技术四大市场的重视和发展，从而使对“商品经济”的理解更加接近于“市场经济”，即由市场来配置资源的概念。

1987 年 10 月召开的中共十三大则又进了一步，强调“社会主义的市场体系，不仅包括消费品和生产资料等商品市场，而且应当包括资金、劳务、技术、信息和房地产等生产要素市场；单一的商品市场不可能很好发挥市场机制的作用。”“计划和市场的作用范围都是覆盖全社会的。新的经济运行机制，总体上来说应当是‘国家调节市场，市场引导企业’的机制。”“深化改革的任务主要是：围绕转变企业经营机制这个中心环节，分阶段地进行计划、投资、物资、财政、金融、外贸等方面体制的配套改革，逐步建立起有计划商品经济新体制的基本框架。”当然，由于改革的渐进性特点，在实践中出现了价格“双轨制”问题，倒卖紧缺商品和物资从中牟利也引起了社会大众的不满。这也反映出尽快通过改革使市场在资源配置中更大的作用的必要性和紧迫性。

4. 社会主义经济是市场经济

1992 年 1 月到 2 月期间，邓小平视察南方时更直接地提出了他对计划和市场问题的基本看法，认为“计划多一点还是市场多一点，不是社会主义与资本主义

的本质区别。计划经济不等于社会主义，资本主义也有计划；市场经济不等于资本主义，社会主义也有市场。计划和市场都是经济手段。”（邓小平，1993b，第373页）

1992年10月召开的中共十四大正式宣布：“我国经济体制改革的目标是建立社会主义市场经济体制”，并且明确指出：“我们要建立的社会主义市场经济体制，就是要使市场在社会主义国家宏观调控下对资源配置起基础性作用，使经济活动遵循价值规律的要求，适应供求关系的变化；通过价格杠杆和竞争机制的功能，把资源配置到效益较好的环节中去，并给企业以压力和动力，实现优胜劣汰；运用市场对各种经济信号反应比较灵敏的优点，促进生产和需求的及时协调。”

1993年11月召开的中共十四届三中全会通过了《关于建立社会主义市场经济体制若干问题的决定》，提出了构建社会主义市场经济体制基本框架的思路，即为实现建立社会主义市场经济体制，使市场在国家宏观调控下对资源配置起基础性作用这个目标，“必须坚持以公有制为主体、多种经济成分共同发展的方针，进一步转换国有企业经营机制，建立适应市场经济要求，产权清晰、权责明确、政企分开、管理科学的现代企业制度；建立全国统一开放的市场体系，实现城乡市场紧密结合，国内市场与国际市场相互衔接，促进资源的优化配置；转变政府管理经济的职能，建立以间接手段为主的完善的宏观调控体系，保证国民经济的健康运行；建立以按劳分配为主体，效率优先、兼顾公平的收入分配制度，鼓励一部分地区一部分人先富起来，走共同富裕的道路；建立多层次的社会保障制度，为城乡居民提供同我国国情相适应的社会保障，促进经济发展和社会稳定。”这些主要环节相互联系、相互制约，为我国“市场导向”的经济体制改革的整体推进和重点突破提供了指导纲领。

5. 市场在资源配置中起基础性作用

自中共十四大正式提出要使市场“对资源配置起基础性作用”以后，我国经济体制改革取得了一些新的进展，市场机制的作用得到加强。为继续推动市场化改革，中共十五大又进一步强调：“要加快国民经济市场化进程。继续发展各类市场，着重发展资本、劳动力、技术等生产要素市场，完善生产要素价格形成机制。改革流通体制，健全市场规则，加强市场管理，清除市场障碍，打破地区封锁、部门垄断，尽快建成统一开放、竞争有序的市场体系，进一步发挥市场对资源配置的基础性作用。”

2003年10月召开的中共十六大则指出：“在更大程度上发挥市场在资源配置中的基础性作用，健全统一、开放、竞争、有序的现代市场体系。推进资本市场的改革开放和稳定发展。发展产权、土地、劳动力和技术等市场。创造各类市场主体平等使用生产要素的环境。深化流通体制改革，发展现代流通方式。整顿和规范市场经济秩序，健全现代市场经济的社会信用体系，打破行业垄断和地区封锁，促进商品和生产要素在全国市场自由流动。”其后，十七大报告提出“从制度上更好发挥市场在资源配置中的基础性作用”。最近的十八大报告则要求在“更大程度更广范围发挥市场在资源配置中的基础性作用”。

从以上论述中可以看出，十五大和十六大报告都对资本要素及资本市场的作用作了强调，并且要求健全市场规则，清除市场障碍，打破地区封锁和部门垄断，建立统一开放、竞争有序的市场体系和“现代市场经济”的社会信用体系。十七大报告则强调从制度建设上着手来更好发挥市场在资源配置中的基础性作用。十八大报告提出在更广范围发挥市场在资源配置中的基础性作用。可以看出，我们的认识是在一步一步地不断深化的。正是这些不断深化的认识，在指导着经济体制改革的实践，通过政策层面的措施落实，来真正发挥市场在资源配置中的基础性作用。正是由于这些认识向正确方向的不断深化，市场机制的作用不断加强，我国的经济发展才取得了举世瞩目的成就。这里的因果关系，已经为许多理论分析和经验事实所证明。

6. 市场在资源配置中起决定性作用

2013 年 11 月中共十八届三中全会通过的《关于全面深化改革若干重大问题的决定》，提出了“使市场在资源配置中起决定性作用”的全新命题。我们经常讲的要处理好政府和市场的关系，实际上就是要处理好在资源配置中市场起决定性作用还是政府起决定性作用这个问题。

从 1992 年中共十四大提出我国经济体制改革的目标是建立社会主义市场经济体制，使市场在国家宏观调控下对资源配置起基础性作用以来，经过 20 多年的努力，“我国社会主义市场经济体制已经初步建立，但仍存在不少问题，主要是市场秩序不规范，以不正当手段谋取经济利益的现象广泛存在；生产要素市场发展滞后，要素闲置和大量有效需求得不到满足并存；市场规则不统一，部门保护主义和地方保护主义大量存在；市场竞争不充分，阻碍优胜劣汰和结构调整，等等。这些问题不解决好，完善的社会主义市场经济体制是难以形成的。”确实，习近平总书记在十八届三中全会召开期间所作的《关于 < 中共中央关于全面深化改革若干重大问题的决定 > 的说明》中所列举的这些问题，我们在实际生活中都能够观察到，并且还可以列举出很多具体的事例，说明我国今后的改革如何实现“使市场在资源配置中起决定性作用”具有十分重要的意义和现实的紧迫性。

习近平总书记指出：“理论和实践都证明，市场配置资源是最有效率的形式。市场决定资源配置是市场经济的一般规律，市场经济本质上就是市场决定资源配置的经济。健全社会主义市场经济体制必须遵循这条规律，着力解决市场体系不

完善、政府干预过多和监管不到位问题。”（习近平，2013）这个论述也与我们前面有关商品经济一般规律——价值规律的作用的理论分析相一致，说明“使市场在资源配置中起决定性作用”的论断符合我国的现实国情。

他还指出：“发展社会主义市场经济，既要发挥市场作用，也要发挥政府作用，但市场作用和政府作用的职能是不同的。全会决定对更好发挥政府作用提出了明确要求，强调科学的宏观调控，有效的政府治理，是发挥社会主义市场经济体制优势的内在要求。”（习近平，2013）根据这样的一个要求，全会通过的《决定》对健全宏观调控体系、全面正确履行政府职能、优化政府组织结构进行了部署，强调政府的职责和作用主要是保持宏观经济稳定，加强和优化公共服务，保障公平竞争，加强市场监管，维护市场秩序，推动可持续发展，促进共同富裕，弥补市场失灵。这就较好地界定了政府与市场发挥作用的范围，为下一步推进改革提供了明确方向。

四、通过改革不断完善我国的市场资源配置机制

通过改革不断完善市场机制的资源配置作用，既是我国三十多年经济发展取得巨大成绩的成功经验之所在，也是下一步深化经济体制改革“使市场在资源配置中起决定性作用”的关键之处。深化经济体制改革的方面很多，本书的其他章节也会陆续详细谈到，这里仅作一个概要性的讨论。

1. 正确界定政府职能，把该由市场管的交给市场

我国三十多年体制改革的基本取向是从计划经济渐进式地向市场经济转变。在这个过程中，计划的成分，或者说政府对微观经济的干预和对资源的配置作用在逐步弱化，市场机制在不断完善，其对资源配置的作用也在相应增强。但是，正因为这个体制转换是一个逐步渐进的过程，传统计划经济的惯性力量仍然很强，不愿意把手中配置资源的权利进一步放给市场。目前我们虽然已经初步建立起了市场经济体制，但改革过程中又出现了新的既得利益集团的力量，他们也不愿意把到手的配置资源的权利放回市场。在这样一个新旧体制交织的双重的复杂体制里，我们如何抓住问题的关键呢？笔者认为，关键的关键在于要正确界定政府行使职权的范围，把该由市场来管的都交给市场。

简单回顾一下西方国家经济发展的历史以及西方经济学家提出的相应理论和政策建议，也许会加深我们对问题的理解。

在资本主义生产关系萌芽时期，作为资产阶级古典经济学的先驱的“重商主义”学派是强调政府对经济的作用的，其目的是通过国家的干预，统一国内市场，开拓海内外贸易。后来随着资本主义生产关系的逐步形成和壮大，对市场自

由力量作用的需求增强，因而英国古典经济学的代表人物亚当·斯密适时提出了政府是“守夜人”的理论。他在其名著《国富论》中提出，作为“守夜人”，国家可以有以下三项职能：①保护本国安全使其不受外来侵犯；②保护社会成员的财产和人身不受他人侵犯；③建设和维护某些私人无力办或不愿办的公共事业和公共设施。他主张把政府的开支缩减到最低限度，因为这种开支是一种非生产性支出，过多了是一种浪费。他明确提出：政府的浪费，“无疑曾阻碍英格兰在财富与改良方面的自然发展”。（亚当·斯密，1972，中译本，第318页）斯密的“守夜人”理论指导了资本主义经济在“看不见的手”的作用下，自由放任地发展了一百多年。

1929—1933年出现的世界性经济大危机引起了西方经济学家对斯密自由放任传统经济理论的深刻反思，从而引发了经济学界的一场革命，这就是所谓的“凯恩斯革命”。英国经济学家凯恩斯在其名著《就业、利息和货币通论》（简称《通论》）中明确提出：“无论在理论方面或在政策方面，古典理论支配着统治阶级和学术界的经济思想，都已经有一百多年的历史了，……古典理论的前提只适用于某种特殊情况，而不适用于一般情况。它所假定的情形只是各种可能的均衡位置的极点，而且古典理论所假定特殊状态的特征恰恰不符合我们实际生活于其中的经济社会的特征，如果我们企图将它应用到实践中，结果势必成为一种误导，甚至造成灾难。”（凯恩斯，2005，中译本，第3页）他认为，资本主义经济中并不存在自动达到充分就业均衡的机制，市场这只“看不见的手”不仅不能自动有效，而且经常是“失灵”的，因而政府应该主动干预经济，通过自己的政策特别是财政政策来刺激消费、增加投资，以便实现充分就业。由于消费倾向在短期内相对稳定，因而要实现充分就业就必须在增加投资需求上做文章。投资的变动会使收入和产出的变动产生一种乘数效应，从而使国民收入成倍地增长。

“凯恩斯革命”和罗斯福新政的出现，标志着传统的自由放任理论被国家干预主义所取代，资本主义经济发展进入了一个崇尚政府干预的新阶段，一时间，“大家都成为了凯恩斯主义者”。但是好景不长，从20世纪60年代后期开始，西方主要资本主义国家出现了严重的通货膨胀，尤其是进入70年代后，这种通货膨胀的持续发生与经济的长时间停滞同时并存，即经济中出现了以前从来没有过的“滞胀”现象，通过刺激需求的国家干预措施不再有效，最终宣告了凯恩斯主义时代的结束。

在资本主义经济长期“滞胀”中引发的对凯恩斯主义的质疑声中，以美国经济学家米尔顿·弗里德曼为代表的新货币主义以及以卢卡斯为代表的合理预期学派等开始活跃起来，他们强调市场的自然秩序，认为市场这只“看不见的手”能够自动调节经济运行的原理仍然是正确的，政府对经济运行进行干预不仅不能

解决“市场失灵”，反而会产生新的问题，如“政府失灵”等。因此，他们不赞成国家对经济的任何干预。

但是在现实世界中，凯恩斯主义还是留下了深深的烙印，资本主义国家通过财政货币政策调节经济的做法后来就没有中断过，只不过在不同的经济形势下其调节力度有所变化而已。比如，在 1997 年东南亚金融危机发生的时候，以及 2008 年全球金融危机爆发的时候，相关国家的政府要是说我们可以对这种危机置之不理，由市场自动地调节去吧，那显然已经是无异于“天方夜谭”！

因此，经济学发展到今天，全球经济、金融一体化发展到现在这样一个程度，我们应该已经明确：否定市场的作用和否定政府的作用同样都是不可取的，关键是要正确界定两者的作用范围和边界。具体到我国的实际情况来看，问题的症结在于：由于原来计划经济体制形成的惯性，使得各级政府作用的范围还是过宽，占据了本来应该由市场起作用的许多领域，也使得市场力量的发育和作用收到了很大的限制，这是政府“越位”的表现；由于政府管的范围过宽，受管理幅度、能力和动力的制约，使得政府事实上对一些本来应该管的事没有能够管起来，这是政府“错位”和“不作为”的表现。这样的问题可以说反映在很多的方面，这里简要说几点，概括起来就是“两个过多”和“两个过少”。

第一，政府手中掌握的资源仍然过多。从国民经济分配和再分配的角度看，有关的研究已经发现：20 世纪 90 年代初期以来特别是 2000 年以来我国国民储蓄率的上升，主要归因于政府部门和企业部门的储蓄率的上升。其中，政府部门储蓄率的上升，既与政府部门的储蓄倾向快速上升密切相关，也与该部门在 GDP 分配中的占比上升有关。经过再分配调整之后的政府收入占比有了更快速度的上升这一点说明，政府似乎并没有在利用再分配机制去改善全社会收入分配结构方面发挥积极的正向作用。至于政府储蓄倾向的不断提高，无论归因于其直接投资水平的提高还是归因于其资本转移水平的提高，都说明近年来政府参与经济活动的深度和广度都大大强化了。（李扬、殷剑峰，2007）而 2008 年全球金融危机发生以后，我国为了保增长而推出的经济刺激措施，又进一步强化了政府对经济的参与力度，所谓“国进民退”也是其中的表现之一。有研究表明：当前中国政府预算内收入占到 GDP 的 22% 左右。如果再加入一些类似社保、卖地所得等政府其他收入，即按照所谓全口径收入计算，那么政府收入将高达 GDP 的三分之一，并且还有增长趋势。除此之外，国有企业增加值占到 GDP 三分之一。仅仅这两项相加就意味着政府直接或间接掌控的资源占到整个经济的三分之二。（姚洋，2014）

第二，对市场和企业微观行为的干预过多。在今年 3 月 22 日发布的“中国高层发展论坛 2014 年会”报告中，中财办副主任杨伟民认为，目前我国经济体制在很多方面很不完善，核心问题还是政府对资源的直接配置过多、不合理的干预太多。他举例说，产能过剩、城市病严重、耕地占用过多、地方债风险、生态环境破坏等，很大程度上都与政府干预多有关。而这种干预的产生，除了政府官员管理经济的观念存在问题外，根本原因还在于体制，即在现行体制下，政府手中握有的权力过多、过大。它不仅干扰、扭曲了市场和企业的行为，也为腐败的存在提供了土壤，为寻租开了方便之门。

第三，需要政府花钱的公共产品提供过少。所谓公共产品，是指在消费时没有竞争性和排他性，你使用时其他人也可以来使用的产品或服务，比如海上的灯塔、马路上的路灯等，大家都可以使用，但是不好向使用的人去收费。这样，追求利润的私人企业一般就不愿生产，市场的价格信号就不起调节作用，因而需要由政府来提供。但是在我国，由于计划经济时期政府职能的错位，政府的资源过多地投入了具有竞争性和排他性特点的私人商品生产上去了，本来应该由政府提供的一些公共产品或准公共产品反而没有受到重视，长期投入不足，处于供应紧张和紧缺的状态，比如中西部落后地区的义务教育，校舍等硬件设施非常破旧，老师的工资也经常不能按时发放；公共医疗卫生方面，老百姓看病贵、看病难问题长期没有很好解决，全国性的医疗保障体系也亟待建立；食品安全体系方面，本来是“民以食为天”，但现在是“毒奶粉”“地沟油”“染色馒头”等事件层出不穷，消费者提心吊胆，无所适从；环境保护方面，“雾霾天”、水体污染、土地沙化等也是群众反应非常强烈的问题，政府有关部门的治理力度还远远不够；在公共住房建设方面，住房商品化改革以来，各级政府为低收入阶层提供廉租房等工作似乎处于停顿状态，近年来才有所扭转；如此等等。

第四，政府一些部门的服务意识过少。典型的表现就是办事群众反映的“门难进、脸难看、话难听、事难办”的现象，政府办事机关成了政府官僚衙门。一些政府公务员的这种冷漠服务态度，明显是摆错了自己作为服务部门的位置，严重损害了政府的形象，破坏了政府与群众之间的关系。正是由于这种服务意识的缺乏，加上体制上各部门的分工不合理、机构臃肿、职责不清，更导致了一些公务员的推诿、扯皮，影响了办事效率，审批一个项目需要盖上百个公章，耗时数月或数年，等到办完手续，“黄花菜早已凉去”，市场已经发生变化，机会已经失去。这样的事在现实中发生并不在少数！

综上所述可见，我们通过改革，正确界定政府的职能，把该由市场管的交给市场，是一个刻不容缓的大事。

2. 完善生产要素市场，改变资源配置中的价格信号扭曲状态

生产要素市场包括土地、劳动力、资本、技术和信息等生产要素以及水、电、油、气等资源性产品形成的市场。在市场经济条件下，这些生产要素和资源性产品的价格也由供求双方力量来自由决定，从而价格能够作为这些要素的稀缺

程度及其变化的信号，引导要素所有者正确去配置资源，最后达到全社会资源优化配置的作用。

但是，在我国现阶段，政府部门在生产要素市场领域的“越位”与“缺位”问题比较突出。一方面，政府仍然还是作为要素资源的配置主体和价格制定者，事实上是集规则制定者和参与者双重身份于一体，既当裁判员又当运动员，经常会违反自己事先制定的规则，或者制定有利于自己的竞争规则，从而阻碍了市场竞争主体的健康成长。另外一方面，政府部门在履行公共服务的职能时，经常会不到位，使许多需要政府出面管理的领域呈现出混乱与无序的状态，导致市场竞争缺乏诚信与公正。

而从资源存量方面看，虽然我国大多数自然资源的人均拥有量很低，远低于世界的平均水平，但由于政府也是运动员，制定价格时希望其低一些有利于增强自己的竞争力，加上价格调整跟不上通货膨胀背景下的市场脚步，使许多要素的价格长期低于国际一般水平，没有能够很好地反映出我国资源的稀缺性和真实的供求关系。这种价格偏低的长期扭曲状态，从生产方面来看，很容易引导地方和企业发展资源依赖性产业，结果是过多地和粗放式地使用稀缺资源，一些高能耗企业大户长期过多占用稀缺资源，使成本上升和污染物排放大量增加变得不可避免。而从消费方面看，过低的价格会引导城乡居民过度消费稀缺资源及其产品，如过度消耗水资源和油气资源，购买和使用大排量私人小轿车等等。

除了水、电、油、气等资源性产品的价格改革和定价机制合理化以外，生产要素市场中比较突出的如下一些方面也亟须进行改革和调整。

第一，土地要素市场存在双重分割，价格信号严重扭曲。一重扭曲是，住宅开发用地与工业用地一高一低偏离常态；二重扭曲是，城市用地与农村用地一高一低偏离常态。这双重扭曲的原因都在于政府的直接干预和由此形成的体制扭曲。从第一重扭曲来看，地方政府为了 GDP 的增长，用压低地价等优惠办法招商引资，大搞开发区，而对于城市住宅用地，由于只存在政府垄断的一级市场，地方政府可以通过对土地供给的控制，使其价格不断上涨，从而满足其对“土地财政”收入的依赖，结果是这些年各地的房价快速上涨，引起了老百姓的不满，或者是过快上涨导致了经济的泡沫，一旦破裂会带来很大的后遗症。而这一重扭曲也与第二重扭曲有紧密的联系，这就是农村用地入市必须通过政府向农民征地这个环节，通过低价向农民征地而高价卖出，政府取得了大笔收入，同时也推高了土地的价格。针对这种不合理局面，三中全会《决定》明确指出：“建立城乡统一的建设用地市场。在符合规划和用途管制前提下，允许农村集体经营性建设用地出让、租赁、入股，实行与国有土地同等入市、同权同价。”通过这些措施，使土地市场主体多元化，形成有效竞争，有利于土地价格回归合理水平，也可以达到保护农民利益和抑制城市房价上涨过快的目的。

第二，资本市场不发达和扭曲同时存在，间接融资利率偏低，资本使用效率不高。作为资本市场核心部分的股票市场在我国发展速度虽然不慢，但在整个金融市场融资体系中融资比例仍然偏低，并且没有能够真正实现资本要素在比较有效率企业的有效配置，政府有关部门对其管得过死和监管不到位的问题同时存在，信息披露不充分，股票市场长期处于低迷状态，与我国经济长期快速增长的实际不符，没有真正发挥出经济晴雨表的作用。而作为间接融资主体的商业银行部门，由于存款利率由政府部门确定，长期处于低利率水平，而贷款利率浮动空间大，导致了存贷款之间的巨大利差，银行部门轻而易举地得到了巨额利润，致使有的银行行长直说“赚钱赚得都不好意思了”！有数据显示，2013 年 16 家上市银行 2013 年上半年实现净利润 6191.49 亿，占全部 2467 家上市公司净利润总额的 56%。这个数据明眼人一看就知道，不光是平时在银行低息存款的老百姓在这里做了巨大的贡献，其他很多上市公司也都是在为银行打工呢！当然，2014 年以来情况有所变化。随着互联网金融的发展，银行业的竞争也在加剧，收益比较高的银行理财产品和货币市场基金得到了较快的发展，客观上是对原有不合理的利率价格的一种纠正。正是在这种竞争的背景下，人民银行行长周小川在 2014 年 3 月 11 日全国人大年度例会新闻中心举行的“金融改革与发展”主题记者会上表示，作为中国利率市场化的最后一步，存款利率的放开已在计划中，很可能最近一两年就能实现。

第三，作为外汇市场资金价格的汇率，其形成机制的改革也亟待推进。目前我国的汇率形成机制存在很多问题。典型的表现就是无论“热钱”进出都造成冲击：“热钱”流入了，大家在担心“鬼子”来了；“热钱”一流出，大家也担心，“鬼子”赚完钱就跑了！而造成这种被动局面的根本原因在于人民币汇率形成机制不够灵活，没有足够的能力来对国际资本快进快出的冲击做出缓冲。所以，加快汇率形成机制改革，做到该升就升，该贬就贬，有升有降，也可以防止“热钱”单边赌升值。汇率浮动了，进出口企业如何应对？这也不必太担心，如果是市场供求定价的结果，企业就会找市场，自己想办法，实现风险规避，最后转型升级；相反，如果是还像原来那样由政府决定汇率，企业就会找各级领导，期盼靠政府政策扶持。而汇率和利率更市场化了，资本项目可自由兑换才能稳妥推进（没有利差后就没有套利、套汇空间了），人民币国际化才能够真正实现。

3. 破除部门和所有制垄断，建立企业平等竞争的市场环境

上述价格管制现象的存在与政府的行政性垄断管理方式是紧密相关的。在生产要素市场和水、电、油、气等资源性产品市场，我国政府长期使用国家行政权力严格限制企业自由进入，而能进入的企业有严格的所有制限制，这就是非国有企业不能进入。这也就是所谓的“所有制歧视”或“垄断”，这种垄断导致的类

似结果就是所谓的“部门垄断”。比如在能源领域中的石油行业，三大石油公司占据了我国国内原油产量的94%、原油加工量的81%和零售市场份额的82%，电力行业的输配电和售电业务由国家电网和南方电网两大巨头垄断。

行政性垄断以及由此形成的部门垄断和所有制垄断，造成的不良后果是多方面的。

一是部门或企业之间的不平等竞争。同样的经营努力，如果企业和员工是处在垄断部门，其利润及个人收入就会比其他部门高出很多。典型的如前面说到的，银行赚钱赚得都不好意思说了。再如中国移动通信公司，2013年净利润1217亿元，很大因素也是通信产品定价过高造成的，是硬从消费者口袋里拿走的。三大石油公司也是，一方面赚取高额垄断利润，另一方面还享受大额的国家补贴（因为国内许多油品消费价格扭曲，低于国际市场价格），企业自生能力与其社会负担没有分开，导致难以考核企业真正的经营绩效，企业经营者由此可以把问题推给国家，好处留给自己，类似“天价吊灯”这样的奢侈消费，以及其他腐败案件也屡见不鲜！

二是在没有市场竞争压力的情况下，在位的垄断企业效率低下，技术和管理等方面的创新动力不足。一个典型的例子是，风力发电本来是新能源电力的一个非常重要的来源，但由于上网销售的问题没有解决，使其发展收到了极大的限制；光伏太阳能发电的问题也类似，由于在我国存在技术瓶颈和发电成本高等原因，其在消费终端的大规模应用也受到了很大限制，使得很多企业都只能在低端领域为国外配套生产，既受到国外市场萎缩的影响，更受到了反倾销诉讼的困扰，在国内成了产能过剩行业。

三是一些本该实行的诸如资源税、污染税等在内的环境管制政策长期缺位。这种缺位的可能原因在于所有制歧视和偏好，即认为这些部门都是国有企业在经营，都是一家人，没有必要去征这些税，上交利润就可以了。殊不知税和上交利润是有很大区别的：前者是硬性规定，不同企业一视同仁，没有讨价还价的余地；后者则有很大弹性，不同国有企业可以有不同的上交比例，如果利润都被消耗了，就无从上交了！而资源税、污染税这些实际上是用于消除环境的负外部性，弥补“市场失灵”的措施的缺失，使得我国的能源价格没有包含环境被破坏的成本，导致了传统能源的总体价格偏低，新兴的清洁能源因开发成本较高而难以替代有污染的能源，形成能源产品的结构性失衡。

因此，需要通过改革破除部门和所有制垄断，建立起不同所有制企业之间进行平等竞争的市场环境。其中，通过顶层设计推动各级政府自动放弃行政管制权力是一个重要的环节。其次还要按照三中全会《决定》的精神，通过建立“混合所有制”来改革垄断性国有企业。据统计，截止至2012年底，我国仍然有14.7万家国有企业，总资产达到91.1万亿元，所有者权益31万亿元。其中已经进行了公司制改革的国有企业中，国有独资的还占 37% 的比重，而在非国有独资的企业中，还有很大一部分是国有股一股独大。（赵昌文，2014）如果从国有资本的分布领域来看，现在有 80% 的国有资本分布在竞争性领域，只是由于在这些领域好多仍然有所有制歧视，国有部门保留了许多行政性垄断的特权，亟须通过“混合所有制”来加以打破；至于那些关系国计民生的战略性产业或带有自然垄断性质的产业的改革，可以把国有资本有进有退和实行混合所有制有序地结合起来加以推进。

4. 建立全国统一开放的市场体系，打破地方保护主义

改革开放以来，我国的市场体系发育有了很大的改进，但是由于各地区政府追求本地 GDP 的增长，导致目前我国的地区封锁和市场分割问题仍然比较突出，主要表现有：

第一，人为设置的障碍阻滞了消费品和生产资料等要素的跨地区有效流动。为了本地区利益在短期内就最大化，一些地方政府“以邻为壑”，对消费品和生产资料等要素跨地区流动设置了各种障碍，增加了企业经营的成本，影响了经济的整体效率。一个典型的例子是，很多企业的商品发售到国内的其他省区，其成本要大大高于发售到美国等发达国家所花费的成本。其原因当然是多方面的，但地方政府的保护主义无疑是重要的原因之一。而地方保护主义的产生又有其体制上的原因。比如，从我国现行的财税制度上看，其无疑就具有强化地方保护主义的影响，因为分税制使地方政府具有扩大本地经济规模的动力，搞市场分割和地方保护有利于增加本地区的税收。再从目前的干部管理体制来看，各级政府官员都有追求 GDP 增长、使本地居民的收入更快提高等方面的政绩要求。因此，无论是从对上负责还是对下负责两个方面看，地方政府都有动力去扩大本地的经济规模，维护本地企业的利益。这本身并没有什么错，尤其是从经济发展和赶超的角度看，地方政府的积极性有正面的作用。但是，从政府职能转变和市场经济体制完善的方面看，地方政府显然是越位了，应该进行调整改革。

第二，各地的一些土政策限制了企业的跨地区兼并重组。我国经济作为一个整体，应该形成全国统一的市场，其中跨地区的企业兼并重组，有利于盘活存量资产，淘汰落后企业和产能，发挥优势企业的潜力，本来是一件有十二分好处的事情。但是，由于地方本位主义和保护主义在作怪，企业的跨地区兼并重组并不总是那么顺利。针对这种情况，2010 年 8 月国务院公布了《关于促进企业兼并重组的意见》，决定从制度规定入手，努力为企业跨地区兼并重组扫清制度障碍，提出“清理限制跨地区兼并重组的规定，尤其要坚决取消各地区自行出台的限制外地企业对本地企业实施兼并重组的规定”。另一方面，《意见》还从阻碍跨地区兼并重组所存在的实际问题出发，着力理顺地区之间的利益关系，提出“在不

违背国家有关政策规定的前提下，地区间可根据企业资产规模和盈利能力，签订企业兼并重组后的财税利益分成协议，妥善解决企业兼并重组后工业增加值等统计数据的归属问题，实现企业兼并重组成果共享”。今后，我们还应该从建立全国统一市场的高度，从制度建设上来寻求切实解决面临的现实问题的办法，以充分调动各级政府促进企业跨区域兼并重组的积极性。

第三，严格的户籍制度、属地化管理的公检法制度等行政体制使全国的统一市场难以形成和完善。我国长期实行的严格的户籍管理制度，虽然对维持社会稳定等方面起过一些积极的作用，改革开放以来也进行了一些改革，但总体上看，这套户籍制度的负面作用越来越大，一些地方政府正是利用了这套制度来限制劳动力的有序流动。比如，很多地区就实行着歧视外来工和农民工的政策，以致他们难以真正融入当地城市的生活，阻碍了劳动力的跨地区合理、顺畅流动。再比如，由于公检法及监察、工商等机构的经费来源于地方财政，并部分地由地方领导机关（政府和党委）领导，他们在司法和执法过程中容易受到地方政府的行政干预，倾向于保护本地企业而排斥外地企业，对地方封锁和市场分割的不良行为可能不仅不加以阻止，还可能会为其创造条件。因此，应该积极推进户籍制度和行政司法制度的改革，为建立全国统一开放的市场体系和打破地方保护主义做出贡献。

5. 依法规范市场秩序，打击以不正当手段谋取经济利益的行为

市场经济是建立在契约基础之上可以自由交易但又是有秩序的法治经济。正如经济学家斯蒂格利茨所指出的，政府在管理经济活动中必须制定一系列构成体系的法律使得个人与企业之间可以进行经济交易。虽然经济学家与哲学家都试图设想在没有政府的情况下生活会怎样，但假如没有法律来规定财产权，那么只有暴力才能制止人们的相互偷窃；假如政府没有能力保护私有财产，那么人就不会有积累财富的积极性。不用说，经济活动就会被严重地限制了。立法机构的职能远不只是保护财产。它保证了个人之间契约的生效，同时也对一些法律上成立的合同加以限制。（斯蒂格利茨，1988，第 26 页）

我国社会主义市场经济也不例外，也应该是一种自由而又有序地按照契约进行交易的法治经济。但是在目前，我们离这样的目标还有很大的距离。在我们的现实生活中，市场秩序不规范，经济行为主体违反基本的行为准则，以不正当手段谋取经济利益的现象是屡见不鲜，其主要表现和原因可以从以下一些方面来分析。

第一，作为市场“游戏规则”的真正符合我国社会主义市场经济发展要求的法律、法规体系尚不健全，导致了市场运行的不规范和市场流通秩序的混乱。从客观方面看，我国相比较于西方发达的市场经济国家，建立社会主义市场经济

体制的时间还不长，还处于经济体制的不断改革和转轨的阶段，市场体系建设滞后，市场发育程度不高。而从主观方面来看，我国政府有关部门对如何通过法律、法规来规范经济主体的市场竞争行为还缺乏必要的经验，经济参与者的法制观念也较为淡薄。并且在这里其实还存在着两种认识上的误区：一种是认为搞市场经济政府可以放任不管，市场机制可以自动发挥作用；另外一种是认为社会主义公有制基础上搞市场经济，政府就应该通过计划、行政手段等代表全民利益干预市场和企业。这两种认识无论从理论上还是从实践上看，都是不能成立的和极端片面错误的。现代市场经济不再是“斯密式”政府仅仅作为“守夜人”的完全自由放任的市场经济，它离不开政府作为宏观经济管理者、市场“游戏规则”制定者和监督者的积极作用，尤其是发展中国家和经济转型国家，要建立现代市场经济，政府的作用将更为重要。当然，强调政府的积极作用也不要走到像第二种认识那样的误区中去，政府的作用也是有限度和边界的，它不是要替代市场和企业去直接当“运动员”，当好自己的“裁判员”的角色就可以了。

第二，作为经济运行微观主体的企业和个人，其行为很多方面存在着被扭曲的情况。市场经济条件下，经济行为人具有趋利性的本质特征，决定了他们为生存和发展，必然会追求利润最大化，这本来是无可厚非的。但是，由于市场不完善和政府监管不到位等原因，一些不法行为有了孔子可钻，并由此能够获得暴利，给人感觉好像不讲法律、信誉和公德反而可以畅行无阻，结果是导致一些人把玩弄手段、坑蒙拐骗、弄虚作假，作为了赚钱盈利的“妙策良方”。企业的行为也严重短期化，价格大战似乎是更时髦而容易操作的手段。比如在1999—2000年，我国市场上企业的竞争手段单一化，价格“肉搏战”十分惨烈，恶性竞价波及到了彩电、空调、冰箱等很多行业。虽然这些手段短时间内使消费者受益了，但长期来看并不有利于企业新产品创新能力的培养，最终还是会损害消费者利益。尤其是在一些垄断行业，几大国有垄断企业的恶性竞争，造成了社会资源的严重浪费。比如，中石油和中石化之间出天价竞争加油站的布点，排挤了民营加油站的合理发展，异常抬高了经营成本；中国电信和中国联通前几年为了与中国移动竞争业务，建设了大量基于落后技术的小灵通基站，后来又很快被淘汰，浪费了国家的资源。

第三，政府行为方面存在着不规范，制度设计不合理和监管不力使不法行为有机可乘。比如，一些地方政府为保护特定企业，随意采取降低税收和地价等方面的优惠政策，相对于其他地方和企业来说，实际上是形成了不平等的竞争环境，有时候实际上还是保护了落后企业和要被淘汰的过剩产能。典型的如现在过剩的钢铁和水泥产业，一些地方政府千方百计保护本地企业渡过难关，而希望其他地区的企业先破产。而各个地方都这么做，结果就是全国的产能过剩问题就很难解决，或者解决的成本会很高。另外，在项目招投标过程中，一些地区或部门

为确保本地、本系统的企业中标，采取了歧视性的资质审查、限制信息发布地点和范围、制定不公平的评标标准和方法等措施，极力排斥外地或外系统的潜在投标者参与。更为严重的是，在地方和部门保护主义的影响下，一些地方假冒伪劣商品长期充斥市场，偷漏税款活动猖獗，合同违约、商业欺诈和逃废债务现象严重，财务失真和做假账等违反财经纪律的行为相当普遍。针对这样一种市场秩序混乱的社会经济生活实际，我国早从 2001 年开始，各地和有关部门就曾按照国务院的统一部署，开展了若干整顿和规范市场经济秩序的行动。这些行动根据每个时期的不同特点，确定整治重点，特别是紧紧抓住直接危害人民切身利益、社会反映强烈的问题进行集中整治。比如，以食品、药品、农资、棉花、拼装汽车等为重点，打击了制售假冒伪劣商品的行为；以查处规避招标、假招标和转包为重点，整顿和规范了建筑市场；以查处骗税、偷税、非法减免税为重点，强化了税收征管；以查处地区封锁和部门行业垄断为重点，打击了地方保护主义。但是，值得我们深思的是：为什么当时国务院统一部署的整顿和规范市场经济秩序的行动没有收到很好的和持久的效果呢？根本的原因还在于体制机制、利益机制没有理顺。由此也从一个侧面告诉我们：通过系统的体制改革才是能够真正让市场在资源配置中发挥决定性作用的根本和关键。

第二章　深化改革完善社会主义市场经济新体制

党的十八届三中全会《决定》在坚持和完善基本经济制度的前提下，创新和发展了社会主义经济理论，明确提出“紧紧围绕使市场在资源配置中起决定性作用深化经济体制改革”。按照这个要求，本章对中国改革开放以来的经济体制改革进行回顾概括，总结出其不足之处。以此为基础，对完善我国社会主义市场经济体制提出建议，并对深化改革的重点领域进行阐述。

一、中国经济体制改革进程：回顾与总结

新中国成立以来，我国经济体制从建立到变革已经走过了近 65 年的历程。在近 65 年的历史进程中，中国共产党领导中国人民艰难探索，逐渐形成了关于社会主义经济建设和经济体制的若干规律性认识，实现了经济体制从高度集中的计划经济体制到社会主义市场经济体制的根本性转变，极大地解放和发展了社会生产力。回顾这段历史，总结经验教训，对于加快改革开放和社会主义现代化建设具有重大的现实意义。

1. 历史进程

（1）1949—1957 年：传统计划经济体制的建立。

1949 年中华人民共和国成立时，党和政府就着手对旧中国半殖民地半封建的经济制度进行根本性的改造和变革，以创建一个社会主义新中国的经济体制。经过三年恢复时期和第一个五年计划，到 1957 年，新的社会主义经济体制初步建立和形成。

新中国的经济体制是在有步骤地实现从新民主主义到社会主义的转化中形成的，大体上分三步：第一步，没收官僚资本，完成土地改革，统一财政经济。没收官僚资本，是国家掌握经济命脉，确立了全民所有制的国营经济的领导地位。完成土地改革，变地主所有制为农民所有制，恢复和发展了农业生产。统一财政经济，包括控制主要商品，加强市场、物价和金融的管理，以及进一步统一财政

收支、统一物资调度、统一货币发行，到 1952 年实现了财经状况的根本好转。这为形成新的经济体制、开展有计划的经济建设奠定了一个基本条件。第二步，基本完成对农业、手工业和资本主义工商业的社会主义改造。三大改革在 1956 年基本完成，确立了社会主义公有制占绝对优势的生产资料所有制结构。这是整个社会主义经济体制的基础。第三步，进行有计划的经济建设，建立集中统一的经济体制。1953 年开始实施第一个五年计划，对重点建设实行统一管理。后来对粮食实行计划收购和计划供应，对工业、物资、交通运输等部门的国营企业和部分公私合营企业主要实行直接计划和实物调拨，并对财政、信贷和劳动工资等也实行统一收支、存放和分配。于是，形成了以计划体制为中心的、集中统一的经济体制。

这种体制的建立在许多方面借鉴了苏联的经验，更重要的是由于它有利于解决我国建国初期所面临的严峻的政治经济问题。因此，它曾在我国的社会主义建设中发挥过重要的历史作用。但是，随着经济规模的不断扩大，经济联系的日益复杂，这种体制的弊端也日益暴露出来。

（2）1958—1966 年：初步探索经济体制的改革。

“大跃进”时期，“左”的思想占了上风，经济决策出现了一系列的重大错误，服从于实现“大跃进”的目标，经济体制也有许多变化：一是在所有制上，急于追求“一大二公”，搞“升级”“过渡”，企图尽快实现单一的全民所有制。农村掀起人民公社化的运动，把小社并成大社，基本上取消自留地，实行政社合一。城市改造“残存的私有制”，基本上取消个体经济和个体经营，限制集体经济和集体经营，有的转为或并入国营企业。二是在中央和地方的关系上，不加分析地下放管理权，实际上是“大撒手”。三是在国家和企业的关系上，盲目扩大企业权限，企业失去正常管理，经济效益大大下降。四是在分配制度上，无论农村还是城市，都搞“一平二调”，使平均主义进一步发展，极大地挫伤了农民、职工的积极性，在表面上轰轰烈烈的掩盖下，劳动生产率不断下降。

针对“大跃进”造成的国民经济严重困难，中央决定实行“调整、巩固、充实、提高”的方针。八字方针的中心是调整。这个方针，到 1962 年召开“七千人大会”时得到了全面贯彻。贯彻这个方针，在缩小投资规模、放慢发展速度、恢复工农业生产并抑制通货膨胀、保证人民最低生活标准的同时，在经济体制上也有相应的对策。一是加强中央的集中统一管理，搞好综合平衡；二是开始注意运用经济杠杆的作用；三是制定各种管理条例，加强经济监督。

在调整过程中，还对体制改革进行了若干探索。例如：试办托拉斯，用经济组织管理经济，在工业、交通部门按照专业化协调的原则办了一些全国性的、地区性的和地方性的公司；改革企业管理体制，按照《工业七十条》，要求国家对企业实行“五定”、企业对国家实行“五保”，并建立党委领导下的厂长负责制等等。调整时期的体制演变，针对以调整为主的任务，强调集中统一，取得了很大成绩，克服了困难，经济很快恢复，效益逐步提高，出现了以前少有的好形势。

（3）1966—1978 年：盲目放权的经济体制变动。

1966 年，正当国民经济的调整基本完成，国家开始执行第三个五年计划的时候，意识形态领域的批判运动逐渐发展成矛头指向党的领导层的政治运动。1966 年 5 月中央政治局扩大会议和同年 8 月八届十一中全会的召开，标志着一场长达 10 年、给党和人民造成严重灾难的“文化大革命”全面爆发。“文化大革命”实际上是一场由领导者错误发动，被反革命集团利用，给党、国家和全国各族人民带来严重灾难的内乱。

“文化大革命”前期，从 1970 年开始了一场以向地方盲目下放权利为中心内容的经济体制大变动。当时关于加速战略大后方基地建设的决策，对于促成这次经济体制的变动以及变动的方向都起了不容忽视的作用。下放的具体实施包括以下几点：一是企业大下放，二是“物资分配大包干”；三是发展地方“五小”工业与财政收支的“大包干”；四是发展地方“五小”工业与基本建设投资的“大包干”。

1970 年开始的以地方放权为中心内容的经济体制大变动，给整个国民经济造成巨大的冲击，最直接的表现就是因基本建设规模过大，造成了 1971 年国民经济宏观方面的“三个突破”。于是又有了 1971—1973 年、1975 年国民经济的两次调整。随之而来的“洋跃进”又使整个国民经济面临着深刻的危机，中国经济体制改革需要寻找新的出路。

十一届三中全会以前的 20 多年，我国曾有多次的权利下放，但又都只限于调整中央和地方，条条和块块的管理权限，并没触及体制问题，传统计划经济体制模式没有丝毫改变。这种情况下，企业变成了行政机关的附属物，没有了生产经营积极性，缺乏活力，计划经济体制与社会生产力发展也日显不适，改革旧体制迫在眉睫。邓小平指出：“要发展生产力，经济体制改革是必由之路。”“为了发展生产力，必须对我国的经济体制进行改革，实行对外开放政策。”

（4）1978—1992 年：经济体制改革目标的探索。

1978 年底，党的十一届三中全会胜利召开，揭开了中国改革开放的序幕。这个阶段经济体制改革的目标模式是由中共十二届三中全会提出的“有计划的商品经济”模式和由中共十三大提出的“计划与市场内在统一的体制”模式。

这个阶段，在理论上突破了长期以来完全排斥市场调节，把计划经济同商品经济对立起来的传统观念，重新解释了计划经济的内涵。中共十一届六中全会和中共十二大提出的“计划经济为主、市场调节为辅”的思想，突破了完全排斥市场调节大一统的计划经济观念。1984 年 10 月，中共十二届三中全会通过的《关于经济体制改革的决定》，确定社会主义经济是“公有制基础上的有计划的

商品经济”，提出改革的目标是建立具有中共特色的、充满生机和活力的社会主义经济体制。1987 年 10 月，中共十三大进一步提出“社会主义有计划商品经济的体制，应该是计划和市场内在统一的体制”；“新的经济运行机制，总体上说是‘国家调节市场，市场引导企业’的机制。”这就从理论上确认了市场机制作用的中枢地位。

在实践上，这一阶段的经济体制改革历时 14 年，按其进程可以分为三个小的阶段：一是 1979—1984 年，是改革启动、局部试验阶段。改革的重点在农村，农村改革的中心是推行家庭联产承包制。与此相配套，实施了农产品调价、发展多种经营和集市贸易等措施。城市改革则处于试点、探索阶段，主要是对国企放弃让利，推行两步“利改税”、厂长经理负责制与经济责任制等。二是 1984—1988 年，是改革全面探索阶段。改革重点有农村转向城市，改革实践以搞活国有企业为中心环节全面展开。承包制成为国有企业改革的主要形式。同时试点租赁制、股份制等；三是 1988—1992 年，是治理整顿、维护稳定阶段。针对 1987 年开始的通货膨胀，十三届三中全会确定了治理经济环境、整顿经济秩序、全面深化改革的指导方针。

（5）1992—2002 年：市场经济体制框架的构建。

以 1992 年邓小平南方谈话和党的十四大为契机，我们在计划与市场关系问题上的认识上有了新的重大突破。主要是从根本上破除了把计划经济和市场经济看作属于社会基本制度范畴的思想束缚，确立了中国经济体制改革的目标模式及基本框架。1992 年 10 月，党的十四大确立了社会主义市场经济体制的改革目标，标志着中国经济体制改革进入以制度创新为主要内容的新阶段。1993 年，中共十四届三中全会通过的《关于建立社会主义市场经济体制若干问题的决定》指出“建立社会主义市场经济体制，就是要使市场在国家宏观调控下对资源配置起基础性作用”，并勾画出社会主义市场经济体制的基本框架。1997 年中共“十五大”确立了公有制为主体、多种所有制经济共同发展的基本经济制度，实现了思想理论上的一系列新突破，推动改革向纵深发展。

这一阶段改革实践的重要特点是整体推进、重点突出，注重制度建设和体制创新。改革仍然以国有企业为中心环节，国企改革的方向是建立现代企业制度。一批国有大中型企业被改造成国有独资公司、有限责任公司或股份有限公司；众多的小型国有企业，通过改组、联合、兼并、租赁、承包经营和股份合作制、出售等形式进行了改革。从战略上调整国有经济的布局，使国有资本逐渐集中到关系国民经济命脉的重要行业和关键领域。与此相适应，积极探索国有资产监管体制改革。

从 1994 年开始，财政、税收、金融、外贸、外汇、计划、投资、价格等方面的配套改革相继取得重大突破。如财税体制实行分税制；金融体制初步实现政策性金融与商业金融的分离，实施人民币汇率并轨。培育市场体系，整顿和规范市场经济秩序工作取得阶段性成果；积极推进社保制度改革，基本确立了社会保障体系的框架；适应市场经济的要求，转变政府职能，对政府机构进行重大改革。至此，社会主义市场经济体制初步确立。

（6）2002—2020 年：社会主义市场经济体制的完善。

这个阶段的重要标志是 2002 年党的十六大和 2003 年十六届三中全会的召开。2002 年召开的中共十六大，提出本世纪头二十年改革的主要任务是完善社会主义市场经济体制，即在 2020 年建成完善的社会主义市场经济体制和更具活力、更具开放性的经济体系。2003 年中共十六届三中全会通过的《关于完善社会主义市场经济体制若干问题的决定》，对建成完善的社会主义市场经济体制进行了全面的部署，尤其是在所有制理论上实现了重大突破：一是提出股份制是公有制的主要实现形式；二是深刻阐述了现代产权制度的主要特征和重要地位；三是提出给予非公有制经济平等待遇。此外，中央提出树立科学发展观、构建和谐社会等重大战略思想，也为完善社会主义市场经济体制提供了理论指导。

在实践上，党的十六大以来，按照建成完善的社会主义市场经济体制和更具活力、更加开放的经济体系的要求，我国经济体制改革迈出新的步伐。国有企业和国有资产管理体制改革迈出重要步伐。国务院成立了国有资产监督管理委员会，颁布了《企业国有资产监督管理暂行条例》；农村税费改革在全国范围展开，城乡分割的户籍制度进一步打破。2000 年 3 月，农村费改税试点工作在全国推开。金融体制改革稳步推进，国有商业银行和保险公司股份制改革步伐加快，资本市场进一步开放，利率市场化、农村信用社改革等多项金融改革试点取得突破。电力、民航等垄断行业改革迈出新的步伐。

行政管理体制改革有了新的进展，政府的社会管理和公共服务职能进一步加强；政府机构改革继续推进，发展改革委、商务部、银监会等相继挂牌；行政审批制度改革步伐加快，国务院部门分三批取消和调整了 1800 项审批项目；全面推行依法行政，颁布实施了《行政许可法》和《公务员法》等行政管理法律法规。（邱家洪，2008）

2. 改革开放 36 年市场化指数的测度

中国市场化程度是衡量市场经济体制完善程度和市场经济地位的重要参考标准。本文构建了市场化指数的测度评价体系，对 1978—2013 年中国的市场化程度进行了实际测度。

构建由三级指标层次构成的中国市场化程度测度指标体系。其中，3 个一级指标分别是：政府的合理规模和行为规范化、企业的多元所有制和主体自由化、市场的完备体系和交易公平化。同时，每个一级指标下设 2 ~ 4 个二级指标，全

部二级指标包括9个，分别是：政府规模合理化、政府经济资源配置规范化、税负公平化、非国有经济的发展、所有制的多元化、国际贸易自由度、金融改革深化程度、货币政策效果、定价自由度。每个二级指标又由2～4个三级指标综合而成，以便对我国市场化程度进行全面的定量评价。评价指标体系的总体结构请参考表2－1。

表2－1 中国市场经济发展程度测度指标体系

一级指标	二级指标	三级指标
政府的合理规模和行为规范化	政府规模合理化	政府消费占GDP比重
		政府人员占城镇从业人员的比重
	政府经济资源配置规范化	财政收入占GDP的比重
		预算外收入占GDP的比重
	税负公平化	工业企业税占GDP的比重
		农业各项税收占GDP的比重
企业的多元所有制和主体自由化	非国有经济的发展	城镇非国有单位从业人员占城镇从业人员的比重
		非国有经济类型工业企业总产值所占比重
		外商投资企业出口总额占全部出口总额比重
	所有制的多元化	外商直接投资相当于国内生产总值的比重
		全社会固定资产投资来源中外资、自筹和其他资金所占比重
市场的完备体系和交易公平化	国际贸易自由度	平均关税税率
		从国际贸易中获得的税额占进出口额的比重
	金融改革深化程度	三资乡镇个体私营企业短期贷款占金融机构全部短期贷款的比重
		广义货币（M2）与国内生产总值的比值
	货币政策效果	最近五年通货膨胀率的平均值
	定价自由度	社会消费品零售总额中市场定价的比重
		农副产品收购总额中市场定价的比重
		生产资料销售总额中市场定价的比重

为了更准确地理解各测度指标的意义，现将20个测度指标的含义解释如下：

（1）政府的合理规模和行为规范化。

政府消费占GDP的比重：政府消费是政府单位为全社会提供公共服务的消费支出和免费或以较低价格向住户提供的用于消费的货物和服务的净支出。政府消费占GDP的比重反映一定时期内政府消费对国民经济的影响程度。政府人员占城镇从业人员的比重：政府人员占城镇从业人员的比重反映政府人员规模的大小。一定数量的政府工作人员是必要的，但超过了合理界限的政府规模就会导致对正常市场活动的不良影响。财政收入占 GDP 的比重：从国际经验来看，市场化发展程度高的国家，政府分配资源的程度一般来说也较低。因此，我们采用了财政收入在 GDP 中所占比重作为一个负向指标（它的剩余项代表由市场分配经济资源的比重）来近似地反映资源分配方面的市场化进展程度。预算外收入占 GDP 的比重：由于我国政府收入形式还不规范，政府收入中除了税收收入之外，还包括相当数量的预算外收入以及制度外收入，以预算外收入占 GDP 的比重来衡量政府在经济资源配置中的规范性。农业各项税收占 GDP 的比重：农业各税包括农业税、牧业税、耕地占用税、农业特产税和契税等。农业各项赋税的降低表明解决二元经济结构问题的实际效果。减轻农民负担反映了市场化进程“质”的变化，是政府对社会产品分配的调整。工业企业税收占 GDP 的比重：工业企业税负是指企业承担国家税收的数额与程度，用这项资本来指代企业的平均税负。

（2）企业的多元所有制和主体自由化。

城镇非国有单位从业人员占城镇从业人员比重：城镇非国有单位从业人员占城镇从业人员比重反映了城镇就业人口中非国有单位从业人员的相对规模。非国有经济类型工业企业总产值所占比重：非国有经济类型的工业企业总产值所占比重近似代替非国有经济在国民生产总值中的比重，反映非国有经济的发展变化和对国民经济的贡献大小。外商投资企业出口总额占全部出口总额比重：用外商投资企业的进出口总额占全部进出口总额比重，反映了进出口总额中非国有经济的贡献。但为了更加准确地反映外商投资企业对经济发展的贡献，从进出口额度中剔除进口数额，用其出口总额占全部出口总额的比重效果更好。外商直接投资相当于国内生产总值的比重：选择外商直接投资与国民生产总值（GDP）之比来反映资本来源的多样化和市场准入的程度。全社会固定资产投资资金来源中外资、自筹和其他资金所占比重：利用外资、自筹和其他资金（如上市融资）是市场化程度比较高的获取资金的方式，用以上三种方式获取的投资资金占全社会固定资产投资额的比重可以很好地反映资本形成的市场化程度。外方注册资金占外商投资企业总注册资金的比重：反映外资投入的大小对投资资本金形成的影响程度，是反映资本来源多元化的一个补充指标。

（3）市场的完备体系和交易公平化。

平均关税税率：关税税率反映了贸易的自由化程度。从国际贸易中获得的税额占进出口额的比重：是指关税收入与进出口总值之比，反映在国家贸易当中税收对自由贸易的影响程度。三资乡镇个体私营企业短期贷款占金融机构全部短期贷款的比重：是指金融机构各项贷款的短期贷款中，三资企业贷款、私营企业及个体贷款和乡镇企业贷款所占的份额，反映金融机构的贷款中有多大比例投向了

非国有企业。广义货币（M2）与国内生产总值的比值：M2/GDP是常用的衡量金融深化的指标。通常来说，该比值越大，说明经济货币化的程度越高。最近五年通货膨胀率的平均值：这里的通货膨胀率是指居民消费价格指数的变化率，最近五年通货膨胀率是将最近五年居民消费价格指数的变化率作简单的算术平均，反映了近期物价的变动情况。社会消费品零售总额中市场定价的比重：社会消费品零售总额中市场定价的比重反映在社会商品零售环节的市场化程度。农副产品收购总额中市场定价比重：指在各单位或部门收购的农副产品总额中按市场调节价和政府指导价收购的农副产品金额的比重。它反映在农副产品收购环节市场化的程度。生产资料销售总额中市场定价比重：指在所有销售部门生产资料的销售收入中按市场调节价和政府指导价销售的生产资料金额的比重。它反映在生产资料出厂环节市场化的程度。

本文对1978—2013年中国市场化指数进行评分和测度，采用算术平均数的测度办法，即各项指标的权重相同。在测度评分办法的选择上，参照美国传统基金会2007年报告以前的评分方法，即采取5分制的方法，按照市场化程度由高到低将等级分为1分、2分、3分、4分及5分五个等级，1分说明该项指标或因素反映的市场化程度最高，我们将1分所在的区间称之为评分的上限区间；而5分则说明该项指标或因素所反映的市场化程度是最低，我们将5分所在的区间称之为评分的下限区间。

测度区间的临界值的确定标准，主要基于以下因素：

第一，根据基础理论来确定。比如通货膨胀率按照普遍认可的理论在3%以内属于正常区间，故将“最近五年通货膨胀率的平均值”这项指标的上限就设为3%。又如“平均关税税率水平”，根据国际贸易的有关理论和实践，认为在4%以下是贸易自由度的上线，则将4%以下设为1分。确定临界值后，再按照等比递增的规律划分其他区间。

第二，根据经济运行中的实际情况和数据的分布特征来确定。比如“社会消费品零售总额中市场定价的比重”，依据市场经济国家的经验值和我国价格改革的实际成效，判断实际值在95%以上是最自由的，故将95%设为1分的上限；又如“政府人员占城镇从业人员的比重”这项指标，实际测度的数据分布在3%～10%之间，我们就按照等分的办法划分为5个区间。

在确定了区间的上限和下限后，大部分指标采取等距的办法，中间三个区间是根据等距的形式来划分，确定区间的界限。仅有个别指标根据数据的分布特征采取了不等距的分类法。具体评价办法见表2－2。

表2－2　市场化指数各项指标评分方法

分类	指标名称	指标性质	单位	评分方法				
				1分	2分	3分	4分	5分
政府的合理规模和行为规范化	1. 政府消费占GDP的比重	－	%	≤10	(10,15]	(15,20]	(20,25]	>25
	2. 政府人员占城镇从业人员的比重	－	%	≤3	(3,5]	(5,7]	(7,9]	>9
	3. 财政收入占GDP的比重	－	%	≤10	(10,15]	(15,20]	(20,25]	>25
	4. 预算外收入占GDP的比重	－	%	≤3	(3,5]	(5,10]	(10,,15]	>15
	5. 工业企业税收占GDP的比重	－	%	≤3	(3,5]	(5,7]	(7,8]	>8
	6. 农业各项税收占GDP的比重	－	%	≤0.3	(0.3,0.5]	(0.5,0.7]	(0.7,0.9]	>0.9
企业的多元所有制和主体自由化	7. 城镇非国有单位从业人员占城镇从业人员比重	+	%	>70	(50,70]	(30,50]	(10,30]	≤10
	8. 非国有经济类型工业总产值比重	+	%	>70	(50,70]	(30,50]	(10,30]	≤10
	9. 外商投资企业出口总额占全部出口额比重	+	%	>70	(50,70]	(30,50]	(10,30]	≤10
	10. 外商直接投资相当于国内生产总值的比重	+	%	>7	(5,7]	(3,5]	(1,3]	≤1
	11. 全社会固定资产投资来源中外资、自筹和其他资金所占比重	+	%	>80	(70,80]	(60,70]	(50,60]	≤50
	12. 外方注册资金占外商投资企业注册资金比重	+	%	>70	(60,70]	(50,60]	(40,50]	≤40
市场的完备体系和交易公平化	13. 平均关税税率	－	%	≤4	(4,10]	(10,20]	(20,30]	>30
	14. 从国际贸易中获得的税额占进出口额的比重	－	%	≤5	(5,10]	(10,12]	(12,15]	>15
	15. 三资乡镇个体私营企业短期贷款占金融机构全部短期贷款的比重	+	%	>18	(14,18]	(10,14]	(4,10]	≤4
	16. 广义货币(M2)与国内生产总值的比值	+	%	>80	(70,80]	(50,70]	(40,50]	≤40

续表

分类	指标名称	指标性质	单位	评分方法				
				1 分	2 分	3 分	4 分	5 分
市场的完备体系和交易公平化	17. 最近五年通货膨胀率的平均值	-	%	≤3	(3,6]	(6,15]	(15,20]	>20
	18. 社会消费品零售总额中市场定价的比重	+	%	>95	(85,95]	(70,85]	(50,70]	≤50
	19. 农副产品收购总额中市场定价比重	+	%	>95	(85,95]	(70,85]	(50,70]	≤50
	20. 生产资料销售总额中市场定价比重	+	%	>95	(85,95]	(70,85]	(50,70]	≤50

注：1. "+"代表指标为正指标，"-"代表指标是逆指标；2. 在打分过程中，如出现两个相邻年份的得分相同的情况，则可根据所有指标数据的分布差距，在两个分值之间取中间数来评分，以示区别

上述市场化测度指标的评分遵循"三级指标——二级指标——一级指标——总指标"的整合过程，每一次综合都是采取简单算术平均数的办法，保留 2-3 位小数。首先是对 20 项三级指标进行评分，然后对二级指标和一级指标进行综合评分，最后再由三个一级资本合成总指数。在由 5 分制的总指数转化为百分数表示的总指数过程中，我们使用插值法进行换算，换算公式为：$y = 125 - 25x$，其中 y 指百分制的总指数，x 指 5 分制下的总指数。经过换算，详细结果见表 2-3。

表 2-3 1978—2013 年中国市场化指数总得分

年份	五分制总得分	百分数	年份	五分制总得分	百分数
1978	4. 125	21. 875	1996	2. 861	53. 472
1979	4. 208	19. 792	1997	2. 653	58. 681
1980	4. 056	23. 611	1998	2. 528	61. 806
1981	4. 014	24. 653	1999	2. 444	63. 889
1982	3. 917	27. 083	2000	2. 319	67. 014
1983	3. 889	27. 778	2001	2. 208	69. 792
1984	3. 903	27. 431	2002	2. 181	70. 486
1985	3. 847	28. 891	2003	2. 181	70. 486
1986	3. 806	29. 861	2004	1. 944	76. 389
1987	3. 785	30. 382	2005	2. 069	73. 264
1988	3. 847	28. 819	2006	2. 049	73. 785

续表

年份	五分制总得分	百分数	年份	五分制总得分	百分数
1989	3. 819	29. 514	2007	2. 042	73. 958
1990	3. 486	37. 847	2008	2. 039	74. 025
1991	3. 458	38. 542	2009	2. 045	73. 875
1992	3. 236	44. 097	2010	1. 975	75. 625
1993	2. 931	51. 736	2011	1. 901	77. 475
1994	2. 903	52. 431	2012	1. 887	77. 825
1995	2. 792	55. 208	2013	1. 879	78. 025

我们将上述测度结果用图 2 －1 来表示，通过 36 年的市场化指数的变动趋势来分析市场化进程中的基本特点。

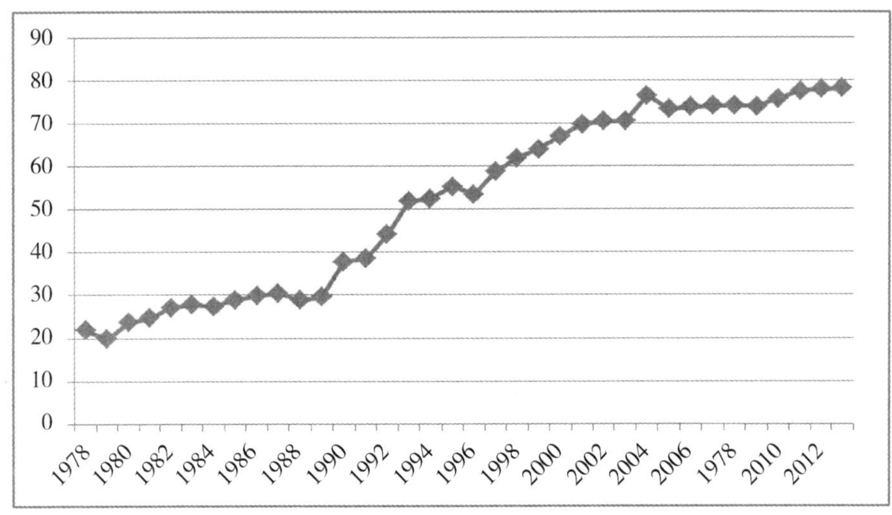

图 2 －1　1978—2012 市场化指数变化趋势图

根据 1978—2013 年 36 年的市场化指数变化趋势，我们至少可以得到以下几个方面的基本结论：

第一，市场化程度的提高不是直线上升的，在个别年份，甚至还有所降低，但变化幅度较小。从 1978—2013 年，我国市场化的程度保持了总体上升的趋势。

第二，市场化程度提高的幅度与市场改革的改革进程基本吻合。以 1992 年为界，此前的市场化程度提高比较缓慢，1992 年我国确立了社会主义市场经济体制改革的基本方向后，市场化的进程开始加快，市场化指数提高的幅度逐步增大。

第三，从 1998 年开始，我国的市场化指数越过 60%，如果把这个标准作为

及格线的话，也就是说，1998 年我国开始成为了市场经济国家，更为准确地说是发展中的市场经济国家，到 2013 年我国的市场化指数达到了 78.025%，正在逐步向成熟的市场经济国家迈进。

综上所述，经过近 65 年的发展历程，中国经济体制实现了深刻的历史变迁，传统计划经济体制已被打破，社会主义市场经济体制的基本框架得到确立。经济体制的根本性转变极大地解放和发展了社会生产力，中国的经济实力和综合国力显著增强，人民生活实现了历史性跨越。（董晓宇，2010）

3. 历史经验

回顾新中国经济体制 65 年的发展历程，既有令人振奋的辉煌，也有叫人痛惜的失误。其中蕴藏着丰富的经验教训，这里仅列举出我们的一些肤浅总结。

（1）社会主义经济体制必须做到与时俱进。

中国经济体制从最初建立的计划经济体制，到社会主义有计划商品经济体制，再到计划和市场内在统一的经济体制，最后定格到社会主义市场经济体制，充分说明了经济体制应当始终做到与时俱进，才能不断地解放和发展社会生产力，是社会主义经济焕发出应有的生机和活力。新世纪新阶段，发展要有新思路，改革要有新突破，开放要有新局面。面对新的形势和新的要求，我们决不能满足，决不能停顿，必须突出改革，深化改革，坚持以改革为动力，真正做到以与时俱进的精神促进改革的不断深化。

（2）经济体制的建立与变革要重视把握历史机遇。

纵观建国以来 65 年的历史，可以看到，就我国经济发展和体制改革来说，曾经失去过几次历史契机，也抓住了几次历史契机。如 1956 年中共“八大”以后，毛泽东等中央领导深刻反思苏联模式，开始独立探索适合中国国情的发展道路，使我国面临一次历史契机。但是，由于受“反右”运动等因素的影响，却走上了“大跃进”歧途。再如 1974 年邓小平的复出和“整顿”，使中国又面临一次历史契机。这次契机，因以批判所谓“右倾翻案风”和罢免邓小平而丧失。值得庆幸的是，党的第二代领导人和第三代领导人成功地抓住了 1978 年党的十一届三中全会和 1992 年邓小平“南方讲话”之后的历史契机，实现改革与发展的新突破、新进展。

（3）理论创新、群众实践、政府主导不可或缺。

中国经济体制从建立到变革，每一次大的突破，无不与认识上的飞跃、理论上的创新直接关联。特别是与毛泽东、刘少奇、邓小平、陈云、江泽民等几代领导人的理论贡献息息相关。理论源自实践，基层和群众的探索，为理论创新提供实践源泉，为体制变革提供不竭动力。毫无疑问，尊重群众的首创精神，是经济体制的建立与变革须要遵守的重要原则。与此同时，中国经济体制的变革及其深化，还要发挥好政府的主导性作用。纵观经济体制历史变迁的整个过程，不难看出，在总体上呈现出政府主导、自上而下的显著特点。政府主导不是主导经济活动，而是主导变革的进程，即对经济体制变革进程的推动、调控和引导。

（4）正确处理经济体制与政治体制之间的关系。

经济体制是在社会再生产过程中协调各种利益关系和各种经济活动的总体组织安排。经济体制不是孤立的东西，它只有在一定的社会政治环境中才能发挥作用。作为社会总机制的一部分，经济体制必然同其他方面发生关系，相互依赖又相互影响，其中，政治体制是社会总机制中最重要的组成部分，它往往决定着其他组成部分的性质和方向。在现实生活中，政治体制的因素和经济体制的因素往往交错在一起，很难对它们做出严格区分。苏联和东欧一些国家在20世纪60年代先后进行了经济体制的改革，但从效果看，有的国家比较成功，有的却停步不前，有的甚至遭到失败，究其原因，恐怕主要还不在经济方面，而在政治方面。

（5）处理好从国情出发与借鉴别国经验的关系。

中国经济体制的建立和变革是没有现成答案的艰难探索，需要从实际出发，走好自己的路，又要重视借鉴别人的经验，以便少走弯路。建国以后，我们借鉴苏联模式建立起了高度集中的机会经济体制。针对经济建设中出现的诸多问题，毛泽东等中央领导对如何建立符合中国国情的经济体制进行了积极探索。但后来由于受“左”的思想的影响，这种探索没有也不可能继续下去。十一届三中全会以后，我国经济体制改革注重借鉴并吸收西方经济理论以及一切人类优秀文明成果。但必须注意的是，现代西方经济理论具有二重性：一方面，它反映了现代化大生产和市场经济运行的一般规律，另一方面它具有浓厚的意识形态色彩。因此，必须从中国实际出发科学借鉴。（邱家洪，2008）

4. 社会主义市场经济的内涵

新时期，我们党在进一步深化改革开放和社会主义现代化建设的进程中，坚持理论创新，把马克思主义基本原理同中国具体实际相结合，实现了对社会主义市场经济认识由“传统的计划经济”到“以计划经济为主、市场调节为辅”，由“计划经济为主、市场调节为辅”到“公有制基础上的商品经济”，由“公有制基础上的商品经济”到“要使市场在资源配置中起决定性作用和更好发挥政府作用”的四次飞跃。

十八届三中全会是在全面建设小康社会，实习中华民族伟大复兴的关键时刻召开的一次具有里程碑意义的会议。全会按照党的十八大提出的全面深化改革的总体部署，提出一系列推进改革的指导思想、总体目标、具体任务和具体政策及路径。十八届三中全会审议通过的《关于全面深化改革若干重大问题的决定》，充分体现了我们党站在新的历史起点上带领全国各族人民全面深化改革的胆识、

智慧和自信，提出一系列全面深化改革的理论突破和创新。《决定》第 2 到第 7 部分是经济体制改革，共 6 个部分 22 条，占到全部篇幅的 1/3 以上，充分说明了经济体制改革是全面深化改革的重点。而经济体制改革的“核心问题是处理好政府和市场的关系，使市场在资源配置中起决定性作用和更好发挥政府作用”。这一科学论断的提出，使我们 35 年改革发展和社会主义现代化建设的大胆实践和勇于探索中，实现了对社会主义市场经济认识由“传统的计划经济”到“以计划经济为主、市场调节为辅”，由“计划经济为主、市场调节为辅”到“公有制基础上的商品经济”，进而由“公有制基础上的商品经济”到“要使市场在国家宏观调控下对资源配置起基础性作用”的三次飞跃，而十八届三中全会《决定》提出的上述科学论断，则是我们党对社会主义市场经济认识的第四次飞跃。

中国坚持市场取向的改革已走过 35 个年头。35 年来，我们在大胆探索、勇于创新、不断实践中，顺利完成了从计划经济向社会主义市场经济的转轨，实现了从贫穷到温饱、温饱到小康，进而进入全面建成小康社会的历史进程，顺利实现了中国改革开放的总设计师邓小平提出的中国现代化“分三步走”的前两步战略部署。35 年来，中国经济体制改革每迈出新的一步，都与党对马克思科学社会主义和社会主义经济理论的理论创新相联系，我们对社会主义市场经济的认识，可以说经历了四次重大突破和理论创新。

（1）由“传统的计划经济”到“以计划经济为主、市场调节为辅”——我们党对社会主义市场经济认识的第一次飞跃。十一届三中全会公报所提出的，“现在我国经济管理体制的一个严重缺点是权力过于集中，应该有领导地大胆下放，让地方和工农业企业在国家统一计划指导下有更多的经济管理自主权；应该着手大力精简各级经济行政机构，把它们的大部分职权转交给企业性的专业公司或联合公司；应该坚决实行按经济规律办事，重视价值规律的作用”。随着中国经济体制改革的顺利推进，1981 年 6 月召开的中共十一届六中全会通过了《关于建国以来若干历史问题的决议》，正式将“计划经济为主、市场调节为辅”这一表述写进党的历史文献中。所以说，十一届三中全会不仅坚持拨乱反正，而且果断中止了“以阶级斗争为纲”的错误做法，把全党和全国人民的工作重心转移到以经济建设为中心的轨道上，拉开了中国改革开放的大幕，迈出了中国市场取向改革的关键一步。这就是十一届三中全会开始的由高度集中的传统计划经济向“以计划经济为主、市场调节为辅”理论的突破和创新。

（2）由“计划经济为主、市场调节为辅”到“公有制基础上的商品经济”——我们党对社会主义市场经济认识的第二次飞跃。从以计划经济为主、市场调节为辅到社会主义经济是在公有制基础上的有计划的商品经济的科学论断，是十二届三中全会做出的重大理论突破和创新，实现了我们党对社会主义市场经济认识的第二次飞跃。从 1978 年 12 月召开的十一届三中全会到 1984 年 10 月召开的十二届三中全会，中国经济体制改革走过6个年头，以家庭联产承包制为主要形式的、统分结合、双层经营的农村改革取得重大进展，短短8年中我们通过不断深化农村经济体制改革逐步解决了长期困扰我们的农副产品短缺的现象，逐步实现了中国农村由贫穷向温饱的过渡。随着农副产品的丰富，我们放开了小商品和农副产品市场。与此同时，随着简政放权和扩大企业经营自主权改革，中国的改革由农村走向城市。中国农村联产承包制责任制和扩大企业自主权改革的成功实践表明，社会主义公有制的实现形式是多样的，社会主义公有制和商品经济是可相容的，也正是在这一关键时刻，十二届三中全会认真总结了中国经济体制改革的丰富经验，通过了我们党改革开放新时期第一个《关于经济体制改革的决定》。《决定》从理论和实践相结合的高度，提出一系列推进中国经济体制改革的指导思想、总体部署和理论创新，第一次把社会主义经济就是“在公有制基础上的有计划的商品经济”科学论断写进党的历史文献中，提出“改革计划体制，首先要突破把计划经济同商品经济对立起来的传统观念，明确认识社会主义计划经济必须自觉依据和运用价值规律，是在公有制基础上的有计划的商品经济。商品经济的充分发展，是社会经济发展的不可逾越的阶段，是实现我国经济现代化的必要条件”。正是在“有计划的商品经济”这一理论框架指导下，我们以增强企业活力为中心，大力推进城市企业改革；通过价格改革，建立了合理的价格体系，充分重视经济杠杆的作用；推进了行政管理体制改革，实现政企职责分开，正确发挥政府机构管理经济的职能；推进了分配制度改革，建立各种形式的经济责任制，认真贯彻按劳分配原则；进一步推进所有制改革，积极发展多种经济形式，进一步扩大国际和国内的经济技术交流。中国的改革从农村改革进步走向城市经济体制改革；从企业改革走向政府行政管理体制改革，逐步拉开了全面深化改革的大幕。

（3）由“公有制基础上的商品经济”到“要使市场在国家宏观调控下对资源配置起基础性作用”——我们党对社会主义市场经济认识的第三次飞跃。1993年11月召开的十四届三中全会通过的《关于建立社会主义市场经济体制若干问题的决定》，明确提出“建立社会主义市场经济体制，就是要使市场在国家宏观调控下对资源配置起基础性作用”，实现了我们党对社会主义市场经济认识的又一次重大理论突破和创新。众所周知，根据邓小平1992年南方谈话的重要精神，党的十四大明确提出建立社会主义市场经济体制的总体目标，十四届三中全会通过的《决定》，按照建立社会主义市场经济体制和使市场在国家宏观调控下对资源配置起基础性作用的总体目标和框架，提出了国有企业经营机制的转化，现代企业制度的建立，市场体系的培育和发展，政府职能的转变，宏观经济调控体系的建立和健全，以及建立合理的个人收入分配和社会保障制度，深化农村经济体制和对外经济体制改革，进一步改革科技、教育体制，加强法律制度的建设，加

强和改善党的领导等等一系列重大改革举措，初步确立中国全面深化改革的基本框架。

（4）由“要使市场在国家宏观调控下对资源配置起基础性作用”到“使市场在资源配置中起决定性作用和更好发挥政府作用”——我们党对社会主义市场经济认识的第四次飞跃。35 年来，正是随着我们党对马克思科学社会主义理论，特别是对社会主义市场经济理论认识的升华和创新，使中国的市场取向改革和开发不断取得新的进展，国家经济实力不断增强，中国已成为世界第二大经济体，在世界经济中占举足轻重的地位；经济内生活力和创新精神不断增强，经济保持快速增长态势，随着经济的发展人民群众的收入水平大幅提高，社会保障体系不断完善，和谐社会建设不断推进。但是，我们也应清醒地看到，社会快速转型过程中积累的一些深层次矛盾和问题使我们的改革进入攻坚期和深水区。改革开放的历史经验告诉我们，中国社会主义现代化进程永无止境，思想解放永无止境，改革开放永无止境，为了全面建成小康社会，进而建成富强民主文明和谐的社会主义现代化国家，实现中华民族伟大复兴的中国梦，我们必须在新的历史起点上全面深化改革；我们必须最大限度地集中全党全社会的智慧，最大限度地调动一切积极因素，敢于攻坚克难，以更大的决心冲破思想观念的束缚，突破利益固化的藩篱，把中国市场取向改革推向新的高度。为此，党的十八大不仅提出了建成全面小康社会的宏伟目标和任务，而且按照经济建设、政治建设、文化建设、社会建设、生态文明建设“五位一体”的总格局，做出全面深化改革的总体部署，十八届三中全会通过的《关于全面深化改革若干重大问题的决定》，则是全面贯彻落实十八大精神的重要部署。《决定》提出，“经济体制改革是全面深化改革的重大，核心问题是处理好政府和市场的关系，使市场在资源配置中起决定性作用和更好发挥政府作用”。通过 35 年的大胆改革和实践，我们党完成了对社会主义市场经济认识的第四次飞跃，即从“使市场在国家宏观调控下对资源配置起基础性作用”到“使市场在资源配置中起决定性作用和更好发挥政府作用”的历史性的飞跃。

为了使市场在资源配置中起决定性作用，我们必须大幅度减少政府对资源的直接配置，推动资源配置依据市场规则、市场价格、市场竞争实现效益最大化和效率最优化。为了使市场在资源配置中起决定性作用，我们必须建设统一开放、竞争有序的市场体系，必须加快形成企业自主经营。公平竞争，消费者自由选择、自主消费，商品和要素自由流动、平等交换的现代市场体系。为了使市场在资源配置中起决定性作用，我们必须处理好政府和市场的关系，对政府的职能做出科学的界定。这正如《决定》所说，“政府的职责和作用主要是保持宏观经济稳定，加强和优化公共服务，保障公平竞争，加强市场监管，维护市场秩序，推动可持续发展，促进共同富裕，弥补市场失灵”。这就清楚地告诉我们，使市场在资源配置中起决定性作用，并不是政府要退出经济管理领域、退出现代市场经营的管理，而是要解决过去政府运用行政手段对资源的直接配置问题，解决过去政府干预过多和监管不到位的问题。过去我们在处理政府与市场的关系上一方面存在着政府管理越位，即该由市场决定的事，政府干预过多（如大量的行政审批制度）；另一方面又存在着政府管理缺位，特别是市场监管方面（如食品药品质量的监管）。

市场决定资源配置是市场经济的一般规律，市场决定资源配置主要是通过价格机制、市场竞争机制（即通过市场主体的利益激励和调节机制而起作用）。从进一步完善和健全使市场在配置资源中起决定性作用的外部环境（主要指市场主体的投资环境）来说，政府的职能是在市场失灵情况下对资源的合理配置进行正确引导，通过政府的宏观调控政策，使市场对资源配置决定性作用的发挥有一个良好的外部环境，为市场主体的投资和选择创造一个良好的外部环境。

区域发展不平衡，特别是西部少数民族地区发展严重滞后，不仅是中国建成全面小康社会的难点和重点，也是促进中国经济可持续协调发展的难度和重点。为了进一步加快西部地区特别是少数民族地区发展，加快这一地区战略资源的开发，国家必须用财政杠杆，通过进一步规范和加大一般性转移财政支付，加大对这一地区的交通水利等重大基础设施建设力度，进一步加大对生态保护投入力度，进一步加大对文化、科技、教育的投资力度，为这些地区吸引国内外投资创造一个良好的、公平竞争的环境。同时，中央政府也可以通过实施对口援助工程，加快这一地区的经济发展。在这方面，政府是大有作为的。

35 年中国改革开放和社会主义现代化建设的实践表明，只有解放思想，勇于实践，才能实现理论创新，而每一次我们党对马克思科学社会主义和社会主义经济理论的重大突破和创新，又成为推动全面深化改革和社会主义现代化建设的强大精神力量。十八届三中全会所作出的对社会主义市场经济认识的新的突破和创新，必将指引我们取得全面深化改革和社会主义现代化建设新的成就。（董兆武，2014）

二、当前我国社会主义市场经济存在的主要问题和不足

1. 计划经济的改革

历史的一段时期内，计划经济为中国经济的发展立下过一定功劳，它将有限的资源集中起来，发展重点产业，促进必需品的生产和供给，并有计划地进行分配，使得收入均等化，保证国民生计，提高宏观经济效益，加速了工业化进程。但随着经济和社会的发展，人民对生活质量需求的逐渐提高，计划经济的弊端也

渐渐浮出水面。计划经济体制使得经济效率低、人们生活水平不能提高、束缚了企业的手脚，严重缺乏创新。没有革新，就缺乏前进的动力，经济发展缓慢，缺乏主动性和能动性。最后，这种体制出现了危机。计划经济的性质使中国把自己封锁起来，严重落后于世界和周边国家，阻碍中国的经济，国家的发展基本处于停滞不前的状态。这是已经被经济发展实践证明了的，实行这种经济体制已经不适合中国的战略选择，无法承载经济发展和社会进步的历史任务，社会上形成了变革计划经济体制的内在动力。

从改革开始到邓小平“南方谈话”之前，我国对于经济体制改革的目标存在分歧，政界一方主张实行以计划经济为主，市场调节为辅助的体制，理论界则主张实行社会主义市场经济。且政界一直以来占上风，影响着中央对经济的决策。邓小平、陈云等先后提出社会主义不等于计划经济和必须重视市场调节等重要思想。1979 年，邓小平指出：“说市场经济只存在于资本主义社会，只有资本主义的市场经济，这肯定是不正确的。社会主义为什么不可以搞市场经济？这个不能说是资本主义。我们是计划经济为主，也结合市场经济，但这是社会主义的市场经济。”1982 年 9 月召开的党的十二大，将贯彻计划经济为主，市场经济为辅的原则写入报告。党中央文件先后提过：有计划商品经济；计划与市场内在统一；计划和市场的作用覆盖全社会；计划经济与市场调节结合。虽然经历这提案的变革，没有改变以计划经济为主的状况。邓小平在“南方谈话”中，第一次正式向全国人民公布自己的观点：“计划多一点还是市场多一点，不是社会主义与资本主义的本质区别。计划经济不等于社会主义，资本主义也有计划；市场经济不等于资本主义，社会主义也有市场。计划和市场都是经济手段。社会主义的本质，是解放生产力，发展生产力，消灭剥削，消除两极分化，最终达到共同富裕。”这段话极大地推动了我国的经济体制改革。因为在目标统一之后，也没有了分歧，明确了改革路线，中央做出了实行社会主义市场经济体制的决定，开始了社会主义市场经济新纪元。

无论是从中国还是从世界的角度出发来看，计划经济体制的历史不算久远。虽然只有几十年的时间，而且最终以失败告终，却对后世产生了深远的影响。计划经济时代中有着对整个政治经济生活全面的、强有力的控制和支配能力，让一些掌权者或既得利益者多少有些欲罢不能。可以说，社会主义市场经济为目标的体制改革能够将计划经济与市场经济有效结合统一起来。市场经济的特点即遵从市场主动的调节，进行资源配置，这必然会使本来能从计划经济中获取利益的人有阻碍体制改革的心理。就现在我国的形势来看，主要任务还是“去计划经济化”的问题。从某种程度上讲，计划经济的体制特征与社会主义市场经济之间的矛盾仍为现在经济社会发展中的主要矛盾之一。

在这 30 多年的改革中，确实市场作用有了很大的提升，但是我国的市场体系仍然不统一，在一个不十分完善的经济体制下，市场的作用不能发挥，党的十八届三中全会通过的《关于全面深化改革若干重大问题的决定》指出，“建设统一开放、竞争有序的市场体系，是使市场在资源配置中起决定性作用的基础。”全国统一市场，是指在全国范围内，在社会分工和商品经济发展基础上形成的各地市场相互依存、优势互补、整体协调、开放高效、通达顺畅的市场体系。（韩俊，2013）从目前来看依旧存在问题是，市场真正发挥作用的领域仅仅在于商品市场和劳动力市场，而土地、资本等重要的经济资源实际仍然主要控制在政府手中。近年来，党中央一再加大反腐倡廉的力度，领导干部权力腐败的空间越来越小。在政府可以通过行政手段对市场进行干预甚至控制的领域，还是有部分权力转化为贪官的私权。有的没有受贿却违反规定，很难被察觉。贪官与奸商的“设租”“寻租”结合，破坏市场在资源配置中的作用，必然会导致经济发展的失衡。一方面，竞争性的市场经济体制才是技术创新的基本条件，在此条件下，创新是企业的主题，小企业更是重中之重。有些重点培养的小型企业，靠政府扶持和优惠政策导致创新的缺失，需要市场的竞争才能激励其主动的研究关乎切身利益和发展的课题。另一方面，还有些民企缺少资金的支持却享受不到比如国企的“待遇”，大量资源流向没有经济效益不大的资产，可能导致“倒闭潮”。著名经济学家吴敬琏在国际经济学会第十六届全球大会时指出：“始于 1990 年的商品价格自由化并没有让行政干预从市场中撤离，寻租的基础仍然存在；一旦走上政府干预的道路，从寻租活动中衍生而来的利益将会将政府干预的市场经济推向国家资本主义，最终成为裙带资本主义。”影响社会稳定，造成贫富差距增大，与“南方谈话”中设定的目标背道而驰。

与经济建设的成绩相比，政府职能的改革严重滞后。政府不能将经济调控视为宏观控制，调控重在调整而非干预微观经济活动。政府的基本职责应是弥补市场缺陷（迟福林，2012），如维护市场秩序、规范市场环境、提供公共产品等工作。各地方财政支出更多地投入到公共服务和公共产品，而不是相当一部分用于投向竞争性行业。但是这种状态是很难改变的，当运用行政权力干预微观经济活动成为常态，让掌权者放下自己的权利，退出传统历史的舞台谈何容易；不以 GDP 为中心，不搞形象工程，不铺张浪费还需要一定的时间来改变。

2. 传统观念的影响

中国文化已有 2300 多年的历史，在世界的历史上，从来没有任何一个国家有如此长的时间，堪称世界之最。文化是一种社会现象，反映一个国家或地区的精神风貌，反映了人与人，人与自我和人与自然的联系。其对中国人民无论是思想上还是行动上产生了极大的影响，有相当数目的人存在落后的传统观念，各种经济活动与传统的伦理意识有着密切的联系。也许 21 世纪，中国人变化了太多，

但在精神上的改变却有待提高。

受古代重农抑商的思想影响，当然“民以食为天”，一些人曲解地认为，以粮为纲领，不代表要扼杀工业发展。工业化是以农业为基础，以工业为主导的一种模式，而重农抑商的做法否定其他产业的发展，导致人民生活未能得到很大的改善。“闭关锁国”没有赶上世界工业化大浪潮，正当世界浩浩荡荡地进行工业革命的时期，我国清政府因腐化的封建思想采取自卫的与世隔绝的政策，导致落后于西方国家的步伐。再者，社会阶级矛盾不凸显，没有强烈的动机等因素影响，使得中国的发展进程并没有经过资本主义的发展，而是在半殖民地半封建社会的艰难环境中自己探索发展道路，开始现代化进程。

新民主主义革命的胜利为中国带来曙光，消灭了各种有形的封建主义，但是各种无形的封建残余仍然横行在世，毛泽东和邓小平都曾清醒地认识到封建主义与官僚主义对于中国社会发展所构成的长期影响。计划经济不但没有推翻这些残存的封建势力，反而以反资本主义为借口，让专制、官僚主义再一次发展起来。政府本身也是参与社会经济体系中的一个要素，政府的行为、运行效率和运行方式直接影响着经济系统的运转。凯恩斯主义的重要假设前提就是政府是理性的。政府也是由以自私为本性的人构成，如果没有法律规定的制约，也可能走上追逐利益和权利的道路。如果让政府过多地干预经济，难免也会受到封建残存思想的影响。而市场是打破封建的绝佳途径，是封建主义的克星。改革开放以来，正在努力地建设社会主义市场经济，但是余留的历史阴影过于浓厚，并且市场成长的时间还很短，不免会出现很多的问题。

市场最基本的条件就是自由与民主，讲求运用自然的过程来调整到一般均衡，而非借助外力的干预，达到某什么程度或什么目标。政府对宏观的调控恰恰打破了市场的运作，过多地影响市场资源配置的作用。就像一条小河要流入大海，本来有一定的河道，而我们却要强加阻拦其流向其他方向，非常有可能引发洪水，有的地方又遭受干旱。政府的价值在于修正进入歧途的河道，为干旱的地方引入丰富的水流，让河流不满溢，不枯竭，顺利地流向大海，即将市场的任务转移出去，同时做政府应该做的工作，比如社会管理、公用服务、社会保障等。而现在存在的现象却是，一方面，受到传统思想的影响，“官本位”使得权力行使的主题具有私利性，从人的个体出发便是欲望的驱使，从社会的角度就是腐败行为和权力滥用。另一方面，对于普通民众来讲，“非主体性意识”和“奴隶式服从观”的顺民心理使廉政制度执行缺乏群众监督，在从小的教育之下形成了重群众，轻个体的观念，习惯了不去反抗，没有强烈的竞争意识，甚至缺乏自己的思考，还有就是在封建专制制度下被强压迫的服从观念，情愿被他人管制。当几千年来这样的思想被沿袭下来，让市场机制很难形成体系，所以完善社会主义市场经济的新体制也异常艰难。

解决封建传统思想影响，主要靠法律的建设和逐步完善。中国是一个人情社会，早在两千年以前，受到封建和宗教的影响建立起来。重关系，重交往，讲情面，不免会出现“走后门”的现象。这种网络关系牵扯社会的基本功能面：一是维系着这个社会群体；二是为人们缺乏的安全感提供保障。人情关系两方通过关系来往，利益互换，得到各自想要的。这些加剧了权利的重要性，让更多人对权利趋之若鹜，从而获得额外的利益。掌权的人们相互“帮助”，暗箱操作。如果监管与监督建立在人情关系网络之上，必然会削弱监督机制直至消失。一套健全的、一般性的、已知的、确定的和平等的法律制度体系显得尤为重要。将徒有虚名的自由民主和市场机制变为一种一般性的法律规章制度。受封建残余影响，在中国社会人治还有相当市场，个人专权擅权，以权代法的现象仍然可见。让“官本位”和权力崇拜消失在法律的制约下。总之，法制之路任重道远，将残存封建思想，破坏经济体制顺利发展的这些现象加之制止，将有力地协助完善市场经济体制。

3. 社会主义市场体制不完善

如果从 1978 年改革开放算起，中国经济体制的改革仅 30 多年的时间；从党的十四届三中全会作出关于建立社会主义市场经济体制决定，经历 20 年的时间；若从社会主义市场经济体制初步建立算起，社会主义市场经济才只有不到 10 年的历史。市场经济的正效应和负效应都很突出，正效应比如经济高速增长，成为世界第二大经济体，解决了“贫穷不是社会主义”问题，这是这是社会主义市场经济体制优越性的表现。负效应也比较明显，主要是出现了社会分配不公、收入差距扩大，基尼系数从 1991 年的 0.4 正常态逐步上升到 2008 年的 0.491，然后有所回落，2013 年为 0.473（国家统计局）。数据显示，中国家庭资产的分布非常不均，最高资产 10 个百分点的中国家庭拥有 63.9% 的资产。造成这种现象的一个原因就是腐败，出现群体化、高层化、巨额化特点。这是社会主义市场经济不完善的表现。对于西方发达国家经济近百年的时间来完善市场经济体制来讲，我国还处于起步阶段，我们需要更多的时间来弥补先天不足，促进后天发育。所以，现在不得不说还存在很多亟待解决的问题。

只有发达的市场体系为支持才能完善市场经济，才能让市场机制有效实施。市场各个部分相互制约又相互促进，达到市场相对均衡，起到配置资源的作用。因此有效发展社会主义市场经济必须有配套的市场机制为基础。既要发展商品市场，又要发展生产要素市场；既要发展国内市场，又要开拓国际市场；既要发展现货市场，又要逐步建立期货市场；既要发展有形市场，又要发展无形市场等等。

中共十五大和十五届四中全会之后，国有经济的布局调整和国有企业的股份

化改制取得了重要进展。但全国统一的市场依然没有形成，比如内部市场开放度低，当改革涉及燃气、通信、石油、金融等行业的国有垄断企业时，改革步伐明显放缓，消费者几乎没有选择的余地。中国处于经济转轨时期，市场分割、封锁和垄断问题极大地阻碍了社会主义市场经济的建设。在中国，有些地区或行业为保证或保护本地区本行业和部门的利益，不惜使用经济的、行政的甚至技术标准等手段，去限制其他地区和部门行业的进入。股权结构上一股独大，竞争格局上一家独占的情况没有得到完全改变，在某些领域甚至发生“国进民退”“新国有化”的开倒车现象。(吴敬琏，2010）国有资产的战略性调整、国有企业股份化改制遇到很大障碍。

城乡分割的结构依然存在，制约农业和农村的发展。在搞计划经济时期，严格地将城市发展与农村发展隔绝开，导致农村发展缓慢，农业生产水平不高，赶不上城市发展的节奏，农民的生活质量提高缓慢，城乡的差距不断增大，严重地制约着我国经济发展和城乡一体化建设。现在，城乡分割的二元局面依然存在，农民收入增长困难的问题依然突出，阻碍社会主义市场经济的发展。

要素市场发育不完全。在改革以来商品市场发展迅速，受传统因素的影响，生产要素市场相对落后，特别是资本、土地市场的发展明显滞后。而这些都与其他商品的价格联系非常密切。其中的最重要的问题是，既缺乏不同要素所有者的市场交易主体，又缺乏反映需求变化的市场交易价格，更缺乏市场竞争秩序所必需的规则与监管。生产要素市场化改革的滞后，使得要素价格不在正常的水平，导致让市场机制的作用范围缩小、程度降低，拖后经济的发展。

产权制度不明确。改革开放以来，国有企业改革一直是经济体制改革的重要内容，多年来，我国进行经济体制改革，并形成在不改变国有体制的基础上，多种经济形势改革的尝试。建立了现代企业制度的国有体制改革方向。但是，改革并不彻底，还没有完成，还达不到产权清晰，责权明确的程度。有效的国有资产管理体制尚未形成，国有企业改革要达到使国有企业成为真正“法人实体”和“市场竞争主体”的目标还没有真正实现。其表现主要是，国有经济的战略重组远没有完成，国有比重依然偏高，大中型国有企业产权制度创新还没有取得实质性突破，国有股“一股独大”甚至是一家独占的现象相当普遍。(杜守杰，2009)

市场中主体的行为有待提高。作为社会人，诚信非常重要。市场经济的本质就是信用经济，诚信度也是一个国家发达程度的重要体现。有良好的社会市场秩序是经济发展的基础，守信也是为人的基本准则。到那时商品市场和要素市场都有不守交易秩序和信用的问题。市场主体为了实现自身利益的最大化，可以选择不择手段，严重的扰乱了市场的秩序，影响市场体系的健康发展，阻碍了市场体系的完善，导致国内商品的成本和售价都上升，阻碍了经济的健康发展。

市场中介组织发展不充分。市场有效发展需要市场中介从中起到调节作用。但是我国现在缺少高水平、规范的从事市场策划、资信评估、业务代理等方面的市场中介组织，无法达到市场经济发展的要求。没有统一的管理，使得有些中介组织有强制性收费的垄断代理机构。不但中介组织没有发挥出来该有的作用，反而提高了流通成本，加剧了生产与消费的距离。甚至有依附于政府机关，采取行政手段干预市场的调配。

很多改革关乎微观经济运行，对于宏观领域的改革明显滞后。如财税、金融体制改革滞后、社会保障制度滞后、宏观调控体系不完善，政府的行政干预比较频繁等。

法律建设不足。市场的健康发展不是对其放任不管，而是有一定的法律法规让它能够在正确的方向上。而现阶段我国的法律非常不健全，很多地方都出现空白或者有空可钻的问题，国家与地方的规定不一致。各级市场配套的法律也如此，没有明确的，配套的实施细则，有些法律可操作性很差，实施起来出现这样那样的问题，让本应该重要的法律作用大打折扣。

三、完善社会主义市场经济体制的若干建议

1. 市场在资源配置中起决定性作用

改革开放前，受我国历史和国际形势所决定，市场完全由权力高度集中的计划经济体制所决定，市场的作用被完全抑制。高度集中的计划经济体制，同时也抑制了微观的经济活力，经济效率极为低下，社会出现了供给严重小于需求的情况，市场经济被“看得见的手”所束缚。单向的政府管理体制，缺少了来自微观主体选择权的平衡，决策往往缺少了群众基础，造成了如“大跃进”等决策失误，致使社会和经济出现了严重衰退的局面。但从十一届三中全会召开以来，党和国家的工作重心已转移到经济建设上。

改革开放以来，党和政府不断调整政府和市场的关系，1982 年的十二大提出“计划经济为主、市场调节为辅的中国特色社会主义”，十三大提出“计划与市场内在统一”，十四大提出“市场在资源配置起基础性作用”，再到十八届三中全会《决定》提出“市场在资源配置中起决定性作用”。这一系列的具有中国特色的理论创新，对推动我国经济社会发展起到了重要的作用。

目前，我国的社会主义市场经济体制已经初步建立，在经济体制中市场调节的力度和范围也与日俱增。而市场调节经济活动的基本功能基于交换和竞争，市场经济的资源配置功能是在上述两大功能基础上所形成的。因此，实现资源配置就是市场机制的基本功能之一。

市场机制资源配置具有以下特征：第一，市场经济的目标是追求微观效益最大化。微观经济主体从对自己有利的角度进行竞争，这种“理性行为”是市场的基础，而市场机制正是在多样的微观主体行为特征下通过利益导向的方式对经济系统进行调节。第二，在完全竞争的市场下，资源配置格局的形成实际上是一套价格的确定。在经济体系中，只要存在均衡状态即“瓦尔拉斯均衡”，也就存在资源配置的供求均衡状态。

如何充分发挥市场机制的资源配置功能，达到经济资源的合理配置格局，这是经济学一直在讨论的问题并且形成了两种观点。第一种观点认为市场竞争性平衡可以通过资源配置的“帕累托最优”实现。第二种观点认为即使出现“帕累托最优”的状态，但仅仅依靠市场机制的调节，市场经济无法持续有效地运行。

要满足“帕累托最优”的资源配置格局情况，对于客观现实的条件过分地依赖，需要同时满足交换、生产、交换和生产三者的最优条件，即要求市场的商品经济发达，市场体系完善且具有完全的透明性等。

在微观经济与宏观经济存在协调的情况下，市场机制可使得资源配置达到最优；但当微观效益与宏观调控发生矛盾时，市场机制就难以保证资源配置的合理性。因为在分配的过程中不能产生合理的社会选择，谁也不能肯定分配是绝对的公平与合理。正是由于分配的不确定性使得社会主义条件下让市场在资源配置中起决定性作用有着先天的优越性。

（1）市场调节的资源配置之所以难以达到理想状态的原因，在于个人主义态度使得宏观经济难以达到一致性，而社会主义克服了一般市场以个人主义为决策依据的缺陷。社会主义市场经济以公有制经济为主体的混合所有制结构为市场对社会和个人福利的平衡打好了坚实的基础。

（2）在社会主义制度下，对资源的分配更为公平和有利于社会的发展。社会主义的生产资料分配以公有制为基础，财产和收入分配更趋于公平，为市场经济体制中发挥其资源配置功能提供一个较好的分配环境。从而更有利于社会收入公平分配格局的形成。

（3）通过以社会更加公平为目标的调节，更加有效地避免市场中可能产生的弊端和“异化”倾向，从而更加有效地发挥资源配置功能。

即使市场机制实现了理想的资源配置状态并且最终决定了经济发展的轨迹，但市场调节所引起的大幅度波动以及收入分配不均的存在超出一定限度后，市场经济的成本是否能控制在社会所能承受的限度之内呢？与新自由主义不同在于后者主张市场支配经济活动的一切领域，经济活动的所有领域由市场决定。而《决定》所提及“市场的决定性作用”仅仅限于资源配置。总之，在通过充分发挥市场在资源配置中起决定性作用创造有利的条件以加速我国经济发展的同时，应当注意到资源配置问题绝不是经济活动的全部，它仅仅是经济活动的一个方面。

在文化、教育等提供服务性及其他公共产品的经营活动中，可以引入市场竞争性的机制，但不能由“市场说了算”，否则将导致中低收入群体就医难、教育资源分配不合理等社会问题。

党的十四大以来，社会主义市场经济体制经历了 20 多年。根据改革实践扩展和认识深化“市场在资源配置的作用”，不断加大了发挥市场在资源配置中的作用。十六大提出“在更大程度发挥市场在资源配置中的基础性作用”。十七大提出“从制度上更好发挥市场在资源配置中的基础性作用”，党的十八大提出“更大程度更广范围发挥市场在资源配置中的基础性作用”，十八届三中全会确定“市场在资源配置中起决定性作用”。

我国社会主义市场经济体制初步建立，在经济、社会建设中市场化程度逐渐提高，随着党和政府对社会主义市场经济的规律的认识和驾驭能力不断提高，法律和市场秩序不断完善，宏观调控体系更为健全，我国在完善社会主义市场经济体制上又迈出新的步伐。

2. 政府发挥宏观调控作用

经济体制的变革，要求政府职能与之相适应。因此，有必要界定政府职能的概念。对国家和社会公共事务进行管理反映着公共行政的内容和方向，这也是政府的职责和功能，具有政治、经济、文化和社会四大职能。以下讨论的具体内容是指社会主义市场经济体制下的政府职能。

政府职能随着社会的发展和各种因素的不断变化而改变，在目前市场经济体制下，政府职能具有以下几个方面缺陷：

（1）对企业管制过多。

企业作为市场的主体，却要根据政府发展需要进行经营运作，无法行使资源配置的权利。导致经济发展缺少活力，资源配置的低效率。随着社会主义市场经济体制的发展，迫使政府放宽管制，转变职能。

（2）公共服务职能缺位。

过去我国由于历史原因，无法做到共同富裕，允许一部分人先富起来。经济增长便成为了政府追求的主要目标，但却忽视了相应的公共服务职能。随着我国人口老龄化的趋势日益严重，现有的社会保障制度在政府职能的管制下，存在统筹层次低、力度不够、基金管理不健全、覆盖面小等问题。

（3）市场经济存在行政垄断现象。

上述公共服务领域低效率的根本原因在于行业中政府服务的垄断性。我国公共服务需求由国家财政拨款提供，由国家投资和管理，包括邮政、水电等。一方面缺乏市场的力量，另一方面造成了极大的社会资源浪费。

过去的计划经济指导思想是政府有能力来配置资源，可以解决经济中的各种问题，但政府目前力量不足，所以让市场也参与进来。即社会主义经济分为两块，一大块由计划调节，一小块由市场调节。价格分为两种，计划价格和市场价格。流通则分为两个系统：计划调拨系统和市场交换系统。这种理论无法立足，并且大大束缚了市场的力量，资源配置效率低下，约束了社会主义经济的活力。

但我们并非主张哈耶克、弗里德曼等新自由主义学派的观点，从根本上反对政府对市场和经济活动的干预和调控，并且认为政府对经济活动无效率，主张绝对的自由市场。市场在资源配置中起决定性作用，并非是全部作用。“更好发挥政府宏观调控作用”是为了处理好“市场调节”与“政府宏观调控”两者之间的关系。即前提是二者并存，一方面发挥市场的灵活性，解决行政干预和经济发展的问题；另一方面要发挥政府的规划和监督作用，确保国民经济协调平稳运作。

十八届三中全会对政府作用定位是：“政府的职能和作用主要是保持宏观经济稳定，加强和优化公共服务，保障公平竞争，加强市场监管，维护市场秩序，推动可持续发展，促进共同富裕，弥补市场失灵。”因此，在社会主义市场积极体制中，市场作用在微观层面，政府作用则主要在宏观层面。为了更好地发挥政府在市场积极体制中的作用，还必须转变职能，深化行政体制改革，建设法治和服务性政府。

随着社会主义市场经济体制的逐步完善，对非行政许可审批事项逐步取消或作了必要的调整。国务院在开展行政审批制度改革过程中，陆续取消和调整了一批非行政许可审批事项。针对设定和实施不够规范，不利于激发市场活力、不利于增强发展动力的审批制度做出了调整。包括清理对象和工作目标；取消面向公民、法人或其他组织的非行政许可审批事项；取消和调整面向地方政府等方面的非行政许可审批事项等。国务院审改办公开各部门行政审批事项汇总清单，涵盖了 60 个部门，共 1235 项。

政府通过转变职能，逐步简政放权，减少对市场干预过多，在监管和维护市场体系等问题上进一步加强。使得市场在资源配置中的作用和功能增强，有力促进经济社会持续高速增长，优化资源配置效率，刺激经济发展的活力。因此，政府要加快建设统一开放和竞争有序的市场体系，形成企业自主经营、公平竞争、消费者可自由选择消费、商品自由流动和平等交换的社会主义市场经济体系。

虽然市场配置资源是最有效率的形式，但发展市场经济还要重视政府的作用。在市场对资源配置和组合起作用时，市场的动力来自内部，由参加市场活动的各个微观经济单位所组成。政府在社会总供给与需求不平衡的情况下，为了避免供大于求或供小于求的缺口扩大，政府通过用宏观政策手段调控市场。当在产业和产品结构不协调的情况下，为了使资源有效地配置，根据不同行业的情况采取有差别的调节手段。这并非说政府调控与公平竞争的市场机制相冲突，政府的一种政策，对所有参加市场活动的单位都适用。政府调控作用取决于市场秩序的正常程度。

在全面深化改革中，更好地发挥政府作用，实施科学的宏观调控弥补市场失灵，以健全的国家发展战略和规划为导向，以财政政策和货币政策为主要手段，并加强财政政策、货币政策与价格等政策手段的协调配合，调节社会需求和供给的平衡，减缓经济周期的波动影响，防范财政、金融系统的风险，保持宏观经济的稳定。同时，加快市场经济条件下政府职能转变，突出服务职能，以市场为基础，充分利用社会力量，推行公共服务的社会化和市场化，完善政府社会管理和公共服务职能，促使政府职能向服务型进行转变。从而担负起服务公民、服务社会的责任，加强市场监督、维护市场秩序、推动可持续发展、保障公平竞争，从而为政府职能的转变提供动力。

3. 完善社会主义市场经济体制

社会主义市场经济是历史上开创性的事业，在建立和完善的过程中，必须坚持以是否有利于社会主义生产力，是否有利于增强社会主义国家综合国力和提高人民生活水平为根本标准。

（1）社会主义制度与市场经济体制结合。

不能以计划经济或市场经济来区分社会主义和资本主义。以公有制为主体的社会主义市场经济的所有制基础，关键是如何把公有制与市场经济结合起来。任务在于，在坚持公有制的前提下，按照市场经济的运行机制需要，改变具体实现形式，转换经营机制和培养新的市场主体。

因此，在完善社会主义市场经济体制时，一方面要借鉴发达国家的经验，比如建立服务于市场经济的法律保障、行政机构和保障制度等。另一方面，必须建立在以公有制为主体，多种所有制经济共同发展，平等竞争中发挥国有企业的主导作用的基础之上。而在分配制度上，要以按劳分配为主体，其他分配方式作为一种补充，防止贫富两极分化，实现共同富裕。在市场调节上，要加强国家宏观调控的合理性，将当前局部利益与长远整体利益结合起来，更好地发挥计划与市场的优势。如果把二者分裂出来，忽视社会主义市场经济体制的要求，那么改革开放和中国的富强之路便无从谈起了。

在改革开放以前，市场经济是以私有制为基础运行，因此造成了私有制才能搞市场经济的误区。同时，还存在一个误区的是公有制的实现形式。以国有企业为代表的公有制实现形式并不能同公有制直接对等，与市场经济产生矛盾的并非是公有制，而是其具体的实现形式。例如，在市场经济下，处于市场经济中的企业都是竞争关系。马克思在《资本论》中提到：“在一切都顺利的时候，正如我们在研究一般利润的平均化时已经指出的那样，竞争实际上表现为资本家阶级的

兄弟情义，使他们按照各自的投资比例，共同分配共同的赃物。但是，一旦问题不再是分配利润，而是分配损失，每一个人就力图尽量缩小自己的损失量，而把它推给别人。对整个阶级来说，损失是不可避免的。但是每个资本家要分担多少，要分担到什么程度，这就取决于力量的大小和狡猾的程度了，在这种情况下，竞争也就变为敌对的兄弟之间的斗争了。”（马克思，1975b，中译本，第281～282页）在公有制企业之间，国有企业之间存在竞争关系，但是都属于国家。因而企业除了竞争关系外还有合作关系，在追求经济效益为目标的同时还承担着社会效益的使命。

社会主义市场经济体制是伟大的创新，同时肩负着重要的使命。若是以共产党执政、公有制为主体和市场经济体制的机械组合来理解它，则是无法长远地发展的。只有同时适应社会主义基本制度和市场经济的要求，进行一定的社会主义市场经济体制调整才能得到长远的发展。

党的十八届三中全会《决定》中强调：“经济体制改革的核心问题是处理好政府和市场的关系，必须更加尊重市场规律，更好发挥政府作用。”事实上，无论“看得见的手”和“看不见的手”都有自身的优缺点，如何扬长避短才是我们需要考虑的问题。社会主义市场经济体制是指市场对资源配置起决定性作用，并非把计划和市场对立起来。即使是以市场经济为基础的欧美等资本主义国家，也没有放弃计划调节。罗斯福新政便是最好的例子，包括凯恩斯在内的主要经济学家都鼓励用“双手”来作为调节经济的手段。离开市场对资源配置的决定性作用，不能叫做社会主义市场经济；同样，离开宏观调控和微观调节在内的国家调节，也称不上社会主义市场经济。

（2）转变政府职能，健全宏观调控体系。

党的十八大报告强调“经济体制改革的核心问题是处理好政府和市场的关系，必须更加尊重市场规律，更好发挥政府作用”。转变政府职能，是建立社会主义市场经济体制的迫切任务。

按照党的十八大报告中提到的“加强宏观调控目标和政策手段机制化建设”的要求，要进一步增强宏观调控的科学性。确保宏观调控能够适应经济形势的发展，并在促进经济发展方式转变和结构优化的过程中发挥积极的作用。同时，要处理好宏观调控、结构调整和改革之间的关系。

第一，兼顾增长和平衡。我国经济面临复杂的形势，一方面经济增速疲软，潜在增速已经下降；另一方面粗放型增长的模式尚没有发生根本的改变，宏观调控面临着稳增长和调结构之间平衡的问题。我们要承认并且适应我国经济增长阶段所发生的变化，抓住机遇实现结构和方式的转变，同时要防止经济在短期内大幅下滑的情况。现阶段，党和政府重申加快经济发展方式的转变是战略抉择，立足于提高质量和效率上，过往一直所强调的速度被持续发展所取代。因此，未来宏观调控的根本目标在于转向结构上的调整。

第二，机制化建设。“机制化”不仅指宏观调控的法制化，而且强调的是宏观政策的合理化，在未来面临经济增速下滑和经济结构转型时，宏观调控在整体上更加成熟和稳定。在现实中，多重调控目标下的政策缺乏内在的统一性。究其根本原因在于不同部门对应着各自的职责，财政部侧重于财政政策，中国人民银行掌控着货币政策。而发改委更是身兼数职，要兼顾“稳增长、调结构、稳物价”三大目标。因此，要明确经济发展中调控目标的优先次序，在各个部门之间形成共识。目前，我国未来的宏观调控主要转向调结构上，因此在目标、手段上也需要有这样的倾斜。

（3）促进市场体系的发展。

建立和发展社会主义市场经济体制，必须促进市场体系的发展，确保市场在资源配置中发挥决定性的作用。必须做到规范市场行为、建立要素市场、反对不正当竞争，创造平等竞争、开放透明、统一有序的市场环境。

推进价格改革，建立由市场供求关系所形成的价格机制。要保证价格在相对稳定的前提下，放开竞争性商品和服务的价格。加快生产资料价格的市场化，缩小国家指令性计划分配生产资料的范围。

深化流通体制的改革。打破地区、部门的封锁，形成统一、竞争有序的大市场。加强国内与国际市场的接轨。转换国有企业的经营机制，发挥其流通中的主渠道的作用。国有企业通过其资源上的优势扶持民营企业，通过它们的辐射作用，发展成网点覆盖面广、服务设施先进功能兼备的商业集团公司，形成经济规模效益，发挥稳定的市场作用，推动流通的现代化。

加强市场体系的建设。包括金融市场、劳动力市场、房地产市场和信息市场等。发展和完善以银行融资为主的金融市场，积极稳妥地发展债券、股票融资，并且建立发债机构和债券信用评级制度，促进债券市场的健康发展；改革劳动制度，形成劳动力市场，发挥市场对劳动力生产要素配置的作用。通过发展多种就业形势，运用经济手段调节就业结构，形成用人单位和劳动者双向、合理的就业机制。

大力发展中介组织，诸如会计师、审计师和律师事务所等中介组织是建立社会主市场经济体制不可缺少的重要环节。

改善和加强对市场的管理和监督，必须依法对市场进行管理和监督，加强市场法制的建设。建立政策的市场进入、交易、竞争行为。提高公开化程度，建立有权威的市场监督和管理机构，确保市场向种类完备、布局合理、多层次和多功能的市场组织转型，引导市场体系的健康发展。（周新城，2008，第98页）

（4）完善资源定价机制。

资源价格形成的机制关系着经济发展的速度和经济方式的转变，深化资源价格的改革已经迫在眉睫。

第一，完善资源定价机制是加快转方式的前提。将计划与市场结合充分发挥市场在资源配置中起决定性作用是社会主义市场经济体制的重要特征。而价格机制则是其中最重要的方式。我国已成为世界第二能源生产国和消费国。2011 年我国进口原油 2.54 亿吨，比上年同比增长 45.3%，石油对外依存度高达 56.5%。（张前荣，2012）因此，加快转变经济发展方式离不开价格机制的改革。同时，深化资源价格改革有利于经济结构的优化调整；有利于转变粗放型的企业盈利模式，推动企业技术创新；有利于建设资源节约型、环境友好型社会；有利于促进投资消费出口相协调。加快推进资源价格改革，推动经济发展由依靠资源消耗和增加投资向主要依靠科技进步、劳动者素质提高和管理创新上的转变。（王佳菲，2013，第 172、174 页）

第二，问题和阻碍。我国资源市场定价机制程度较低，表现为资源价格普遍较低，价格长期与市场相背离，市场力量不能发挥调节作用。线性资源税从量定额征收方式的基础上增加了从价定率征收的方式。割断了资源税与应税产品价格的联系，使得价格变动失去了弹性和“自我调节”的功能。资源补偿分配机制失调。资源补偿费作为资源开采的一种补偿，其分配的比例缺乏合理性。中央和省级政府获得大部分资源补偿费，而地方政府可支配的比例偏小。

第三，改革方向。资源价格的改革必须坚持市场取向、政府调控，充分发挥市场的价格信号和供求信号的作用。因此，需要统筹兼顾、配套推进，妥善处理各方面的利益关系，实现改革力度、经济发展速度与社会稳定程度的最佳结合。

要完善资源定价机制，首先要提高定价市场化的程度。包括推进电力和煤炭价格改革，完善煤电价格联动的机制。同时需要将矿业权成本、生态破坏成本、安全成本等列入企业的成本中，同时加强技术改造，提高企业对煤炭资源使用的效率；增强成品油价格的市场机制，进一步放开价格管制和增强价格的敏感度，同时降低民营资本进入石油行业的标准，吸引更多民间的资本和市场调节的力量到石油行业中；完善天然气定价机制，国内天然气价格要与国际接轨，减少国内外的价格差。

其次，要完善相配套的保障机制，加强使用约束和补偿。完善与资源价格上涨挂钩的保障机制，加强与民生相关资源品的价格监督；建立资源储备制度，增强资源储备，抑制因市场力量所引起资源价格波动时的情况；建立资源污染成本的核算机制，提高资源补偿机制。

四、深化我国社会主义市场经济体制改革的重点领域

1. 完善金融市场体系

改革开放以来，我国经过三十余年的市场经济发展，在传统市场经济领域已

取得极大成果。但在为实体经济服务的金融市场的发展上，并未能与实体经济发展相适应，我国的资本市场化滞后于劳动力市场化，金融市场的广度和深度均有待拓展。要让市场在资源配置中起决定性作用，就离不开金融这一配置资源的最主要手段。作为社会主义市场经济的重要组成部分的金融市场的发展，直接反映了市场经济的改革深度与市场体系成熟度。金融市场体系的完善，可以直接提升金融业服务实体经济的能力，为实体经济的健康发展发挥重要作用。

完善金融市场体系，可以从三个方面来进行：

从从业机构的角度来看，要放宽准入门槛，允许民间资本进入。依据十八届三中全会要求，建立公平开放透明的市场规则，实行统一的市场准入制度，鼓励和引导民间资本进入金融服务领域。在监管到位的前提下，民间资本的进入，成立中小型银行等金融机构，一方面可以充分调动民间资本，引导资本灌溉实体经济。另一方面，民间资本的灵活性使此类金融机构可以补充传统金融机构的服务盲区拓展中小企业与小微企业的金融服务市场。同时不同领域的民间资本有其自身优势与竞争力，可以从不同角度激发传统金融机构的活力，增强创新动力。如互联网企业进入金融领域，激活了传统金融机构的产品创新与服务热情。从现有机构调整来看，要规范市场化金融机构的运营管理结构，以现代金融业自身特有的运营管理模式代替统一模式化的管理方式。改进固有人员雇佣机制，改变传统思维中银行等金融机构高福利低压力的形象，切实提升从业人员素质与工作效率。这些举措的目的，均是把金融从业机构的发展与满足人民群众的金融需求相结合起来，发展普惠金融，使更多的小微企业与个体居民享受到金融市场的服务。(周小川，2013)

从金融服务的角度来看，应当健全多层次的资本市场体系。坚持服务实体经济的要求，为广大企业提供融资服务，提高直接融资比重。提高直接融资，要大力发展股票市场，推进股票发行注册制改革。对股权融资的方式，应采取多渠道共同推进。对于债券市场的发展，应在规范中发展，推进金融产品创新和多元化发展，城镇化建设对市政债券的探讨，中小企业融资支持等方面问题均需重视。

从宏观政策来看，应当完善市场定价机制。市场在资源配置中起决定性作用，就应当让其决定市场形成的价格，利率与汇率作为要素市场的重要价格，是资源配置的一种决定性因素。发挥市场供求在汇率形成中的基础性作用，有助于完善人民币汇率市场化形成机制，提高资源配置效率，促进国际收支平衡。让市场供求决定利率形成机制，需要提高央行宏观调控能力，完善市场利率体系和利率传导机制，加快推进利率市场化。

2. 土地制度改革

我国现阶段土地要素的配置远未达到市场化，土地要素配置的改革是社会主

义市场经济改革下一阶段必须要面对的问题。我国改革开放以来，劳动力市场化已取得极大成果，但资本市场化滞后于劳动力市场化，而土地要素配置的市场化，又滞后于资本市场化。而真正的市场经济必须要实现资本与土地的市场化，否则就称不上是真正的市场经济。（刘伟，2009，第135页）我国房地产业政府调控争议巨大，从另一个方面体现出我国土地要素配置市场化远滞后于其他方面的市场化进程。因此土地制度改革是我国市场经济深化改革的重点领域。

我们如此关注土地制度改革的另一个原因，是土地在当前经济增长中扮演重要角色。20世纪90年代以来，我国工业化和城镇化相当程度上得益于现行土地制度。各地政府创办工业园区、招商引资中围绕土地进行的政策补偿成为工业高速扩张的主要助推器，极大地推进了工业化进程。而相当长的一段时间内，我国城镇化推进是以土地扩张为衡量方式的发展，其发展本身和资金来源均离不开土地。现行土地制度之所以成为政府发展的“优秀”工具是因为农地取得成本低，而转为城市用地或工业用地的预期收益高。从另一方面来看，土地及其相关收入成为地方政府财政收入的重要来源，土地本身已成为撬动银行资金、城市建设融资的重要工具。(蒋省三，2010)

土地配置市场化的瓶颈，首先在于土地所有制的所有权问题。无论从经济上还是法律上，产权排他性的不明确严重影响了土地市场化进程。城镇土地的公有制属性，使得事实上的所有权主体不明确，即使将土地配置推向市场，由于有政府行政干预的存在，难以保证其运转遵守市场规则。农村土地集体所有制造成的所有权不清晰使得土地配置市场化不可行。在过往的工业化和城镇化中对农村土地进行再配置，使得这部分土地获得了升值，但升值部分却难以落实到农民身上，土地增值部分在国家、投资方、原土地使用者如农民三方的分配不均。更多的时候，这种升值被国家和投资者获得，这种现实的存在不利于我国缩小城乡差距的发展。即使由土地所在地地方自行配置，集体代表如村长对所有权的行使也易导致权力寻租滋生腐败，加大交易摩擦。

土地配置市场化的现实阻力部分来自于地方政府“土地财政”的现状。土地财政特点为地方政府可支配财政收入高度倚重土地及相关产业土地出让金、土地房产税及相关行政收费收入。1987年深圳市首次以协议方式有偿出让土地代表了土地出让制度改革的开始，而土地出让利益的分类，历经1989年国发（1989）38号文件、1989财政部发（1989）财综字第94号文件、1994年分税制改革、1998年《中华人民共和国土地管理法》等一系列政策演变，“土地财政”已经在事实上对某些地方政府可支配收入造成了绑架。（陈志勇，2010）而这一现象直接造成财政收入单一，结构不合理，土地出让金占比过大，对政府各方面政策开展均有影响。土地是短期有限资源，而政府对财政收入的需求是长期的，直接结果就是预期不可持续，地方政府未来财政收入来源是一个无法回避的难题，任由“土地财政”发展无异于饮鸩止渴。同时由于政府对“土地财政”的依赖，间接影响了银行等金融机构对资金配置与融资方向的选择，造成资金大量涌入相关行业，使得其他实体经济在融资方面得不到足够支持，制约发展。从社会影响的角度来看，土地出让金增长直接导致楼面价格攀升，带来房价上涨预期，进而增加居民消费成本，固化消费格局。我国当前居民高储蓄率、低消费意愿很大程度上是由高房价造成的，居民不敢消费，或者说没有消费热情。这直接导致了国内消费市场的不活跃，内需不足，间接影响了其他行业发展，形成恶性循环。

针对当前土地制度现状，我们对改革方向上有如下建议：首先要改变一级市场政府垄断的现状，将土地资源配置权交还市场。为了实现这一目标，必须要明确土地所有权，其重点在保障农民土地财产权利，让土地事实所有者农民有配置自己土地资源的权利与能力。政府从土地配置者的位置退下来，转为土地流转平台搭建者与规则制定者，利用政府力量保障土地流转的合理合法，保障各方利益。鉴于“土地财政”的现状，政府需完善土地出让金预算管理、积极推进土地财产税改革，减少对“土地财政”的依赖。

针对土地制度改革的具体措施，中共十八届三中全会在《决定》中提出了大量有针对性的指导性意见：“建立城乡统一的建设用地市场。在符合规划和用途管制前提下，允许农村集体经营性建设用地出让、租赁、入股，实行与国有土地同等入市、同权同价。缩小征地范围，规范征地程序，完善对被征地农民合理、规范、多元保障机制。扩大国有土地有偿使用范围，减少非公益性用地划拨。建立兼顾国家、集体、个人的土地增值收益分配机制，合理提高个人收益。完善土地租赁、转让、抵押二级市场。”“赋予农民更多财产权利。保障农民集体经济组织成员权利，积极发展农民股份合作，赋予农民对集体资产股份占有、收益、有偿退出及抵押、担保、继承权。保障农户宅基地用益物权，改革完善农村宅基地制度，选择若干试点，慎重稳妥推进农民住房财产权抵押、担保、转让，探索农民增加财产性收入渠道。建立农村产权流转交易市场，推动农村产权流转交易公开、公正、规范运行。”以上指导意见如果能切实执行，土地制度改革有望顺利开展。

3. 建立现代财税制度

土地制度改革，必须要解决地方政府财政收入来源的问题，所以与之配套的财税制度改革必不可少。另一个角度来看，财税制度直接关系了政府经济来源、资源初次分配，从规则制定上影响市场运营。深化市场经济改革必须要建立现代财税制度。

在当前现实情况下，让地方政府一步到位的摆脱“土地财政”显然是不现

实的，所以与之配套的财税制度改革必须联动进行，逐步推进。在土地出让环节，夹在“国有属性”和“私有属性”之间的“公司协作”方式值得思考，即对“增值溢价捕获”的理论和实践。（陶然，2011）逐步调整，合理分配将是未来发展重点。

对地方政府而言，如何获取足以支撑政府投资需要的财政收入，将是未来财税制度改革的难点。虽然短期内可以寄希望于地方政府市政债试点，但长远角度来看，合理可行的财税制度才是政府财政收入稳定充足的保障。

从对国民的角度来看，税收和转移支付是政府对收入进行再分配，实现“财富调整”的重要工具。虽然我国今年对个税起征点等社会关注部分进行了调整，但现有财税制度仍存在再分配作用微弱、失灵甚至产生了逆向分配的问题。城乡居民收入差距加大、贫富阶层收入差距加大这些争议的产生，当前财税制度必须深化改革。在个税设置方面不够合理，高收入阶层负税相对较少；财产税相对缺失，存在税收真空区域，在资本运作及转移过程中存在一定的“马太效应”；缺乏减免税激励，与部分西方国家不同，我国减免税激励相对较弱，受其影响我国慈善捐赠等方面未能得到有效发展。另一方面来讲，我国现有财税制度下，转移支付微乎其微。社会保障支出占总支出比重过低，使得财税制度的二次分配调整能力不足，不能对弱势群体起到足够的保障。

从对市场的角度来看，政府下放权力，减少行政干预，让市场在资源配置中起决定性作用后，财税制度设计与导向将在我国政府宏观调控中占有更重要的地位。伴随着行政干预的减少，政府对市场运作的可用调节手段将日趋减少，在这种趋势下，虽然使得市场得以发挥更大的作用，但市场也存在一定的弊端。我国社会主义市场经济改革在发挥市场作用的同时，也应注意防范市场失灵情况的出现。合理的财税制度设计与运行，将是市场健康发展运行的基石与必要保障。

4. 关于地域发展失衡、打破市场壁垒

我国幅员辽阔、人口众多，各地区发展程度不一，所以社会主义市场经济深化改革的进行不能采取一刀切的方式，在金融市场、土地制度、财税制度等宏观层面顶层设计重点领域改革进行的同时，也应关注我国当前经济发展现状与产业结构情况、地域性发展失衡与地区保护、不同行业不同发展阶段存在行业壁垒等问题。

首先从经济结构来看，我国当前东部、中部、西部经济结构大为不同。东部经济区中，主要以市场经济结构为主要特征；中部经济区表现出极强的非工业化特征；西部经济区仍然表现出农业化的经济结构特征。（刘伟，2004）第一、第二、第三产业对不同区域的经济增长贡献度也有所不同，东部地区要强调第三产业的发展，特别是商业和金融性的第三产业发展；中部要强调第二产业特别是工

业化发展；西部要强调第三产业发展，尤其是生态环境保护、旅游、文化和科技以及军事相关的第三产业发展。这一情况直接影响了我国市场经济改革既要一视同仁又应因地制宜。

其次从增长速度来看，以北京、上海等为代表的发达城市呈现高速增长，以东南沿海区域为代表的 GDP 增速快速区域增速比率要高于中部、西部欠发达地区，“马太效应”初现。让市场对资源配置起决定性作用的同时，我国政府也应在市场失灵部分发挥作用。

除了部分国家命脉行业，我国目前市场存在准入壁垒，市场参与者不能自由进出。如铁路交通相关供应链企业，虽然没有明确的牌照限制，但行业招投标资格需要通过国家测试，测试期长、相关测试烦琐，形成了隐性的壁垒，同时在招投标中对国有企业的倾斜也使得民营企业发展受制。部分地区存在地方保护主义，对本地企业采用地域性壁垒的方式进行保护。

针对这种情况，商务部、国务院法制办会同发展改革委、财政部、税务总局于 2013 年底联合发布《关于集中清理在市场经济活动中实行地区封锁规定的通知》。为建设统一开放、竞争有序的市场体系，要求认真清理和废除妨碍全国统一市场和公平竞争的规定和做法，重点围绕以下三方面：一是违反国家税收法律法规的区域性税收优惠政策；二是歧视外地企业、实行地方保护的财政补贴政策和各类优惠政策；三是在招投标活动中限制、排斥外地企业参与的规定。

对于地域性封锁问题，在 2013 年年底商务部、国家税务总局、国家发展和改革委员会、公安部、财政部、交通运输部、中国人民银行、国家工商行政管理总局、国务院法制办公室、中国银行业监督管理委员会、中国证券监督管理委员会、中国保险监督管理委员会联合印发《消除地区封锁打破行业垄断工作方案》，其指导思想为坚持社会主义市场经济改革方向，紧紧围绕使市场在配置资源中起决定性作用加快完善现代市场体系，清理和废除妨碍全国统一市场和公平竞争的各种规定和做法，严禁和惩处各类违法实行优惠政策行为，反对地方保护，反对垄断和不正当竞争。具体分工详细、要求明确。

以上相关文件的印发足以体现我国市场经济深化改革的决心，能否切实执行将是下一阶段工作的关键。

5. 放宽投资准入和加快自由贸易区建设

我国经济发展与市场经济改革，不应也不可能仅仅局限在国内市场。我国国内市场必然要与国际市场接轨，市场经济深化改革的重点领域不仅应关注国内市场，同时应关注于国际市场的对接。

从资本流动来看，应该积极推进人民币资本项目可兑换。

加快实现人民币资本项目可兑换。国际化和全球化的脚步是不可逆转的，新

兴经济体为了发展，需要不断融入全球经济和金融一体化的格局中，成为全球统一市场的组成部分。而融入全球金融一体化格局，没有货币的自由使用做支撑，一切都是“空中楼阁”。有学者提出“四位一体”的概念，即资本项目可兑换、自由浮动汇率、全面解除外汇管制和本币国际化互为充要条件，在货币国际化进程中缺一不可。即使我们放宽他们之间的制约条件，资本项目可兑换也必然是发展中国家在全球化背景下发展所必须经历的一步。从理论上讲，贸易全球化和货币全球化有着必然联系，发展中国家在自身发展过程中，随着参与全球贸易活动程度的不断加深，对本币全球化的需求也必不断加强，在贸易结算、吸引投资、自身向外投资等方面均有切实需要，因为没有任何一个国家的金融市场可以在世界上独立运行。而随着发展中国家的发展，对世界贸易格局的影响力加大，也必然对世界货币格局产生影响，其本币在资本项目运作中的作用日益加大。

对国内经济来讲，资本项目可兑换对于克服通货膨胀、增强本币信心具有重要支撑作用。本币升值能使进口品价格降低，从而有助于降低国内通胀率，另一方面，汇率靠近均衡水平有助于实现本币可兑换，而可兑换与控制通货膨胀、增强人们对本币信心又有互动关系。对国际环境来讲，推进资本项目可兑换可以加快发展中国家货币国际化进程，降低外汇储备损失，减少对国际化货币发行国的依赖。资本项目可兑换的开展有助于提升我国的国际地位。

随着发展中国家跨国公司的成长，增加了对跨国金融体系联动的需求，增加了规避国际清算汇率风险的需求。即使是非跨国企业，单纯在对外贸易上来讲，资本项目可兑换的实施进而推动的结算货币的变更可以为企业带来结算收益。资本项目可兑换的推进，可以节省国际化企业的融资成本，提升本国金融机构效率，促进资本可以向离岸金融机构自由流动，选择最佳的金融投资工具。随着资本项目可兑换成为可能，跨境交易将大为活跃，尤其是以资本运作密切相关的大宗商品交易为代表的一系列跨境采购销售将获得极大便利。对于金融机构而言，资本项目可兑换后其业务范围将大幅扩大，提供服务种类增多。促进居民对外投资，提供多样化投资渠道。

从实证的角度，可以以中国为例再作点分析。自 2005 年以来，中国对外开放程度逐步提高，资本账户管制的成本和效率愈来愈低。如图 2 - 2 所示，贸易和投资的双顺差导致外汇储备的巨额积累。为了避免货币供给的增长，央行采取发行票据、公开市场操作等措施来进行冲销，尽管取得了成果，但冲销不可持续，且成本过高。

从商品流动来看，加快自由贸易区建设，促进国际贸易进展，是我国经济发展的必然选择，也是市场深化改革的可行道路。

以中国 - 东盟自贸区为例，中国与东盟各国领导人，在 2002 年 11 月 4 日签署了《中国与东盟全面经济合作框架协议》，自贸区建设正式启动；2004 年年底

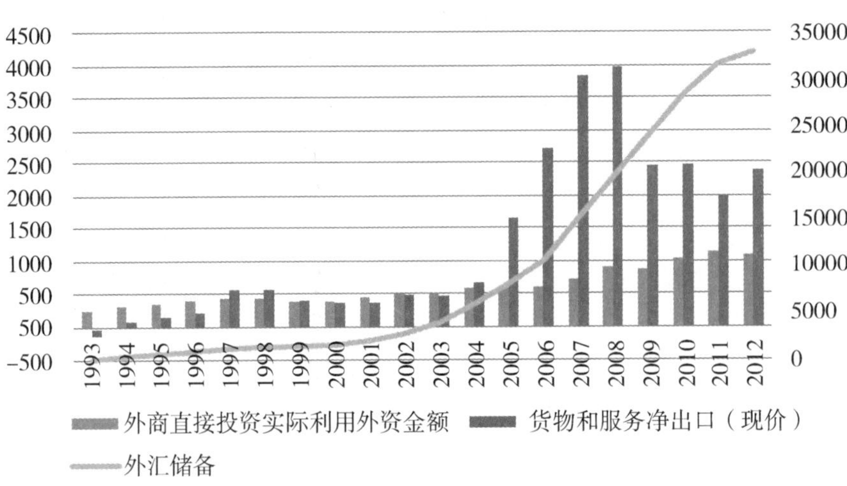

图2－2　2005—2012 年外汇储备积累

签署了《货物贸易协议》和《争端解决机制协议》，标志自贸区建设进入实质性执行阶段；2009 年 8 月 15 日签署了《中国－东盟自由贸易区投资协议》，标志主要谈判结束。（袁波，2010）2010 年 1 月 1 日，中国－东盟自由贸易区正式建立。经过多年推进，双方合作卓有成效。首先自贸区合作促使关税水平不断降低，随之货物贸易发展加速，特别是自贸区正式建立以后，增速更加显著，以福建海关统计数据为例，2010 年 1 月份福建对东盟进出口总额达 9. 9 亿美元，同比增长 77. 7%，较同期全省对外贸易整体增速高出 39. 9 个百分点。全面建成后，区内约有 7000 种产品享受“零关税”待遇，中国与东盟之间基本实现自由贸易。与货物贸易相对应的，随着 2007 年 1 月中国与东盟间《服务贸易协议》的签署，双方于 2007 年 7 月 1 日起相互开放服务贸易市场，随后双边服务贸易增速明显，保持着年近 30% 的增长率。相互投资不断扩大，东盟国家对华投资不断扩大的同时，中国积极实施“走出去”战略，据商务部统计，对外投资成指数级增长，投资领域涉及电力、煤气、制造业、商务服务业、交通运输业、采矿业、建筑业等领域。以缅甸为例，2014 年 1 至 3 月，缅甸投资委共批准外国独资及合资项目 40 余个，其中加工制造业项目近 20 个。原本只准许私营经济的公路桥梁项目，将批准国外企业以 BOT 方式经营。

6. 深化市场改革的桥头堡——上海自贸区建设展望

经过对于社会主义市场经济深化改革的重点领域的分析，我们可以看到，在各个领域各个方向上均有改革空间与需求，同时这些改革又是相互促进与影响的。改革的效果相互影响相互依存。在小范围内试点改革就显得十分必要。2013 年 9 月 29 日挂牌开张的中国上海自由贸易试验区，可以说是各方面改革的试验田与桥头堡。

上海自贸区“肩负着我国在新时期加快政府职能转变、积极探索管理模式创新、促进贸易和投资便利化，为全面深化改革和扩大开放探索新途径、积累新经验的重要使命，是国家战略需要”。

上海自贸区的总体目标是：“经过两至三年的改革试验，加快转变政府职能，积极推进服务业扩大开放和外商投资管理体制改革，大力发展总部经济和新型贸易业态，加快探索资本项目可兑换和金融服务业全面开放，探索建立货物状态分类监管模式，努力形成促进投资和创新的政策支持体系，着力培育国际化和法治化的营商环境，力争建设成为具有国际水准的投资贸易便利、货币兑换自由、监管高效便捷、法制环境规范的自由贸易试验区，为我国扩大开放和深化改革探索新思路和新途径，更好地为全国服务。”

其主要任务和措施有以下几个方面：加快政府职能转变，深化行政管理体制改革。扩大投资领域的开放，扩大服务业开放，探索建立负面清单管理模式，构筑对外投资服务促进体系。推进贸易发展方式转变，推动贸易转型升级，提升国际航运服务能级。深化金融领域的开放创新，加快金融制度创新，增强金融服务功能。完善法制领域的制度保障，完善法制保障。这些任务和措施覆盖金融、航运、商贸、专业、文化、社会等六大服务领域。

为了保证这些任务的实现和措施的实施，与之相应的监管和税收制度环境将有如下改革：创新监管服务模式，推进实施“一线放开”，坚决实施“二线安全高效管住”，进一步强化监管协作。探索与试验区相配套的税收政策，实施促进投资的税收政策，实施促进贸易的税收政策。此外，在符合税制改革方向和国际惯例，以及不导致利润转移和税基侵蚀的前提下，积极研究完善适应境外股权投资和离岸业务发展的税收政策。

从上海自贸区的目标、意义、方法措施上我们可以看到，各方面的改革创新均可作为我国社会主义市场经济深化改革的试验田，为全国各方面改革提供宝贵的实践经验。

第三章　现代市场体系的建立和完善

中国的市场体系从无到有，是资源配置主体发生转变的过程。个人参与配置决策后，在获得效率的同时，经济体也需要面对一系列新的问题：国家财产与私人财产的地位是否平等、政府如何从管理到治理、如何建立良好的信用秩序，关系国计民生的行业和垄断如何划分，等等。总之，中国的市场体系已经初步建立，但远未达到完善的程度。

一、现代市场体系的由来及内涵

将市场体系进行分类，是因为与现代市场体系相对应的并非传统市场体系，而是计划经济。不同经济系统最大的差别是，谁在配置资源。在从资源配置的角度，市场体系与非市场体系最大的区别在于，是市场，还是别的权威在发挥资源配置的功能。

在非商品经济时代，皇权发挥着这种作用；在计划经济时代，经济计划部门在配置资源；而在市场经济中，个体也开始参与资源配置过程。

在中国，这种资源配置角色的转换并不是一帆风顺的，在观念上曾经反复。经典的马恩著作中，计划部门是资源配置的唯一主体。只有这样，才能避免因无序生产引发的经济危机。但是，经典理论没有涉及的是，绝对的计划，可能对经济主体的积极性造成负面的影响，进而使效率受到损害。

1978 年召开的中共十一届三中全会正是从挽救“濒临崩溃”的国民经济的背景下开始的。全会公报的第六条提出启动农村改革。同年中共中央公布的《关于加快农业发展若干问题的决定》提出，“社员自留地、自留畜、家庭副业和农村集市贸易，是社会主义经济的附属和补充，不能当作所谓资本主义尾巴去批判”。自此，农民获得了一定程度的生产经营自主权，这意味着允许除计划部门之外的个体开始参与决策。

价格改革也是在 1978 年党的十一届三中全会决议的指导下进行的。包括两方面的内容：一是价格体系的改革；二是价格管理体制的改革。价格改革首先从改革农产品收购价格入手。1985—1987 年，价格改革基本上是顺利的。在农产

品方面先是放开水产品、水果以及细嫩蔬菜价格。在工业品方面放开小商品的价格。1985 年对粮食、棉花由国家统购改为合同定购，其他农产品实行自由购销，并且提高铁路运输价格，等等。

党的十二届三中全会比较系统地提出和阐明了经济体制改革中的一系列重大理论和实践问题，确认我国社会主义经济是公有制基础上的有计划的商品经济，这是全面进行经济体制改革的纲领性文献。纵观整个 20 世纪 80 年代的改革开放，基本出发点是破除高度集权的、僵化的、对外封闭的计划经济模式，使经济体制有利于发挥各类经济主体，包括中央各部门、地方、企业和广大职工等的积极性，采取的措施包括：有计划的商品经济概念的提出、全民所有制企业改革启动、实施沿海外向型经济发展战略等。在这些政策的推动下，多种经济成分、多种经济形式，特别是合资企业、集体经济、私营个体经济迅速发展。这一阶段也是建国以来国家经济实力增长最快、人民得到实惠最多的时期。

20 世纪 90 年代，在邓小平南巡讲话的影响下，改革得以继续推进：在生产资料价格双轨制度合并为市场价格的基础上，进一步放开消费品价格和服务价格，大部分实物商品和服务的价格均由市场形成；资本、土地、技术、劳动力等要素的价格形成也开始由市场决定。具体来说，1992 年 10 月，党的十四大正式宣布："我国经济体制改革的目标是建立社会主义市场经济体制""要使市场在社会主义国家宏观调控下对资源配置起基础性作用"。这标志着我国经济体制的根本变革有了明确的目标和得以实现的理论基础。1993 年 11 月，党的十四届三中全会通过的《关于建立社会主义市场经济体制若干问题的决定》，依据邓小平的论述和党的十四大提出的建立社会主义市场经济的总体要求，进一步勾画了建立社会主义市场经济体制的蓝图。1997 年，中共十五大报告提出，加快国民经济市场化进程，要充分发挥市场机制作用，健全宏观调控体系，继续发展各类市场，进一步发挥市场对资源配置的基础性作用。有力地推进了我国经济的市场化进程。

进入新世纪后，在国退民进的大背景下，关系国计民生的战略部门的意义在国企改革中强调。2007 年，十七大报告提出，加快形成统一开放、竞争有序的现代市场体系。这既是对在今后发展市场体系方面总的目标要求，也是对中国改革开放 30 年来在发展市场体系方面的经验总结。

至此，中国特色的市场体系的建设基本完成。中国的市场体系不同于传统的计划经济，也不同于西方的自由市场经济。它既能发挥各类主体的积极性，也能保持国家对战略性部门的控制力，一定意义上，是一种"混合经济"。

二、现代市场体系的主要特征

与非市场体系相比，市场体系最大的特征就是，资源配置和经济决策的主体发生了变化：从集中走向分散。从集中的权威变为分散的个人。随着资源配置主体的变化，也带来了现代市场体系的一系列其他特征。

（一）统一性

从构成上看，它包括一般商品市场、生产要素市场；不仅包括现货市场，而且包括期货市场；不仅包括批发市场，而且包括零售市场；不仅包括城市市场，还包括农村市场等。从空间上看，各种类型的市场在国内不同地域间是一个整体，不应存在行政分割与封闭状态。部门或地区对市场的分割，会缩小市场的规模，限制资源自由流动，从而大大降低市场的效率。

统一的市场，是指在全国范围内，在社会分工和商品经济发展基础上，各地市场相互依存、优势互补、整体协调、开放高效、通达顺畅的市场体系；市场封锁、地方保护等现象基本被消除。建设全国统一开放、竞争有序的市场体系是改革的重要目标之一。改革开放以来，特别是党的十四大以来，随着经济的快速发展、社会主义市场经济体制的建立、市场体系的形成以及一系列相关法律法规的颁布实施，我国在打破地区封锁、建设全国统一市场方面取得了长足进展，商品和要素的跨区域流动明显增强。但各类市场封锁和地方保护仍然存在，全国统一市场仍未真正形成。目前，市场封锁和地方保护表现更隐蔽、形式更多样。一是在保护内容上，由保护本地产品、资源为主转向保护本地市场为主，限制外地产品进入本地市场。二是在保护手段上，由简单设置关卡转为制定地方规则和行政壁垒，往往以“红头文件”形式使保护措施“合规化”；制订地方标准排斥外地产品和服务；通过对外地产品重复检验、多头执法等手段实施地方保护。三是在保护范围上，由过去的保护商品为主扩大到保护要素和服务市场。

地区封锁屡禁不止、统一市场难以形成，根本原因是体制障碍和制度制约。现行的财税体制和财权事权划分，使地方利益刚性化；简单以生产总值增长率论英雄的考核机制，强化了地方保护。此外，地区差距大、社会保障体系不健全、约束地区保护的法律制度欠缺、监督乏力等，也是地方保护的重要体制和制度根源。市场封锁和地方保护阻碍了统一市场的形成，进而阻碍了社会生产力的发展和资源的优化配置，损害了市场主体的利益和消费者的合法权益，还滋生了腐败。因此，着力消除各类市场封锁和地方保护，形成全国统一的商品和要素流通政策和贸易体制，推行全国统一的、合理的技术标准、检验体系，促进统一市场的形成，是深化改革的内在要求；健全监督机制，公正公平执法，加大查处力度，是转变政府职能、建立高效公正廉洁的行政管理体制的重要任务。同时，加强媒体和公众监督，营造良好的社会舆论监督环境，对于建立全国统一市场也很有必要。

（二）开放性

市场体系的开放性是指各类市场不仅要对国内开放，而且要对国外开放，把国内市场与国外市场联系起来，尽可能地参与国际分工和国际竞争，并按国际市场提供的价格信号来配置资源，决定资本流动的方向，以达到更合理地配置国内资源和利用国际资源的目的。反之，封闭的市场体系不仅会限制市场的发育，还会影响对外开放和对国际资源的利用。

改革开放初期，我国对外资的管理采用的是《外商投资产业指导目录》模式，这份国家发改委和商务部制订的目录中，列出了我国鼓励、限制、禁止外商进入的行业。所有的外商投资和商业投资只能在规定的范围内活动。《目录》2004 年颁布，经过 2007 年、2011 年 2 次修订，外资在华可以经营的产业越来越多、所受的限制越来越少。这意味着市场体系的开放性在不断提高。但也应该看到，长期以来，一些地方和部门为发展经济，特别是为招商引资，出台了大量鼓励支持类的“产业发展重点支持目录”或“投资产业指导目录”等。这些措施虽在一定时期、一定程度上推动了相关产业和区域快速发展，但由于企业投资正面清单内的产业可享受政策支持，容易获得银行贷款和财政支持，吸引了社会资金过度流入，不仅容易导致或加重某些行业产能过剩，而且也不利于市场主体展开公平竞争，不利于建设统一开放、竞争有序的市场体系。

2000 年，随着中国加入 WTO，对外商直接投资实施国民待遇被写入中国对世界贸易组织的承诺中。相比较于投资目录，在开放性和政策规范性方面，都前进了一大步：以往主要靠贸易与投资壁垒等保护性手段来为国内企业创造生存空间的做法已经过去，外资企业无论之前享受的超国民待遇，还是歧视性政策，都开始和国内企业一视同仁。同时，在全球化发展战略下，中国充分利用本国资源的同时，争取更多地利用国际资源；通过更深层次的对外开放来推进解决中国经济长期存在的体制性和结构性矛盾，进一步获得体制转轨和结构升级带来的经济增长动力，从而在开放和改革中提高国家竞争力。

上海自贸区建立后，中国对外资的管理模式开始试点从国民待遇向负面清单调整。在负面清单模式下，政府和市场的职能定位更加明确。一方面，哪些领域不可以做、存在哪些限制，政府在给市场主体划出一条清晰的政策底线后，可以将精力更多从事前审批，转向事中和事后监管，企业公平竞争，为更好发挥市场机制的优胜劣汰作用，提供良好的外部环境。另一方面，企业能做什么，该做什么，可以根据法律法规和市场实际，做出自己的判断，不必过多考虑政策或财政支持等因素的影响。企业选择在适合的领域自由投资，必定会激发其作为市场主体的创造活力。

（三）竞争性

市场体系的竞争性是指它鼓励和保护各种经济主体的平等竞争。公平竞争创造一个良好的市场环境，以促进生产要素的合理流动和优化配置，提高经济效益。而一切行政封闭、行业垄断、不正当竞争都有损市场效率。

市场在资源配置中的基础性作用和兼容性激励机制的作用，是通过竞争性的市场体系实现的。当前我国经济体制的最主要缺陷，在于政府过多的行政干预和深度介入微观经济活动，广泛的行政干预和国有大企业的行政垄断，压制了独立自主的企业作为市场主体、技术创新主体的主动性和创造性。这使市场失去了充分竞争性质，难于发挥其有效配置资源和建立兼容激励机制的作用。而要建设竞争性市场体系，使商品、服务、土地、资本、劳动力和技术等市场都建立在规则的基础上，进行平等有序的竞争，需要进行以下方面的改革：①实现商品价格和要素价格的市场定价，垄断行业的价格和服务标准要由社会定价机构规定。②明晰市场经济的产权制度基础；改变各级政府垄断征地的体制，在土地确权和赋权的基础上，建设全国统一的土地流转市场。③对现行法律、法规进行清理，确保“不同所有制主体的财产权利得到平等保护，不同所有制企业能够平等地使用生产要素”。④完善反垄断立法，严格执法，消除目前严重妨碍市场有效运作的行政性垄断；按照“市场能办的放给市场，社会能办的交给社会”的原则，划定政府职能边界，理顺政府、市场、社会之间的关系。

（四）有序性

市场体系的有序性是指市场经济作为发达的商品经济，必须形成健全的网络、合理的结构，各类市场都必须在国家法令和政策规范要求下有序、规范地运行。市场无序、规则紊乱是市场经济正常运行的严重障碍，它会损害整个社会经济运行的效率，容易导致社会经济发展的无政府状态。

建立有序竞争的市场体系，最重要的是增强全社会的信用意识，形成以道德为支撑、产权为基础、法律为保障的社会信用制度。失信不仅严重影响企业的正常经营，还严重影响国家形象。诚信社会是企业的最佳环境条件，是发展社会主义市场经济的需要。我国目前正处在完善社会主义市场经济的时期，经济领域中不可避免地出现假冒伪劣、坑蒙拐骗、逃债废贷、合同违约等现象。这些现象的存在，加大了市场风险和交易成本，严重影响和制约了社会主义市场经济的进一步发展。因此，要着力建立市场准入和退出机制，建立健全市场经济社会信用体系。

市场主体行为不规范是市场秩序混乱的源头。要加大依法治国力度，通过立法重建社会信用体系。要依法强化产权保护，并以货币信用为重点，加强企业信

用、商业信用、银行信用、消费信用、个人信用等现代市场经济信用体系建设。要以党的十六大精神和“三个代表”重要思想为指导，坚持依法治国和以德治国相结合，在全社会倡导和弘扬诚实守信的良好风尚，促进社会主义市场经济健康发展。

（五）独立性

从市场机制的作用机理和特点的分析可以看出，要让市场机制在资源配置中发挥基础性作用，必须具备如下条件：即，市场主体要具有独立性。就是说，市场主体必须是具有相对独立经济利益的理性主体。只有具备相对独立的经济利益，才能成为市场的微观主体，市场机制的利益约束才能发挥作用。

其他所有制成分的市场主体独立性无须讨论，对于国有企业，其独立性一直备受质疑。即使已经进行公司制改革，建立了董事会、监事会、独立董事等一系列成熟的制度安排，收效也不明显。

究其原因，在西方，公司治理作为一种成熟的企业制度安排，始终没有将政治组织引入到企业内部管理体系。但在我国，公司的发展路径却与“政治”有着不解之缘，国有公司尤其如此。《公司法》第19条规定：“在公司中，根据中国共产党章程的规定，设立中国共产党的组织，开展党的活动。公司应当为党组织的活动提供必要条件。”《中国共产党章程》在第32条规定：“国有企业和集体企业中党的基层组织，发挥政治核心作用，围绕企业生产经营开展工作。”《公司法》和《中国共产党章程》这种刚性约束，使得党组织合法地存在于企业组织架构中。但由于企业党组织的规模大小和级别差异，它又不完全是企业内部的一个组织机构，而是存在于企业之中并受外部党组织领导的一个组织。

在各类企业中，党组织与国有企业的关系尤为紧密。这是因为“我国的政企合一，是以政治体制上的党政合一，进而党、政、企三位一体为政治体制条件的。在西方，国有制企业作为国家资产，但不属于哪一个政党，因而企业中不存在党组织，更不存在党的领导，我国则不然”。目前，突出的问题是国有企业要实行公司制改革，要以基本的公司治理原则为其运作机理，可是，国际上成熟的公司治理理论并不依赖于政治组织的存在而存在，在我国的国企处处强调其政治属性的情形下，“企业党组织和公司治理作为两种不同的制度安排共存于一个企业中，必然存在运行方式的制度冲突”。这种制度冲突集中的体现就在于党委会与董事会的关系。未来，只有解决了上述制度冲突，国有企业的独立性才能真正实现。

三、中国现代市场体系的发展历程

1. 中国现代市场体系的现状

经过20多年的改革开放，特别是随着社会主义市场经济体制的初步建立，我国商品市场快速成长，市场体系框架已初步形成，在国民经济发展中发挥着重要作用。当然，目前的市场体系还存在很多不尽如人意之处，这也是未来改革的方向。

2. 商品市场的兴起

随着30年的改革开放和市场化进程的不断推进，我国商品流通领域的市场化程度已经比较高。到2012年底，96%的消费品、95%的农副产品和88%的生产资料已经放开，价格由市场供求决定，市场在资源配置中的基础性作用已得到初步发挥，多元化的市场竞争格局已经形成。随着经济的持续快速发展，到20世纪末，商品市场的供需关系发生了重大变化，已从以商品短缺为主要特征的“卖方市场”转变为绝大多数商品供大于求的“买方市场”。据2013年对600种主要商品市场供求形势进行预测，供求基本平衡的商品87种，占14.5%；供过于求的商品513种，占85.5%；没有供不应求的商品。作为连接产需的商品流通部门，正逐步从传统的末端行业发展为先导性行业，商品市场在经济发展中的作用日趋增强。

商品市场体系已基本形成并初具规模。形成了包括生产资料和生活资料在内的、有形市场和无形市场相结合、期货市场和现货市场相结合、以批发市场、零售市场为主体的多层次、多门类的商品市场体系；形成了多种经济成分、多种市场流通渠道、多种经营方式并存的商品市场格局和遍布城乡的流通网络和商业网点设施。到2013年底，全国实现社会消费品零售总额45842亿元，10年间年均增长13.9%。2013年1~9月底，全国年成交额1亿元以上的商品批发交易市场达3299个，交易额为14824亿元。其中，各类综合市场1606个，成交额5727亿元；各类专业市场1683个，成交额9073亿元。商品交易市场的专业化经营特点更加突出，交易方式和手段逐步规范化。随着商品市场的发展，商品流通业对国民经济的贡献日益增大。近十年来，商品流通业在国内生产总值中的比重平均在8.5%，从业人员占社会就业人数的比重达6%，上缴的财政收入也逐步增加。商品市场在国民经济中发挥着越来越大的积极作用。

3. 要素市场逐步放开

要素市场主要指资金市场和劳动力市场。

资金市场。长期以来，国有商业银行是资金的唯一提供者，资金的价格也由人民银行确定，完全没有市场可言，实行的是信贷配给。随着股份制银行的成立、金融创新的不断出现，资金市场才开始出现并不断活跃。

1996 年是我国的利率市场化改革的开始。当时，人民银行决定，放开上海银行间同业拆借利率。此后不断放松利率管制，扩大市场化利率范围。直到2013年7月彻底取消金融机构贷款利率0.7倍的下限，由金融机构根据商业原则自主确定贷款利率水平。完全放开了贷款利率。贷款利率市场化已经实现；在存款利率方面，不再实行完全的计划价格，实行弹性管理的模式。存款利率的上浮区间扩大到基准利率的1.1倍。一般认为，从风险控制的角度，存款利率的上限管理还有其存在的必要性。因为一直以来，商业银行吸收存款的竞争都很激烈。存款利率上限的放开可能导致银行恶性竞争、引发风险。而利率市场化过程应该伴随着存款保险制度的建立。

从市场准入的角度，民营资本事实上也已成为我国银行业金融机构资本金的重要组成部分。截止至2012 年末，据对 11 家全国性股份制商业银行股权结构统计，国家股、国有控股企业法人股、外资股以及民营股占比分别是 23.95%、30.79%、14.33%、12.07%。从 2002 年到 2012 年间，民营股份增加了 65.54 亿股，增长率是 144.9%，民营股占比增长了 1.24%，而同期国家股、国有控股企业法人股占比分别下降了 0.76%、17.19%。据对我国 115 家城市商业银行的股权结构统计，国有控股企业法人股、地方财政股、外资股、民营资本股占比分别是 41.66%、17.34%、4.17%、29.42%，民营资本占比仅次于国有控股企业法人股；从 2002 年到 2012 年间，民营股占比增长了 10.19%，而同期国有控股企业法人股和地方财政股的占比分别下降了 4.33% 和 7.65%。近期，互联网金融的兴起，更创造了一批新的进入者，他们使银行业的参与主体更加丰富了。（唐双宁，2006）

劳动力市场。经过大约 20 年的农村劳动力转移，中国的劳动力市场已初步形成。对农村经济增长、结构变化以及城乡劳动力市场发育造成了深远的影响，产生了三种现象：

第一，居住在农村的劳动力不再局限于从事农业劳动，而其就业已经广泛地分布在城乡各种行业中。数据显示，1997 年以来农村劳动力的就业结构变化，超过 20% 的农村劳动力已经转移出农业，在工业、建筑业和第三产业等部门就业，其中超过一半转移到本乡以外。按照这个比例，目前农村劳动力的行业和地域分布大致是：农村劳动力总数约 5 亿人，大约 1 亿人转移到非农产业，其中约 7000 万人转移到本乡以外包括城镇地区的非农产业就业。第二，城市职工现在不仅不再享受传统就业体制的“铁饭碗”，而且面临着与外地劳动力的竞争。国有企业劳动制度的第一轮改革开始于 1987 年。当时针对的是固定工的雇佣政策改革，第一次动摇了存在了几十年的终身雇佣制度，即“铁饭碗”。同时，从20世纪80年代后期开始，农村劳动力中的一部分转移到城市，参与了城市就业机会的竞争。潜在的工作竞争毕竟已经出现，劳动力市场开始发挥其职能。第三，国有经济不再是劳动者就业的唯一渠道，国有经济吸纳劳动力的比重大大下降。随着非国有经济的发展，对劳动力需求越来越大，吸收了大量城市新进入劳动力市场的就业者和农村转移劳动力。而随着国有经济在整个经济中的比重趋于下降，其就业比重也相应下降。

整个改革期间，中国都是典型的劳动力无限供给的二元经济，中国经济增长充分利用了劳动力资源的重新配置效应。在为中国提供了发挥比较优势的机会的同时，国内劳动力市场的发育通过就业的扩大和结构的调整，创造了效率改进就业条件，从而促进了中国的经济增长。(蔡昉，2002)

近期，刘易斯拐点会在什么时间结束的讨论开始占据主流。这标志着一个制度变迁的新阶段的来临，并且对经济发展方式的转变、劳动力市场制度模式的选择等提出了新的要求。

4. 现代服务业的建立和完善

现代服务业是现代市场体系的重要组成部分，且与传统服务业有显著区别。现代服务业包括：①生产性服务业。如咨询服务、投资和资产管理服务、科技服务、法律服务、信息技术服务、会计审计服务、税务资产评估服务、知识产权服务等行业。②消费性服务业。如商业、餐饮业、养老服务、物业管理等行业。③公共服务业。如医疗、教育、卫生、供水、供气、供热、公共交通、污水处理、垃圾处理、供电、通信、邮政等行业。

传统的服务业是劳动密集型行业，而现代服务业则更强调专业化分工，降低交易成本。比如，从传统交通运输业发展起来的现代物流业，不仅强调人或物的送达，更强调运输方式有效衔接、有效组合、有效配置，提高共享程度和利用率。按照现代物流的理念和技术改造传统的物流方式，建立新型供应链体系，积极发展第三方物流服务，培育专业化的物流企业；再比如，现代金融服务，已经远非最初仅承担简单的资金融通功能，更多地发展综合类金融服务和网上金融服务，包括融资服务、理财服务、租赁服务和创业投资等。拓宽保险服务领域，积极发展养老保险、医疗保险、农业保险、责任保险等。

现代服务业的经营环境应具备以下三个特点：①国际化。有一大批通晓国际规则的人才，善于把握国际经济的走势，为地区经济发展获得更大的改革开放的红利。②市场化。深入的融入全球的市场体系，提升企业的国际竞争力，努力在全球价值链中获取更高的价值。③法治化。有一个透明稳定，可预期的政策环境，服务于执法之中，不担当和不作为的腐败之风降到最低点。④一国货币的国

际化程度，可以体现为该货币在国际经济交易中使用的规模与比例，也即该种货币在货物贸易、金融交易、国际储备三方面的使用情况。

而我国的现代服务业的发展，因为各方面的原因，目前的发展水平较低，存在各种问题，包括：①劳动生产率较低，科技对服务业的贡献率还有待进一步提高。2000 年，美国、日本、欧盟的服务业从业人员人均生产率是 6 万美元以上，我国仅为 2000 美元左右。2006 年中国统计年鉴显示：2005 年我国服务业人均劳动生产率也只有 3.16 万元（约合 3856 美元）。②创新能力有待加强。自主创新能力不强，如软件和信息服务业由于自主创新能力不足、缺乏核心技术，我国所提供的产品和信息服务基本处于产业链低端，经济效益很低，而且我国在服务业领域研发投入的不足，也在一定程度上影响了服务业创新能力的提高。目前，全球大部分国家的服务业研发费用比重正逐步扩大，特别是美国等发达国家，服务业研发费用比重上升的趋势更加明显。③人才短缺问题凸显。我国虽然拥有丰富的人力资源，但服务人才的短缺，尤其是结构性短缺一直制约着我国现代服务业的发展。④融资困难亟待改善。大多数服务企业由于规模小、信用低以及缺乏足够的抵押品等原因，很难从银行获得企业发展所需的贷款。在需要大量资金的现代服务行业，融资困难是制约行业发展的最大难题。

5. 关系国计民生的行业与建立现代市场体系

现代市场体系的主流是放权，但正如上文中中国特色的市场体系，其最大特征是有放有收、松紧结合。

2010 年 5 月 13 日，国务院发布了《关于鼓励和引导民间投资健康发展的若干意见》，重申要深入贯彻落实 2005 年 2 月 19 日国务院通过的《关于鼓励支持和引导个体私营等非公有制经济发展的若干意见》，并明确提出：国有资本要把投资重点放在不断加强和巩固关系国民经济命脉的重要行业和关键领域；政府投资主要用于关系国家安全、市场不能有效配置资源的经济和社会领域。该意见明确了鼓励和引导民间资本进入的基础设施行业的范围，包括：

（1）鼓励民间资本参与交通运输建设。

鼓励民间资本以独资、控股、参股等方式投资建设公路、水运、港口码头、民用机场、通用航空设施等项目。抓紧研究制定铁路体制改革方案，引入市场竞争，推进投资主体多元化，鼓励民间资本参与铁路干线、铁路支线、铁路轮渡以及站场设施的建设，允许民间资本参股建设煤运通道、客运专线、城际轨道交通等项目。探索建立铁路产业投资基金，积极支持铁路企业加快股改上市，拓宽民间资本进入铁路建设领域的渠道和途径。

（2）鼓励民间资本参与水利工程建设。

建立收费补偿机制，实行政府补贴，通过业主招标、承包租赁等方式，吸引民间资本投资建设农田水利、跨流域调水、水资源综合利用、水土保持等水利项目。

（3）鼓励民间资本参与电力建设。

鼓励民间资本参与风能、太阳能、地热能、生物质能等新能源产业建设，支持民间资本以独资、控股或参股形式参与水电站、火电站建设，参股建设核电站。进一步放开电力市场，积极推进电价改革，加快推行竞价上网，推行项目业主招标，完善电力监管制度，为民营发电企业平等参与竞争创造良好环境。

（4）鼓励民间资本参与石油天然气建设。

支持民间资本进入油气勘探开发领域，与国有石油企业合作开展油气勘探开发，支持民间资本参股建设原油、天然气、成品油的储运和管道输送设施及网络。

（5）鼓励民间资本参与电信建设。

鼓励民间资本以参股方式进入基础电信运营市场，支持民间资本开展增值电信业务，加强对电信领域垄断和不正当竞争行为的监管，促进公平竞争，推动资源共享。

（6）鼓励民间资本参与土地整治和矿产资源勘探开发。

积极引导民间资本通过招标投标形式参与土地整理、复垦等工程建设，鼓励和引导民间资本投资矿山地质环境恢复治理，坚持矿业权市场全面向民间资本开放。

但是，政策的执行效果并不理想，直到现在，这些产业仍然由国有企业垄断着，而且是以“国计民生”为理由的行政垄断。

虽然中国经济在市场导向的改革上总体继续保持着产业放开的趋势，但随着国有经济向“关系国家安全和国民经济命脉的重要行业和关键领域”收缩，国有企业正在加强对众多基础性领域和资源性领域的控制与扩张。在“国家比市场更能保证国计民生”的观念指导下，国计民生也就被一些人用来作为国有企业代表政府实施垄断经营的借口。由于石油石化、电力、煤炭关系国计民生，所以需要国有企业垄断经营；由于供水、供热、供气关系国计民生，所以需要国有企业垄断经营；由于铁路、航空、邮政、电信关系国计民生，所以也需要国有企业垄断经营。即便以上行业中的部分领域在政府引导下可以向民营资本有条件地放开，但仍然被认为应当受到国有企业的严格控制。

垄断能够为垄断者带来超额利润，因而不论是国有企业还是非国有企业都在积极为自己谋取这种力量。获取垄断力量的途径有两种，一种是通过市场竞争确立自己的垄断地位，可称之为市场垄断；另一种是通过政府赎买确立自己的垄断地位，可称之为行政垄断。事实证明，国有企业在市场竞争当中不具备优势，但是在政府赎买当中却具有天然优势。由于市场竞争不排除现有竞争者和潜在竞争

者的挑战，因而这种形式的垄断格局是不稳固的，居于垄断地位的企业需要不断地提高效率，以应对潜在的挑战者。在政府赎买领域，由于政府控制下的国有企业实质上与政府部门在利益上休戚相关，因而将市场准入资格分配给国有企业也就理所当然了。在理论上，非国有企业同样能够从政府手中“购买”到行政垄断权，但由于非国有企业在法律规定上不受政府控制，这种交易只能采取货币化形式进行。用货币赎买政府部门的行政垄断权，一方面由于价格很高，非国有企业难以接受；另一方面由于这种交易本质上是贿赂政府部门，在现有法律框架下不允许这样做，所以国有企业获得政府行政垄断权具有天然的优势。虽然在市场经济改革中，打破垄断已成为共识，但保障“国计民生”仍然成为国有企业实施垄断经营的重要理由之一。

现实中，如何鉴别国计民生和行政垄断，未来还需要更多的研究和分析。

四、现代市场体系的要素构成

1. 政府在现代市场体系中的角色

经典的“守夜人”的政府的角色定位，可能并不适合中国的市场体制。因为首先，目前我国正处于从计划向市场、从传统向市场经济的转轨过程中，政府的角色还存在着许多“错位”，需要对政府的职能进行重新定位，来找准政府制度创新的突破口，以进一步深化行政管理体制。其次，中国分权式的财政体制，使中央政府与地方政府的目标存在冲突，导致地方政府的一系列“错位”。

从中央政府的角度，对国家已经从管理过渡到治理。一字之差，含义巨变。管理与治理虽非截然对立，但至少有如下显著区别：一是主体不同。管理的主体只是政府，而治理的主体还包括社会组织乃至个人。十八大以来，中央多次强调要“加快形成党委领导、政府负责、社会协同、公众参与、法治保障的社会管理体制”，实际上已经体现了多元共治的理念。这一变化意味着，政府不再只是治理的主体，而且也是被治理的对象；社会不再只是被治理的对象，也是治理的主体。二是权源不同。政府的管理权来自于权力机关的授权。尽管权力机关授权从根本上说是人民授权，但人民授权毕竟是间接的。而治理权当中的相当一部分由人民直接行使，这便是所谓的自治、共治。三是运作不同。管理的运作模式是单向的、强制的、刚性的，因而管理行为的合法性常受质疑，其有效性常难保证。治理的运作模式是复合的、合作的、包容的，治理行为的合理性受到更多重视，其有效性大大增加。（江必新，2013）

明确政府在国家治理体系中的角色，首先应梳理国家治理体系的定义和构成要素。国家治理体系是为了实现善治，达到治理目标，由政府、市场、社会等多元主体在相互依存的制度环境中共同治理公共事务的模式。国家治理体系的核心要素包括以下几个方面：

治理主体的多元化。治理主体的多元化是现代社会管理的一个重要特征。政府应是社会管理的责任主体，但不是唯一的主体。在国家治理体系中，其主体范围包括社会公共事务的所有参与者和竞争者，他们之间既相互制约又相互支撑。治理是整个社会的事情，也是全社会的共同责任。从全面深化改革的意义上讲，社会力量的逐渐壮大，会不同程度地削弱政府的权威，但为了满足社会公共需求，实现社会公共目标，治理主体范围从传统的单一的政府主体扩展到公民、私营企业、自治组织、相关利益团体等非政府部门，从而促进了政府治理功能与社会治理机制的有机融合，加快形成了政府、社会、企业、公民共同治理的大格局。多元化的国家治理主体实际上就体现了多元共治的理念，这将意味着，政府不再只是国家治理的主体，而且也是被治理的对象；社会不再只是被治理的对象，也成为国家治理的主体。

治理客体的社会化。国家治理的客体是社会公共事务，其包括政治性公共事务、经济性公共事务和社会性公共事务。从社会公共事务的顶层制度设计而言，国家治理的客体包括以下五大方面：政治军事问题、社会生活问题、经济差距问题、文化教育问题、生态环境问题等。由于这些问题属于社会公众的共同问题，因此，多元的治理主体在相互合作基础上共同参与顶层的政策规划和制度安排。比如，政府通过合同的形式在公共领域引入市场机制，实行“准市场化”治理；建立政府部门与第三部门的合作关系，以弥补政府能力和财力的不足；政府授权社区并鼓励社区建立各种公共事业，以改进社会基本服务及预防和控制犯罪活动。从社会公共事务的底层制度执行而言，社会公共事务的一切要素皆来自于社会，包括了社会组织和公民个人共同利益的所有社会性事务，其物化表现形式体现为社会成员日益增长的物质文化需求和精神需求。社会公众可以通过一定的渠道，参与或影响政府对政策的执行，从而实现社会协商对话机制，建立起政府与社会共建共治的国家治理格局。

治理结构的网络化。现代社会有效的公共事务治理之道是网络治理模式，即多元的国家治理主体出现在管理社会公共事务的大舞台上，建立起相互依赖又相互制约的合作模式（即网络关系），共同参与社会治理。比如，一些社会公共事务并非一个行政辖区政府所能解决的，像公共交通、污水处理等问题，需要相关可能导致其利益受到影响的主体采取联合行动，从而使政府间关系、政府与市场的关系、政府与社会的关系演变为一种共同承担责任和共同解决问题的社会网络关系。当前，我国处于发展的重要战略机遇期，又处于社会矛盾凸显期，社会治理面临着新情况和新问题，各类社会组织不断增多。因此，社会治理的网络化格局要求从单一手段向多种手段综合治理，运用群众路线的方式，服务的方式，协

商的方式，尽可能调节和保护各方主体的利益，将人们的行为纳入共同行为准则的轨道，实现既要维护社会公共权益，又要尊重个人合法权益的目标。

从地方政府的角度，在现代市场体系中的角色也应调整。很长时间以来，地方政府在 GDP 绩效考评的压力下，角色“错位”。它们视自身为本地经济发展的总规划师。一切对提高本地 GDP 没有用处的政策，即使对总体经济有益、对社会福利有利，也会被抵制。在这种导向下，地方保护主义和反宏观调控行为就顺理成章了。地方保护主义是地方政府在横向上对区域市场进行分割，反宏观调控行为则指的是地方政府在纵向上对经济权限的割据。它们都具有经济与行政权力相结合的特征，由于政策导向上的缺陷以及地方政府对自身经济利益最大化的不当追求，地方政府和权利阶层“寻租”活动的外在表现，所以在市场不发育的情况下，如果地方政府权力的过大，就会导致其行为的失范，使市场经济变为“权力经济”。

其次，地方政府在宏观调控上与中央政府的二元博弈的过程中，一方面通过“上有政策下有对策”的办法使自己在区域竞争中获得利益；另一方面，通过“讨价还价”的办法，在对中央政府在投资与政策上从本地利益出发，曲解、变通甚至阻隔了中央的宏观政策，使中央宏观政策在地区实施过程中受到一定阻碍。

再次，由于地方政府和企业、市场在分工上不清，地方政府行使了不应该行使的职能，具体有三个方面的“错位”。

（1）职责内外角色“错位”。

在市场经济条件下，政府、企业、市场和社会对经济发展承担了不同的分工，发挥着不同的作用，它们的角色各不相同，互相之间不可代替。而实际操作上，地方政府以“全能者”的身份出现在市场经济中，涉足了企业、市场、社会的职责管理范围，管了许多不该由政府管，而且管不了、也管不好的事情。

（2）主次角色“错位”。

按照市场经济发展的要求，政府应当侧重于抓大事、要事，侧重于宏观调控，而实际操作上，本应属于政府职能的规划、调控、监督角色却过于弱小，其执行的角色却过重，在角色内部结构还存在许多失当之处。许多地方政府在对社会经济发展的规划上缺乏科学的指导，对重复建设、短期行为、企业负盈不负亏等现象缺乏有力的监督制约，却热衷于直接管钱、管物、管项目，把大量的时间和精力放在了日常事务上。

（3）新旧体制的角色“错位”。

市场经济新体制要求现代政府在管理社会经济活动中，采用市场经济的新办法来管理经济和社会事务。而在实际操作上，一些地方政府基本上靠拍脑袋决策，靠开会发公文、靠号召部署工作，靠检查推进落实，实际上仍然沿袭了过去计划经济的模式，而非市场经济的管理模式。治理机制是通过制度安排一系列治理社会问题的指导原则、治理范围、治理规则、治理程序、治理协议、治理的组织和机构等理想设计方案，用以解决国家和社会公共事务。

党的十八届三中全会通过的《关于全面深化改革若干重大问题的决定》对推进国家治理体系与治理能力现代化进行了全面部署。全面促进国家治理模式的现代转型，政府的角色定位和改革趋势成为未来中国行政体制改革大环境的一项重要的研究课题，这将对我国行政体制改革实践有所裨益。

2. 国有经济在现代市场体系中的地位

20 世纪 90 年代以来，国有企业改革取得了重大进展。国有企业改革方向和基本战略已经明确：国有企业的改革方向是建立现代企业制度，国有经济的主导作用主要体现在控制力。大企业的方向是实行公司制、大力发展股份制、实行股权多元化，重要企业国家控股，建立现代公司治理结构。坚持抓大放小、有进有退的方针，对国有经济布局进行战略性调整，国有企业改革要与社保、金融等改革，相互配合、相互促进。国家和地方针对国有企业改革已出台改制上市、“抓大放小”、核销坏账、“债转股”、分离辅业等政策。

国有企业改革的进程加快：根据“抓大放小”的方针，中小企业大多数已完成转制重组；大型企业普遍进行了辅业分离重组及内部改革、公司制改制，部分企业在境内外上市。目前国有企业在工业及商业、社会服务业领域中所占的比例已降至 40% 左右或以下，但在一些重要的工业部门及金融、交通、通讯领域仍保持控制力，一些大企业有望发展成有国际竞争力的大型公司。

国有资产管理体制改革已取得重大成果：十六大在坚持“国家所有”的同时，明确中央和地方政府“分别代表国家履行出资人职责，享有所有者权益”，解决了国有企业实际产权责任和名义产权责任不统一的问题，为进一步深化国有企业改革、调动各级政府管好用好国有资产奠定了体制基础；1998 年的机构改革和国资委的成立，从构架上基本解决了“政资不分”的问题；明确国资委主要根据公司法原则统一行使所有权职能，有利于建立“政企分开”“所有和经营分离”，能有效保护国有股东权益的国有企业及国有资产管理体制。

十五届四中全会确定了国有经济必须占有控制性地位的领域及条件。国有经济必须占控制地位的领域是，关系国家经济命脉和安全的重要领域、大型基础设施、重要资源和战略性的高新技术开发等行业领域。但是政府必须投资控制的具体领域是动态的。当那些领域或事业逐渐成熟，其他投资者可以进入时，政府可减少甚至撤出投资；当涉及安全、公益事业的经济、社会法规逐渐完善，可以通过法规控制调整时，就可以不靠或少靠产权控制保证企业服务于国家的政策目标；当公私结合的投资管理制度和有关工具更加完善时，政府可以缩小或调减直

接投资。国有经济控制力，可以通过国有独资企业实现，更多的应通过国有控股、参股来实现；国有经济控制的含义，在多数情况下是指在该领域有部分重要企业而不是全部企业由国家投资控制的。对一般竞争性领域，一般国家不新增投资，具备条件时国有资本可以部分或全部退出，亦可以继续存在和发展。

明确国家在必须控制领域的控制方式。国家的投资控制方式有四种：一是对所投资的企业实行股权控制和适当经营决策控制结合模式。二是只进行资本控制，资本控制可以是绝对控股或相对控股。国家按公司法原则行使股权管理。三是通过黄金股等特别股权制度安排对企业某些决策及行为进行控制，不进行一般的股权控制。四是通过特许经营制度等委托经营方式进行控制，国家投资并控制主要的经营资产，特许或委托经营者按合同经营、提供服务。

明确国有经济退出的政策条件。这些政策原则应当包括按市场定价和出售资产、与国有企业改制改组结合、符合国家产业政策、防止形成外国资本控制和私人垄断等。针对不同行业和领域，具体政策可有所不同。

出台规范和指导大型国有企业改制的基本政策。大型国有企业占有国家大量资产，除有垄断性资源和特殊条件的企业外，多数企业产出效率很低。按国有及国有控股企业和全部规模以上企业共 17.1 万户的口径计算，2001 年，国有企业净资产所占比例为 67.8%，但其销售收入和利润总额所占比例仅分别为 47.4% 和 50.5%；净资产收益率为 6.7%，比非国有企业的 11.9% 低 5 个百分点；国有企业比重大、利润高的 6 个行业（石油、烟草、钢铁、交通设备、电子和通讯、发电），除烟草外，非国有企业净资产利润率都显著高于国有及国有控股企业，平均高近 6 个百分点。可以认为，大型国有企业若不及时进行改制重组，资产质量将会进一步降低，那时的改制成本将更大、工作将更被动。

大型国有企业改制需要明确以下政策：要有利于企业发展，允许企业结合改制审慎进行债务、资产的分离或重组；除国家必须独资和绝对控股的企业外，要积极引进新的投资者，国有资本可以控股，可以不控股，也可全部退出；国有企业出售的股份应按市场和竞争原则定价；大型国企改制必须提高透明度；企业改制必须同时制定处理不良债务和职工社保欠账的方案，不能逃废债务和逃避对职工的社保责任。要研究有关职工持股、经营者持股及收购、改制程序及条件等方面的基本政策，条件成熟后出台。各地大型国有企业情况差别较大，改制成本不同，有关部门必须规划测算，有总体性考虑和安排，结合国有经济布局调整规划分类分步实施。

大企业要加快完善公司治理结构的进程，改变国有股一股独大状况。国有控股公司和国有独资公司应设立对国有股东承担受托责任的董事和董事会制度，进一步规范符合公司法的选人用人机制，保障董事和董事会的独立性，完善公司对股东的信息披露制度，建立由董事会承担责任的内外结合的公司监控体系；建立有效的经营者激励约束机制，经营者激励制度必须包括激励长期的安排，可以实行股权或与股权价值挂钩的激励方式。建立有效的公司治理仅靠企业自身的努力是难以做到的，必须由政府、投资者、监管部门、社会中介和新闻媒体的共同努力。（陈清泰，2002）

3. 信用体系是现代市场体系的核心

市场经济要求一定的道德基础，提出了“看不见的手”的亚当·斯密也提出了“道德情操论”，而“诚实信用”和“公序良俗”已经成为世界范围内市场经济的道德准则。只有当市场竞争行为以“己所不欲，勿施于人”为道德基础时，才能避免囚徒困境，才能真正拥有自由选择权，才能实现个人利益与社会利益的统一。

信用原则要求具有相互独立的经济利益的各行为主体之间必须用契约和法律来保证，通过契约与合同关系确立彼此的权利和义务，约束彼此的行为，做到恪守信用，按合同办事。从节约交易成本的角度看，市场经济更要求以信任为宗旨构造道德秩序，这种非制度安排和法律规章等制度安排共同构成了市场经济。

信用体系作为一种制度设置，包含了正式制度安排与非正式制度安排，其中正式制度指是的法律规章制度，非正式制度安排的主要内容即是以“诚信”为核心的道德观念。诚信既是个体道德的基石，也是社会良性运行的基础。诚信对于人际协作与社会和谐具有极其重要的作用。它经由道德内化机制使市场主体自觉放弃机会主义行为，实现与交易伙伴双赢。

排他性的产权制度安排是正式制度安排最重要的部分，也是信用体系的基础。从经济学理论的角度，交易的实质是产权的交换，如果产权界定不清晰，交易者一方面难以通过透明规范的方式增进自己的利益，致使交易的动力不足；另一方面交易者也无须为自己的行为承担责任，于是出现损人利己的倾向。在市场经济条件下遏制失信行为，关键在于确立排他性产权，使交易者的个人收益与社会收益、个人成本与社会成本趋于一致。

排他性产权在一般市场体系下基本都能得到满足，中国当前需要重视的是，国家财产和公民个人财产法律地位是否平等的问题。

我国保护私有财产法律制度建立的标志，是 1985 年颁布、1986 年实施的《民法通则》。该法第 75 条第 1 款规定：“公民的个人财产，包括公民的合法收入、房屋、储蓄、生活用品、文物、图书资料、林木、牲畜和法律允许公民所有的生产资料以及其他合法财产。”在我国，排他性产权可能受到的侵害可能不是来自个人，而是来自公权机构。《民法通则》第 73 条规定“国家财产神圣不可侵犯”。在司法实践中，受传统理论和司法实践中的不平等观念影响，也受苏联民法理论上的社会主义公有财产特殊保护原则的影响，很多人认为《民法通则》

确认了对国家财产的特殊保护原则，而第75条关于“公民合法财产受法律保护”的规定，被认为是第二位的，对国家财产的保护才是第一位的。当公民私有财产的保护与对国家财产的保护发生冲突时，必然要牺牲私人的财产权益而确保国家的财产权益。

在这种错误观念支配之下，以《民法通则》第75条为基础的保护公民私有财产法律制度，不可能切实、妥善地保护公民私有财产权益。当公民私有财产受到来自一般人的侵犯时，这一法律保护制可发挥保护受害公民、制裁加害人的作用；当公民私有财产受到国家机关、地方政府滥用行政权力的侵害时，法律保护的“天平”往往向国家机关、地方政府和国有企业一方倾斜，公民私有财产不可能获得平等的法律保护。进入21世纪以来发生的“强制拆迁”“圈地热潮”等滥用公权力侵犯公民私有财产权的严重事件，充分表明了这一点。（梁慧星，2010）

因此，经由法律制度途径实现对产权的保护，应同时保护国家财产和私人财产，在二者的利益发生冲突时，他们的法律地位也应当是平等的。

信用体系属于市场体系中非正式的制度安排。其有效性取决于两个方面：一是失信行为受到惩罚的概率；二是失信行为所受惩罚的力度。现实中制假、欺诈等失信行为之所以屡禁不止，原因也不外乎这两个方面：一是被抓获的可能性很小，于是铤而走险；二是即使被抓获，所付代价与失信所得相比也微乎其微，于是屡教不改。

从计划经济体制直接走向市场经济，市场经济的“先天不足”决定了中国市场经济体制的确立有一个较长的“双重体制”并存时期，也被称之为“过渡经济时期”或“转轨经济时期”。由于种种原因，市场繁荣与市场混乱的并存就成为“双重体制并存”时期中国市场运行的一种阶段性特征，造成这种状况的深层原因之一便是市场信用的缺失与滞后。

信用缺失的原因在于，市场体系不成熟。发达国家的市场经过数百年的培育和发展，形成了比较完善的信用体系和管理机制。一方面，长期的市场竞争和交易制度的完善，培育起了“讲信誉者生存、不讲信誉者淘汰”的良好信誉机制和信用环境。在这样的市场环境下留在市场上的企业绝大多数都是信誉好、市场成熟度高的企业，它们的信誉资产价值远远高于不讲信誉带来的收益。另一方面，成熟的市场体系大多以立法的形式保证了信息披露公平、公正和迅捷，并通过完善非政府的市场信息披露和社会信用评级体系，进一步增强了市场的公开和透明，最大限度地降低了信用交易双方的信息不对称，使授信方能够更加准确地掌握受信企业的信誉、信用状况，以较低的成本和较高的准确性甄别出不同信誉价值的企业类型，实现了信用市场中唯一稳定的均衡（授信，守约）。上述两方面使信用市场中的违约率大大降低，同时也使授信方判断的受信企业违约概率维

持在较低的水平上，从而形成提供信誉资源与信用资源的激励和有效供给。（刘少波、蒋海，2004）

中国自20世纪80年代起才开始渐进式的市场化改革，至今还不到20年的时间，还没有形成真正意义上相对完善的市场经济体系。特别是以信用服务为主的金融业。同时，符合市场经济条件的信用约束机制还没有建立，形成了国有信用主体（由此带动其他信用主体）的高违约率。（蒋海，2002）在这样的信用环境下，很难在较短的时间内通过竞争建立起良好的信誉机制，企业也没有激励去培育自己的信誉资产，使整个社会的信誉资产供给处于很低的水平上。另一方面，中国自改革开放以来，一直没有建立和完善市场经济发展所必需的信息披露制度。无论是信息公开的法律规定还是信息披露的主要渠道，都是不完善和不畅通的。在政府、市场披露和社会信用评级三个信息渠道中，政府部门的90%的信息和数据既不流动也不公开。（陈文玲，2003）而后两个信息供给渠道也是不畅通的，只有为数不多的上市公司信息得到公开，信用评级体系也没有建立。另外，由于立法及执法体系不健全，企业及个人制造虚假信息几乎不受成本约束，造成信用市场中的虚假信息普遍存在。信息供给的严重短缺和虚假信息的普遍存在，使我国信用市场中交易双方的信息不对称程度大大超出一般市场经济国家的正常水平。因而，中国信用市场中绝大多数受信企业的信誉价值都低于违约的收益，不讲信誉的企业及其信息租金大量存在，违约率要远远高于欧美发达国家。

因此，我国目前的信用状况离十六届三中全会提出的“完善法规、特许经营、商业运作、专业服务”的发展方向尚有很大距离。信用服务作为一个新兴行业具有广阔的发展前景。信用服务市场的开放也只是时间问题，管理部门应从保障社会主义市场经济秩序的战略高度出发，借鉴市场经济发达国家的成熟经验，积极推动我国信用服务体系的建设实现跨越式发展。唯此才能将信用制度作为一个完整的体系建设好。

五、规范的市场秩序是建立现代市场体系的关键

市场竞争秩序是在资源配置中起基础性作用，健全统一、开放、竞争、有序的现代市场体系，当代是我国经济建设和经济体制改革的一项重要内容。这不仅关系到我国的社会主义市场经济是否能真正有效运行，成为实现经济现代化的制度基础，而且关系到我国是否能够在不断扩大开放的条件下，真正融入全球经济并获得参与国际竞争、国际分工和国际合作的良好绩效和现实利益。所以，健全市场体系，规范经济秩序，特别是建立有效的竞争秩序，是我国新世纪经济发展和经济改革的一项重大战略任务。从更深刻的意义上说，这就是要探索解决这样一个问题：在一个占世界人口21%并且具有自己深厚的文化积淀和独特的价值

观的巨大型国家中，如何使市场机制有效运行，并且同国际竞争秩序相接轨，以此而实现整个国家的工业化和现代化。

1. 规范市场秩序的定义

狭义的市场秩序是指市场生产经营主体合法交易行为与违法交易行为及其客观后果的总和。在这里包含构成市场秩序具有三个要素：一是主体的行为性，它是市场秩序的发生源，如果没有生产经营主体的行为，市场秩序便无从谈起；二是法律的标准性，市场秩序的好与坏，均以法律和有关政策性规定为准绳，而不可以任意主观确定；三是客观的后果性，这种后果有的是微观的，具体的；有的是抽象的。狭义的市场秩序在外延方面包括场外交易和各种隐形市场的交易行为。

广义的市场秩序是市场管理主体的管理行为、市场经营主体的交易行为、市场消费主体的购买行为及市场交换客体的数量与质量作用于市场及其客观后果的总和。广义的市场秩序在内涵方面具有五个方面的要素，一是市场管理主体；二是市场经营主体；三是市场消费主体；四是市场交换客体，即商品；五是各种管理行为作用的结果及交换客体对市场的影响。对于广义的市场秩序的外延应持慎重态度，因为：广义的市场秩序在内涵方面已经包容较广泛的范围，概念外延过大则可能涉及社会其他领域或更深层次的问题。但是，如果不把有关因素考虑在内，则难以从整体上研究市场秩序，确立市场秩序的评价指标体系。我们采取慎重态度，加之考虑我们面临的市场管理规则建设、各类市场主体的法律意识、精神文明建设程度及影响市场秩序的其他因素。

2. 如何建立规范的市场秩序

市场秩序虽然不是市场效率的充分必要条件，但却是重要的前提条件。一个高质量有效率的市场必须是一个有序运行的市场。在转型时期，这要求我们必须坚持市场运行原则，健全市场监管法规，实现市场制度创新。

坚持市场运行原则。

①贸易自由原则。指商品交换双方在没有外来干预下自愿让渡商品的原则。贯彻这一原则时，首先要排除依仗非经济强制力量的强买强卖。这并不是说政府完全不能干预经济，而是必须以不损害交易双方的自主权为原则。其次还要尽量排除经济强力的干扰，使买卖双方处于供求大体均衡的环境中，甚至交易双方的经济力量大体相当。

②等价交换原则。它是商品经济主体独立的平等关系的体现。破坏等价交换的情形一般有两种：一是计划经济时代剪刀差式的社会主义积累方式，破坏了等价交换。另一种是在市场经济条件下，当存在着交易双方实力对比悬殊或信息不

对称时，容易出现供求不均衡或存在垄断，等价交换原则会遭到破坏。改革开放以来，中国逐渐缩减了对价格控制的范围，减少了国家对市场价格形成的干预，为市场机制的顺利运行和等价交换原则的贯彻开辟了道路。

③公平竞争的原则。是指经济主体在市场竞争中要有公平的外部环境和条件，以便竞争得以正常地进行，充分发挥市场在促进商品经济发展，推动生产力发展中的积极作用。要使竞争的积极作用得以发挥，就得在市场上形成允许竞争、自由竞争、平等竞争的环境和条件，使竞争真正体现商品经济主体之间劳动的比较，所以在商品经济中必然要按公平竞争原则办事。按照公平竞争的原则来组织市场，进行贸易，本质是为价值规律发挥作用开辟道路。历史上资本主义的发展，使得公平竞争得以成为现代交换的形式，成为市场经济下社会劳动分配赖以进行的市场制度。马克思曾说："现代社会要进行劳动分配除了自由竞争之外，没有别的规则、别的权力可言。"公平竞争是构筑市场秩序的核心和目的所在。

3. 行业自律是建立现代市场秩序的关键

市场这只"看不见的手"有其自身无法克服的局限：不完全竞争、自然垄断、信息不对称、公共产品不足等自由竞争的天然副产品阻碍着市场按照理想化方式运行。作为对"市场失灵"的回应，政府干预逐渐大行其道，国家权力涉及的领域日益扩张。反垄断、改造经济结构、提供公共产品、维持物价稳定等越来越多的经济职能被归至政府麾下。实践表明，政府这只"有形之手"虽然能够在很大程度上修补市场缺陷，但由于信息不完全、官员滥用权力、微观经济主体抵触等原因，国家干预也不能达到理论上的理想状态。

20 世纪 70 年代末期兴起的大规模的新公共管理改革运动。人们希望通过削弱国家干预从而使政府放松对社会经济活动的管理，政府职能的社会化和市场化成为他们的共同选择。政府职能的社会化和市场化意味着政府根据市场经济的要求重新确立自身职能，原来由政府承担的部分管理职能和公共服务将被推向社会和市场。在这一背景下，企业自发形成的行业性组织逐渐浮出水面，被视为可矫正市场失灵与政府失误的第三条道路。

相对于市场调节和国家干预，行业协会在微观经济管理方面具有不可取代的独特优势。一方面，行业协会掌握着全面而翔实的行业信息，从而能够减少因信息不对称而引发的政府决策错误。同时，行业协会属企业自发组织，其在行业管理中的运行成本大部分由会员企业分担从而降低了公共行政开支，有利于控制政府机构膨胀。另一方面，也是最为突出的，行业自律章程属典型的内部规则，往往能得到会员的自觉遵守，具有运行效率更高、成本更低的优势。哈耶克将规则分为内部规则和外部规则，内部规则来自于谈判、协商和妥协，是利益各方重复博弈和均衡的结果，因此这种内在规则一旦产生，无须借助外在强制力量就能够

为人们自觉遵循.

在我国，1978 年党的十一届三中全会启动了我国社会由“政治主导型”向“经济主导型”的历史性变迁，伴随着高度集中的计划经济体制向社会主义市场经济体制的转轨，我国政府改革也迈出了新的步伐。1993 年 11 月召开的党的十四届三中全会明确提出“转变政府职能，建立健全宏观经济调控体系”的政府改革目标，将“制订和执行宏观调控政策，搞好基础设施建设，创造良好的经济发展环境”确定为未来政府核心职能。此后我国最高决策层在多部重要文件中一再强调要“转变政府职能”。种种迹象表明，我国政府正在有目标、有计划地将自身定位由“划船人”向“掌舵人”转化。在政府退出微观经济领域后，留下的权力空间将回归市场、企业和社会中介组织，这一未来发展方向已经在党的十四届三中全会和十六届三中全会得到确认。

六、现代市场体系中的“市场失灵”及解决之道

（一）传统意义的市场失灵

经典教科书上对市场失灵的定义为：市场失灵是指市场无法有效率地分配商品和劳务的情况。对经济学家而言，这个词汇通常用于无效率状况特别重大，或非市场机构更有效率且创造财富的能力较私人选择更佳时。另一方面，市场失灵也通常被用于描述市场力量无法满足公共利益的状况。市场失灵的情况主要有三种，即外部性、垄断和公共物品。

1. 外部性的含义

外部性是指没有在正常的价格体系中得到反映的经济活动参与者对其他参与者福利的影响。换句话说，外部性是一方对另一方的非市场影响。通过市场发生的影响不是外部性。外部性可以分为生产和消费的外部经济、生产和消费的外部不经济四种。

（1）生产的外部经济。

所谓生产的外部经济，是指由于某个厂商的行动导致对他人或其他厂商的有利影响。也就是说，当一个生产者采取的经济行动对他人产生了有利的影响，而自己却不能从中得到报酬时，便产生了生产的外部经济。例如，一个厂商对其职工进行在职培训，而这些职工可能转到其他单位去工作。在这种情况下，该厂商的行为就有利于其他厂商，而自己并不能从这些吸收经过培训的职工的单位中索回培训费或其他形式的补偿。因此，该厂商从培训职工中得到的私人利益就小于该活动的社会利益。

(2) 消费的外部经济。

所谓的消费外部经济，是指由于某个消费者的行动给其他人带来了有利的影响。也就是说，当一个消费者的消费行为对他人产生了有利的影响，而自己却不能从中得到补偿时，便产生了外部经济。例如，当某人从市场上购买许多鲜花来装饰自己的房屋时，他的隔壁邻居也能不花钱欣赏到鲜花，这时消费者的行为对别人带来了好处。

(3) 生产的外部不经济。

所谓生产的外部不经济，是指由于某个厂商的行动导致对他人或其他厂商的不利影响。也就是说，当一个厂商采取的行动使他人付出了代价而又未给予他人补偿的情况。比如，一个企业可能因为排放污水污染了河流，或者因为排放烟尘污染了空气。这种行为使附近的居民和整个社会都带来了损失，但企业并不用支付排污费。

(4) 消费的外部不经济。

所谓消费的外部不经济，是指由于消费者的行动给社会上的其他人带来了不利的影响。也就是说，当一个消费者采取的行动对他人产生了不利的影响，而自己又未给他人以补偿时，便产生了外部不经济。吸烟和汽车尾气排放便是最明显的例子。

2. 外部性导致市场失灵

由于外部性的存在造成私人成本与社会成本之间的差距，市场配置资源的效率就会降低。在完全竞争的市场中，如果个人的活动可以增进社会福利但自己却得不到报酬，他的这种活动必然低于社会最优水平，企业同样如此。因而，在完全竞争条件下，如果某种生产可以产生正的外部效果，则其产量将可能少于社会最优的产量。同样，如果个人的某种行为增加了社会成本，但这种成本却不必由其本人承担，他的这种活动在量上将会超过社会所希望的水平。在完全竞争条件下，如果某种产品的生产会产生负的外部性，则其产量可能超过社会最优的产量。换言之，当存在外部性时，完全竞争的市场不能保证社会福利趋于最大化。

由此可知，外部性与市场失灵实际上是一个硬币的两个面。更进一步，为什么私人成本与社会成本会产生差异，有如下原因：产权无法充分界定或界定成本无比高昂，公共物品中的搭便车，规模经济所引发的自然垄断，等等。

在中国，尚不完善的市场体系同样存在上述市场失灵，而且，与标准教科书不一致的是，中国的自然垄断和行政垄断通常交织在一起，使得对市场失灵的观察更困难。处于电信、电力、航空运输、铁路、高速公路、水运港口设施、邮政、天然气管道、市政供水、城市燃气供应、城市居民供热、城市排污等公共事业领域的国有企业到底是在使用，还是在滥用行政权力，在理论界存在很大争

议。(石淑华，2006) 从理论的角度，长期平均成本曲线本身是一个无法准确度量的概念，规模经济有多大实际上可能无法计算。在这样的背景下，公用事业部门完全可以，甚至有足够的激励以自然垄断为自身的效率低下辩护，进而将自身的效率低下归结为市场失灵，为开放和其他市场主体进入设置更多障碍。

3. 如何解决外部性

如何解决外部性导致的市场失灵问题，各国都程度不同地通过政府干预这只“看得见的手”来对市场失灵进行矫正和调节。政府对市场的干预方法有很多，比如，采取“禁止”或强迫的方法、采取征税等经济手段。一般认为，采取禁止或强迫命令的方法过于简单，可使用的范围有限，而且往往需要付出很大的代价，也不能实现资源的有效配置。因此，经济学家们认为应采用经济手段来解决，并提出了一些具体的政策建议，包括：

第一，使用税收和津贴。对造成外部不经济的企业，应该征税，其数额等于该企业给其他社会成员造成的损失，从而使该企业的私人成本恰好等于社会成本。反之，对造成外部经济的企业，政府则可以采取津贴的办法，使私人利益与社会利益相等。

第二，使用企业合并的方法。例如，一个企业的生产影响到另一个企业。如果是正的外部性，则第一个企业的生产就会低于社会最优水平；反之，如果影响是负的（外部不经济），则第一个企业的生产就会超过社会的最优水平。但是如果把这两个企业合并为一个企业，则此时的外部影响就“消失”了，即被“内部化”了。合并后的单个企业为了自己的利益将使自己的生产确定在其边际成本等于边际收益的水平上。而由于此时不存在外部影响，故合并企业的成本与收益就等于社会成本与收益。于是就达到了资源优化配置的目的。如果由一个企业同时种树和造纸，这个企业在其决策中自然会考虑造纸给种树带来的外部效果。在这种情况下，由于该企业将直接承担造纸生产外部效果导致的成本，也就是说这个经合并的企业将支付造纸生产的全部社会边际成本。这时企业就会调整造纸的产量，使产量定在价 格等于社会边际成本的水平上，这样就实现了生产过程中的外部化，就实现了资源的优化配置。

第三，使用规定财产权的办法。在许多情况下，外部性之所以导致资源配置失当，是由于财产权不明确。如果财产权是完全确定的并得到充分保障，则有些外部影响就可能不会发生。例如，某条河流的上游污染者使下游用水者受到损害。如果给予下游用水者以一定质量水源的财产权，则上游的污染者将因把下游水质降到特定质量之下而受罚。在这种情况下，上游污染者便会同下游用水者协商，将这种权力从他们那里买过来，然后再让河流受到一定程度的污染。同时，受到损害的下游用水者也会使用他出售污染权而得到的收入来治理河水。总之，由于污染者为其不好的外部影响支付了代价，故其私人成本与社会成本之间不存在差别。

市场调节机制的缺陷和失灵，为政府干预经济活动让出了空间，也正因为如此，政府对经济的宏观调控，已经成为现代市场经济体制的有机组成部分。正如诺贝尔经济学奖获得者萨缪尔森（1992）所说；“当今没有什么东西可以取代市场来组织一个复杂的大型经济。问题是，市场既无心脏，也无头脑，它没有良心，也不会思考，没有什么顾忌。所以。要通过政府制定政策，纠正某些由市场带来的经济缺陷”。因此，“现代经济是市场和政府税收、支出和调节这只看得见的手的混合体”。

（二）如何发挥政府的有形之手的作用

市场失灵是公共物品、外部性、垄断及信息不对称等共同作用的结果。因此，政府在实施干预时，必须根据市场失灵的原因有针对性地采取政策和措施，最大限度地解决资源配置效率问题。

（1）针对公共物品搭便车导致的市场失灵，政府干预主要决定什么样的提供方式，能够尽量降低福利损失的程度。除国防等必须由政府提供的公共物品外，在其他非关乎国家安全的领域，首先，避免自己直接提供；其次，如果必须自己提供，提供方式也应引入更多竞争性手段。比如，政府与私人部门签订合同，共同提供公共物品；或者，政府以授权，许可的形式委托私人部门提供公共物品；甚至采取政府对私人部门提供补贴，鼓励其提供公共物品的方式。

（2）针对外部性原因导致的市场失灵，政府干预的方式主要有：①税收与补贴。政府通过对产生负外部性的企业征税，使其私人成本等于社会成本；通过对产生正外部性的企业进行补贴，使其私人收益等于社会受益；②实行“内部化”政策。将两个互相影响的企业合并，在合并后的一个企业内部核算成本与收益时，就消除了外部性影响，即使其“内部化”了。③界定产权，尽可能使产权更加明晰。

（3）针对垄断原因导致的市场失灵，可能干预的方式包括：①制定反垄断法。②公共管制。政府对垄断的管制主要是政府对垄断价格进行管制并进而影响到价格，价格管制就是使管制之下的垄断厂商制定的价格等于边际成本。从而可以将垄断造成的社会福利损失减少到最低限度，以实现资源的优化配置。

（4）针对信息不对称原因导致的市场失灵，政府干预的方式主要有：① 解决逆向选择问题的措施。一是由政府规定企业对自己出售的产品提供质量保证。②由政府引导企业对自己出售的产品提供不同的产品包修年限。③政府鼓励企业对自己的产品树立品牌，通过“声誉”来分辨优质产品与劣质产品。④政府鼓励企业通过广告等宣传方式区分优质产品与劣质产品。⑤是政府鼓励企业实现产

品标准化。

微观经济学说明，在一系列理想的假定条件下，自由竞争的市场经济可导致资源配置达到帕累托最优状态，但理想化的假定条件并不符合现实，因此，需要政策干预。问题在于，政府干预能完全解决市场失灵吗？答案是，不一定。与市场会失灵一样，政策干预也存在失灵。

政府失灵（government failure）就是政府为了矫正和弥补市场机制的功能缺陷所采取的立法、行政管理以及各种经济政策手段，在实施过程中出现了事与愿违的结果，最终导致政府干预经济的效率低下和社会福利损失。

林德布洛姆（1994 年）说，政府“只有粗大的拇指，而无其他手指”。政府失灵一方面表现为政府的无效干预，即政府宏观调控的范围和力度不足或方式选择失当，不能够弥补“市场失灵”维持市场机制正常运行的合理需要。比如，对生态环境的保护不力、缺乏保护公平竞争的法律法规和措施，对基础设施、公共产品投资不足，政策工具选择上失当，不能正确运用行政指令性手段等，结果也就不能弥补和纠正市场失灵；另一方面，则表现为政府的过度干预，即政府干预的范围和力度，超过了弥补“市场失灵”和维持市场机制正常运行的合理需要，或干预的方向不正确，或形式选择失当，比如不合理的限制性规章制度过多过细，公共产品生产的比重过大、公共设施超前过度、对政策工具选择及搭配不适当、过多地运用行政指令性手段干预市场内部运行秩序，等等，结果导致非但不能纠正市场失灵，反而抑制了市场机制的正常运作。

那么，为什么政府干预会失灵呢？或者说，导致政府失灵的根源是什么？

（1）政府干预的公正性并非必然。

政府干预的一个前提条件是它应该作为社会公共利益的化身对市场运行进行公正无私的调控，公共选择学派把政府官员视作亚当·斯密所说的“经济人”假设，固然有失之偏颇之处，但现实中的政府的确不总是那么高尚，政府机构谋求内部私利而非公共利益的所谓“内在效应”（interalities）现象在资本主义国家的“金元”政治中有着淋漓尽致的表现。在社会主义国家，同样在理论上不能完全排除政府机构的“内在效应”可能性，在实践中，少数政府官员的腐败行为更时有发生。政府部门这种追求私利的“内在效应”必然极大地影响政府干预下的资源配置的优化，如同外部性成为市场失灵的原因一样，“内在效应”则是政府失灵的重要根源。

（2）政府某些干预行为的效率较低。

与市场机制不同，政府干预首先具有不以直接盈利为目的的公共性。政府为弥补市场失灵而直接干预的领域往往是那些投资大、收益慢且少的公共产品，其供给一般是以非价格为特征的，即政府不能通过明确价格的交换从供给对象那里直接收取费用，而主要依靠财政支出维持其生产和经营，很难收回其投资，因此缺乏降低成本、提高效益的利益驱动。其次，政府干预还具有垄断性。政府所处的“某些迫切需要的公共产品（例如国防、警察、消防、公路）的垄断供给者的地位”，决定了只有政府才拥有从外部对市场的整体运行进行干预或调控的职能和权力。这种没有竞争的垄断极易使政府丧失对效率、效益的追求。最后，政府干预还需要具有高度的协调性。政府实施调控的组织体系是由政府众多机构或部门构成的，这些机构部门间的职权划分、协调配合、部门观点，都影响着调控体系的运转效率。

（3）政府干预易引发政府规模的膨胀。

政府要承担对市场经济活动的干预职能，包括组织公共产品的供给，维持社会经济秩序等等，自然需要履行这一职能的相应机构和人员。阿道夫·瓦格在19世纪就提出：政府就其本性而言，有一种天然的扩张倾向，特别是其干预社会经济活动的公共部门在数量上和重要性上都具有一种内在的扩大趋势，它被西方经济学界称为“公共活动递增的瓦格纳定律”。政府的这种内在扩张性与社会对公共产品日益增长的需求互相契合，极易导致政府干预职能扩展和强化及其机构和人员的增长，由此而造成越来越大的预算规模和财政赤字，成为政府干预的昂贵成本。

（4）政府干预为寻租行为的产生提供了可能性。

寻租是个人或团体为了争取自身经济利益而对政府决策或政府施加影响，以争取有利于自身的再分配的一种非生产性活动，如企业通过合法特别是非法的形式向政府争取优惠特惠、通过寻求政府对现有干预政策的改变而获得政府特许或其他政治庇护、垄断性地使用市场紧缺物资等。在这种情况下，大权在握的政府官员极有可能“受非法提供的金钱或其他报酬引诱，做出有利于提供报酬的人从而损害公众和公众利益的行为”。可见，寻租因政府干预成为可能（政府干预因此被称为“租之母腹”），又必然因这种干预的过度且缺乏规范和监督而成为现实。其主要危害在于“不仅使生产经营者提高经济效益的动力消失，而且还极易导致整个经济的资源大量地耗费于寻租活动，并且通过贿赂和宗派活动增大经济中的交易费用”，从而成为政府失灵的重要根源。

第四章 建立和完善宏观调控体系

党的十八届三中全会《决定》指出，科学的宏观调控，有效的政府治理，是发挥社会主义市场经济体制优势的内在要求。完善宏观调控体系是完成宏观调控任务的客观需要，是完善社会主义市场经济体制的重要内容，也是实现全面建成小康社会宏伟目标的重要制度性保障。健全宏观调控体系是处理好政府和市场关系的重要举措，是实现宏观调控目标、提高宏观调控水平的重要制度性保障，对于加快完善社会主义市场经济体制、全面建成小康社会意义重大。因此，完善宏观调控体系是完善社会主义市场经济体制的题中应有之义。

一、我国宏观调控的理论基础

党的十四大提出了我国经济体制改革的目标是建立社会主义市场经济体制，提出要使市场在国家宏观调控下对资源配置起基础性作用。党的十四届三中全会进一步提出，建立健全宏观调控体系是社会主义市场经济体制框架的5大支柱之一。经过20多年的市场化改革实践，社会主义市场经济体制初步建立，党的十六届三中全会通过的《关于完善社会主义市场经济体制若干问题的决定》，明确提出要更大程度发挥市场在资源配置中的基础性作用，健全宏观调控体系。党的十八大提出加快完善社会主义市场经济体制，重要任务之一就是完善宏观调控体系。

可见，社会主义市场经济包括了发挥市场作用和国家宏观调控两个不可分割的方面。完善社会主义市场经济体制，核心问题是处理好政府与市场、宏观调控与市场调节的关系，既要更加尊重市场规律，使市场在资源配置中起决定性作用，又要更好发挥政府宏观调控作用，有效弥补市场失灵。中国经济发展正处于一个转型发展的关键时期，而在这一时期重视和关注宏观调控体系的建立和完善显得尤为重要，一方面可以保证我国经济长期持续较快增长；另一方面可以促进社会和谐发展。

回溯经济学理论的发展，整个经济学发展的变迁就是如何对待政府与市场的关系。西方古典经济学创始人亚当·斯密主张市场经济的自由放任，强调由市场这只“无形的手”使资源得到优化配置，政府只承担“守夜人”的职能。这主要是因为亚当·斯密生活在资本主义市场经济早期，未能看到经济发展的内在矛盾发展而产生的重大问题。市场经济从其几百年的历史演变过程看，大致经历了自由市场经济和现代市场经济两个发展阶段，在第一阶段里，尽管存在着一定的政府干预，但市场机制在经济运行中始终扮演着支配角色，即资源主要靠市场自身调节。而市场机制存在着自发性、盲目性、滞后性等缺陷，导致事后以破坏性的形式对经济结构、资源配置、财富隶属关系进行调整，即表现为周期性的经济危机。随着社会化大生产的不断发展，经济周期震荡越演越烈，市场机制功能缺陷导致的市场失灵现象日益加剧。特别是1929—1933年美国等西方国家爆发的世界性的经济危机，迫使人们陆续放弃长期占上风的亚当·斯密的自由放任经济学说。在此大背景下，英国经济学家凯恩斯在1936年创立了宏观经济学理论，他发表了著名的《就业、利息和货币通论》一书，开创了现代宏观经济理论的先河，被公认为是西方现代宏观经济学代表作。按照凯恩斯理论，当经济周期处于衰退阶段或繁荣阶段时，由政府分别实施扩张性或紧缩性财政政策，以及通过货币政策传导机制，调节消费和投资，进而影响总需求和总产出，达到实现宏观经济的平衡增长。同时，战后相当一部分市场经济国家不同程度受到通货膨胀或滞胀的困扰，特别是1997年相当数量的亚洲国家爆发了金融危机，迅速波及全球，等等。这些情况都是起因于宏观调控的欠缺，并最终靠宏观调控手段来加以解决。因此，各国经济发展普遍推行不同方式的政府干预，包括宏观经济管理（宏观调控）和微观经济规制（市场监管）。政府干预不是要弱化或取代市场作用，而是要弥补市场失灵，并为市场有效配置资源和经济有序运行创造良好环境。现代主流经济学普遍认为市场机制正确发挥作用离不开政府的宏观调控，它们是现代经济中对立统一的两个方面。许多学者指出市场自由竞争与政府宏观调控不仅没有矛盾，而且可以有机地统一起来。著名西方经济学家里昂惕夫认为：“自由竞争的自动调节机能和为理性判断所指导的有意识的行动规则，两者非但不是不能共存或互相排斥，相反却在我们的经济制度的运行中起着不同的，但是同样重要的作用。”

对于中国的宏观调控问题。中国经济学界在相当长的时间里微观和宏观不分。自20世纪80年代开始，我国经济学理论界集中探讨对宏观经济问题的研究，特别是改革开放以来，由于我国宏观经济运行出现了许多新的问题需要研究，同时大量接触、引入研究西方的经济理论和分析方法，这些都为中国社会主义宏观经济学的产生提供了土壤和环境。（吴亚卓、吴英杰，2005）但是在传统计划体制下，中国的宏观调控，无论理论发展还是实践基础，都带有浓厚的计划色彩，多表现为指令性直接干预，即行政手段多于间接手段调控（法律手段或者经济手段）。

随着市场化改革的推进，中国的宏观调控体系也越来越完善。但是，由于中国具体的国情和历史环境的不同，中国的调控体系不能建立在西方主流的宏观调控理论基础上，但我们完全可以借鉴和吸收西方国家有益的经验。根据不同的理论基础，世界目前存在两种宏观调控模式。一种是多数发达国家的“秩序导向”型宏观调控；一种是多数发展中国家（包括新兴工业国家和地区）的“政府指导”型宏观调控。中国的经济发展总体上可以判断为“政府主导型经济”或“政府推动型经济”。这不仅表现在政府可以直接进行各种经济活动或间接的通过制定经济发展战略和政策对私人经济活动进行引导，更为重要的是，政府推动的制度创新构成了经济增长的重要源泉。（刘瑞明、白永秀，2007）多数发达国家的“秩序导向”型宏观调控属于总量调控的范畴，即基于西方经济学的理论框架，也就是凯恩斯宏观经济理论，即调整总供给和总需求的平衡；而我国是发展中国家，宏观调控不仅仅面临着总量调控的问题，还面临着经济结构调控的问题。因此，中国宏观调控非常强调总量调整与结构调整相结合，这是在理论上与凯恩斯方式最大的区别。（袁志田、曾向东，2009）根据目前经济失衡的复杂性，在宏观调控的政策目标和基本倾向上没有采取简单的总量选择，没有简单地判断总量上是否过快或过冷，而是采取结构差异性调控，即区别对待，有保有压，尽可能避免总量上的一刀切。（刘伟、蔡志洲，2005）

纵观改革开放以来，中国宏观调控理论发展划分为大致三个阶段（张志敏、冯春安，2009）：①理论研究的起步阶段（1978—1991 年）。1978—1991 年，是理论研究的起步阶段。之所以定义为“起步”阶段，是因为在该阶段中国还没有建立起宏观调控理论所赖以生存的市场经济基础，理论体系尚未形成。②理论体系逐渐形成阶段（1992—2000 年）。1992—2000 年，是面向市场经济的宏观调控理论体系逐渐形成阶段。党的十四大报告明确提出“我国经济体制改革的目标是建立社会主义市场经济体制”。建立社会主义市场经济改革目标的提出，对中国经济学理论界产生了巨大影响，使更多的经济学者思考和研究社会主义市场经济宏观调控体系的构建问题。③理论研究进入了更“开放”和“实用”的阶段（2001 年以来）。随着中国加入了 WTO，经济发展进入到更加开放的阶段，在此背景下，宏观调控的理论研究也呈现出新的特点。

2013 年的十八届三中全会提出，“充分发挥市场在资源配置中的决定性作用，同时更好地发挥政府作用”，市场的作用由“基础性”转变为“决定性”。因此，宏观调控的理论基础发生了实质性的变化，由此宏观调控理论进入到了第四阶段，即深入认识宏观调控的必要性，进一步认识和深化市场与政府的关系。应该说，经过 30 多年的改革开放和市场经济体制的建立和完善，我国宏观调控已经见到显著成效，下一步要做的就是必须加大结构调整和转变发展方式的工作力度。（冯朴，2008）由于中国正处于体制转轨、经济转轨时期，完全的市场经济体制尚未健全，再加上传统计划经济的影响，中国经济的运行总是在收放循环中不断波动，“一收就死”“一放就活”。而带有计划经济色彩的宏观调控并非经济意义上的宏观调控，而是一种行政指令。这种指令性计划的宏观调控会使整个经济系统只依赖经济计划组织和计划工作体制来运行，指令性计划直接控制了国民经济运行。曾一度时期，这种行政指令一度被应用至极端，成为政府管理经济的唯一方式。结果经济运行往往不是遵循客观经济规律，而是按照行政命令推动经济发展，造成很多资源配置不当和严重浪费。（冯梅、王之泉，2010）然而改革开放的实践却又告诉我们一个事实，即市场经济越是发达，似乎对宏观调控的依赖度越来越高，社会主义市场经济同任何现代市场经济一样，不仅不排斥国家宏观调控，而且还必须加强和优化国家宏观调控。因此，计划经济时期的宏观调控理论并不适用于当下的经济实践和现实。从历史上看，行政干预是中国经济改革和宏观调控的推动力。但是，不恰当的行政干预可能成为深化改革和完善宏观调控的阻碍。（王诚，2010）因此，从某种程度上来说，建立和完善宏观调控体系，也意味着整个国家的政府职能都需要转变，无论是宏观调控理论，还是微观规制理论都需要与时俱进。目前的宏观调控理论大部分都是借鉴或者只是对实践中具体的某些观点形成了某些特定的看法，抑或是对国外相关宏观调控理论的修正和弥补。而对于转型期经济领域的很多重大问题的研究还处于起步阶段，中国宏观调控理论的“系统化”和“规范化”之路还很漫长。因此，构建和完善中国宏观调控理论体系就显得非常必要。

二、建立宏观调控体系的必要性

国家宏观调控是社会主义市场经济体制的重要组成部分和本质要求。政府宏观调控和市场都是配置资源的手段，前者是对资源配置的宏观指导，后者对资源配置起决定性作用；市场是基础，但不能离开宏观管理、制约和引导，不能离开社会主义方向和社会发展的总体要求。完善社会主义市场经济体制的基本要求就是既要更加尊重市场规律、有效发挥市场配置资源的决定性作用，又要更好发挥政府作用、有效避免市场失灵。紧紧抓住并用好重要战略机遇期，促进经济持续健康发展，使我国经济实力和综合国力再上一个大台阶，实现“两个一百年”奋斗目标，进而实现中华民族伟大复兴的中国梦，这些都对健全我国宏观调控体系提出了新的更高的要求。同时，也是社会主义制度和社会主义市场经济体制优越性的重要表现。

从我国改革的实践看，曾经出现过的经济过热，投资膨胀，以及后来遇到的市场疲软，经济衰退，金融秩序混乱等一系列问题。大都与宏观调控不力或不当有关，这说明越是搞活经济，加快发展，越要加强宏观调控。从社会主义市场经

济运行效率上看，如果仅仅靠市场机制的调节。一些非盈利性企业很难发展，也不能保护新兴产业的发展，还会给风险投资带来一定障碍。同时市场价格自发波动，需求虚假性和供给盲目性容易引致浪费。只有政府加以宏观调控，才能确保有一个良好的外部环境，从而减少浪费和提高运行效率。从维护社会主义市场经济公正目标上看，公民的社会公平保障，或者说共同富裕的目标，都是市场本身难以实现的。只有政府有力量控制公民收入水平，减少不公平收入和失业现象。如通过税收调节收入差距，防止社会阶层的两极分化。同时，也只有政府才有力量为企业建造一个没有封锁割据，没有垄断，流通顺畅的全国统一的竞争性市场，才能实现企业之间的公平竞争。政府通过宏观调控可以集中人、财、物，进行国家急需的大规模基础建设，安排整个经济发展的总体布局，使之形成完整的经济体系，从而促进综合国力的增强和人民生活水平的提高，实现共同富裕的总体目标。总之，为了保证社会主义市场经济正常健康和有序发展，必须有健全的宏观调控体系。

当前，我国经济社会发展正处于关键阶段，宏观调控的任务日益繁重。目前，我国宏观调控体系仍在诸多问题。在宏观调控目标方面，宏观目标与微观指标界限及关系不够清晰，微观指标较多，体现发展质量和效益、人民生活改善、生态建设的指标不足，不同领域指标之间、区域目标和全国目标不够衔接；在宏观调控的手段上，市场化工具不完善，行政手段使用仍然较多，政策之间效应相互抵消或负面效应叠加时有发生；在决策支撑方面，统计指标不完善，政策研究不够系统，智库作用发挥不够，社会参与度有待提高；在宏观调控机制方面，决策机制、实施机制不足，政策传导机制不畅，统筹协调作用有待加强。只有加强和改善宏观调控，才能使市场在资源配置中起决定性作用。正是在不断健全宏观调控体系，调整完善宏观经济政策，中国过去几十年成功应对了短缺经济条件下投资消费双膨胀导致的经济过热和严重通货膨胀、有效需求不足导致的经济下滑和通货紧缩趋势、亚洲金融危机和国际金融危机等造成的严重冲击，以及重大疫情和严重自然灾害等重大突发事件，促进了经济持续健康发展，避免了经济大起大落，人民生活水平大幅提升，综合国力和国际竞争力显著增强，社会主义现代化建设取得了新的历史性成就。实践证明，只有在发展现代市场体系的同时不断健全宏观调控体系，加强和改善宏观调控，才能有力地推动社会主义现代化建设不断向前迈进。

首先，建立和完善宏观调控体系是完善社会主义市场经济体制的题中应有之义。党的十四大提出了我国经济体制改革的目标是建立社会主义市场经济体制，提出要使市场在国家宏观调控下对资源配置起基础性作用。党的十四届三中全会提出，建立健全宏观调控体系是社会主义市场经济体制框架的 5 大支柱之一。党的十六届三中全会通过的《关于完善社会主义市场经济体制若干问题的决定》，明确提出要更大程度发挥市场在资源配置中的基础性作用，健全宏观调控体系。党的十八大提出加快完善社会主义市场经济体制，重要任务之一就是完善宏观调控体系。实践证明，市场配置资源是最有效的形式，但市场存在自发性、盲目性和滞后性，需要进行宏观调控；而宏观调控不断面临新情况新问题，需要不断健全宏观调控体系。通过科学的宏观调控，可以弥补市场失灵，消除垄断，维护市场秩序；增加公共产品供给，形成公平合理分配格局，确保广大群众共享改革发展成果；及时促进经济总量基本平衡，熨平大的经济波动，实现经济持续健康发展。政府宏观调控和市场决定资源配置都是社会主义市场经济的重要组成部分。宏观调控体系之所以重要和不可缺少，主要是因为运用它可以摆脱企业和市场的局限性和盲目性，进而从全局出发来规划社会发展，将全局和局部、当前和长远相结合，对社会资源进行社会范围的总体配置、综合配置和有预见、有远见的配置。

第二，完善宏观调控体系也是为了适应国内外环境变化提出的更高要求。从国内看，经济社会发展中不平衡、不协调、不可持续的矛盾突出，转变经济发展方式、优化经济结构的任务艰巨；传统产业优化升级面临成本上升、产能过剩和资源环境的制约，战略性新兴产业培育壮大受到人才、技术、创新能力的制约，创新驱动能力不强，现代服务业发展滞后；市场体系尚不健全，微观主体行为不规范，公平竞争的政策环境有待进一步改善；人口老龄化进程加快，发展的人口红利正在消失。从国际环境看，受国际金融危机影响，世界经济政治格局处于深度调整之中，需求低迷的状况可能长期存在，技术大变革和新的产业仍在孕育中，主要经济体主权债务问题积重难返，投资贸易保护主义趋势强化；发达国家重新重视实体经济，实施制造业回归，市场、能源资源的争夺和气候环境等方面的斗争更加激烈，影响国内发展的不稳定、不确定因素增多等等。因此，面对国内外环境的新变化新矛盾，必须进一步完善宏观调控体系，不断提高宏观调控水平，才能促进经济持续健康发展。

第三，我国是发展中国家，加快发展经济的任务迫切而繁重。我们既要充分发挥市场在资源配置中的决定性作用，又要注重克服市场的缺陷和防范其可能引发的经济较大波动，努力实现经济持续稳定快速增长。因此，必要的行政手段本身就是宏观调控的工具之一。现代市场经济并不是完全自由放任的市场经济，所有市场运行主体的行为都必须遵从市场经济规则。这些市场经济规则表现为法律、政府法令法规、同业准则规定等形式。政府管理监督市场运行主体遵从这些法律法规的过程本身就必须权威性地运用行政力量。政府根据需要制定的相关宏观调控政策的推行也需要行政权威，特别是在调控对象不愿意认真执行宏观调控政策时，更需要政府以行政方式推行政策。此外，处理国际经济交往中的相关问题也需要政府根据国际法和国际惯例使用行政手段。因此，可以说，政府在经济

管理与调控市场时使用行政手段并非人们的主观偏好，而是市场经济条件下宏观调控的客观要求。这决定了政府在促进经济发展方面必须发挥更积极、更主动的作用。

第四，我国是正处于改革过程中的体制转轨国家，社会主义市场经济体制基本框架虽已建立，但还需要进一步完善，在这一过程中出现的新问题和新矛盾尤其需要密切关注和及时化解。这决定了我国政府承担的职能远比发达国家政府更为广泛而复杂，这主要表现在：我国还处于工业化的中期阶段，工业化的历史任务尚未完成，生产力水平低，同时产业结构落后，增长方式粗放，科学技术等方面与发达国家还有较大差距；城乡之间、区域之间发展很不平衡，城乡二元经济的状况还十分明显；我国经济总量虽然居世界前列，但人均水平仍然落后，属于中下等收入水平国家。这些特点决定了：一方面，必须不断加强和改善宏观调控，努力保持经济稳定协调快速发展，避免出现大起大落，尽快缩小与发达国家的经济差距；另一方面，由于市场不完善、市场机制不健全而增加了宏观调控的难度，主要是：第一，我国宏观调控是在经济体制转轨的大背景下进行的，由于市场体系不健全，市场作用难以充分发挥，微观经济主体对一些宏观政策变化不敏感。例如，企业对资金价格变化反应不灵敏，影响了利率等金融调控手段的效力；资源价格形成机制不完善，不少重要资源能源的价格长期低估，企业缺乏节约的动力和积极性，必然影响节能减排措施的落实。第二，由于中央与地方财权和事权划分不清晰，政绩考核体系不健全，管理体制未理顺，有些地方政府对宏观调控措施的落实不积极、不到位，在控制投资、调控房价、节能降耗、治理污染等问题上，不同程度地存在"上头热，下头冷""上有政策，下有对策"的情况。第三，各地发展不平衡，发展状况差别较大，宏观调控必须统筹兼顾，有保有压，促进区域平衡发展。第四，随着对外开放的扩大和经济全球化的发展，国内外市场联系日益紧密，相互影响增强。而我国应对外部冲击的经验和能力都不如发达国家，进一步加大了宏观调控的难度。

科学的宏观调控呼唤更加健全的宏观调控体系。改革开放以来特别是党的十四大以来，我们立足发展社会主义市场经济实践，科学借鉴市场经济国家理论和经验，初步构建了以国家发展战略和规划计划为导向，以财政政策、货币政策以及产业政策、价格政策等为主要手段的宏观调控体系基本框架。但也要看到，在实践中仍然存在一些问题：体现经济发展质量和效益、居民生活改善和生态建设等方面的指标仍然不足，市场化调控工具尚不完善，行政干预手段使用仍然较多，统筹协调作用有待加强，政策之间效果抵消或负面效应叠加时有发生，调控决策及其实施的规范化、机制化建设滞后，政策传导机制不畅，宏观调控政策实施的法律保障和权威性、执行力不足。这些问题的存在，影响了宏观调控的科学性、有效性。随着市场配置资源作用不断增强、宏观调控实践不断丰富，现有宏观调控体系需要不断调整，以适应新的要求。

三、宏观调控的手段和政策

（一）宏观经济调控的主要手段

宏观经济运行总是会呈现周期性的波动，因此市场调节不是万能的。有些领域不能只让市场来调节，有些领域不能只依靠市场来调节，即使在市场调节可以广泛发挥作用的领域，市场也存在着固有的弱点和缺陷，诸如自发性、盲目性、滞后性等。当然，加强宏观调控也有利于我们更加深刻认识市场的弱点和缺陷，从而保证市场健康发展。因此，政府通常在经济高涨时“降温”；在经济萧条时刺激，避免经济发展过快或过慢从而阻碍社会经济发展，因此，宏观调控可以促进经济增长，增加就业，稳定物价，保持国际收支平衡以及弥补市场调节的不足。

宏观调控是国家运用计划、法规、政策、道德等手段，对经济运行状态和经济关系进行干预和调整，把微观经济活动纳入国民经济宏观发展轨道，及时纠正经济运行中的偏离宏观目标的倾向，以保证国民经济的持续、快速、协调、健康发展。作为宏观调控主体的政府，为了实现宏观调控目标，必然需要采取一定的调控手段。所谓调控手段就是一国政府在一定时期内国家运用计划、法规、政策、道德等手段。调控手段是实现调控目标的保证，二者之间的关系是手段与目的的关系，目的决定手段，手段要服从目的需要。宏观济调控的手段主要有：经济手段、计划手段、法律手段和行政手段。（吴亚卓、吴英杰，2005，第28～33页）

1. 经济手段

经济手段主要是建立在价值规律的基础上，遵循经济规律和物质利益原则，借助于经济杠杆来调节经济运行，诱导国民经济朝着健康有序的方向发展，符合宏观调控的各项目标。经济杠杆是对社会经济活动进行宏观调控的价值形式和价值工具，主要包括价格、税收、信贷、工资等。经济手段中的政策：税收政策、信贷政策、利率政策、汇率政策、产品购销政策、价格政策、扶贫政策、产业政策等。

2. 计划手段

新中国成立初，计划手段对于推动经济发展，建立完整的国民经济体系起到功不可没的作用。但是传统计划手段也给经济发展带来严重弊端。正是因为如

此，我国启动对经济体制的改革，提出构建市场经济体制。从历史角度看，新中国成立之初，百废待兴，市场不具备充分的自我调节基础。同时，在改革开放的进程中，市场体制的建立是一个逐步完善的过程，不可能毕其功于役。因此，市场的不完全和市场的不完善，决定了转轨过程中的中国宏观调控完全不同于西方宏观调控，中国宏观调控更多的是一种传统计划经济的延续，政府直接干预多于间接手段调控。（袁志田、曾向东，2009）经济计划因而成为必要的宏观调控手段。在社会主义市场经济体制中，计划主要是指建立在尊重市场经济规律基础上的指导性计划，是体现宏观管理目标、任务、各项宏观平衡和各种基本比例关系，并由相应的指标体系和政策措施所组成的计划。这样的计划，是建立在发挥市场调节作用的基础上，并以指导性计划和中长期计划为主。

3. 法律手段

市场经济是法制经济。政府依靠法制力量，通过经济立法和司法，运用经济法规来调节经济关系和经济活动，以达到宏观调控目标的一种手段。严格地说，法律是实行宏观调控和维持市场经济秩序的保证。法律手段的内容包括经济司法和经济立法两个方面。经济立法主要是由立法机关制定各种经济法规，保护市场主体权益；经济司法主要是由司法机关按照法律规定的制度、程序，对经济案件进行检察和审理的活动，维护市场秩序，惩罚和制裁经济犯罪。与其他宏观调控手段相比，法律手段具有普遍的约束性、严格的强制性和相对的稳定性的特点，这些都是市场经济运行所不可缺少的。通过法律手段可以有效地保护公有财产、个人财产，维护各种所有制经济、各个经济组织和社会成员个人的合法权益；调整各种经济组织之间横向和纵向的关系，以保证经济运行的正常秩序。

4. 行政手段

依靠行政机构，采取强制性的命令、指示、规定等行政方式来调节经济活动，以达到宏观调控目标的一种手段。行政手段具有权威性、纵向性、无偿性及速效性等特点。社会主义宏观经济调控还不能放弃必要的行政手段。因为计划手段、经济手段的调节功能都有一定的局限性，如计划手段有相对稳定性，不能灵活地调节经济活动；经济手段具有短期性、滞后性和调节后果的不确定性。当计划、经济手段的调节都无效时，就只能采取必要的行政手段。尤其当国民经济重大比例关系失调或社会经济某一领域失控时，运用行政手段调节将能更迅速地扭转失控，更快地恢复正常的经济秩序。当然行政手段是短期的非常规的手段，不可滥用，必须在尊重客观经济规律的基础上，从实际出发加以运用。

5. 舆论手段

舆论手段是指通过新闻、报纸、广播、电视及其他各种宣传工具传播国家政策、法令和社会意见、观点，宣传正确思想，贬斥社会时弊，引导人们行为。其特点是覆盖面广，时效快，监督力度大，对经济主体不但有教育作用，而且有外在压力。

（二）宏观经济调控的政策

经济手段是由政府制定的，用以调整各种经济主体利益关系和指导、影响经济活动的准则和规则。它是宏观调控的重要手段。最主要的经济手段有：财政政策、货币政策、收入政策、产业政策、汇率政策等。在社会主义市场经济条件下，

应结合不同时期国民经济运行的不同态势科学而灵活地运用这些政策。

1. 财政政策

财政政策是指国家通过财政收支总量和结构的变化进行宏观经济调控，使经济目标得以更好实现的经济政策。财政政策的主要目标是调节现实的社会总需求，防止大的经济波动，实现无通货膨胀的充分就业。社会主义市场经济条件下在宏观调控中运用财政政策手段，包括对财政收入政策的运用、对财政支出政策的运用和二者的综合运用。

2. 货币政策

随着社会主义经济体制的改革和市场经济的发展，货币金融手段在宏观调控中的作用日益突出，已逐步成为最主要的调控手段。货币政策是指国家通过中央银行，为实现一定的宏观经济目标所制定和实施的各种管理和调控货币供应量及结构的措施的总称。它的终极目标是稳定货币和发展经济。稳定货币是将货币供应量控制在流通中对货币需求量所允许的范围之内，以保持物价水平的基本稳定。发展经济是指通过合理分配货币资金，充分发挥各种生产要素的作用，使社会总供给与总需求保持基本平衡，推动国民经济顺利发展。

3. 财政政策和货币政策的组合

尽管财政政策和货币政策都是以调节社会总需求为对象来实现社会总供求平衡，都是通过对社会资金的分配实现对经济调控的，但它们在调控中又有不同的分工，货币政策调控总量，财政政策调控结构；货币政策侧重物价稳定，财政政策侧重经济增长；货币政策调控的对象主要是有偿性的借贷资金，注重提高资金的使用效益；财政政策调控的对象主要是无偿性资金，注重国民收入合理分配和经济公平。在宏观调控中，货币政策与财政政策二者往往要结合起来，共同发挥调控作用。

4. 收入政策

收入政策是对国民收入初次分配和再分配进行调节的政策，是政府根据既定的目标而制定的个人收入总量及结构的变动方向，以及政府调节个人收入分配的基本方针和原则。社会主义经济中实施收入分配政策的目的，是促进国民经济的总量平衡，避免通货膨胀或通货紧缩；促进分配的公平和效率，避免收入分配差距过大；调动劳动者的劳动积极性，促进经济发展，提高人民生活水平。收入分配政策是通过工资、财政预算、税收等手段实施的。

5. 产业政策

产业政策是指国家规划、干预和诱导产业形成和发展的一种政策。其目的在于引导社会资源在产业部门之间以及产业内部的优化配置，建立高效益的均衡产业结构，促进国民经济的持续稳定协调发展。产业政策的内容很广，主要有产业结构政策、产业组织政策、产业技术政策、产业布局政策等。

6. 国际收支政策

国际收支政策是各国根据自己的国情、经济发展阶段和国际收支的状况而采取的主动调节和改善国际收支状况的措施和手段。在市场经济条件下，一国在进行经济建设时，不仅要通过国内市场来合理配置资源，促进经济发展，而且还必须开展国与国之间的经济交往，充分利用国际市场和国际资本来发展本国经济。随着国际交往的增加，国际收支在经济中的比重日益增加，国际收支状况对经济的影响也越来越大。因此，除了少数开放程度不高的国家外，目前世界各国都制定了各自的国际收支政策，许多国家还将国际收支政策作为国家经济政策的重要组成部分。

四、改革开放以来我国宏观调控回顾

自十四大提出建立社会主义市场经济体制以来，我国一直在探索建立和完善宏观调控体系，宏观调控的内容和方式也随着市场经济的发展发生着深刻变化，由计划经济时期主要靠国家计划调控过渡到逐步形成了主要由国家产业政策、货币政策和财政政策三者之间相互配合和制约，价格和产业政策等其他手段相结合的综合性调控体系。

改革开放以来，我国宏观经济出现了六次比较明显的波动，包括五次通货膨胀、经济过热和一次通货紧缩。与此相对应，经历了六次比较大的宏观调控。从调控手段和举措来看，改革开放以来的宏观调控大致可以划分为两个阶段。总体来看，随着宏观调控实践的不断深入，我国宏观调控措施越来越成熟，初步积累了一些宝贵的经验，当然也存在不少值得认真总结的不足甚至教训。特别是近年来，在科学发展观指导下，在构建符合我国改革、开放和发展新形势需要的新型宏观调控体系方面进行了初步的探索。

（一）1978—1983 年的宏观调控

1978—1983 年，中国处于短缺经济状态，随着计划控制的放松和价格改革的推进，短缺经济时期所隐藏的隐性通货膨胀压力逐渐释放出来，致使整个 20 世纪 80 年代一直面临着严重的通货膨胀。因此，宏观调控的主要任务是治理通货膨胀。这一时期采用的主要是行政和计划办法。

（1）1978—1983 年经济形势变化的特征。1978—1981 年，基建投资快速增长，引发经济大起大落。1978 年，基本建设投资比上年增长 37%，GDP 增长 11.7%，成为 1978—1981 年经济波动的波峰。由于基建投资增长速度过快，战线过长，项目过多的问题初现端倪。所以，从 1979—1981 年“急刹车”，相继停建、缓建了一批大中型项目，其中，1981 年基建投资比上年压缩 20.6%。当年 GDP 增长率回落到 5.2%，零售物价指数回落到 2.4%，形成了这轮经济波动周期的波谷。为了保持经济稳定增长，1982—1983 年贯彻执行“调整、改革、整顿、提高”的方针，在保持物价水平基本稳定的同时，国民经济稳定增长。

（2）1978—1983 年宏观调控的主要措施。

针对 1978 年的经济过热，虽然强调基本建设必须积极而又量力地循序进行，不可一哄而上，但由于从中央到地方对调整的认识不统一，在 1979 年停建、缓建了一批大中型项目，1980 年继续停建、缓建了一批项目的情况下，基建总规模仍然没有减下来，地方和企业财权扩大后盲目上项目，财政大量赤字，货币发行过多。最终在物价大幅上涨的情况下，不得不在 1981 年采取“急刹车”措施，进一步大幅压缩基建投资规模。这一阶段宏观调控主要采取了行政和计划手段对经济进行整顿。

应该说，1978—1983 年是短缺经济状态下的宏观调控，目标都是防止经济过热、通货膨胀，但并没有真正意义上的财政、货币政策。经济、法律等间接手段没有形成，整顿手段都是单一的行政性办法。如行政性财政政策，强制控制财政支出；行政性货币政策，强制控制信贷投放；对经营不善、长期亏损的国有企业，停止财政补贴，停止银行贷款；对落后的小企业进行整顿和关停并转等。由于认识不足，导致调控举措犹豫不决，前期力度不够，更由于缺乏提前预期和前瞻性，延误了最佳时机，以致最后不得不“急刹车”进行全面超强紧缩。结果 GDP 增长率从调控前的高位迅速大幅回落，经济在短暂繁荣后陷入长时间衰退。

（二）1984—1986 年的宏观调控

1984—1986 年我国经济仍然面临严重的通货膨胀，宏观调控的主要任务是治理通货膨胀。从 20 世纪 80 年代中期开始，随着中央银行制度的建立，开始引进财政、货币政策的概念和做法。

（1）1984—1986 年经济形势变化的特征。

1984 年，提出了“对内搞活经济，对外实行开放”，出现了改革开放以来最快的 15.3% 的经济增长率，固定资产投资同比增长 21.8%，基本建设投资同比增长 23.8%。1984 年，固定资产投资规模偏大，市场物价上升，有些商品价格上升幅度较大。同年，新成立的中央银行发布了《信贷资金管理试行办法》，造成了 1984 年底以后的信用膨胀和货币发行失控，直接导致了 1985 年零售物价指数（RPI）和消费物价指数（CPI）分别高达 8.8% 和 9.3% 的通货膨胀，成为改革开放以来物价上涨的第二个高峰。固定资产投资规模继续增大，全国城乡投资比上年增长 38.7%，基建投资同比增长 42.8%。1985 年实行了货币、信贷“双紧”政策，在抑制总需求的同时，也导致了经济增长速度下滑。1986 年，固定资产投资增长过快势头得到初步控制，同比仅增长 16.7%，GDP 增长率也随之降低到 8.8%，成为波谷。

（2）1984—1986 年宏观调控的主要措施。

针对 1984 年的经济过热，国务院要求各地各部门严格控制财政支出和信贷投放。财政方面，从 1985 年初开始，强调必须严格控制财政支出。1986 年，国务院要求从中央到地方，都要重新核定财政收支，压缩开支，量入为出。信贷控制政策方面，中央银行开始建立综合运用经济、行政和法律的调控手段，如建立存款准备金制度。由于缺乏必要的政策操作实战经验，在调控力度把握方面失当，1985 年货币、信贷“双紧”政策在抑制总需求的同时，也导致了经济增长速度下滑，中途被迫改为比较宽松的政策，取消了对专业银行贷款规模的指令性控制。

本次宏观调控仍然是处于短缺时代的宏观调控，大量运用行政手段，缺乏经济、法律等间接手段。另外，20 世纪 80 年代刚开始尝试运用宏观经济政策进行宏观调控时，由于没有经验，不够坚定，加上受当时比较流行的凯恩斯主义思潮影响，基本上采取的是“相机抉择”的宏观调控政策。由于政策变化过快、调整过于频繁，缺乏连续性和稳定性。因此，从效果来看，当时的经济波动比较大，调控效果不太理想。

（三）1987—1991 年的宏观调控

（1）1987—1991 年宏观经济形势变化的特征。

一是1987—1988年的通货膨胀。1987年，固定资产投资增速比1986年进一步趋缓，同比仅增长16.5%。但是，通过开展“增产节约、增收节支”运动，生产持续稳定发展，GDP增长仍高达11.6%，构成新一轮经济波动的波峰。由于社会总需求大于社会总供给，部分商品特别是主要副食品供应偏紧，物价水平重新开始上涨。1988年，在当时势不可挡的“价格闯关”因素和放开价格预期的推动下，货币供应和信贷投放从上半年起迅速增长，造成了前所未有的严重通货膨胀。1988年零售物价指数和消费物价指数分别高达18.5%和18.8%，形成了80年代的最高水平和改革开放以来物价上涨的第三个高峰。二是1989—1991年的市场疲软、经济滑坡。从1988年的第四季度起，中国开始对经济实行严厉的“治理整顿”，价格增速迅速下降。1989年，全社会固定资产投资比上年减少11%（扣除物价因素，实际接近20%），零售物价总水平同比上涨17.8%，GDP仅增长4.1%，商品销售由上年过快增长转向局部疲软，1989年经济增长率仅为4.2%，1990年为3.8%，成为改革开放以来最慢的增长率。为防止经济进一步下滑，货币政策有所松动，从1991年开始，固定资产投资和经济增长速度明显回升，固定资产投资同比增长18.6%，GDP增长率达到9.2%。

（2）1987—1991年宏观经济政策的基本取向和措施操作。

一是经济紧缩、治理整顿和“双紧”政策。针对1987—1988年的经济过热，财政政策方面，1987年除用于价格补贴、抚恤和社会救济费、偿还国内外债务本息等必需支出的经费以及某些特定的专项拨款外，其余各项开支都要在上年预计支出数的基础上缩减10%。1989年，继续贯彻治理整顿、紧缩财政的政策，调整支出结构。货币信贷政策方面，1987—1988年，中央银行再次执行紧缩货币政策，并尝试了诸如提高法定存款准备金率、调高对专业银行的存贷款利率、回收再贷款等多种间接调控手段，开始重视对基础货币供应的调控。1989年11月，采取了“双紧”的财政和货币政策，如一面清理固定资产投资项目，压缩社会集团购买力；一面严格控制贷款规模等。二是1989—1991年财政、货币实施“松动”措施。在1988—1989年计划性的紧缩政策作用下，严重通货膨胀被迅速有效地抑制，但中国经济增长也陷入了一年多的滑坡和市场疲软。为了防止经济下滑、保持经济稳定增长，又不得不进行适当的松动。财政政策方面，1990—1991年，继续坚持紧缩方针，调整支出结构，并结合价格改革，减轻财政负担；在确保收入稳定增长和支出合理安排的基础上，切实控制财政赤字。货币政策方面，中央银行又不得不从1989年8月开始放松银根，罕见地在一年多的时间里先后3次调低了存贷款利率。

1987—1991年是我国第一次有意识地运用财政、货币政策手段进行间接调控，也是第一次自觉地进行现代意义上的财政、货币政策搭配使用。一方面改变了原来单一的行政性办法，逐渐引入经济、法律等间接手段，开始进行现代意义

上的财政货币政策的尝试。虽然从效果来看，仍然存在各种不足之处，但毕竟开创了中国财政货币政策搭配使用的历史。另一方面，由于经验比较缺乏，采用了各国一般不轻易采用的财政、货币“双紧”政策组合，用力过猛，刹车太急，虽然使得物价水平迅速回落，但也导致经济增长急剧减速，改革开放的大好形势受到一定影响。

（四）1993—1997 年的宏观调控

1992 年邓小平同志南方谈话后，中国开始全面推进和深化经济体制改革，初步勾勒出社会主义市场经济体制的基本框架。1994 年，中国进行了分税制体制改革，中央银行制度进一步健全，货币政策框架开始建立，为中国及时有效地运用财政、货币政策组合调控经济创造了必要的制度基础和有利的体制环境。这一阶段的宏观经济政策，是在社会主义市场经济体制基本框架逐步建立过程中，运用行政、经济和法律并重的手段治理通货膨胀。

（1）1993—1997 年宏观经济形势变化的特征。

在南方谈话的鼓舞下，1992 年各地经济发展再次加速，新一轮经济过热再次出现。1992 年经济增长 14.2%，创改革开放以来次高纪录。1993—1994 年，GDP 增长速度分别保持在 13.5% 和 12.6% 的水平。到 1993 年，由于投资急剧膨胀，特别是全国掀起了一股房地产热和开发区热，全社会固定资产投资同比增长 61.8%，商品零售价格同比上涨 13.2%，居民消费价格同比上升 14.7%。到 1994 年，商品零售价格同比上涨 21.7%，创下新中国成立以来的最高纪录，出现了改革开放以来最严重的通货膨胀。

（2）1993—1997 年宏观经济政策的基本取向和措施操作。

财政政策方面，为了抑制经济过热，1993 年下半年，中央针对固定资产投资增长过快，采取适度从紧的财政政策，即控制支出规模，压缩财政赤字。1994 年实施分税制改革。1995 年完善和深化财税体制改革，积极配合国有企业改革和其他配套改革；通过加强和改善财税管理工作，努力挖掘增收潜力，使财政收入增长与经济增长水平相适应；进一步调整支出结构，在保证国家政权建设和事业发展支出适度增长的同时，加大农业投入，严格预算约束，继续抑制投资及消费需求。1996—1997 年继续实行适度从紧的财政政策，促进经济结构的调整和优化，全面强化税收征管；控制支出总量，优化支出结构；压缩财政赤字，控制债务规模；大力整顿财经秩序，继续深化财税改革。货币政策方面，从 1993 年 6 月开始，中央银行按照中央的“紧缩”要求，采取了带有严厉行政色彩的信贷控制措施，1994 年实行“继续从紧”的货币政策。1993 年 5 月和 7 月两次提高存贷款利率，并采取了诸如整顿信托业、加强金融纪律、限制地区间贷款等急刹车措施。为了防止紧缩中的大起大落，实现经济“软着陆”，中央银行从 1996 年

5 月开始采取“适度从紧”的货币政策。1996 年经济增长水平回落到了 10% 之内，零售物价指数接近 6% 的调控目标。1997 年消费物价指数涨幅下降到了 2.8%，零售物价指数涨幅则进一步下降到了 0.8%。

与前几次相比，这次宏观调控有五个显著特点：一是不再单纯依靠行政手段，开始注重运用经济手段和法律手段。二是注重不同政策间的配合。一方面，政府通过有选择地紧缩基本建设项目，控制社会投资规模；另一方面，中央银行采取从紧的货币政策，强化对投资需求的间接调控作用。同时，国家规定财政不再向中央银行透支，使投资规模得到控制。三是不实行急刹车，而是“适度从紧”。货币政策和财政政策都是“适度从紧”，使经济增长率从两位数的高峰平稳地、逐步地回落到 10% 以内的适度增长区间，避免了以往经济发展大起之后的大落现象。四是在做出治理通货膨胀的决定后，雷厉风行地贯彻实施，并注意保持政策的稳定性、连续性。五是受货币主义在全世界范围内流行的影响，1993—1994 年以后连续多年实行“适度从紧”的财政货币政策，基本上奉行“简单规则”，虽然比较有效地控制了经济过热和通货膨胀，但在 1997 年东亚金融危机的外部意外冲击面前，则显得缺乏应变性、灵活性。

（五）1998—2003 年的宏观调控

在亚洲金融危机的冲击下，中国从 1998 年开始出现了经济增长减速、物价下降等现象，遭遇改革开放以来的第一次通货紧缩。为了应对金融危机的冲击，抑制日益加深的通货紧缩趋势，中国从 1998 年开始，实施积极的财政政策和稳健的货币政策，启动国内需求。一直持续到 2002—2003 年，逐步改变了经济减速和物价负增长的局面。

（1）积极财政政策和稳健货币政策提出的背景。

其一，通货紧缩迹象明显。受亚洲金融危机的影响，从 1997 年 10 月开始，中国物价总水平开始下滑，到 1998 年，全社会商品零售物价指数上涨率出现负增长，为 -2.1%；1999 年进一步下探到 -3%。其二，生产能力明显过剩。据第三次工业普查资料，早在 1995 年，主要工业品生产能力利用率充分的就只占 36.1%，并且集中于能源、原材料和部分名优产品；产能闲置 1/5 ~ 1/3 的占 27.2%；闲置一半的占 18.9%；处于停产半停产状态、产能利用不到一半的占 19.1%。1997 年，工业企业中亏损企业占 25.6%，亏损企业数比上年增加 5.68%。国有工业企业中亏损企业占 39.2%。其三，国内需求不足。1998 年上半年，中国供不应求的商品为零，供过于求的商品达 25.8%，供求平衡的商品占 74.2%。到 1999 年，社会供需总量已经明显不平衡。时至今日，需求不足仍是中国最重要的宏观经济背景之一。

（2）1998—2003 年宏观经济政策的基本取向和措施操作。

针对1997年经济偏冷的形势，从1998年开始，中国宏观调控政策由“适度从紧的财政政策和货币政策”，调整为“积极的财政政策与稳健的货币政策”的新组合。一是积极的财政政策。主要措施有增发长期建设国债，适当扩大财政赤字规模；调节税率、减轻税负、鼓励投资。二是稳健的货币政策。主要包括降低存贷款利率；取消四大国有商业银行贷款限额的控制，逐步实行自求平衡的资产负债比例管理和风险管理，借以扩大商业银行的信贷规模；下调再贷款、再贴现利率和存款准备金率；调整对个人消费信贷政策等。

这一时期的宏观调控是中国宏观调控历史上第一次治理通货紧缩，也是第一次运用扩张型的财政货币政策组合，其突出的特点主要有：一是针对具体经济形势，灵活调整既定政策。1998年年初确定的财政政策，并不是扩张性的，预算赤字减少了100亿元。但在预算执行过程中，发现经济过度下滑，内需严重不足，所以及时调整了预算。并于1998年8月，增加发行1000亿元长期建设国债，用于基础设施建设。二是注重运用各种可以运用的手段，形成合力。如积极的财政政策与灵活的货币政策相结合，扩大内需与增加出口、利用外资相结合，增加投资与启动消费相结合，扩大经济总量与提高效益、调整结构相结合，必不可少的行政手段与各种经济杠杆和法律手段相结合，促进经济增长与深化各项改革相结合。三是政策搭配之间存在矛盾，减弱了合力。作为积极的财政政策的各个组成部分，包括增发国债、扩大财政支出，调整税收、减轻税负等，在姿态和取向上应当是统一有效的。但1998年以来，中国实行的积极财政政策侧重于增发国债与增加支出，在税收方面执行的实际上是一种增税政策，对经济具有潜在的长期慢性紧缩影响，与扩大内需的目标相矛盾。

（六）2004—2013年的宏观调控

（1）十六大以来宏观调控面临的新形势新任务。

十六大以来，是我国“入世”后全球化进程最快的时期。这个时期的显著特点是对外开放全面提速，货物商品、服务贸易流量和贸易盈余规模急剧扩大，在资本流出逐年递增的同时资本净流入持续增长，经济的国际化水平迅速提高。在全球化推动下，国内工业化、城镇化和市场化进程全面提速，国民经济进入周期性上升期，创下近半个多世纪以来繁荣时间最长的纪录。经济持续快速增长，无疑会极大地增加国民财富，但也会带来能源、环境和社会方面新的矛盾和问题。对宏观调控来说，要面临更多新的矛盾和挑战，要完成新的课题和任务。一是在经济全球化的国际背景下，我国国内市场国际化进程加快，这时期的宏观调控面临新的外部环境和挑战。加速融入全球化，国内市场国际化进程加快，既有利于经济增长，也提出了如何实现内外平衡的宏观调控新课题。作为全球产业分工和转移的新承接地，我国既获得了巨大的产业发展的外部空间和动力，也面临着日益增多的内外利益矛盾的严峻挑战。二是经济发展进入新阶段，工业化和城镇化步伐加快，这时期的宏观调控面临新的发展形势。近年来，我国工业化和城市化加速推进，国民生产能力和产出率大幅度提高，宏观经济运行一直处于比较宽松的供给环境之中。总体经济进入新一轮增长周期，基本保持了“高增长、低通胀”势头。但持续高增长使得能源资源、生态环境和社会发展方面的矛盾更为突出，宏观调控要花更多精力着力缓解“不稳定、不平衡、不协调和不可持续”的问题，在更为复杂的新形势下寻求统筹协调和可持续发展的宏观解决方案。工业化和城镇化加速推进，经济增长获得巨大动力且保持持续趋势，宏观调控要按照新的目标要求来防范经济过热的风险。经济进入周期性上升期且繁荣时间延长，资源、环境和社会方面的矛盾更加突出，宏观调控面临更艰巨的可持续发展任务。三是改革进入攻坚阶段，市场化程度不断提高，这时期的宏观调控面临新的体制机制和微观基础。在对外开放力量的直接推动和世贸组织各项规定的严格约束下，我国市场化向深度广度拓展，国内自由竞争格局逐步形成，新阶段宏观调控面临新的体制机制环境，宏观调控赖以存在的微观基础发生了新的变化，而新的微观基础又反过来对宏观调控提出了新的要求。

（2）2004—2013 年的宏观经济变化特征。

2003 年以来，在国内外各种因素的推动下，我国经济在走出通货紧缩的阴影后不久，出现了煤电油运紧张、部分地区和行业固定资产投资增长过快等“局部过热”苗头。宏观经济形势已经发生了根本性变化，宏观经济运行面临的已不再是需求不足，宏观经济总量关系的根本性变化客观上要求宏观经济政策及时进行适应性调整。为适应形势变化的需要，加强和改进宏观经济管理，实现国民经济又快又好的发展，宏观经济政策取向及时进行了必要的调整，在货币政策继续保持“稳健”姿态的同时，财政政策逐步由“积极”转向“稳健”，实行财政、货币“双稳健”政策。首先，我国产业结构中存在严重的比例失衡。相对发达国家而言我国的第一、第二产业比重偏高，第三产业比重明显偏低。虽然与往年相比我国三次产业均保持较快的发展态势，“十一五”期间第一产业年均增长 4.5%，第二产业年均增长 12.1%，第三产业年均增长 11.9%，但是第三产业所占比重由 40.5% 上升为 43.0%，只上升了 2.5 个百分点，其增长相对缓慢；其次，经济增长方式失衡。改革开放后我国经济增长单纯地与粗放地追求外延式增长，却忽视了内涵式增长，导致中国经济对国际市场依赖程度高，形成长期依赖投资和外需拉动经济增长，因此极易受到国际市场的影响；第三，城乡、区域发展失衡。我国的城镇化发展相对滞后，城乡和区域的生产力、人均收入、生活条件及基础设施建设存在着巨大差异，并且其差距正在不断扩大。我国区域经济发展也不平衡，沿海内陆经济成阶梯状发展趋势，沿海城市经济发达，中西部地区经济发展滞后，贫富差距不断拉大；最后，要素结构不合理。李克强总理指出，

“要素投入结构不合理，是我国粗放型增长方式难以根本转变的重要原因”。因此，我国人均资源占有量低，能源资源消耗大，单位产品能耗高的实情使得我国的资源压力和环境压力不断加大。

（3）2004—2013 年宏观调控的主要措施。

一是稳健的财政政策。这些政策包括连续调减长期建设国债，适当增加中央预算内基本建设投资；调整财政支出规模、优化支出结构；推进税制改革，完善税收体系等。二是稳健的货币政策。“双稳健”框架下货币政策的主要措施包括：公开市场操作；利率政策；法定存款准备金率；窗口指导针等。三是土地与环保政策。主要措施有：严格控制新增建设用地总量，配合宏观调控，管住土地闸门；明确节能减排任务，重点领域的能耗大户成为重点盯防对象，国家为此出台了一系列政策。

这一时期的宏观调控，主要特点有：一是深化财政税收和相关体制改革，注重发挥税收政策调节作用。作为转轨中国家，在宏观调控中不仅要面对总量和结构问题，同时体制问题也经常和结构问题交织在一起。深化改革不属于宏观调控的范围，但可以为调控创造有利的条件，同时，通过体制改革的作用与宏观调控形成合力，这是转轨时期宏观调控的特殊需要。近年来，我国在实施稳健的财政政策的同时，大力深化财政税收体制改革，为财政政策作用的发挥创造了良好的条件和环境。二是注重财政政策与区域政策协同配合，充分发挥财政政策在构建区域协调互动发展机制中的带动作用。“十一五”规划纲要中明确指出，要根据资源环境承载能力、发展基础和潜力，按照发挥比较优势、加强薄弱环节、享受均等化基本公共服务的要求，逐步形成主体功能定位清晰、东中西良性互动、公共服务和人民生活水平差距趋向缩小的区域协调发展格局。为了克服宏观调控对区域协调发展可能造成的不利影响，作为宏观经济政策的财政政策要兼容区域发展政策功能，实现宏观经济与区域政策在操作上协同配合，在区域经济协调发展上发挥积极的促进作用。三是财政政策主动配合产业政策，积极推动产业结构调整和经济发展方式转变的进程。未来 5 ~ 10 年，国家产业技术发展的战略目标和重点是积极推动技术创新能力与产业技术水平的提高，推进我国产业结构优化升级、培育新的经济增长点。推动产业结构调整和经济发展方式转变，要充分发挥产业政策的作用，重视运用财税政策措施，增加产业发展资金，采取信用担保、贷款贴息、投资参股等方式，加大对重点产业、重点企业和重点行业的扶持力度，培植和壮大一批技术含量高、附加值高的资源节约型、生态环保型核心企业和产业集群。在宏观调控过程中，考虑到我国总量矛盾与结构矛盾并存的现实，财政政策要同时兼具宏观经济政策和产业发展政策的双重职能，通过财政政策将总量性质的宏观调控和结构优化调整结合起来。四是注意财政政策与货币政策协调配合，充分发挥各自比较优势和协同效应。财政政策与货币政策在解决不同的问题方面各具特点和优势，随着我国对外开放程度的不断提高，在宏观形势比较复杂、面临多种问题的情况下，国内国际双重均衡问题越来越重要，为此，财政政策与货币政策的协调配合十分必要。近年来，随着国际收支失衡以及由此引发的各种矛盾的日益突出，解决对外经济失衡成为货币政策的一个重要任务。单纯依靠货币政策和汇率政策对解决当前的对外经济失衡作用有限，需要财政政策发挥应有的作用。五是运用土地政策参与宏观调控。近年来，房地产价格快速上涨，成为推动投资总量增长的重要力量。合理运用土地政策参与宏观调控成为我国宏观调控中的新特点、新任务、新选择。同时，还需要一个不断探索、积累经验和逐步完善的过程，需要在今后土地调控的实践中进一步完善土地调控体系，更好地发挥土地政策工具在宏观调控中的作用。

五、当前我国宏观调控中的主要问题

在作为今后一段时期改革发展纲领性文件的十八届三中全会决定中，大量篇幅谈到健全和完善宏观调控体系。关于中国宏观调控存在的问题，主要体现在宏观目标与微观指标界限不清，微观指标过多，过于重视 GDP，体现发展质量效益、民众生活和生态的指标不足；在调控手段上，经济手段不完善，行政手段多；在决策支撑方面，统计指标不完善，政策研究不够系统等。

市场经济国家在进行常规性宏观调控时一般都采用经济手段。行政手段使用的范围和时间有严格限制，只有在经济严重萧条、经济系统受突发性事件冲击等特殊情况下才使用行政手段，并且基本是总量调控。例如，美国在应对最近的金融危机中，最引人注目的是美联储的货币政策。而由计划经济走过来的中国式市场经济，宏观调控仍然有很强的计划性，宏观调控更主要体现为项目审批。现实担忧是，在法律法规缺位、使用经济手段难以奏效的领域，如果不用行政手段，不能取得快速有效的结果。但这种行政化的手段使用过度，可能一时起到对“市场失灵”的补救作用，但造成的后遗症极大。由于传统的“政府主导型”发展模式未得到根本性改变，随着经济社会问题的不断复杂化，国家决策范围不断扩大，政府已经无力包揽一切社会事务，政府失灵现象在众多领域开始显现。

（一）政府职能转变不到位

（1）政府职能错位或越位。

主要是政府进入了不该进入的经济领域，而且超越现行法律规定行使职能。常见的具体表现形式有下面三类：一是进入竞争性微观经济领域，直接投资创办和经营企业，与民营企业和民间资本争利。二是搞地方保护主义，庇护本地企业生产销售假冒伪劣商品、偷税漏税或走私贩私。在跨地区经济纠纷案件的裁决和

执行中，偏袒本地企业，阻碍案件公正裁决和执行。三是纵容企业编造虚假材料，骗取中央或上级政府的优惠政策支持，违反统计法规，编造虚假数字，谎报政绩，骗取上级政府的信任、奖励和官位。

（2）政府职能的缺位。

主要是政府缺席本应该由它承担的职能，或是政府虽然承担了该项职能，但却实施或执行不到位，致使经营水、电、气的企业侵犯用户利益的时间经常见诸报端；小城市和乡村公共服务机构和基础设施落后，学龄儿童的初等教育和居民的基本保健医疗等基本社会福利得不到充分满足；质量技术监督检查不到位，致使假冒伪劣商品充斥市场，消费者权益得不到有效保护；对共有资源和生态环境保护不力，自然资源和珍贵文化遗产屡受掠夺和破坏，水源和城市空气污染加重，森林草原覆盖面积急剧减少，土地沙化加剧等等。

（二）中央和地方政府之间的利益博弈日趋突出

我国中央和地方政府之间存在严重的利益博弈。博弈是对若干个参与主体在策略相互依存的情形下相互作用的状态或过程的描述。在这种状态或过程中，参与者的利益实现不仅取决于其自身的选择和行为，而且也取决于他方参与者的选择和行为。宏观调控过程其实也是一个博弈，博弈方是调控主体或中央政府、地方政府、各种市场主体以及社会利益群体。中央政府代表的是社会的整体利益，而部分地方政府在执行中央的宏观调控政策时却过多地考虑了本地方所代表的地方利益，在地方的自身利益和中央的社会整体利益相一致时，二者在博弈中就是非对抗性的。但是，非调控主体的地方政府毕竟有其自身的特殊利益，宏观调控也不可能按照同一方向或满足或实现所有非调控主体博弈方地方政府的利益要求，因而总存在着在博弈中进行低度合作或不合作的行为选择。目前，中央与地方政府之间财权与事权的边界不清的现状。由于地方人大在公共决策中的影响力有限，加上中央对地方干部政绩的考察也难以面面俱到，因此，GDP 增长率便成为上级考察地方官员的“硬指标”。为此，部分地方官员采取机会主义行为追求辖区经济增长。

（三）宏观调控手段单一，缺乏有机配合

（1）金融宏观调控方式单一，调控效果难尽人意。

长期以来，我国金融宏观调控手段主要依靠贷款规模，利用利率对经济进行调控的效果不明显，而公开市场业务的开展同样显得力度不够。由于多方面的原因，通过货币政策的日常操作达到宏观调控的目的收效不大。同时，金融资产结构单一，缺乏切实可行的市场操作主体，削弱了宏观调控的力度。金融机构市场推出机制不能实施，进一步增加了宏观调控的难度。在经营困难的情况下，不能

按照优胜劣汰的原则，对不符合经济条件和资不抵债的金融机构实行推出管理，使中央银行对严重违规的金融机构不能做到严格管理，在一定程度上影响了中央银行整体金融宏观调控作用的发挥。

（2）财政宏观调控手段缺乏稳定性和协调性。

财税运行机制尚缺乏稳定性，存在较多的不确定性、刚性不强，常常受非正常因素干扰而变更。财税运行机制的内在协调性差，未能充分发挥财税机制的整体功能。在财政收支安排上特殊规定过多，一些收支项目自成体系，操作独立于预算之外，甚至形成制度外收支，财税机体被分割肢解严重，收支体系紊乱，整个收支安排上缺乏统一的整体协调性。大部分预算外收入和制度外收入逃离于政府控制，不仅扰乱了正常收支秩序，削弱了政府财力，而且由于其资金使用的非规范性，加大了政府宏观调控的难度。财税运行机制的环境适应性差，未能根据经济发展变化情况进行适时调整。我国的财政收支未能适应市场经济发展的需要达到适当的规模，体现为不同的差额。财税运行机制的结构层次差，未能形成科学的具有层次性的财税调控体系。推行分税制以来，我国仍沿着财权与事权相统一的原则划分中央与地方的财权、财力。但是，我国的事权划分仍不十分清楚，事权与财权也难以真正统一。强调各级政府财权与事权的统一，难以建立中央对地方的调控机制。

（四）宏观经济运行的主要问题未能根本性扭转

（1）投资过热，内需相对不足没能根本扭转。

2003 年以来，我国每年固定资产投资的增长率都在 25% 左右，资本形成占国内生产总值的比重超过 40%，而最终消费支出的比重则从 2001 年的 59.8% 逐年下降到 2006 年的 50.0%。这几年，我国政府采取经济、法律、行政的手段，控制银根和地根，对投资实行有保有压，并强调扩大内需，取得了一定成效，但投资增长一再反弹，内需扩大相对乏力，2014 年上半年全社会固定资产投资同比增长 25.9%。投资持续过快增长，将来又会变成生产能力，有可能使得 1997 年开始出现的产能过剩问题重复出现。近几年，我国不仅投资增长过快，而且经常在一段时间集中在少数几个产业。2003 年、2004 年、2005 年投资集中在房地产、汽车和建材等产业，2006 年投资集中在化工产业，出现了一波波的投资“潮涌现象”。这使得这些产业的众多投资项目完成后，产能出现严重过剩，竞争激烈，价格下降，不少企业难于收回投资成本，还会使银行呆坏账增加，加大金融和经济风险。

（2）资本账户和经常账户“双盈余”未能扭转。

从 1994 年以来，我国经常账户和资本账户年年出现盈余。贸易顺差从 1994 年的 54 亿美元增加到 2006 年的 1775 亿美元。外汇储备大量积累，增加了货币

升值的压力，导致对人民币升值的投机。尽管我国资本账户仍有管制，但在经常账户开放的情况下，投机人民币的途径很多。投机资金进来后，不会仅仅满足于赚取银行利息，还会想方设法寻找其他高回报的出路，如投机房地产、股市等，从而推动了资产价格上涨。

（3）收入分配差距和城乡收入差距扩大趋势未能扭转。

近年来居民收入分配差距和城乡收入差距持续扩大。改革开放以来，从总体上看，应该说，个人收入水平都有很大提高，城乡差距得到很大的改善，中国整体上人均 GDP 进入中等收入国家。但收入差距和城乡差距仍在不断扩大，这种状况引发或潜伏着不少社会问题。收入差距和城乡差距继续扩大，将不可避免地带来一系列问题。

（4）生态环境恶化的趋势尚未根本好转。

经过 30 多年的改革开放，我国经济快速发展，经济总量成为世界第二，并将很快超越美国成为世界第一，但是经济发展付出的资源代价也很大。近年来，尽管国家采取多种举措推动经济发展方式转变，但是成效改观不大，经济发展仍然存在对资源的过重依赖，进而加剧了生态环境的脆弱性。

六、建立和完善宏观调控体系的框架与具体举措

（一）科学界定宏观调控的主要任务

宏观调控的主要任务是保持经济总量平衡，促进重大经济结构协调和生产力布局优化，减缓经济周期波动影响，防范区域性、系统性风险，稳定社会预期，实现经济持续健康发展。这就为完善宏观调控体系指明了方向。第一，按照宏观调控的主要任务，完善宏观调控目标体系，突出市场在资源配置中的决定性作用。根据保持经济总量平衡、促进重大经济结构协调和生产力布局优化，减缓经济周期波动影响，防范区域性、系统性风险，稳定市场预期，实现经济持续健康发展的要求，健全涵盖关键领域、重点突出、相互衔接、导向明确的宏观调控目标体系。要深刻认识到部分商品和要素价格扭曲、经济结构和发展方式不合理、产能过剩、地方债务和金融风险积累、生态环境恶化等现象，都与政府对资源配置干预过多和干预不当、市场功能发挥不够有密切关系。因此，在明确宏观调控任务的同时，必须遵循市场在资源配置中起决定作用这样一条基本的经济规律。第二，健全以国家发展战略和规划为导向、以财政政策和货币政策为主要手段的宏观调控体系。要发挥财政政策在促进经济增长、优化结构、调节收入方面的重要功能，发挥货币政策在保持币值稳定和总量平衡方面的重要功能。加强财政政策、货币政策与产业、价格等政策手段协调配合。同时，还要发挥投资、消费、

外资外贸、市场准入、土地、区域政策、节能环保等政策工具的支撑作用。第三，推进宏观调控目标制定和政策手段运用机制化。包括：建立健全宏观经济形势分析研判机制和监测预测预警信息会商机制；建立健全重大问题研究和政策储备工作机制；建立健全社会听证、信息公开、公众参与、专家咨询等民主决策机制；建立健全政策评估和调整机制，提高相机抉择水平；推进宏观调控政策统筹协调机制建设，增强宏观政策调控前瞻性、针对性、协同性。第四，转变观念，解放思想，推进中国国家治理的现代化，并完善国际经济治理结构。打破以往政府作为唯一“管理者”而其他市场主体都是被管理者的现象，将政府的“他治”、市场主体的“自治”、社会组织的“互治”结合起来，形成政府、市场与社会协同共治的“善治”模式，治理也不再是政府自上而下的单向调控，而是国家、社会与市场各归其位、各尽其责，双向共治的良性互动。在推进国家治理现代化的过程中，应该密切跟踪国际经济形势和主要经济体宏观经济政策变化，主动加强与主要经济体沟通与协作，构建多维宏观调控体系，同时更加积极参与多双边国际经济合作，提升国际话语权，促进国际经济秩序更加公正合理，营造有利于国内发展的制度环境，进一步推动国家治理体系和治理能力的现代化。

（二）转变调控方式：从行政转向经济，总量调整与结构调整并行

实施积极的财政政策。适当扩大财政赤字规模，加大结构减税力度。2014年，经济增长内生动力仍然不足，经济回升势头并不稳固，需要保持一定规模的财政支出和必要的结构性减税来带动和引导社会需求。同时，民生等薄弱领域和关键环节财政支出刚性较强，深化改革和推进转型升级也需要一定的财力支持。实行积极的财政政策，主要体现在稳定财政赤字率、适当扩大财政赤字和国债规模以及结构性减税上。结合税制改革，继续完善结构性减税政策，在全国范围内，将邮电电信业和铁路运输业等行业纳入营改增试点。清理规范区域优惠政策，转向实施产业导向税收优惠；实施煤炭等品目资源税从价计征改革。进一步调整和优化财政支出结构，从严控制一般性支出，增加棚户区改造、节能环保、铁路、城市基础设施等方面的投资，支持农业可持续发展新战略，努力保障和改善民生。拓展地方融资渠道，允许地方政府通过发行地方政府债券等方式举借债务，加强对地方政府债务情况的监控。

实施稳健的货币政策。为了有利于市场主体形成合理和稳定的预期，保持经济平稳增长，避免触发潜在财政金融风险，货币政策不宜过紧；同时，为“去产能”“去杠杆”“去泡沫”和转型升级创造稳定的政策环境，货币政策也不宜过松。因此，货币政策应继续保持稳健取向，并适时适度进行预调和微调。加强流动性调控，引导货币信贷和社会融资适度增长，稳定市场预期；盘活存量、优化增量，加大对结构调整和转型升级的支持力度；提高直接融资比重，引导金融机

构为小微企业、创新创业企业、“三农”等发展提供金融支持。继续完善宏观审慎政策框架，有效防范和化解金融风险。贷款利率管制的完全放开使利率市场化大为推进，市场利率对资金的配置开始发挥重要作用，我国金融调控开始从数量调控为主逐步进入数量调控和价格调控并重的阶段，应通过法定存款准备金率的调整和公开市场操作，保持银行体系流动性合理稳定和银行间市场利率水平平稳波动。市场利率体系尚未完全形成，人民币汇率形成机制仍需改进，应逐步完善利率间接调控的基本框架和基础条件，适时推进人民币汇率形成机制改革，增强价格型工具的政策有效性。

积极扩大有效需求。一是充分发挥消费的基础作用。充分挖掘消费潜力，增强居民消费能力。积极培育信息消费，养老、医疗、保健消费、环境消费等新业态，扶植社区消费、团购消费等新模式；改善消费环境，推进流通环节仓储、物流等基础设施建设，降低消费品流通成本，加大食品、产品质量监督管理，确保品质安全。充分发挥投资的关键作用，着力保持投资稳定增长。二是进一步深化投资体制改革，取消和下放投资审批事项，切实保障企业和个人投资自主权；发挥政府投资对技术进步、社会发展的重要推动作用，调整预算内投资结构，大幅压缩用于一般竞争性企业项目投资，适当减少可利用社会资金的经营性基础设施投资，停止建设楼堂馆所等投资，压缩小型分散投资，重点支持全局性、基础性、战略性的重大项目，集中力量办大事；深入贯彻落实“新非公36条”，拓宽民间投资的领域和范围；确定重点投资领域，加快城际高铁和城市轨道交通建设，支持公共服务设施建设，推进棚户区改造工程建设，加强农业、水利投资等；推进投融资渠道市场化，通过发展非银金融和非贷融资来实现金融机构和金融产品的市场化，提高全社会融资效率。三是充分发挥出口的支撑作用。保持传统出口优势，同时形成以技术和大型成套设备出口带动关联行业出口的新模式，创造新的比较优势；加强与相关国家与地区的自贸区建设，稳固推进投资协定谈判；全面推进上海自贸区建设，探索改革新路径，推进服务贸易增长，扩大金融、教育、文化等服务业对外开放；加强对企业“走出去”的宏观指导与服务，简化审批程序，充分发挥民营经济积极性，提高对外投资效率；加大对国际大通道内外互联互通建设的协调力度，积极推进“陆路丝绸之路经济带”和“海上丝绸之路”战略，推动中巴经济走廊、孟中印缅经济走廊建设，努力开拓国际经贸合作新领域；扩大国内转方式、调结构所需设备和技术等进口，增加原油、贵金属、粮食等初级产品进口。

加大结构调整力度。一是转变农业发展方式，加强农业基础设施建设，落实“以我为主、立足国内、确保产能、适度进口、科技支撑”的国家粮食安全战略；探索农村土地改革路径，开展农村土地承包经营权向新型经营主体流转，加快构建新型农业经营体系；完善惠农政策，推进农产品价格形成机制与政府补贴脱钩的改革；注重永续发展，转变农业发展方式，发展节水农业、循环农业。二是下决心从体制上化解产能过剩问题。化解产能过剩的核心要义主要体现在两点，一方面是完善市场机制，使市场在资源配置中起决定性作用，综合运用财税、金融等政策手段，通过优胜劣汰，淘汰落后产能；另一方面是通过技术创新、产品创新、组织创新等创新发展，推动产业升级，形成更具竞争力、更具优势的主导产业，从根源上解决产能过剩问题。发挥价格杠杆的调节作用，通过成本压力迫使落后产能退出市场；通过国际产业转移，向海外输送部分过剩产能；大力培育与发展战略性新兴产业，推动信息、环保、现代服务业、新能源产业发展，促进服务业与制造业融合发展。三是加大环境治理与保护生态工作力度，完善生态补偿机制，将生态指标纳入政体考核指标体系；推进节能减排，强化责任制与问责制，实施绿色生产标准，加强对能耗大户的监察监测；推进工业、农业、服务业循环经济发展，力争实现资源能源循环利用；落实和完善大气污染治理计划及配套政策，推进重点流域综合整治，重视土壤污染治理工作。四是积极促进区域协调发展，继续深入实施区域发展总体战略，细化区域政策指导的空间格局，注重产业区域间梯次转移；加强跨省区、跨流域、跨行政区协作与共建，打造一批具有区域特点的经济圈与经济带；正视不同区域间自然资源禀赋、经济发展水平等方面的差距，积极落实主体功能区战略；通过财政支付转移，实现公共服务均等化，加大对欠发达地区的基本公共服务投入力度，提高贫困地区群众生活水平。五是积极稳妥扎实推进新型城镇化进程。抓紧修改完善国家新型城镇化规划，争取尽快发布实施。推动出台户籍、土地、资金、住房、基本公共服务等方面的配套政策。组织编制实施重点城市群发展规划，各地因地制宜地编制和实施本地区新型城镇化发展规划。围绕建立农业转移人口市民化成本分担机制、多元化可持续的城镇化投融资机制、降低行政成本的设市模式、改革完善农村宅基地制度，在不同区域开展不同层级、不同类型的试点。提高东部地区城市群综合交通运输一体化水平，推进中西部地区城市群内主要城市之间的快速铁路、高速公路建设，加强中小城市和小城镇与交通干线、交通枢纽城市的连接。强化市政公用设施和公共服务设施建设。

着力做好保障和改善民生工作。一是继续按照“守住底线、突出重点、完善制度、引导舆论”的思路，扩大社会保障覆盖面，重点关注农民工、小型经济组织成员、社会低收入群体社会保障情况。二是重视结构性失业问题，鼓励技术教育培训，同时拓宽高校毕业生就业渠道，做好化解产能过剩过程中下岗职工再就业工作。三是深化教育文化、医疗卫生领域改革，鼓励社会资金投入教育、医疗、文化领域，提高重点高校招生比例，推广文化惠民工程。四是加快建立房地产市场健康发展长效机制，探索适合国情、符合发展阶段性特征的住房模式，主要思路是加大供给，通过加大廉租住房、公共租赁住房等保障性住房建设和供

给，做好棚户区改造，保障低收入群体住房需求，同时重点增加住房建设用地供给，提高土地容积面积，打破城市与周边地区之间、城区与郊区之间的行政壁垒和市场分割状态，用改革创新的办法抑制房价、扩大住房消费。

积极防范和化解地方政府性债务风险。化解地方政府性债务风险作为经济工作的重要任务，需要短期应对措施和长期制度建设结合起来，一是加强源头规范，把地方政府性债务分门别类纳入全口径预算管理，严格政府举债程序。加大对地方政府融资平台的清理和规范力度。制定统一标准将地方政府融资平台严格限制在基础设施建设等领域。建立信息披露制度，及时将融资平台的资金、负债以及项目效益等公之于众。二是尽快建立地方政府债券发行制度，允许地方政府合理举债，短期内加大财政部代发地方政府债的力度。三是建立有效的偿债机制，地方政府应通过出售、转让或证券化国有资产偿还债务。四是研究中央政府救助地方政府的条件和惩罚措施（包括领导干部政绩考核、中央财政转移支付等），以约束地方政府的举债行为。

（三）确立调控的市场主体地位，推进国家治理体系的现代化，加快综合改革的步伐

在西方发达国家，政府干预的对象是市场功能充分发挥的成熟市场经济，与之不同的是，市场经济在我国从未得到充分发展；我国经济体制改革的起始点，不是自由竞争和发达的市场经济，而是政府高度干预的计划经济；当前改革开放所要解决的主要问题，也仍然是进一步发挥市场机制作用，解决政府对经济干预过多、干预不当和监管不到位问题，因此提出使市场在资源配置中起决定性作用。但这绝不是说市场是万能的、可以把一切交给市场、所有领域都市场化；更不是认为政府对市场可以撒手不管。《决定》强调“坚持社会主义市场经济改革方向”，说明我国的市场化改革是坚持中国特色社会主义方向的经济市场化。市场在资源配置中起决定性作用，并不是起全部作用。市场经济是法治经济，也是讲道德、讲诚信的经济，市场主体的经济行为，不仅受利己动机和竞争压力约束，而且要受法律、法规约束和职业道德、社会公德约束。因此，政府“有形的手”有效配合市场“无形的手”发挥作用，才能保证市场经济健康发展。现阶段，构建新时期的国家宏观调控体系，必须进一步推进市场化改革，释放和发展生产力。划分清楚政府与市场的边界，竞争性领域要更多发挥市场配置资源的基础性作用，基础性和公共性领域要更好地发挥政府的作用，政府应该把自己应该管的领域管好，把应该由市场发挥作用的领域交给市场。这就是十八大报告所讲的“经济体制改革的核心问题是处理好政府和市场的关系，必须更加尊重市场规律，更好发挥政府作用”。

要进一步理顺治理主体的协调匹配，正确处理好政府、市场、社会关系。一

个治理体系与治理能力现代化的政府，必然是一个内部权限分工合理、职责范围有限、高效运转、与市场社会良性互动的政府体系。因此，强调宏观调控中的市场主体地位，市场起决定性作用，其实质是需要推进国家治理的现代化。从新公共管理角度看，服务型政府的理想模式是公共治理模式，公共性是治理的灵魂和宗旨，其本质特征在于政府与社会对公共生活的共同治理，是国家权力与公民权利的持续互动过程。首先，从治理能力角度看，强调将市场的激励管理机制以及私人部门的管理方法引入政府的公共服务，强调效率、市场化、竞争性和灵活性。其次，从治理主体角度看，强调"三部门"合作治理。政府和市场均存在失灵现象，传统的"二分模式"已经不能满足现代社会的管理需求。治理主体应具有多元化，政府作为第一部门、市场作为第二部门、社会组织作为第三部门，共同构成治理的主体。第三，从职责权限角度看，政府是提供公共物品的公权力机构；市场是提供私人物品的私权力组织；社会组织是提供公共物品的私营机构。三者彼此分离又相互依赖。因此，涉及国家治理现代化就必须进一步推进市场化改革，这种改革应有是深入涉及社会经济各个领域的。比如坚持问题导向，加快推进经济体制改革，改革以 GDP 增长为考核重点的政府官员政治晋升体制，消除地方政府不当干预企业投资的强烈动机，简政放权，减少政府审批事项；同时加快国有企业退出一般竞争性领域，确保各种所有制经济依法平等使用生产要素，公平参与市场竞争；完善资源性产品价格形成机制等。区分情况、分类推进。国有企业改革、行政管理改革等，属于方向明、见效快的改革，地方和部门可以授权操作，推进实施；财税改革、金融改革包括房产税等由于涉及面广、需要中央决策，将加快研究提出改革方案，待全面统筹和审定后，适时推进；土地制度改革等由于认识有待加强，将先行试点，探索规律；涉及修改现有法律的改革如生态保护、土地法修订等治理理论是一种全新的政治分析框架，是对传统理论的超越和发展。

（四）健全以国家发展战略和规划为导向、以财政政策和货币政策为主要手段的宏观调控体系

强化国家发展战略和宏观调控目标。国家发展战略和规划明确的宏观调控目标和总体要求，是制定财政政策和货币政策的主要依据。一是要加强国家发展战略和规划的宏观引导、统筹协调功能，充分发挥国家发展规划对政府公共预算安排、金融资本运用、国土空间开发、资源合理配置等政策措施的综合协调作用。其次，把完善并充分发挥财政、货币政策的作用作为宏观调控主要手段。财政政策具有促进经济增长、优化结构和调节收入分配的重要功能，要完善财政政策的有效实施方式。货币政策在保持币值稳定和总量平衡方面具有重要作用，要优化货币政策目标体系和工具组合，健全宏观审慎政策框架，发挥好差别准备金动态

调整工具的逆周期调节功能，探索综合运用资本充足率、流动性比率和杠杆率等调控手段。第三，加强财政政策、货币政策与产业、价格等政策手段协调配合，增强宏观调控前瞻性、针对性、协同性。推进宏观调控政策统筹协调机制建设。宏观调控部门之间、宏观调控部门与有关部门之间要建立多层面的政策沟通协调机制，统筹进行政策特别是重大政策调整的综合评估和协调，避免单项政策各自为政，政策之间效力相互抵消或过度叠加。第四，推进宏观调控目标和政策制定机制化。建立健全经济形势分析研判机制，合理确定宏观调控预期目标。建立健全重大问题研究和政策储备工作机制，加强重大问题研究，并向政策思路、改革方案、战略构想、中长期规划等延伸，形成政策储备。建立健全民主决策机制，在重大政策研究出台的过程中，完善社会听证、信息公开、公众参与、专家咨询等各类程序，充分反映社情民意。建立健全政策评估和调整机制，适时预调微调，把握好政策的方向、力度和节奏，提高相机抉择水平。第五，加快形成参与国际宏观经济政策协调的机制。密切跟踪国际经济金融形势和主要经济体宏观经济政策变化，认真评估分析其对我国宏观经济和政策实施的影响，主动加强与主要经济体的政策协调和沟通，更加积极地参与多双边国际经济合作，提升国际话语权，推动国际宏观经济治理结构改革，促进国际经济秩序更加公正合理，营造于我有利的制度环境，拓展发展空间，维护开放利益。

深化投资体制改革，确立企业投资主体地位。投资管理是资源配置的重要手段，健全宏观调控体系要最大限度地缩小审批、核准、备案范围，切实落实企业和个人投资自主权，减少政府对企业投资活动的干预。经济体制改革以来，我国投资体制发生了重大变化，但还远远不能适应社会主义市场经济的要求，特别是现行投资机制和新旧体制转轨矛盾交织在一起，出现了以下弊端：第一，投资投向出现了结构失衡。在目前投资结构分权化的情况下，中央政府既不能向过去那样直接把大量集中起来的资金投向国家重点发展的产业，市场体系不完善又难以依靠价格、利率和金融市场把分散的资金导向到应该重点发展的产业。从而导致一些地区和部门所掌握的资源大都流向本应抑制却无法抑制的长线产业部门，其结果是增量投资出现了严重的结构失衡，从而使存量投资不合理的结构更趋强化。二是投资量效益不高。由于引进市场机制，有些增量投资配量项目脱离了国家产业政策制约的范围，大量资金被投到已属长线加工工业，使纺织、家电、烟草、食品等行业的生产能力严重过剩，而基础产业发展又相当滞后，“瓶颈”越来越突出，常常形成某些产品严重短缺，某些产品又大量积压，不能发挥出投资的整体效益。由于地方政府投资行为短期化，重复建设，分散建设的情况也相当普遍。三是投资主体的风险和责任约束软化。目前地方政府对企业的投资活动具有较大的干预权限，但又不承担相应的责任和风险。地方政府为了谋求其财政收入的增长和地区经济的发展，自身存在着旺盛的投资欲望，而且还用各种手段从外部刺激企业，使企业成为政府投资载体。而一旦投资决策失误，并没有相应的制度去追究有关地方政府的责任。

因此，按照社会主义市场经济体制的要求，逐步建立法人投资和银行信贷风险责任。企业作为市场主体应成为独立的投资主体，是有完整的投资选择权和投资决策权，可以根据实际出发，自主选择投资规模和投资方向。政府作为特殊的投资主体，其本身的投资活动，主要是市场失灵的领域，企业不愿进或难以进入的领域。竞争性项目投资由企业自主决策、自担风险，所需投资贷款由商业银行自主决定，自负盈亏。用项目登记备案制代替现行的行政审批制，把这方面的投资融资活动推向市场。国家通过产业政策予以引导。基础性项目建设要鼓励和吸引各方投资。地方政府负责地区性的基础设施建设。国家重大建设项目，按照统一规划，由国家长期开发信用银行等政策性银行，通过财政投资融资和金融债券等渠道筹资，采取控股、参股和政策性优惠贷款等多种形式进行，由企业法人对筹划、筹资建设直至生产经营，为还贷款本息以及资产保值增值全过程负责。社会公益性项目建设，要广泛吸收社会各界资金，根据中央和地方事权划分，由政府通过财政统筹安排。

《决定》指出，企业投资项目，除关系国家安全和生态安全、涉及全国重大生产力布局、战略性资源开发和重大公共利益等项目外，一律由企业依法依规自主决策，政府不再审批。在加大简政放权力度、充分发挥市场机制作用的同时，要把该管的管住管好，通过加强对投资活动的土地使用、能源消耗、污染排放等管理，发挥法律法规和发展规划、产业政策的约束和引导作用，避免重复建设和无序竞争，防止出现区域性、系统性问题。化解产能过剩矛盾是当前宏观调控的重要任务。《决定》提出，强化节能节地节水、环境、技术、安全等市场准入标准，建立健全防范和化解产能过剩长效机制。这就意味着要改变以往靠严格审批控制增量的做法，注重建立和完善长效机制，充分发挥市场机制优胜劣汰的作用，更好地发挥地方和企业的主动性、积极性，国家给予必要的引导和支持。总的思路是，要疏堵结合、严控增量、优化存量，在控制增量上，主要靠政府制定标准，提高准入门槛；在存量调整中，要尊重规律、分业施策、多管齐下、标本兼治，通过扩大和创造国内需求，消化一批；通过支持企业增强跨国经营能力，向境外有序转移一批；通过优化产业组织结构、推动企业兼并重组，整合一批；通过严格执行环保、安全、能耗等市场准入标准，淘汰一批。

发挥中央和地方两个积极性。改革开放以来，中央政府与地方政府的关系有很大调整和改善，并且逐步规范。但是，从总体上看，政府职责的现状仍不适应宏观调控的要求，主要问题是：①政府包揽事务过多，管理负荷过重。长期以来，无论是中央政府，还是地方政府对经济和社会事务的管理，都偏重了微观方面，偏重于分钱、分物、分指标、分项目和大量的具体审批事项，没有把主要精

力放在“规划、监督、服务”等方面。②中央与地方之间的职权边界不清，权力过分集中和过于分散的问题并存。一是金融宏观调控受到地方政府的强力干预，影响了信贷规模和信贷结构及国家产业政策的落实。中央权力过分集中突出表现在中央政府各部门对地方诸多具体事务的烦琐规定和审批上，使得地方政府难以因地制宜地做出调整，及时地处理地方社会经济问题。二是中央政府与地方政府的职责权限不清、不规范，越权行为时有发生。中央政府管了许多属于地方政府管理的事务，地方政府也有越权行为，如越权减免税等。同时，地方政府不规范行为的强化直接削弱了中央政府的宏观调控能力。首先，地方政府作为一种特殊的经济实体，由于其短期行为必然内生出经济盲目扩张的倾向，从而引发投资需求膨胀。其次，地方政府对本地区内经济活动的控制，着眼点只能是本地区内的经济利益，地区之间产业结构趋同化和地区内产业结构凝固化则难以避免，为了扩张本地区的经济实力，有的地方政府往往会设置地区壁垒，搞地方保护主义。最后，在中央与地方经济关系非规范化的情况下，为了扩大地方的经济利益，在对待中央政府各种政策方面，往往采取“上有政策下有对策”的措施，极大地削弱了国家对整个宏观经济的有效控制。

因此，建立和完善宏观调控，必须合理划分中央与地方经济管理权限，发挥中央和地方两个积极性。中央和地方要适度分权，但是宏观经济调控权，包括货币发行，基准利率的确定、汇率的调节和重要税种税率的调整等，必须集中在中央。这是保证经济总量平衡、经济结构优化和全国统一市场的需要。同时，由于我国地域广大，人口众多，必须赋予省、自治区和直辖市政府必要的权力，使其能够按照国家统一法律和宏观政策，通过制定地区性法规、政策和规划，充分运用地方资源，促进本地区的经济和社会发展。省一级政府宏观经济目标主要是，平衡省级财政收支，保证地区经济的正常运行，在中央规定的利率浮动范围内，省人民银行可以根据国家产业政策，企业经济效益及信誉水平决定利率水平，在不突破地区信贷总规模的前提下，从地区经济发展的实际需要出发，对银行之间的贷款规模、信贷资金进行适当调剂。

完善发展成果考核评价体系。《决定》明确提出，完善发展成果考核评价体系，纠正单纯以经济增长速度评定政绩的偏向，加大资源消耗、环境损害、生态效益、产能过剩、科技创新、安全生产、新增债务等指标的权重，更加重视劳动就业、居民收入、社会保障、人民健康状况。加快建立国家统一的经济核算制度，编制全国和地方资产负债表。建立全社会房产、信用等基础数据统一平台，推进部门信息共享。落实这些要求，必将有力地推进经济发展方式转变。

第五章　开放型经济体系的升级与完善

经济全球化与区域经济一体化趋势下，发展开放型经济已成为世界主要国家的不二选择。1993 年，中国第三代中央领导集体在承继并发展邓小平同志对外开放理论和总结中国对外开放经验的基础上，在中共十四届三中全会上通过的《关于建立社会主义市场经济体制若干问题的决定》中首次提出发展开放型经济。1997 年，江泽民同志在党的十五大报告中又提出“我们要以更加积极的姿态走向世界，完善全方位、多层次、宽领域的对外开放格局，发展开放型经济。”2007 年，胡锦涛总书记在党的十七大报告中再次提出“拓展对外开放广度和深度，提高开放型经济水平”。和“完善内外联动、互利共赢、安全高效的开放型经济体系，形成经济全球化条件下参与国际济合作和竞争新优势”。

2012 年，胡锦涛总书记在党的十八大报告中再次提出“适应经济全球化新形势，必须实行更加积极主动的开放战略，完善互利共赢、多元平衡、安全高效的开放型经济体系”。2013 年，习近平总书记在十八届三中全会报告中指出：要紧紧围绕使市场在资源配置中起决定性作用，深化经济体制改革，坚持和完善基本经济制度，加快完善现代市场体系、开放型经济体系和构建开放型经济新体制，适应经济全球化新形势，必须推动对内对外开放相互促进、引进来和走出去更好结合，促进国际国内要素有序自由流动、资源高效配置、市场深度融合，加快培育参与和引领国际经济合作竞争新优势，以开放促改革。

从国际背景和中国现实国情来看，发展开放型经济，完善开放型经济体系和构建开放型经济新体制已经成为 21 世纪中国经济发展的内在要求。

一、开放型经济体系的概念界定

一般认为，开放型经济是截然区别于封闭型经济的对立形态，是与内外经济体联系交流极其密切的高度成熟的市场经济。就市场开放程度与范围而论，其核心是既对外也对内同等开放市场。

开放型经济不同于“外向型经济”。外向型经济是一种以出口导向为主，以扩大创汇为目的，总体上是一种政策性的开放经济；而开放型经济则是一种根植

于中国特色社会主义市场经济体制的一种制度性的开放经济。

“体系”是指若干有关事物或某些意识相互联系的系统而构成的一个有特定功能的有机整体。“开放型经济体系”就是开放型经济所涉及的内容、运行机制和法律制度等所构成的一个有机整体。针对中国开放经济体系建设而言，就是把中国开放型经济进一步构筑成互相联系、互相制约的一个整体。在开放型经济体系下，中国不但发展货物贸易，还要发展服务和要素流动等贸易；不但发展出口贸易，还要发展进口贸易；不但要继续引进外资，中国的企业家还要到国外、境外去投资；不但深化沿海开放，还要推进内地和沿边开放，实现对内对外开放相互促进；不但要努力推动世界贸易组织多边贸易体制的发展，也要积极实施自由贸易区战略；不但要抓住经济全球化带来的良好机遇，同时也要注重防范国际经济风险。开放型经济体系建设，将大大提高中国对外开放的深度、广度和整体水平。

“体制”从管理学角度来说，指的是国家机关、企事业单位的机构设置和管理权限划分及其相应关系的制度。开放型经济新体制是相对于原来的封闭式经济体制而言，按照中国商务部国际贸易谈判代表兼副部长钟山先生的理解，开放型经济新体制的内涵包括三方面：一是利用外资，对外投资管理体制；目前中国利用外资体制仍然采用了专案审批加产业指导的管理方式，审批环节多，这种审批制度必须要改。二是坚持多边和自贸区两个轮子一起转，推动完善全球贸易管理体制。中国积极参与全球经济治理，推动二十国集团发挥全球经济治理主要平台的作用，推动国际金融体制的改革，推动世界贸易组织的多哈回合谈判等。三是扩大内陆和沿边开放，构建全方位对外开放的新体制。中国要协同推进东中西部的对外开放，逐步形成分工协作、互动发展的对外开放格局。要加快推动中西部地区的经济发展，尤其是要扩大中西部地区的对外开放。同时，要加快沿边开放步伐，鼓励沿边口岸及边境城市加强与周边国家的人员往来和贸易往来。

二、35 年经济开放：回顾与评价

中国的对外开放走出了一条渐进开放道路，经历了由点到面、由沿海到内陆、由局部到整体逐次展开的实践历程。

（一）中国对外开放的历史背景

自明清以来至鸦片战争爆发，两代王朝政府实施闭关锁国政策四百年，对外贸易几近停滞。从中共立国至十一届三中全会召开，复杂的国际关系决定了中国在这一时期内负责的对外开放特征。就发展过程来看，经历了由开放到封闭的逐步演进；就开放范围而言，由面向世界各国转向以苏联东欧国家为主。

“文化大革命”结束后，邓小平同志深刻反思了中国近百年落后挨打的历史，果断提出了走开放之路的思想。他指出，现在的世界是开放的世界。中国在西方国家产业革命以后变得落后了，一个重要原因就是闭关自守。中共建国后，西方国家封锁我们，在某种程度上我们也还是闭关自守，这给国家带来了一些困难。三十几年的经验教训是，关起门来搞建设是不行的，发展不起来，不开放，只能是死路一条。他还指出：发展经济，不开放是很难搞起来的。世界各国的经济发展都要搞开放，西方国家在资金和技术上就是互相融合、交流的。这阐明了当代世界经济一个鲜明的特征，开放已成为世界经济的潮流。因此，中国必须顺应时代发展潮流，关起门来搞建设是不能成功的，中国的发展离不开世界，中国需要对外开放。不走这条路，就没有别的路可走，只有这条路才是通往富裕和繁荣之路。

从当时的国际大环境来看，20 世纪 70 年代下半期，中国所面临的国际政治局势总体上有所缓和。对此，邓小平同志敏锐地指出，和平与发展是当今世界的两大主题。我们要搞开放政策，利用国际和平环境更多地吸收对我们有用的东西，这对加速我们的发展比较有利。所以，对外开放应成为我们的一项长期政策，最少 50 年到 70 年不变，50 年至 70 年以后更不会改变，要变也只能变得更加开放，否则，我们自己的人民也不会同意。

（二）中国对外开放的实践历程

1978 年 12 月，中国共产党十一届三中全会召开，中国的对外开放工作开始发生历史性转折，从此进入了一个新的发展时期。1979 年 7 月，为使广东、福建两省有条件的地区得到更快的发展，扩大外贸出口，中央决定，借鉴一些国家和地区举办出口加工区、自由贸易区的成功经验，在广东和福建两省举办深圳、珠海、汕头和厦门四个经济特区，在经济活动中实行特殊的管理政策和运行机制。1984 年 4 月，中央决定开放沿海的天津、上海、大连、秦皇岛、烟台、青岛、连云港、南通、宁波、温州、福州、广州、湛江和北海十四个港口城市；1985 年 2 月，又把珠江三角洲、长江三角洲、闽南三角地区开辟为沿海经济开放区。1987 年 10 月，中共十三大召开。大会的中心任务是加快和深化改革。关于对外开放工作，十三大指出，要进一步扩大对外开放的广度和深度，不断发展对外经济技术交流与合作。必须以更加勇敢的姿态进入世界经济舞台，正确选择进出口战略和利用外资战略，进一步扩展同世界各国包括发达国家和发展中国家的经济技术合作与贸易交流，坚决有步骤地改革外贸体制；必须继续巩固和发展已初步形成的“经济特区——沿海开放城市——沿海经济开放区——内地”这样一个逐步推进的开放格局。十三大以后，实施了沿海地区经济发展战略，大力发展外向型经济，主要措施是在沿海地区注重发展劳动密集型产业，要求沿海加工工业坚持“两头在外”、大进大出。中国对外开放的步伐显著加快。1988 年 3 月，沿海经

济开放区扩展到辽东半岛和山东半岛等地区。1990 年 4 月中央决定以上海浦东新区的开发和开放为龙头，沿长江流域向内地延伸开放；开放吉林的珲春，黑龙江的绥芬河、黑河，内蒙古的满洲里、二连浩特，新疆的伊宁、塔城、博乐，云南的瑞丽、畹町、河口，广西的凭祥、东兴共 13 个沿边城市；开放所有内陆省会城市。

1992 年春天，邓小平视察南方并发表重要谈话。10 月，中共十四大召开，制定了“加快改革开放和现代化建设步伐，夺取有中国特色社会主义事业的伟大胜利”的纲领。以上述为标志，中国对外开放又进入了新的发展阶段，即逐步实现中国经济与世界经济的互接互补，这是中国对外开放的深化阶段。十四大报告指出，要进一步扩大对外开放，更多更好地利用国外资金、资源、技术和管理经验。对外开放的地域要扩大，形成多层次、多渠道、全方位的格局；利用外资的领域要拓宽；要积极开拓国际市场，促进对外贸易多元化，发展外向型经济。特别强调指出，要深化外贸体制改革，尽快建立适应社会主义市场经济发展的、符合国际贸易规范的新型外贸体制。中国国民经济与社会发展的第九个五年计划期间，要适应中国社会主义市场经济发展需要和国际经济通行规则，初步建立统一规范的对外经济体制，以促进中国经济增长和提高质量、效益为目标，扩大对外贸易和对外经济技术交流与合作。以吸收直接投资为重点，改善环境，拓宽领域，引导投向，优化结构，增辟融资渠道，加强国内配套。中共十五大进一步提出，要努力提高对外开放水平，对外开放是一项长期的基本国策。要完善全方位、多层次、宽领域的对外开放格局，发展开放型经济，增强国际竞争力，促进经济结构优化和国民经济素质提高。这再一次表达出中国党和政府继续坚持对外开放的坚强决心。

2001 年，中国恢复了 WTO 成员国资格，从而确立和推进了贸易自由化进程，已经从根本上解决了与 WTO 多边贸易体制相容性问题，基本上符合 WTO 多边贸易体制的规则要求。但由于开放型经济体制尚处于初步建立过程中，许多方面仍需进一步完善。为此，从 2001 年恢复世贸成员国资格至今，中国对开放型经济的体制框架已经进行了大量完善：

（1）清理和修订了一批外贸法律法规，保持外贸政策的透明度。

截止至 2002 年，国务院近 30 个部门对有关涉及对外经济联系的法律法规进行了清理和修订，共清理法规 1400 件，其中废止 559 件，修订 197 件。对《中外合资经营企业法》《中外合作经营企业法》《外商投资企业法》及其实施细则进行了修订，取消了对外商投资企业的外汇平衡、本地采购、出口业绩以及企业生产计划备案等要求。在进出口贸易管理方面，相继实施了《货物进出口管理条例》《技术进出口管理条例》《反倾销条例》《反补贴条例》以及《保障措施条例》等对外贸易的配套法规。在知识产权保护方面，修订了《专利法》《商标法》《著作权法》和《计算机软件保护条例》，制订实施了《集成电路布图设计保护条例》，基本上达到世贸组织《与知识产权有关贸易协议》（TRIPS）规定相一致的要求。

（2）转变政府行政职能，进一步理顺外贸管理体制。

将进出口经营资格统一划分为外贸流通和自营进出口两类，前者由商务部实行核准制，后者则下放到省级外经贸主管部门实行登记制。2001 年外经贸部印发《关于进出口经营资格管理的有关规定》，进一步放宽各类企业申请进出口经营权的资格条件：流通类企业申请外贸经营权的资格条件为注册资本金不低于 500 万元（中西部地区不低于 300 万元）；生产企业的资格条件为注册资本金不低于 300 万元（中西部地区、少数民族地区不低于 200 万元，科研院所、高新技术企业和机电产品生产企业不低于 100 万元）。

（3）加大贸易自由化力度，完善进出口管理办法。

根据世贸组织成员国承诺，中国进行了较大范围实质性降税和减少规范非关税措施的行动。从 2002 年 1 月 1 日起下调 5300 多种商品进口关税，算术平均税率降至 12%，其中工业品平均税率由 14.7% 降至 11.6%；农产品由 18.9% 降至 15.6%。加权平均税率由现行的 9.5%（按照 2000 年一般贸易计算）降至 5.56%，降幅达到 41.5%，涉及税目数占总税目数的 73%。在非关税壁垒方面，取消部分商品进口数量限制，2002 年 1 月 1 日起，取消对原油、钢材、农药、石棉、胶合板、烟草、二醋酸纤维丝束、氰化钠、聚酯切片、涤纶及部分机电产品的进口数量限制，改为实行自动进口许可管理；2004 年取消成品油、汽车轮胎、天然橡胶的进口数量限制；2005 年取消所有机电产品进口数量限制。对粮食（小麦、大米、玉米）、棉花、植物油、食糖、羊毛以及重要农业生产资料化肥，由原来配额管理改为关税配额管理，并于 2006 年过渡期结束后实施完全关税化。

（三）中国对外开放的特点

中国的对外开放没有现成的模式可参照，更不能照搬其他国家的做法，只能根据中国自己的国情在实践中不断摸索，不断完善。从这一现实出发，中国的对外开放可以说是既经历了痛苦的抉择、艰难的探索，又以其辉煌的成就向世界展示了中国式开放之路的真正价值和意义。这也恰恰是许多外国政要、学者对中国的快速发展瞠目甚至看不懂，但又不得不承认或羡慕的事实。概括地讲，中国的对外开放实践有以下几个主要特点：

（1）全方位对外开放。

根据国际经济政治多极化的趋势，中国对外开放转变了过去只同一部分国家交往的局面，逐步形成了面对全球开放的格局。20 世纪 80 年代末和 90 年代初，中国提出了“市场多元化”战略。当时的目标和要求是：在继续巩固和发展与

美国、日本、欧洲和港澳地区贸易的同时，大力开拓周边国家、东盟国家、中东国家市场，努力增加同非洲地区和拉美地区的贸易，采取多种形式发展同苏联和东欧国家的贸易往来。这是中国在对外开放中首次提出全方位发展对外贸易并将其作为国家战略予以实施。经过多年的努力，市场多元化战略已取得成效，中国的贸易伙伴不断增加，目前已遍及世界220多个国家和地区。

中国政府非常重视在经济贸易领域开展与世界各国和地区的双边沟通和交流，与140多个国家和地区建立了经济贸易混合（联合）委员会机制，定期磋商，全面探讨双边经贸关系发展，缓解矛盾，促进经贸关系健康发展。中国还先后与欧盟、美国、日本等国家建立起对话机制，积极参与亚太经济合作组织、上海合作组织等区域组织活动，并在WTO及国际多边组织中承担义务和发挥建设性作用。中国已成为世界经济的全面参与者。

（2）宽领域对外开放。

对外开放重点是经济对外开放，但又不限于经济，同时也包括政治、文化、社会等各个方面。就经济领域而言，针对国际经济和政治格局的有利变化，邓小平同志指出对外开放不仅要继续扩大商品贸易，而且可以让外商来华直接投资办企业、搞加工贸易。这就使原来的对外经贸交流从贸易领域扩展到投资和生产领域，同时也转变了原来中国对外贸易主要是为了“互通有无、调节余缺”的思路与做法，要与所有国家和地区大力发展对外贸易。其间，中国贸易政策也经历了一个不断调整的过程，从“调节余缺”到以各种方式大力发展对外贸易；从“进口替代”到充分利用好“两个资源、两个市场”，从以鼓励出口为主的贸易政策到考虑进出口大体平衡；从粗放式贸易扩张到转变贸易增长方式，中国政府均采取了一系列政策措施，促成上述转变的实现。

在利用外资方面，中国摒弃长期坚持“既无内债，又无外债”的理念，为外国资本敞开了大门，使外资在中国现代化建设中发挥积极作用。除了利用外商直接投资外，中国还接受了国际金融机构和外国政府的对华援助，同时也向国际金融机构、外国政府和商业银行借用贷款，到国际市场进行融资，包括企业境外上市等，利用外资领域不断拓宽。

随着中国对外开放进程的逐步深入，服务领域开放步伐不断加快，服务贸易迅速发展，在对外贸易中所占比重逐步提高。据统计，1982年中国服务贸易进出口总额只有52亿美元，占世界服务贸易总额的0.7%，占中国贸易总额的6.9%；到2006年，中国服务贸易进出口总额达到1917亿美元，占世界服务贸易总额的比重提高到3.6%，占中国贸易总额的比重也升至9.8%。服务贸易正在成为中国对外贸易发展的新亮点，并孕育着巨大增长潜力。

（3）深层次对外开放。

党的十四大以后，经济特区和沿海开放城市实行的一系列开放措施和优惠政策逐步推广到广大内陆省份，对外开放进一步向纵深发展。

在1997年9月召开的党的十五大会议上，江泽民同志提出，“面对经济、科技全球化趋势，我们要以更加积极的姿态走向世界，完善对外开放格局，发展开放型经济，增强国际竞争力，促进经济结构优化和国民经济素质提高。”这是党的第三代领导人对走向21世纪的中国对外开放深度和奋斗目标的高度概括。为了实现这一奋斗目标，中国恢复世界多边贸易体系成员国资格的步伐加快，并于2001年12月正式成为WTO的成员，开放的广度和深度进一步拓展，中国对外开放跨入一个新的历史阶段。随即，中国又与东盟十国就10年内建立自由贸易区达成协议，并首先启动了“早期收获计划”，关税水平大幅降低乃至为零，非关税措施进一步减少，贸易更加便利化，贸易自由化程度超越了WTO多边贸易体系。迄今中国商签的自由贸易区协定，如中国—智利自贸区、中国—巴基斯坦自贸区的“早期收获计划”，都是中国对外开放向深层次推进的具体行动，也是目前世界上开放程度较高的一种形式。目前，中国已达成协议或正在商谈的自由贸易区有12个，其中5个已签，7个在谈。这些自由贸易区涵盖了中国2006年对外贸易总额的1/4。同时，中国还在开展与印度、韩国的FTA联合可行性研究，并且正在启动与哥斯达黎加、挪威、瑞士的FTA联合可行性研究，与更多国家和地区寻求更广泛领域、更深层次的合作，实现互利共赢、共同发展。

（四）对中国对外开放的评价

中国五十多年对外开放的实践表明：对外开放是中国经济发展的加速剂，它加快了中国经济融入全球经济一体化的进程，有力地促进了中国国民经济的发展、综合国力和国际经济地位的迅速提高；促进了中国经济结构的调整与优化，使中国经济的国际竞争力明显提高；加强了中国在世界各类经济组织和区域经济活动中的作用。因此，只有始终不渝地坚持对外开放方针，充分利用国际资源和市场，中国经济才能迅速腾飞，才能早日与国际经济接轨。因此，中国必须不断改善投资环境，以优质服务吸引国外投资者。投资环境包括自然、经济、社会、法律、人文等各个方面，其中最主要的，一是转变政府经济职能，即改变计划经济条件下政府无所不能的角色，而主要是去充当经济发展的“裁判员”。二是适时调整总体开放战略，如先对内开放，再对外开放，即放宽对民营企业的限制，建立民营企业金融服务体系；打破地方保护，统一国内市场，理顺中央与地方的关系，增强中国企业的竞争力；抓紧研究在经济全球化的条件下，如何保护国内市场，培育潜质产业。只有不断改善投资环境，才能推进中国对外开放的更大发展，使中国早日融入世界经济一体化的洪流之中。

三、开放型经济体系的理论基础

（一）开放经济的基本理论

1. 亚当·斯密的绝对优势理论

绝对优势理论是早期的对外贸易理论。其代表人物是18世纪的英国经济学家亚当·斯密。他用一国中不同的职业分工和交换来解释国际贸易，认为国际贸易的产生就像裁缝不会自己去制作靴子，鞋匠不会自己去缝衣服，而都用自己的产品去交换自己不擅长生产的东西一样。一个国家之所以要进口别国的产品，是因为该国的生产技术处于劣势，自己生产成本太高，购买别国产品反而便宜。而一国之所以能够向别国出口产品，是因为该国在这一产品的生产技术上比别国先进，或者说是有绝对优势，因为该国能够用同样的资源生产比别国更多的产品，从而使每单位产品的生产成本低于别国。因此，绝对优势理论认为，各国所存在的生产技术上的差别以及由此造成的劳动生产率和生产成本的绝对差别是国际贸易和国际分工的基础。各国应该集中生产并出口其具有“绝对优势”的产品，进口其不具有“绝对优势”的产品，其结果比自己什么都生产更有利。

绝对优势理论解释了产生贸易的部分原因，但局限性很大，因为在现实社会中，有些国家比较先进发达，有可能在各种产品的生产上都具有绝对优势，而另一些国家可能不具有任何生产技术上的绝对优势，但贸易仍可能在这两个国家之间发生。

2. 大卫·李嘉图的比较优势理论

李嘉图解释了为什么当一个国家生产的所有产品都具有绝对优势时，贸易同样可以发生，他的思想也被称之为比较优势规律，为经济学思想进行了补充和发展。李嘉图的比较优势理论是以劳动价值论为基础的，任何商品的价值都由赋予生产商品的劳动成本决定的。李嘉图认为当一个国家生产的所有产品都处于绝对劣势，那么总有一个产品处于的劣势程度比另一个国家较低，由此这种产品在两个国家中就产生了相对比较优势。

李嘉图在他的贸易理论中假设了资本和劳动在国际间是不能流动的，即成本不会随着产量的增加而增加。他把生产产品的所有成本都用生产产品的劳动时间来计算，并以英国的布匹和葡萄牙的葡萄酒之间的贸易来研究比较优势理论，发展程度不同的国家同样可以从相互贸易中获利，因为就全世界范围来看每个国家都有具有比较优势的产业。

比较优势理论为国际贸易的活跃盛行提供了理论基础，进一步促进了生产力的提高和世界市场的扩展，促使世界资源的合理分配和利用，提高全世界的经济发展水平。其分析逻辑也构成了比较优势理论的核心。

国际贸易理论从绝对成本理论到比较优势理论有了较大的进步，但是比较优势理论只提出了国际贸易和世界分工进行的一个理论依据，没有明确的说明国际贸易开展的根本原因，李嘉图只是单纯地把国际贸易盛行的原因归结于劳动生产率的差异。生产产品的成本要素包括劳动、资本、土地等，其中劳动包括了消耗的物化劳动和活劳动，物化劳动中就包括劳动资料和劳动对象。然而李嘉图并没有考虑其他生产要素的差异造成的国际分工，其解释和应用有局限性。

3. 赫克歇尔－俄林德要素禀赋理论

赫克歇尔和俄林的要素禀赋理论将比较优势理论阐释的更全面更完善，将比较优势理论推到了一个新的高度。20 世纪初，瑞典经济学家赫克歇尔－俄林进一步从生产要素比例的差别来阐述贸易的基础。他们克服了斯密和李嘉图贸易理论中的某些局限性，认为生产商品需要不同的生产要素而不仅仅是劳动、资本、土地以及其他生产要素也都在生产中起了重要作用并影响到生产率和生产成本。

他们注意到不同商品的生产需要不同的生产要素。有些产品需要的技术水平较高，需要大量的机器设备和资本投入，这被称为资本密集型产品。有些需要劳动多些，这种产品被称为劳动密集型产品。另外，各国生产要素的储备比例也是不同的。有些国家资本相对雄厚，有些国家劳动力相对充足。因此，产品生产的相对成本，不仅可以由技术差别决定，也可以由要素比例和稀缺程度的不同决定。一般来说，劳动力相对充裕的国家，劳动力价格会偏低，因此劳动密集型产品的生产成本相对低一些，而在资本相对充足的国家里，资本的价格会相对低，生产资本密集型产品可能会有利。因此，根据该理论，各国应该集中生产并出口那些能够充分利用本国充裕要素的产品，以换取那些需要密集使用其稀缺要素的产品。国际贸易的基础是生产资源配置或要素储备比例上的差别。

赫克歇尔和俄林的要素禀赋理论是以李嘉图的比较优势理论为基础的扩展，不像李嘉图的比较优势理论只从劳动生产率一方面来论述比较优势理论。要素禀赋理论从根本上说明了生产产品成本不同的原因，李嘉图只阐释了比较成本差异而没说明比较成本差异的原因。要素禀赋理论是以相对成本差异的来源分析比较优势的，所以要素禀赋理论不仅把李嘉图的比较优势理论进行了补充和完善，也把比较优势理论在国家贸易中的应用解释更具有普遍性。后来的经济学家分析国际贸易的进行都把资本、劳动、自然资源等要素考虑在内，他们的很多国际贸易分析都是依据要素禀赋理论。从斯密到李嘉图再到赫克歇尔和俄林，经过几代人的努力，直到要素禀赋理论的创立才真正地标志了传统比较优势理论的最终完

成，他们共同为国际贸易理论的发展做出了卓越的贡献。

要素禀赋理论并不是十全十美的，一方面传统比较优势理论只是对比较优势的形成做了静态的分析，没有分析在一个国家要素禀赋改变时他的比较优势怎么变化，他们是以比较优势的静态分析来说明世界贸易的成因的，从而分析每个国家如何从贸易中获利并增加全世界的福利。另一方面，要素禀赋理论着重分析了劳动、资本、土地等有形生产要素在生产产品成本方面起到的作用，随着全球化发展和科技突飞猛进，知识和技术等无形要素在生产产品的成本方面起到了越来越重要的作用。要素禀赋理论的这些缺陷也逐渐受到了全世界经济学家的挑战，他们以更加系统严谨的思路对传统比较优势理论给予优化，一个经济理论的应用和实践必须经过经济学家们的不断弥补和挑战才能更具说服力。

另外，要素禀赋理论暗含着的假设条件是，商品贸易是全球一体化的，但资本和劳动力是区域经济体相互封闭的。问题是，在现实经济中，这一假设条件的约束力在减弱，我们必须释解这一假设条件约束力来判断要素禀赋理论。尽管劳动在国际间的自由流动，依然是一个约束条件，但与比较优势学说创建时的国际贸易率相比，目前的金融全球化包含资本国际化程度，致使资本封闭程度不再继续成为比较优势学说的充分条件。以至于资源禀赋学说本身值得商榷（皮之不存），至少其约束条件需要放松，比较优势学说也就难以再毋庸置疑性的成立了（毛将安在）。第二，在现实经济中，经济剩余不是单方面依赖生产成本实现的，更多是由产品增加值决定的。由于劳动密集型产业在国际产品定价机制和国际产业结构竞争中处于低端水平和不利处境，因此即便是资源禀赋现实存在，但国际产业结构水平的层次划分和作为产业增加值的前提条件的定价竞争，也会促使一个具备劳动要素相对富裕、资本要素相对稀缺的资源结构的经济体，其战略安排追求提升国际竞争力的产业结构水平。诸多发展中国家不依据资源禀赋优势实施产业结构发展的赶超战略，由此得以诠释。第三，资本相对富裕、劳动力相对稀缺的资源结构，与资本相对稀缺、劳动力相对富裕的资源结构，对于发展技术密集型产业，提升产业结构水平和国际竞争力，二者之间是否存在冲突和矛盾，这点也值得商榷和深入研究。

4. 规模经济理论

20 世纪 60 年代以来，国际贸易出现了新倾向，主要是发达国家之间的贸易量大大增加。著名经济学家克鲁格曼（Paul Krugman）在与艾瀚南（Helpman Elhanan）合著的《市场结构与对外贸易》（1985 年）一书中提出了规模经济贸易学说。其主要观点为，规模收益递增为国际贸易直接提供了基础，当某一产品的生产发生规模收益递增时，随着生产规模的扩大，单位产品成本递减而取得成本优势，由此导致专业化生产并出口这一产品。

规模经济理论有两个假设前提：企业生产具有规模经济和国际市场的竞争是不完全的。规模经济贸易理论认为：在参与国际贸易以前，企业面向的只是国内的需求，由于国内市场需求有限，企业不能生产太多，从而使生产成本和产品价格不得不保持在较高水平之上。如果企业参与国际贸易，产品所面临的市场就会扩大，国内需求加上国外需求，企业生产就可以增加。由于生产处于规模经济阶段，产量的增加反而使产品的平均成本降低，从而在国际市场上增加了竞争能力。

从当代国际贸易的发展看，规模经济、不完全竞争、产品差异已跃居当代国际贸易发展的主导因素。特别是在区域内、产业内贸易中，规模经济的作用甚至超过了常规的比较利益，这已是不争的事实。规模经济因素被抽象出来作为国际贸易的决定因素，在理论上具有极高的价值，它标志着传统国际贸易理论向当代新贸易理论的转变。

规模经济贸易学说的逻辑结论在于，只要有规模经济的因素存在，即使是两个技术水平和资源条件完全相同的国家，也同样可以发生专业化分工和贸易。由于规模经济的存在，两国相对商品价格的差异就不能由要素价格差异直接得出。在其他条件相同的情况下，两国规模经济的不同就会导致生产成本的差异，也就影响到商品的价格。商品相对价格差异决定的机制是，相对要素禀赋的差异决定了相对要素价格差异，相对要素价格的差异和国家间的规模经济差异（具体说是产出水平的差异）共同决定了商品相对价格的差异。所以，相对要素禀赋差异与相对要素价格差异是等价的，但两者与相对商品价格差异不再是等价的。相对要素禀赋差异与国家间规模经济差异的共同作用才是贸易形成的根本原因。也可以这样说，即使两国间没有要素禀赋的差异，由于规模经济的不同也会出现贸易。这就解释了传统贸易理论面临的发达国家间存在大量贸易这一难题。

一国一旦以获取规模经济为目标开始在一个行业进行大规模生产，哪怕启动之初的规模优势很微弱，这种优势也会随着生产扩张而滚雪球式地增大，最终达到专业化生产和相互贸易。许多贸易（尤其是资源、技术相似的国家之间的贸易）就是这种以规模经济为基础的专业化分工的产物，而不是以比较利益为依据的专业化分工的结果。

（二）历代领导人关于开放型经济体系的理论提炼

开放型经济不同于“外向型经济”。外向型经济是一种以出口导向为主，以扩大创汇为目的，总体上是一种政策性的开放经济。而开放型经济是一种根植于中国社会主义市场经济体制的一种制度性的开放。尽管如此，开放型经济却是以外向型经济作为基础不断发展起来的。对外开放理论的不断完善离不开历代领导人尤其是十一届三中全会后邓小平等领导人的不断实践和探索。

1. 对外开放理论体系初步形成

（1）对外开放的途径和方式。

对外贸易是一个国家扩大对外经济关系的基础和主要内容。邓小平同志反复强调，要大力发展对外贸易，努力打开世界市场，开辟贸易途径，因此，发展对外贸易具有非常重要的意义。改革开放以来，中国进出口贸易不断扩大，服务贸易进一步发展，促进了中国经济素质和效益逐步提高。

（2）关于引进技术。

科学技术是实现社会主义现代化的基础。邓小平同志多次指出，我们要有计划有选择地引进资本主义国家的先进技术，要学习世界上所有国家的先进的技术、先进的科学、先进的管理，要利用外国智力来为中国建设服务改革开放以来，中国引进技术工作取得了巨大成绩。

（3）关于利用外资。

利用外资是邓小平同志对外开放理论中极富胆识和创见的部分。他指出，吸收外国资金、外国技术，甚至包括外国人在中国建厂，可以作为发展社会主义社会生产力的补充，三资企业是社会主义经济的有效补充，归根到底有利于社会主义的。改革开放以来，中国利用外资名列世界前茅，推动了产业结构的调整和升级，提供了大批新的就业岗位，增加了国家税收收入。

（4）关于创办经济特区。

经济特区是对外开放中的重要形式之一。邓小平同志以马克思主义者的勇气，赋予中国经济特区特殊的性质和使命。首先，中国经济特区并非世界流行的自由贸易区或出口加工区，其经济活动并不限于贸易或生产的某一方面，而是具有很高的综合性。其次，中国经济特区除了要实现经济发展的目标之外，还肩负着进行经济体制改革和对外开放试点的特殊使命，在性质上不仅仅属于生产力发展的范畴，还具有调整生产关系的任务。

2. 走出去战略的提出和实施

江泽民同志审时度势，与时俱进，提出了实施走出去的战略。走出去战略是以更加积极的姿态对外开放，发展开放型经济，提高对外开放水平的一个新的战略部署。

（1）关于贸易方面。

扩大进出口贸易，优化进出口结构，进一步实施以质取胜战略、市场多元化战略和科技兴贸战略。积极发展服务贸易，健全反垄断、反补贴和反倾销的制度，稳步有序地推进投资和贸易的自由化。

（2）关于利用外资方面。

积极有效地利用外资优化外资结构，合理引导外资投向。鼓励外商投资于中西部地区，有重点有步骤地推进金融、保险、贸易和通讯等行业和部门的开放。探索和采用收购、兼并、投资基金和证券等多种方式利用中长期国外投资。

（3）关于完善对外开放格局方面。

推进西部大开发战略，发挥西部比较优势；要继续发挥经济特区的优势，积极实施振兴东北老工业基地的战略，构建更加平衡的地区开放格局，以开放促开发，以开发促发展。

3. 提高开放型经济水平是对外开放理论的新发展

科学发展观包含着丰富的对外开放理论，其中坚定不移地实行对外开放的基本国策，形成参与国际经济合作和竞争新优势；拓宽对外开放的广度、深度，提高开放型经济水平，科学统筹国内发展与对外开放的关系等是其重要思想内容，是对中共三代中央领导集体关于对外开放理论的继承和发展。

（1）要加快转变外贸增长方式，坚持以质取胜，优化进出口商品结构，努力促进对外贸易从数量增加为主向质量提高为主转变，提高对外贸易质量和效益。

（2）要优化对外开放结构和布局，提高利用外资质量，积极引进先进技术、管理经验和高素质人才，加强对外资的产业和区域投向引导，做好引进技术的消化吸收和创新提高，扩大高新技术产业和先进制造业对外开放。

（3）要深入实施走出去战略，从中国经济发展的战略需要出发，支持有条件的企业按照国际通行规则对外直接投资和跨国经营，完善对境外投资的协调机制和风险管理，健全对外投资服务体系，办好境外经济贸易合作区，支持当地发展经济、改善民生。

（4）要扎实促进互利共赢，维护和完善全球经贸体系，主动承担与中国发展水平和能力相适应的国际责任，力所能及地加大对发展中国家的援助和支持，妥善处理产品质量、气候变化、生态环境、知识产权等问题，维护企业合法权益和国家利益。

（5）要切实维护国家经济安全，完善维护国家经济安全的法律法规，构建有效的国家经济安全体制机制，增强国家经济安全监测和预警、危机反应和应对的能力，依法保护中国海外资产和人员安全。

（三）开放经济体系的运行机制

开放经济体系的运行机制就是指开放经济体系内部各构成要素之间相互联系和作用的关系及其功能。开放经济体系运行时，市场透明度更高，经济秩序更加规范，竞争更加激励，扩大开放意味着国内外市场更加统一，一体化程度更高，

同时包含国内国际两种竞争主体；各经济行为主体需要同时考虑到国际国内两个因素，配置资源时充分利用国内外两种资源，平衡总供求时考虑到国际市场对国内市场的影响；开放经济体系中的政府要加强对进出口的宏观管理，合理利用外资外债，运用利率汇率手段平衡国内供求，保持国际收支平衡；开放经济中的企业必然受两个市场的制约要同时国内外竞争者的挑战，因此需要眼光向外，合理利用国内外两种资源，决定是否合资或向海外投资，以在世界范围内获得最优的效益，提高自己的国际竞争力。总的来说，开放经济体系包括以下运行机制：

1. 运转有序的市场机制

建设统一开放、竞争有序的市场体系，是使市场在资源配置中起决定性作用的基础。必须加快形成企业自主经营、公平竞争，消费者自由选择、自主消费，商品和要素自由流动、平等交换的现代市场体系，着力清除市场壁垒，提高资源配置效率和公平性。

要完善市场进入与退出机制。实行统一的市场监管，清理和废除妨碍全国统一市场和公平竞争的各种规定和做法，严禁和惩处各类违法实行优惠政策行为，反对地方保护，反对垄断和不正当竞争。建立健全社会征信体系，褒扬诚信，惩戒失信。健全优胜劣汰市场化退出机制，完善企业破产制度。

要完善主要由市场决定价格的机制。凡是能由市场形成价格的都交给市场，政府不进行不当干预。政府调控主要是统筹规划、制定政策、健全法律、组织协调、提供服务、依法监督。要推进水、石油、天然气、电力、交通、电信等领域价格改革，放开竞争性环节价格。政府定价范围主要限定在重要公用事业、公益性服务、网络型自然垄断环节，提高透明度，接受社会监督。完善农产品价格形成机制，注重发挥市场形成价格作用。

2. 有效的资源配置机制

建立城乡统一的建设用地市场。在符合规划和用途管制前提下，允许农村集体经营性建设用地出让、租赁、入股，实行与国有土地同等入市、同权同价。缩小征地范围，规范征地程序，完善对被征地农民合理、规范、多元保障机制。扩大国有土地有偿使用范围，减少非公益性用地划拨。建立兼顾国家、集体、个人的土地增值收益分配机制，合理提高个人收益。完善土地租赁、转让、抵押二级市场。

要完善商业银行的运行机制，形成适应并能促进市场经济发展的、具有特色的银行机制框架。通过建立本外币合一的资产负债管理制度、资产负债管理委员会例会制度、与效益挂钩的经营管理综合考核制度、适当的资金调度体系、财务计划管理，及以审贷分离、集中审贷、专家审贷为核心的信贷风险管理制度和全国防伪制约制度等，保障资金充分安全流动和高效利用，为市场提供可靠的金融服务。

完善人民币汇率市场化形成机制，加快推进利率市场化，健全反映市场供求关系的国债收益率曲线。推动资本市场双向开放，有序提高跨境资本和金融交易可兑换程度，建立健全宏观审慎管理框架下的外债和资本流动管理体系，加快实现人民币资本项目可兑换。

落实金融监管改革措施和稳健标准，完善监管协调机制，界定中央和地方金融监管职责和风险处置责任。建立存款保险制度，完善金融机构市场化退出机制。加强金融基础设施建设，保障金融市场安全高效运行和整体稳定。

3. 健全的技术创新机制和激励机制

深化科技体制改革。建立健全鼓励原始创新、集成创新、引进消化吸收再创新的体制机制，发挥市场对技术研发方向、路线选择、要素价格、各类创新要素配置的导向作用。建立产学研协同创新机制，强化企业在技术创新中的主体地位，发挥大型企业创新骨干作用，激发中小企业创新活力，推进应用型技术研发机构市场化、企业化改革，建设国家创新体系。

加强知识产权运用和保护，健全技术创新激励机制，探索建立知识产权法院。打破行政主导和部门分割，建立主要由市场决定技术创新项目和经费分配、评价成果的机制。发展技术市场，健全技术转移机制，改善科技型中小企业融资条件，完善风险投资机制，创新商业模式，促进科技成果资本化、产业化。

4. 全方位的对外开放机制

适应经济全球化新形势，必须推动对内对外开放相互促进、引进来和走出去更好结合，促进国际国内要素有序自由流动、资源高效配置、市场深度融合，加快培育参与和引领国际经济合作竞争新优势，以开放促改革。

“引进来”方面包括：应在全国范围逐步提高行政区政府规章的统一性和透明度，制定体系完备的经济法规；整合对外经济管理组织，协调投资环境建设；调整利用外资的策略，引入跨国并购形式，鼓励“三资”企业增资扩股，加快外资高新技术产业和第三产业的发展；扩大外资银行的外汇结算业务，放开外资银行的人民币存款贷款业务、结算业务、人民币票据贴现业务，实现外资银行与国内银行相等的所得税税率，放开国内证券市场，允许外国证券公司进入等等。

“走出去”方面：要加快步伐，加大突破力度。抓紧清理现有的法规和政府规章，制定和完善鼓励各种所有制企业到海外投资的政策。扶植培育一批海外投资的骨干企业，整合力量，形成跨国公司群体，建立网络型海外营销体系；帮助企业疏通渠道，扩大海外兼并和上市；坚持货物贸易和服务贸易并举，重点发展

境外带料加工和工程承包项目，带动成套设备、零部件、建材、化工、电子和劳务的出口。重视利用好内地与香港、澳门地区的“最紧密经贸安排”，扩大对香港特别行政区、澳门特别行政区和台湾地区开放合作。

5. 可持续发展的环境机制

即坚持经济发展与人口、资源、环境相协调。要综合运用财政、税收、产业、分配政策，鼓励资源节约型、环境清洁型、生态健康型产业的发展。采取措施处理好建设制造业研发基地与资源、环境的关系，专设机构并制定法律、规章，严格环境保护，建立绿色 GDP 核算体系，全面评价各个区域的经济发展水平。要构建循环经济的发展体系，搞好资源综合利用，统筹安排循环经济发展布局，将循环经济建设与经济社会发展经济规划、土地利用规划、产业园区规划等紧密结合起来。

要建立循环经济发展的激励机制，如推进循环经济发展的企业制度、废弃物回收的产业化运行机制、资源环境价格机制，以及环境信息公开制度等。在开展经济建设的同时，建设与之互动的人文环境，构建文化凝聚力与经济竞争力的和谐发展机制。

四、新时期的中国开放型经济体系的新战略

（一）开放型经济体系的建构背景：机遇与挑战

国际金融危机以后，全球经济步入大调整、大转型时代，我国开放型经济发展面临许多新挑战。从国际看，世界经济增长存在不确定性，缺乏显著动力，欧洲尚未走出经济危机，美国保持温和增长，“东升西降”更加显著，发展中国家成为拉动世界经济增长的重要力量，但新兴经济体面临增速回落和通货膨胀双重压力，世界市场需求不容乐观；各种形式的贸易保护主义抬头，经贸争端与摩擦激增，国际经贸格局深刻调整，自贸区战略备受各国关注，各国强化区域次区域合作；为应对危机，主要发达国家采取的量化宽松政策进一步加剧了金融动荡与通货膨胀，全球能源结构与供求格局的变动等给我国金融安全与资源能源安全增添不少压力。（徐蔚冰，2014）各国大力推进科技创新，欧洲推出“2020 战略”，日本推出“重生战略”，俄罗斯推出“创新俄罗斯—2020”，新兴产业蓄势待发，各国激烈争夺资源、产业与技术的制高点。（陈德铭，2012a）同时，主要经济体加快了产业结构战略性调整，发达国家重振实体经济，高端制造业回流发达国家，在中高端产品市场，与发达国家相比我国缺乏核心技术优势，在传统产品市场，与发展中国家相比我国劳动力成本优势逐步削弱。从国内看，支撑经济高速

发展的条件发生了变化，土地开发强度过高，环境污染问题凸显，资源、能源、环境约束加剧，部分行业产能过剩，外贸发展进入了高成本期，出口下滑严重，对外开放面临的风险增大，粗犷式发展方式转变、产业结构和出口结构优化的任务十分艰巨，制约开放型经济发展的体制机制障碍仍然较多。

机遇与挑战并存，世界政治、经济的新形势和新变化给我国带来了发展机遇。国际看，世界由单极向多极转变，我国政治、经济地位发生了重大变化，我国成为世界出口第一大国、外汇储备第一大国，经济总量位居世界第二位，进口位居世界第二，综合国力大幅提升，在参与国际分工和国际贸易中的角色正从“规则学习者”向“规则参与制定者”转变，与主要发达国家博弈中，我国拥有更多的筹码，国际事务处理中拥有更多话语权。随着经济全球化深入发展，技术和生产要素在全球优化配置，为我国引进高端生产要素与产业活动，整合全球资源，推进技术进步、产业结构和出口结构的升级提供新机遇，“非零合博弈”共赢、双赢的模式成为主旋律，为我国拓展发展空间等提供了机遇，服务外包和服务投资成为国际经贸合作新热点，为我国产业在全球价值链攀升带来了机遇。从国内情况看，一方面，我国社会生产力大幅提升，产业体系更加完备，拥有长期平稳向好发展的环境，随着工业化、信息化、城镇化、市场化、国际化深入发展，我国仍处在重要战略机遇期，另一方面，我国拥有具有一定技术的熟练劳动力队伍、一定规模的基础设施、良好的投资环境，经济发展具有较强的后劲，这些为我国建构开放型经济体系提供了有利条件和空间。（胡成，2013）

全球经济规律显示，开放型经济与一国的经济水平、市场化程度正相关。开放型经济体系中，要素、商品和服务可以自由在国内国际流动，市场深度融合，从而实现最优资源配置和最高经济效率，并在国际分工中发挥本国经济的比较优势。我国已进入全面建成小康社会决定性阶段，在世情、国情深刻变化的背景下，《决定》强调“要完善互利共赢、多元平衡、安全高效的开放型经济体系”，既是对中国35年开放型经济探索经验的继承与发展，也是改革发展到新阶段的重要标志。

（二）开放型经济体系的内涵提升：十八大共识

为适应世情、国情新变化，提出的新要求，根据中国开放型经济发展和未来的方向，党的十八大报告对开放型经济体系的内涵进行了提升，将十七大报告的“内外联动、互利共赢、安全高效”调整为“互利共赢、多元平衡、安全高效”，这对全面提高开放型经济水平和质量，形成开放型经济新格局，更好地以开放促发展、促改革、促创新，无疑具有十分重要的指导意义。（陈德铭，2012b）

互利共赢是完善开放型经济体系必须始终秉持的时代理念。互利共赢就是对外开放中要坚持共同发展，在实现自身经济健康、持续发展的同时，彼此良性互动，尊重和支持对方发展，最大限度地寻找各方利益的汇合点。近年来，我们着力推进G20的合作，推动改革世界银行和国际货币基金组织，及援助部分深陷危机的国家，都是坚持互利共赢取得的成果。在开放型经济建设过程中，要更加自觉落实互利共赢的理念，增加进口，增加贸易伙伴的贸易顺差；在对外投资活动中，寻求双方共同获益的投资方式和领域，从国家全局和长远利益出发，坚持以开放换开放，不断拓展经济发展外部空间和良好国际环境。（陈德铭，2012b）

多元平衡是完善开放型经济体系必须始终把握的内在特征。多元平衡，就是对外开放中要坚持统筹协调，实现多元性、平衡性。多元化发展中，既重视出口商品和市场多元化，又强调进口主体和市场多元化；既重视引进外资主体、方式多元化，又强调对外投资方式、市场多元化，既提升沿海开放水平，也重视加快内陆和沿边开放等丰富内涵。平衡发展中包含货物贸易与服务贸易平衡、国际收支平衡、对外与对内开放平衡、引进来与走出去的平衡、各种国际合作方式和合作领域的平衡、在全球经济治理中拥有权利与承担责任的平衡等，不断增强开放型经济发展的平衡性、协调性和可持续性。（裴长洪，2013）完善多元平衡的开放型经济体系是我国发展经济的长期战略方针。

安全高效是完善开放型经济体系必须始终坚持的根本要求，安全就是强化扩大对外开放的风险意识，完善对外开放中风险防范机制，增强风险防控能力，提高抵御外部冲击和国际风险的能力，高效就是积极培育开放型经济发展新优势，提高开放型经济的综合效益。在开放型经济建设过程中，必须牢牢把握我国经济发展的主导权是维护经济安全的根本，不断壮大经济规模，增强经济实力，完善国家经济安全机构，建立健全国家经济安全法规，是经济安全的保障。能源资源领域，应改革和完善资源品价格及其储备计划，在充分利用外部资源的同时有效规避因国际大宗商品价格波动带来的冲击；在服务业开放领域，尽快完善服务业开放的法律保障体系，构建服务业开放的法律法规，在积极承接服务业跨国转移的同时，鼓励服务业走出去，创新监管模式，防范服务业开放带来的金融风险、“文化侵蚀”等问题。进一步加大“走出去”的政策支持和保障力度，加快对外投资管理改革，放宽对外投资合作限制，提高金融支持力度，完善税收支持体系，通过有效手段保护海外人员和资产安全。在产业发展上，实行国民待遇原则，打造内外资企业一视同仁、公平竞争的营商环境。加快对外经济发展方式的转变是高效的根本保障，就是改变对外经济粗放型发展的模式，不断优化开放结构，拓展开放的深度，向全球价值链上游攀升，实现对外经济的高质量、高效益。（裴长洪，2013）

（三）新时期中国开放型经济体系的发展战略：赋值

1. 战略定位

内需驱动的对内对外全方位开放的，有更高发展目标的开放型经济。新时期下中国开放型经济是基于全球分工体系的基础上，充分利用全球高级优质的生产要素和国内市场，消除我国过剩的产能，提高对创新要素的全球配置能力，提升要素的质量和生产率。（刘志彪，2012）新时期下中国开放型经济积极拓展对外开放的广度和深度，不仅包括货物贸易，还应涉及金融、保险、投资、技术、医药、文化等第三产业贸易，特别是高端服务、服务贸易在内的更为广大的领域和范畴的对外开放，且服务贸易具有一定占比，由中国制造积极向中国创造、中国服务转变，向国际产业链的高端攀升，新时期下中国开放型经济还应包括对内高度开放，允许要素、商品和服务可以自由跨地区流动，更加注重不同经济主体之间的要素流通和区域经济的一体化衔接，通过一体化的经济发展模式优化资源的重新配置，从而实现最优资源配置和最高经济效率。

2. 战略目标

要着眼于开放型经济条件下积极稳妥的开展经济市场化，以培育新优势为重点，以提高综合效益为目标，深入扩大开放新领域和新区域，完善对外贸易管理体制，以互利共赢为宗旨，加快调整进出口战略，创造良好的国内国际发展环境，使国民经济实现持续、稳定、协调发展，到2020年实现贸易大国向贸易强国转变，使贸易发展目标与经济、社会发展目标实现融合。贸易强国是质和量的统一，有量且有质，规模大且要有竞争力。量化指标看，预计到2020年总贸易额翻一番，货物贸易出口额位居世界第1位，占世界比重约10%，占我国总贸易额的80%，高新技术产品出口比例将达到40%左右，服务贸易进出口额将大幅提升，位居世界第2位，出口占世界比例约8%～10%，服务贸易进口额位居世界第2位，占世界比例约8%～9%，占总贸易额的20%左右。贸易条件指数不断提高，处于较优势地位，具有显著的竞争优势，外贸依存度有一定比例的下降。

质量指标看，预计到2020年时，我国积极参与了国际贸易规则的制定，主导权大幅提升，对世界贸易和国际市场价格的变化方向与趋势具有一定影响和作用，市场开放范围不断扩大，除商品市场外，服务市场和资本市场应对外开放，技术对外依存度维持30%左右，将拥有一批能深度参与国际竞争与合作的知名跨国公司，一批拥有自有品牌和国际营销网络，具有自主知识产权和核心技术，处于国际分工价值链高端的企业。对内贸易高度开放，国内贸易较高层次发展，

国内地区贸易壁垒大幅消除，地区贸易成本大幅减低，开放企业融资渠道，逐步限制并取消户口管理制度，到2020年在国内实现要素、商品和服务可以自由跨地区流动，从而实现最优资源配置和最高经济效率。

3. 战略步骤

完善进口管理体制和调控体系，创新利用外资管理体制。扩大重要商品如含有先进技术的关键设备、资源性产品等进口，大力推动主要发达国家对我国高技术产品出口管制的放松，积极促进进口市场多元化，提升进口商品的议价能力。不断完善进口管理体系，积极打造扩大进口的公共服务，不断提高进口便利化程度。进一步完善进口管理工作机制，完善进口贸易救济机制和产业损害预警机制，密切关注进口的趋势和走向，减少国际市场波动对国内经济的干扰。

实行国民待遇、负面清单等国际投资规则的通行做法，放宽外商投资市场准入，放开金融、教育、文化、医疗、商贸物流、电子商务等服务业领域的外资准入限制，推动引资、引技、引智有机结合，积极引导外资投向节能环保、新能源、生态建设、现代服务业等领域，引导外资向中西部投资。鼓励外资设立民营中小企业融资担保公司，鼓励外资投向科技中介、创新孵化器等公共科技服务平台建设，鼓励跨国公司来华设立R&D中心、采购中心等功能性机构，与国内大学、科研机构和企业开展联合技术研发和产业化推广。完善利用外资法律法规，最大限度减少和规范行政审批，推进投资环境透明化和便利化，加强知识产权保护，健全市场信用体系，保护各类投资主体合法权益，打造公平竞争、透明的营商环境。(陈德铭，2012a)

加快实施走出去战略，深化对外投资管理体制改革。完善并加大有关鼓励企业和机构走出去的政策支持，完善监管、风险防范等制度建设，提高应对对外投资、合作风险防范和处理突发事件的能力，为境外企业和人员合法权益充分保障。优化“走出去”政策环境，简化走出去审批程序，建立健全企业“走出去”服务保障体系，健全金融、法律、管理等服务保障，建立对外投资合作公共信息服务，建立信息咨询服务网络。改革对外投资管理方式，实行以备案制为主，放宽对外投资的各种限制，大幅下放审批权限，确立企业及个人对外投资的主体地位。(李克强，2014) 鼓励企业积极扩大对外投资与合作，支持企业在全球开展资源和价值链整合，在研发、生产、销售等方面开展国际化经营，形成一批有国际影响力的跨国公司，鼓励创新方式走出去开展绿地投资、并购投资、证券投资、联合投资等。(汪洋，2013) 创新境外经贸合作区发展模式，鼓励集群式“走出去”。积极培育对外承包工程和劳务合作的国际品牌“中国建设”和“中国劳务”。(陈德铭，2012a)

统筹双边、多边、区域次区域开放，加快自由贸易区建设。《决定》指出：

"坚持世界贸易体制规则，坚持双边、多边、区域次区域开放合作，扩大同各国各地区利益汇合点，以周边为基础加快实施自由贸易区战略。"全面深化双边经贸关系，与发达国家着力创新合作模式、拓宽合作领域，与新兴市场国家和发展中国家积极深化合作，通过优势互补、实现互利共赢。主动参与全球经济治理，积极参与国际经贸规则制定，着力推动建立均衡、共赢、关注发展的多边经贸体制，促进国际经济秩序更加公正、合理。重视加快实施自由贸易区战略，形成东西呼应、区域协调、布局合理面向全球的高标准自由贸易区网络，拓展改革开放和国民经济发展空间。提高自由贸易区开放水平，在货物贸易、服务贸易、投资等领域，适当提高自由化标准，推动服务贸易协定、政府采购协定、信息技术协定等谈判，加快环保、电子商务等新议题谈判。（陈德铭，2012a）抓紧升级中国—东盟自由贸易区，进一步提升区内贸易投资自由化便利化水平；积极推进中韩、中日韩、中澳（大利亚）等区域合作，推进大湄公河、中亚等次区域合作。（汪洋，2013）

引导沿海内陆沿边开放优势互补。提升沿海地区开放水平，进一步发挥东部沿海地区开放桥头堡作用。积极推动东部沿海地区开放型经济率先转型升级，提升资金、技术密集度，重点发展微笑曲线两端，价值链高端产业，大力实施技术创新、商务模式创新集成创新战略，加快从全球加工装配基地向研发中心、创造基地转变。积极推进服务业开放在沿海地区先行先试，在沿海地区培育若干全国乃至国际性经济、贸易、金融中心。发展内陆开放型经济，进一步夯实内陆开放型经济发展的基础，使内陆地区成为沿海加工贸易产业转移的承接地，通过东部与内陆地区联合共建开发区，培育内陆地区形成全球重要的加工制造基地。积极推进内陆建设开放通道和物流基础设施，提升内陆地区对外开放的平台支撑能力。统筹推进内陆地区国际大通道建设，加快建设面向东南亚、中亚、欧洲等地区的国际物流大通道，鼓励内陆城市发展国际多式联运，形成横贯东中西、联结南北方的对外经济走廊。实施沿边省区开放，创新沿边开放政策，积极拓展沿边与周边国家经贸合作领域和空间，简化沿边开放手续，提高贸易和投资便利化水平。《决定》要求"推动内陆沿海沿边通关协作，实现口岸管理相关部门信息互换、监管互认、执法互助，扩大'属地申报、口岸放行'等改革试点"，明确扫除通关运作中的体制机制性障碍，以实现我国内陆与沿海真正意义的大通关。积极建设同周边国家和区域基础设施，实现互联互通。形成沿海内陆延边的分工协作、优势互补、均衡协调的区域开放新格局，形成引领国际合作和竞争的开放区域。（汪洋，2013）

建立健全服务贸易政策体系。有序开放服务业，对金融保险、教育文化、信息技术、医疗等领域的服务贸易加大财政资金支持力度，尤其鼓励高端服务业吸引外资，积极扩大文化软件和信息服务、专业服务等跨境交易规模，努力推进境

外工程承包及金融机构海外设立机构，扩大含有先进管理经验、管理创新、管理咨询和先进环保污染治理技术等领域的服务进口。制定完善服务外包税收优惠政策，加快完善服务贸易促进体系，完善服务贸易公共服务平台，为企业提供信息咨询和业务指导，规范服务贸易市场秩序，形成有利于扩大服务贸易的市场环境。加强服务贸易人才队伍建设，重点引进金融、保险、信息等行业急需人才，完善人才激励机制。

五、提升和完善开放型经济体系的战略举措

（一）加快推进自贸区谈判

目前，中国是世界贸易第一大国，经济总量第二大经济体，综合国力和国际竞争力增强，抗风险能力和运用国际规则能力大幅提高，面对全球自贸区迅速发展的新形势，我们将在坚持世界贸易体制规则的同时，以周边为基础加快实施自由贸易区战略。

中国政府高度重视自贸区建设工作，党的十七大时就明确提出“实施自由贸易区战略”，十八大再次提出“加快实施自由贸易区战略”，十八届三中全会又提出要“加快自由贸易区建设”，“形成面向全球的高标准自由贸易区网络”，凸显了中央对推进自贸区建设的坚定决心。

加快自贸区建设，是中国进一步扩大对外开放的重要手段，为中国统筹两个市场和两种资源提供了保障。自贸区通过改革市场准入、海关监管、检验检疫等管理体制提供制度性保障，加快环境保护、投资保护、政府采购、电子商务等新议题谈判，各方货物、服务、投资和人员流动政策更加透明、更具预见性，提升了彼此经贸关系和经济融合，取得了互利共赢、共同发展的结果。

目前，中国正在建设 18 个自贸区，涉及 31 个国家和地区。其中，与东盟、新加坡等国签署了自贸协定，值得一提的是，中国—冰岛自贸区签署协定，这是中国与欧洲国家签署的第一个自贸协定，涵盖货物贸易、服务贸易、投资等诸多领域。中瑞自贸协定是中国与欧洲大陆国家和西方主要经济体签署的第一个自贸协定，这个协定覆盖面广、开放水平高、优惠政策多，是一个高质量、宽领域、互利共赢的协定，尤其中瑞 FTA 突出产业合作。中国与韩国、澳大利亚和挪威以及中日韩自贸区和《区域全面经济合作伙伴关系协定》正在进行了谈判。此外，中国与印度的区域贸易安排（RTA）联合研究已完成；正与哥伦比亚和斯里兰卡等开展自贸区联合可行性研究。倡议启动中国—东盟自贸区升级版的谈判双方已就启动升级版谈判的时间、具体内容进行磋商。积极打造中国—东盟自贸区“升级版”，推动东亚区域经济一体化进程。中国已初步构建起横跨东西的周边

自贸平台和辐射各洲的全球自贸网络。

随着自贸协定的实施，关税将不断降低甚至取消，自贸协定促进了与自贸伙伴的货物贸易、服务贸易和投资的增长。实施自贸协定，中国与自贸伙伴之间的市场准入条件将进一步改善，贸易和投资环境也将更加规范、透明，自贸协定的各项优惠政策降低了企业进出口的成本，有利于各方企业在更大范围、更高水平上参与国际经济合作，提高在国际市场上的竞争力。

自贸区提供了更多的贸易和投资机会，带动了沿边地区经济合作，与自贸伙伴毗邻的沿边地区可以发挥区位优势，“近水楼台”地享受自贸区优惠政策，积极发展次区域合作，吸引和承接自贸伙伴或国内区际产业转移。

实践证明，自贸区做大了贸易的“蛋糕”，促进了中国与自贸伙伴国家和地区的互利双赢。可以预计，随着自贸协定的深入实施，中国与有关国家和地区的贸易潜力会进一步释放。

（二）两个战略构想：丝绸之路经济带和21世纪海上丝绸之路

为加强欧亚各国的经济联系、拓宽发展空间、加深相互合作，2013年，国家主席习近平在哈萨克斯坦访问时提出，共同建设“丝绸之路经济带”。丝绸之路经济带，是在古丝绸之路概念基础上形成的一个新的经济发展区域，范围涵盖中国西南的重庆、四川、云南、广西和西北的陕西、甘肃、青海、宁夏、新疆，东边连着亚太经济圈，西边系着欧洲经济圈，通过能源合作、互联互通、经贸往来等通过以点带面，从线到片，逐步形成中国与西亚各国之间经济合作区域，它被誉为“世界上最长、最具有发展潜力的经济大走廊”。

为深化中国与东盟国家进一步海上合作，发展海洋合作伙伴关系，构建更加紧密的命运共同体，2013年，国家主席习近平出访东盟国家时提出共同建设21世纪“海上丝绸之路”。建设21世纪海上丝绸之路旨在扩大同东盟国家各领域务实合作，互通有无、优势互补，是中国进一步的对外开放，与周边国家更加紧密的海上合作。

建设丝绸之路经济带和21世纪海上丝绸之路的“一带一路”战略顺应了当今世界经济、政治、外交格局的新变化和国情的新形势，是“中国梦”的合理延伸。“一带一路”两个战略一个着眼于大陆，着眼于欧亚，另一个着眼于海洋，着眼于东南亚，都以周边国家为基础同时对其他国家和地区开放，都贯穿平等协商、友好交流的精神，为沿线国家和地区带来更加紧密的经贸合作和更加广阔的发展空间，也将为沿线国家和地区的文化交流及友好往来开辟新的更加顺畅的通道。

“一路一带”具有重大的战略意义。从外部环境看，中国作为世界第一贸易大国和第二大经济体，与世界经济越来越紧密，对外部依赖性不断增大，基于经

济安全，国家安全的考虑，应构建良好的地缘政治、进一步紧密与周边国家关系经济联系，应主动参与到区域经济合作中，充分利用外部环境，为贸易发展营造一个较好的外部条件。

从内部发展看，随着经济快速发展的同时，中国区域之间不平衡凸显，东西发展的差距不断扩大，西部地区经济仍然落后，由此带来的一系列国家安全，地区稳定问题，为促进少数民族地区的发展，促进区域发展均衡，新一轮西部大开发战略中，与西部接壤的国家加强合作，构建丝绸之路经济带，通过平等、互助、共赢来取得发展。同时这些国家与中国经济结构有较强的互补性，中国经过多年粗犷式发展，资源约束日益强化，这些国家不但蕴含丰富的能源资源，而且，随着中国与传统的贸易国家贸易占比的下降，中国制造需要进一步开拓国际空间，而这些国家对中国的技术、设备和装备等也有着巨大的需求。建设丝绸之路经济带，不仅向西拓展了发展的空间，避开了向东方向与美日的激烈竞争，而且为长期发展开辟了战略性能源资源基地和运输通道。“一路一带”战略是国家不断深化国际合作、开拓国际合作的新空间、新领域，是培育中国对外开放新优势的经济战略决策。

（三）服务业开放、战略性新兴产业的发展、金融产业与政策的全面开放

1. 现代服务业的对外开放

2013 年，我国服务贸易总额与贸易总额的占比为 11.5%，呈现稳中有升的发展态势，但与全球平均水平 20% 左右有一定差距，服务业贸易依然是我国经济社会发展中的“短板”。扩大服务业对外开放是推动我国经济发展“转方式、调结构”战略的内在要求，《决定》提出，要“加快传统产业转型升级，推动服务业特别是现代服务业发展壮大”。李克强总理指出，制约中国服务业发展滞后的最关键因素是体制机制障碍。国务院《服务业发展“十二五”规划》指出，中国将着力深化服务业改革，最大限度地依法依规为服务业发展“松绑”。

第一，实施服务业“走出去”战略。应完善并加大有关鼓励服务企业走出去的支持力度，通过财政税收、信用担保、金融支持、法律维权等手段进行鼓励。完善支持国内服务企业“走出去”的公共服务平台建设，做好海外投资环境评估。要以承接服务外包为突破口，积极切入国外服务业的产业链，积极参与世界服务业大重组，通过与国外开展跨国投资、并购与各种合作，优化重组自身产业链、价值链，实现服务业跨越式升级。（夏杰长、刘奕、李勇坚，2010）政府应完善鼓励承接服务外包的政策措施，提高承接和吸纳能力，拓展外包市场和接包方式，逐步提升接包业务水平。应加强培养适合服务外包企业发展需要的实

用技能型人才，培育在全球价值链中处于中高端环节的大企业。（姚战琪、程蛟、夏杰长，2011）政府应改进服务外包园区的基础设施建设，提供服务外包研发平台、成果孵化平台、软件交易、发布平台、人才培训机构、便利的交通与生活设施、良好的休闲娱乐场所等，同时提供良好软性的基础设施。如建立高速数据传输通道，加大征信平台建设力度，建立业务流程外包赖以生存的数据库等。注重环境保护基础设施的建设，为服务外包的发展提供良好的支持；如污染的治理、绿化等。政府应鼓励制造企业剥离服务业，大力发展在岸外包，避免当前发展服务外包“重离岸、轻在岸”的倾向。（霍景东、夏杰长，2010）

第二，实施新的“引进来”战略。我国服务业自2011年，成为吸收外商直接投资的第一大产业，意味着我国利用外资将进入到“服务经济时代”。《决定》提出，推进金融、教育、文化、医疗等服务业领域有序开放，放开育幼养老、建筑设计、会计审计、商贸物流、电子商务等服务业领域外资准入限制。为充分发挥制造业高速发展所带来的对外生产性服务的需求，我国应实施新的“引进来”战略，首先应优化外资投资结构，吸收外资时“重质”，鼓励外资投向先进高端服务业、新兴服务业，为我国产业升级做贡献。同时应完善服务业利用外资的相关法律法规，建立规范的服务业投资准入制度，进一步有序放宽服务业市场准入，简化程序，明晰归属部门，加大知识产权保护和信息安全保护力度，建立完善的新的监管体系，为吸引高水平的服务业投资创造良好的环境。积极推出服务业吸收外资的行业导向政策，对我国比较薄弱的服务业和需优先发展的服务业给予政策倾斜。（王子先，2011）

第三，扩大服务进口。积极引进高端服务业和新兴服务业，着力引进金融、文化创意、工业设计、专业服务等服务业，针对较薄弱的服务业，允许跨国公司向我国进行跨境交付的业务。为提高服务贸易自由化便利化程度，积极参与服务贸易促进交流活动，积极参与服务贸易自由化进程。

第四，对内对外同步开放，不“厚外薄内”。服务贸易不仅对外开放，而且对内开放，两者必须兼顾。服务业对内开放中，放宽市场准入。坚持两个凡是原则，即凡是向外资开放的领域都要向内资开放原则，凡是法律法规没有明令禁入的服务业领域，都要向社会资本开放原则，对内开放中，积极改革垄断行业，尽可能取消所有制限制，并逐渐提高非公有制经济在服务业中的比重，形成政府投资、民间投资、利用外资等多元化投融资机制，丰富服务业的多元市场主体。逐步放开非基本公共服务领域，充分发挥市场配置资源作用，创新服务管理。打破区域间壁垒，鼓励服务要素在地区间自由流动，发挥市场作用，优化服务业要素资源的配置，提高服务要素效率，增强服务业区域间竞争程度，鼓励各地区基于比较优势，形成有竞争优势的特色服务业。（夏杰长、张晓兵，2012）

2. 在开放经济体系中，促进战略新兴产业的发展

中国战略性新兴产业不断成长壮大，但仍然存在一些问题。例如，相应配套措施尚未形成有效体系，部分关键环节和重点领域改革滞后，技术研发支撑能力不足等。特别是在某些地区、某些领域还出现了低水平规模扩张和结构性产能过剩的苗头。为了抓住新一轮科技和产业革命机遇，调整产业结构，抢占国际竞争的先机，《决定》强调要推动战略性新兴产业健康发展。

一是加快落实《决定》和《规划》确定的重点任务，实现重点领域率先突破。加快编制《规划》提出的20个重大工程实施方案，切实落实好节能惠民产品、云计算、卫星应用、生物育种等重大专项的组织实施工作。全面推动重大应用示范。提升战略性新兴产业领域技术创新能力，促进重大科技成果集成和转化，切实促进战略性新兴产业集聚发展，结合国家科技重大专项和科技计划，组织实施一批战略性新兴产业重大科技项目，探索中央财政、地方财政、金融资本共同支持新兴产业集聚发展、区域分工的新模式。

二是积极落实支持战略新兴产业配套的各项政策措施，如税收政策、金融支持、体制改革等相关配套政策。根据战略性新兴产业发展规律，研究制定金融支持战略性新兴产业政策措施，开发适合的金融产品和服务，加快推进金融产品创新，研究建立多层次担保体系，继续扩大新兴产业创业投资规模。针对战略性新兴产业的特点，积极探索完善鼓励创新、引导投资和消费的税收支持政策。发挥市场机制体制，进一步优化产业发展环境，引导和鼓励民营资本进入战略性新兴产业。

三是积极推动战略性新兴产业国际化发展。一方面鼓励和引导企业积极开拓国际市场，充分利用全球创新资源，鼓励技术引进和合作研发，支持国内企业与境外企业联合研发共性关键技术，努力提升战略性新兴产业总体发展水平，另一方面积极引资的同时引智，鼓励引导外资企业投向战略性新兴产业，积极推进外资在华设立研发机构和地区总部，广泛开展研究与开发合作。积极参与战略性新兴产业领域国际标准的制定，在战略性新兴产业的重点门类集中力量建设一批国际化发展示范基地，形成集群效应。

四是建立战略性新兴产业监测分析体系和舆论引导。建立监测分析体系。跟踪分析主要发达国家的新兴产业政策，有针对性地制定有利于我国战略新兴产业发展的政策措施，加强对重点市场分类指导，对生物育种、生物医药等外资加速进入的产业，加强国内、国外产业发展动态监测与研究，尽快完善产业预警体。加快发布战略性新兴产业重点产品服务指导目录和统计分类目录，及时发布统计信息，引导产业合理布局，营造有利于战略性新兴产业健康发展的良好社会环境。

3. 金融产业与政策的全面开放

《决定》提出全面深化改革，加快完善现代市场体系。金融作为现代经济的核心，是社会主义市场体系的重要组成部分。坚持市场在资源配置中的决定性作用，全面推动金融改革开放，构建完善安全稳健的金融市场体系，不断提升金融业服务实体经济能力，促进经济持续健康发展。(周小川，2013)

(1) 进一步扩大金融业对内对外开放。

金融业对内对外开放，能优化资源配置，提升金融服务质量，打通国际国内两个市场、两种资源的联系，促进贸易投资便利化，提高直接融资比重，提升我国国际金融地位，增加话语权。提高金融业对内对外开放标准，逐步遵循准入前国民待遇和“负面清单”等新开放模式，扩大金融服务业的高水平对外开放。鼓励金融创新，健全金融业对内对外开放多层次资本市场体系，为解决部分基层地区和小微企业金融服务供给不足的问题，《决定》指出，立足于建立公平开放透明的市场规则，实行统一的市场准入制度，鼓励和引导民间资本进入金融服务领域，在加强监管的前提下，允许具备条件的民间资本依法发起设立中小型银行等金融机构。进一步改革金融业对内对外开放推进市场机制，发挥市场对金融资源配置的决定性作用。要加快推进利率市场化。积极推动资本市场双向开放，有序提高跨境资本和金融交易可兑换程度，加快实现资本项目可兑换。

(2) 完善现代金融企业制度。

进一步深化各类金融机构改革，强化内部治理和风险管理，完善金融机构公司治理，形成有效的决策、执行、制衡机制，在日常经营管理和风险控制中落实公司治理。进一步推动大型金融机构完善公司治理，提升金融机构治理水平。继续推动政策性金融机构改革。促进金融资产管理公司商业化转型。放宽民间资本和外资进入金融服务领域的限制，鼓励社会资金与外资参与中小金融机构的重组改造，积极发展各种所有制金融企业，优化股权结构。去行政任命，大力推动市场化、竞争化的人才选拔方式，建立有效的选人用人机制，建立完善良性包括薪酬制度在内的管理层激励约束机制。

(3) 发展普惠金融。

普惠金融惠及的客户覆盖广，为中小微企业、人民群众等客户提供方便、快捷、高效的包括存贷款、理财、基金、支付结算、便民缴费等一揽子金融服务，且经营模式具有商业化和可持续性。发挥政策性、商业性和合作性金融的作用，积极深化中小金融机构改革，构建多层次、多样化、适度竞争的普惠金融服务体系。适度放宽市场准入，实行“宽严相济”的差异化监管，健全风险分散、补偿和转移机制，鼓励和引导各类金融机构主动提供普惠金融服务。大力发展多种融资方式，规范发展民间借贷，拓宽小微企业多元化融资渠道。加强金融基础设

施建设，提升金融服务现代化水平。完善区域信用评价体系，推进信用体系建设，构建普惠金融良好的生态环境。

（4）健全多层次资本市场体系。

多层次资本市场体系，有利于促进生产要素自由流动，为多样化的投融资需求打造高效匹配的平台，加快资本形成，降低实体经济杠杆率，改变过度依赖银行体系的局面，分散和化解金融风险隐患。周小川（2013年）指出，为显著提高直接融资比重，推进股票发行注册制改革，弱化股票发行行政审批，降低股票发行成本，多渠道推动股权融资，发展并规范债券市场，完善保险市场，鼓励金融创新，丰富金融市场层次与产品。坚持尊重市场发展客观规律，激发市场动力和内在活力，进一步提高市场运行透明度，坚持规范发展的理念，强化市场约束和风险分担机制，健全相应的法律框架、金融调控框架、监管框架以及财税等政策。

（5）稳步推进利率和汇率市场化改革。

发挥市场在资源配置中起决定性作用，利率和汇率作为要素市场的重要价格，是有效配置国内国际资金的决定性因素。稳步推进汇率和利率市场化改革，不断优化资金配置效率，进一步增强市场配置资源的决定性作用，加快推进经济发展方式转变和结构调整。第一，加快推进利率市场化。坚持确立由市场供求决定利率形成机制为总体方向，逐步取消官方的贷款基准利率、官方的存款基准利率，适时推出以上海银行间同业拆借利率（Shibor）或是回购利率为基础的、市场化的存款利率定价和报价机制，重点完善市场利率体系和利率传导机制，积极提高央行宏观调控能力为基础，按照“先长期、后短期，先大额、后小额”的原则分阶段推进。首先取消贷款利率下浮限制，基本实现贷款利率市场化，在条件成熟时进一步提高中长期定期存款利率和大额协议存款利率的浮动上限，直至完全取消。接着是择时机逐步放开对期限短期定期存款利率和小额协议存款利率的上限管制，直至完全取消。最后逐步取消、放开对活期存款利率上限的管制。第二，继续完善人民币汇率市场化形成机制，改进人民币汇率调节机制，发挥市场供求在汇率形成中的基础性作用，提高国内国外两种资源的配置效率，促进国际收支平衡。加大人民币汇率的波动弹性，使人民币汇率可以双向浮动，形成一个充分弹性的、双向浮动的、市场供求决定的汇率形成机制。同时，必须保持人民币汇率在合理均衡水平，即建立以市场供求为基础、有管理的浮动汇率制度。（周小川，2013）

（四）营造更具有竞争力的开放环境

改善和优化开放环境，营造更加具有竞争力的开放环境，是扩大对外开放的重要环节和抓手，具体措施主要包括：

1. 营造高效、规范的政务环境

“强化‘环境是对外开放第一竞争力’理念，努力营造良好的投资环境”。改变传统招商引资对优惠政策依赖，确立公开透明、法治规范、有限管理的治理理念，打造服务型政府、责任政府、法治政府，积极创造一流综合政务环境。政府积极为各类市场主体服务和建立健全与市场经济相适应的体制、政策、法律环境，完善市场体系，规范市场法规，改善市场环境，营造有竞争力的投资、创业和发展环境。积极深化行政审批制度改革，进一步简化行政审批事项，规范审批行为，提高审批效率；创新行政审批服务方式，实行“一站式”服务，强化效能监察，促进规范运行，加大宣传已出台的各项优惠政策并认真落实，主动将优惠政策与企业对接，为企业营造宽松、稳定、透明的政策环境。

2. 营造诚信有序的市场环境

诚信有序的市场环境，是确保对外开放持续、健康发展的保障。营造诚信有序的市场环境，必须促进全社会形成“政府诚信、企业守信、人人讲信”的环境氛围。要健全公平竞争诚信有序的市场环境，一方面构建知识产权保护长效机制，有效提升知识产权保护的执法力度，提高知识产权侵权成本，完善知识产权网络保护平台等基础设施建设，为企业创新营造公平有序的竞争环境，另一方面，要加快社会信用体系建设，大力推进政务诚信、商务诚信、社会诚信和司法公信建设，建立健全覆盖全社会的征信系统，全方位提高失信成本。

3. 营造富有活力的体制机制环境

30 多年改革和开放相互促进、相互推动，极大地推动了经济持续快速发展，但体制改革任重道远。必须通过深化重点领域和关键环节改革，构建充满生机活力的体制机制：一是充分发挥市场配置资源的作用，建立以市场配置资源为主的管理体制；二是加快非公有经济的发展，放宽垄断行业市场准入，引入竞争机制，积极推进投资主体多元化，营造非公有经济发展的良好环境。高度重视体制机制创新，敢于突破障碍，着力先行先试，营造体制机制的制高点。

4. 营造完善高效的产业配套环境

在进一步推进对外开放中，必须重视营造完善高效的产业配套环境。转变传统招商观念，坚持“引资与引智相结合”，强化产业链招商意识，在招商引资中既要引进项目，更要着眼于引进产业。重视引进科技含量高、产业关联度大、带动能力强、附加值高的龙头骨干项目，重点发展市场前景好、产业链条长、经济效益好的电子信息、装备制造、节能环保、生物医药、海洋工程、新能源汽车等

产业，延伸拉长产业链，带动上下游产业配套。要提升生产性服务业的配套服务水平，重点发展信息服务、研发设计、现代物流、金融服务等生产性服务业，努力实现产业链向研发、管理、品牌、营销等环节延伸。（胡建荣、陈俊艺，2012）

（五）积极主动参与新一轮国际经贸框架制定，积极参与到国际经济结构治理中

当今国际的治理结构，是在西方发达国家的主导下建立起来的。近年来，以美国为首的发达国家联合诸多中等发达国家和发展中国家（地区）展开了新一轮的区域性、全球性双边、多边国际经贸谈判，这些谈判所形成的决议将形成新一代高标准、高规格的全球贸易和服务以及投资规则。美国、欧盟和其他发达国家就国际投资七项共同原则上达成共识，开始构建全球投资治理体系。同时，为绕开陷于僵局的 WTO 多哈回合谈判，美国和欧盟主导了 PSA 谈判，推动达成更高标准的服务贸易协议。经济全球化将催生高标准国际经贸规则，我国必须积极参与新一轮的国际经贸规则制定。

我国可通过多边、地区、双边三个层次参与世界经济结构的治理。当今世界经济的具有典型的“经济三角”特征，其中“大三角”分别指欧洲、东亚和北美，中国要致力于均衡三边关系，不能让其中任何一边超强。面对美国超强，中国就应强化中欧经济合作，亚欧经济合作，以有效地制衡美国的经济霸权。“小三角”分别指东北亚、东南亚和中亚上海合作组织。“小三角”中尽管上合组织各国间的经济合作进展缓慢，但上合组织不仅具有丰富的油气资源，同时具有地缘上优势，西眺望中亚和西亚，南接印度，我国应加强与上合组织的经济合作，做大做实，有利于周边自由贸易区的建设，也有利于中国参与全球经济治理。（尚前名，2010；江涌，2010）

（六）贸易摩擦与争端的解决机制

目前，我国对外贸易面临诸多制约因素，针对我国出口的贸易摩擦进一步增加。截至 2013 年 12 月底，共有 19 个国家（地区）对我国发起贸易救济调查案件 89 起，涉案金额 36.19 亿美元，尤其针对我高技术产品的贸易调查增多，甚至部分涉及我国战略性新兴产业的大型龙头企业。同时发达国家不断强化贸易执法，强化反倾销和反补贴调查规则，对中国产品针对非常明显。值得一提的是，新兴经济体和发展中国家对中国的贸易摩擦呈上升趋势，应对发展中国家日趋增多的贸易摩擦成为中国出口面临的新挑战。

WTO 争端解决机制是解决国际经贸争端重要平台。WTO 争端解决机制由独立的专家组和上诉机构按照确定的规则和程序审理成员之间的经贸纠纷案件，WTO 争端解决裁决的结果，不仅有利于厘清双方争议的事实和法律问题，及时

有效化解当事方之间的经贸纠纷，可以避免贸易摩擦给双边政治和经贸关系带来的冲击，已经成为WTO成员之间解决贸易纠纷、维护贸易权益的有效平台。我国应充分利用WTO争端解决机制，有效解决贸易摩擦，维护中国合法权益，遵守国际贸易规则，反击国际贸易保护主义，创造良好的国际贸易投资环境。（陈雨松，2014）

第六章　加快转变经济发展方式

"加快转变经济发展方式"，是2007年10月党在十七大报告中正式第一次使用的概念，是实现我国未来经济发展目标的关键之一，是一项关系国民经济全局紧迫而重大的战略任务。

2012年11月，党的十八大报告中重申"加快转变经济发展方式"，并提出"以科学发展为主题，以加快转变经济发展方式为主线，是关系我国发展全局的战略抉择"。（胡锦涛，2012）

2013年11月，在党的十八届三中全会报告中，再一次提出"加快转变经济发展方式"，说明此项战略任务的重要性——仍然是完善和发展中国特色社会主义制度、推进国家治理体系和治理能力现代化这一全面深化改革的总目标的关键之一。

正确理解和阐述"加快转变经济发展方式"，对于我国深化经济体制改革，加快建设创新型国家，推动经济更有效率、更加公平、更可持续发展，乃至实现全面深化改革总目标具有重要的理论意义和现实意义。

深化经济体制改革，是使市场在资源配置中起决定性作用的改革。经济发展方式的转变，是在经济增长的前提下对经济结构的优化、发展质量的提升。经济结构要优化，经济发展质量要提升，在很大程度上取决于是否调动了资源来为之服务，关键是资源是否配置到可以最大限度提升经济发展水平的领域中去。从这个意义上来看，经济发展方式转变是否有效，取决于资源配置是否合理。资源配置合理包括资源的分布结构合理和资源的利用效率有效，只有将资源配置到合理的领域和提升资源的利用效率，尽力确保资源的配置与经济发展方式的转变共方向、同节奏，才能更好更快地促进经济发展方式的转变。如何才能做到资源配置合理呢？这必须紧紧依靠市场机制，让市场在资源配置中起决定性作用。

一、转变经济发展方式的现实背景

（一）经济发展方式的定义和提出

1. 经济发展与经济增长

经济发展和经济增长作为一对相伴随的概念频繁见诸政界和学界是始于

2007年6月胡锦涛同志在中央党校省部级干部进修班上发表的重要讲话："实现国民经济又好又快发展，关键要在转变经济发展方式、完善社会主义市场经济体制方面取得重大新进展。"在此之前，各方关注更多的是如何实现经济增长、如何转变经济增长方式，谈论更多的是与GDP增长数字有关的东西，而对追求GDP增长所带来的经济、社会和环境的负面效应则谈之甚少或避之不谈。实际上，几十年中国经济高速增长所带来的负面效应愈发明显，甚至阻碍了经济的进一步增长。"经济发展"一词的提出恰逢其时，并被赋予了更多的理论和实践内涵。

正如胡锦涛同志所述："由转变经济增长方式到转变经济发展方式，虽然只是两个字的改动，但却有着十分深刻的内涵。转变经济发展方式，除了涵盖转变经济增长方式的全部内容外，还对经济发展的理念、目的、战略、途径等提出了新的更高的要求。"（述平，2012）经济的发展不再简单地关注数量的增长，还要关注结构的优化和质量的提升，转变经济发展方式是一个战略思想体系。

关于经济增长和经济发展的概念，在现代经济学的文献中，极少有经济学家从理论上专门系统地研究经济发展方式及其转变问题，因而在使用经济发展方式这一概念时，存在概念内涵界定上的较大差异。（史晋川，2010）逄锦聚等（2004）对"经济发展"做了较为全面的阐述：经济增长指的是一个国家或地区的商品生产量和劳务量的提高；经济发展则具有更广泛的含义，不仅包括经济总量和人均占有量的增长，而且强调经济结构的基本变化，特别是本国人民作为经济结构变化的主体参与发展过程、分享经济发展的成果，文化教育卫生事业的发展，人民生活水平的提高，生态平衡的保持，环境污染的治理，整个社会经济生活质的变化等。换言之，经济增长是基础，没有经济增长就无从谈经济发展；经济发展是经济增长的高级形式，是经济增长到一定阶段的质的飞跃，是惠及人民、社会、环境的经济增长。经济增长和经济发展两者之间相互联系、密不可分。本文认同并采用逄锦聚的观点，经济发展不是单纯的经济数字的增加，而是在经济数字增加的同时惠及其他领域的改善。

2. 经济发展方式

（1）经济发展方式的定义。

谈及经济发展，我们不可避免地要讨论到如何实现经济发展，也就是"经济发展方式"。所谓经济发展方式是指一个国家经济发展的途径和方法。（李翀，2012）它包括经济发展所需投入的生产要素和经济发展所依赖的产业结构及需求结构两个方面，前者是经济发展的动力，后者是经济发展的框架，只有在框架内才能更好地利用动力来拉动经济发展。两者相互依存、相互作用，共同形成一个国家的经济发展方式，惠及社会经济生活的各个领域。

经济发展方式的选择是根据一国经济发展水平不同而定的。我国要加快转变经济发展方式，也就是说，经济发展方式是存在不同的发展类型，我们发展经济的目的是要将经济从一种类型（表述为“传统经济发展方式”）转变到另一种类型（表述为“新型经济发展方式”），并且新型经济发展方式要优于传统经济发展方式，更能促进经济的发展，提升人民生活水平，实现帕累托改进。那么，什么是不同类型的经济发展方式呢？要对不同类型的经济发展方式进行定义，我们需要重新回到经济发展与经济增长之间的关系上来。根据上文分析，经济发展的核心是经济增长，影响经济增长的驱动因素也会对经济发展产生作用，经济增长方式通过拓宽范围可以延伸至经济发展方式。因此，梳理经济增长方式不同类型的划分标准对厘清经济发展方式的不同类型具有一定的参考借鉴作用。

国内外对经济增长方式类型分析得比较全面，我们选取了比较具有代表性的文献：马克思在《资本论》第 2 卷中将经济增长方式划分为外延增长方式和内涵增长方式，前者是依靠增加自然资源、资本或劳动力等生产要素的投入来扩大再生产及实现经济增长的方式，后者是依靠提高了资源或生产要素利用的效率来扩大再生产及实现经济增长的方式。西方经济学家索洛、罗默和卢卡斯等人发展的新增长理论或内生经济增长理论通过分析不同条件下技术、劳动力和资本等要素对经济增长的贡献率，进而可以将增长方式分为不同要素增长阶段。郑玉歆（1999 年）分析经济增长方式转变的阶段性规律，发现经济增长方式的主要标志是技术进步在经济增长中的地位提高；对于经济增长来讲，资源的有效配置是最重要的，不论是依靠要素扩张，还是依靠技术进步，都要表现为投资的收益及质量的提高。根据以往文献的分析，经济增长是由技术、劳动力、资本等生产要素驱动的，经济增长方式对不同类型的划分是根据起作用的某类生产要素对经济增长的贡献程度，若劳动力要素对经济增长起主要作用则可以定义为劳动密集型经济增长方式，相应地，经济增长方式还包括资本密集型经济增长方式和技术密集型经济增长方式。将经济增长方式根据生产要素的贡献率不同进行划分不仅具有理论基础，更具有现实基础。我国自改革开放以来的发展实践为其做了充分的解释，我国经济增长一开始就依托我国人口红利，大力发展劳动密集型产业包括加工贸易，随着劳动力成本的上升和资金、技术的积累，东部沿海地区逐渐过渡到发展资本密集型和技术密集型产业。除了参考生产要素贡献率对经济增长方式进行划分之外，还可以根据增长主体功能划分为政府主导型经济增长和市场主导型经济增长，也可以根据需求要素可以划分为投资型经济增长、消费型经济增长和出口导向型经济增长。

（2）经济发展方式的类型。

上文比较全面地描述了经济增长方式的划分依据及分类，这种分析思路完全可以作为经济发展方式类型的划分参考。我们也可以根据生产要素的贡献作用将经济发展方式分为不同类型，包括：劳动密集型经济发展方式、资本密集型经济发展方式和技术密集型经济发展方式。从文面上看，经济发展方式不同类型在表述上与经济增长方式相似，但实际上它们具有本质上的区别。以劳动密集型经济发展方式为例，该经济发展方式不再单纯地利用我国充裕的劳动力资源为产业发展服务，而是在利用劳动力资源的同时，将更加关注为工人创造以人为本、和谐的工作环境，将着重降低产业对自然环境的破坏作用，在创造产业价值的同时，实现人与自然的和谐发展、科学发展。以此类推，资本密集型经济发展方式和技术密集型经济发展方式也是具有类似的内涵。

但是，由于经济的发展离不开结构的安排，包括产业结构和需求结构，单纯地根据生产要素来划分经济发展方式略显不周，一定要将结构安排也考虑到经济发展方式的分类中，才能更为完整地表述不同类型经济发展方式是要对要素和结构两方面的因素进行组合的。如果把结构安排也考虑在内，本文的分析对象可以划分为以下类型：粗放外生式经济发展方式、集约外生式经济发展方式、粗放内生式经济发展方式、集约内生式经济发展方式。粗放和集约是对要素投入的表述，外生和内生是对结构的表述，这样既考虑了要素投入，又兼顾了结构安排，字面意义背后惠及了社会经济生活的各个领域。

表 6－1　不同类型的经济发展方式

类别	外生	内生
粗放	粗放外生式	粗放内生式
集约	集约外生式	集约内生式

资料来源：作者整理而得

简言之，不同类型的经济发展方式是要对应不同的生产要素投入产出比、产业结构和需求结构的。以粗放外生式经济发展方式为例，该种方式所对应的生产要素投入产出比较低，产业结构是以第二产业中较低附加值的行业为主，需求结构则是以进出口为主，较大程度地依赖国外市场。同理，其他三种经济发展方式的特征可以此类推。如此，我们就基本比较清晰地对经济发展方式做了完整的分类（篇幅所限，本文仅做定性分析）。

3. 经济发展方式的选择

上文中我们根据要素贡献作用和结构安排不同已经将经济发展方式划分为粗放外生式、集约外生式、粗放内生式和集约内生式。这些不同类型的经济发展方式不能简单地用优和劣来评价，而是要结合社会经济发展的不同水平以及是否与某种经济发展水平相适合来进行评价。也就是说，不同类型的经济发展方式在不同的经济发展水平上为经济发展都做过贡献，只是随着经济水平的不断发展以及

人民生活水平的不断提高，需要转变类型。适宜的发展方式所应具有的性质及特征不是固定不变的，相反，是与发展所处的阶段和发展环境高度相关的。也可以说，发展方式没有最终形态。（国务院发展研究中心课题组，2010）我国改革开放之初，国民生活水平较低，人均可支配收入低，物资匮乏。在当时的条件下，我们只能选择粗放外生式经济发展方式，如果选择其他发展方式在现实中也不具备条件。因此，在当时的条件下，粗放外生式经济发展方式是最优方式。但这种经济发展方式在我国经济水平达到一定阶段之后，就会导致诸多问题出现，如环境被破坏，经济可持续发展受到制约等等。由此可见，不同经济发展方式的选择是和经济社会发展相联系在一起的。

一个国家选择什么类型的经济发展方式更有利于经济发展呢？是否可以人为地选择经济发展方式呢？一个国家采用何种经济发展方式并不是人为直接选择，而是由该国的客观经济社会条件和资源配置共同决定的。首先，客观条件与自然禀赋有关，包括地理位置、自然资源、经济社会文化环境等。以我国东部沿海地区为例，东部地区具有便利的地理条件，可以更低的运输成本开展更便捷的国际贸易活动，这是中西部地区所无法比拟的，而中西部地区具有更低廉的劳动力资源，更多的闲暇，可以提供更多的劳务，这也是沿海地区所不具备的。其次，资源配置则受两方面的因素共同决定。一方面是市场机制，企业作为市场中最具活力的微观主体，可以快速地将资源配置到最有效的部门，实现资源在不同部门之间快速进行转移，企业能否高效地配置资源是和社会经济政策环境紧密相关的；另一方面则是政府，政府作为宏观经济政策、货币政策、财政政策、产业政策、税收政策的制定者，可以通过制定政策对资源加以重新配置来实现政策目标，弥补市场机制所无法回避的“市场失灵”现象。

经济发展方式的选择既受到客观条件和资源配置的制约，也会受到经济发展方式的具体内容的影响。张友国指出，经济发展方式主要包含三方面的内容：一是消费、投资和出口之间的结构；二是不同产业之间的结构；三是广义的技术水平，即经济增长对物质资源消耗的依赖程度。（张友国，2010）也就是说，第一方面是从经济发展应满足需求的角度，第二方面是从产业的角度，第三方面则是强调经济发展效率，要求降低单位 GDP 对能源的依赖，转变经济发展方式离不开这三方面的内容，要将经济发展方式的不同类型和具体内容紧密结合起来。综上所述，经济发展方式虽然不是人为选择的，但可以通过引导资源合理配置来加以转变。

（二）我国经济发展方式存在的问题

1. 我国经济发展方式上的“数量”问题

改革开放之后，我国在逐步转向社会主义市场经济体系的同时，经济发展方式存在一些问题，主要表现为：一是粗放式的经济发展方式，即依靠投入大量的生产要素如资本、劳动力等生产要素而实现 GDP 增长；二是 GDP 增长消耗大量的自然资源，带来负面的环境问题。

（1）生产要素的高投入。

粗放式经济发展方式的典型特征是高投入——投入大量的资本、劳动力等生产要素，技术创新缓慢。

资本的高投入可以用固定资产投资占比（全社会固定资产投资占 GDP 比重）来阐述，即每一单位 GDP 中有多少全社会固定资产投入。指标所选取的数值均为当年名义值，同一口径。从图 6－1 可见，我国全社会固定资产投资总额占 GDP 的比重呈逐年上升态势，且上涨速度增加，这说明 GDP 的增长对固定资产投资的依赖度不断提高。我国经济的发展非但未能摆脱高投入高增长，反而有日趋严重的态势，我国经济发展方式存在比较严重的“数量”问题。由此带来的是：由于当前固定资产投资尤其是基础设施和房地产建设对国民经济发展非常重要，各级政府必须将主要精力放在其上，并积极为固定资产投资的增长铺平道路，进而采取了各种措施和手段解决经济增长问题，从而引发了社会矛盾。

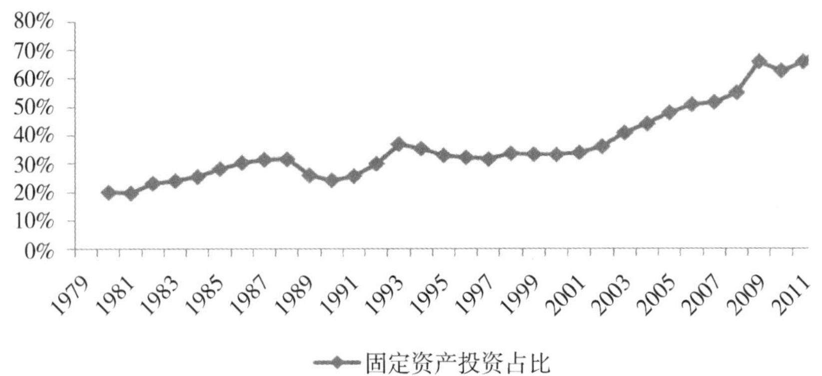

图 6－1　1979—2012 年中国固定资产投资占 GDP 比重

数据来源：《中国统计年鉴 2013》

从国际同口径比较来看，中国 GDP 增长对固定资产投入的依赖程度远远高于其他发达国家，且中国固定资产投入占 GDP 比重呈上升态势，其他发达国家为下降趋势且趋于稳定。2012 年，中国固定资产投入占 GDP 比重达到 46%，其他发达国家（除了日本为 21%）均低于 20%，英国最低为 14%。

劳动力的高投入方面，我们可以根据行业对劳动力的需求程度来间接说明。具有代表性的是我国加工贸易的出口状况。根据《中华人民共和国海关对加工贸易货物监管办法》（海关总署，2004）对加工贸易的定义为：加工贸易是指经营企业进口全部或者部分原辅材料、零部件、元器件、包装物料（以下简称料件），经加工或装配后，将制成品复出口的经营活动，包括进料加工、来料加工、

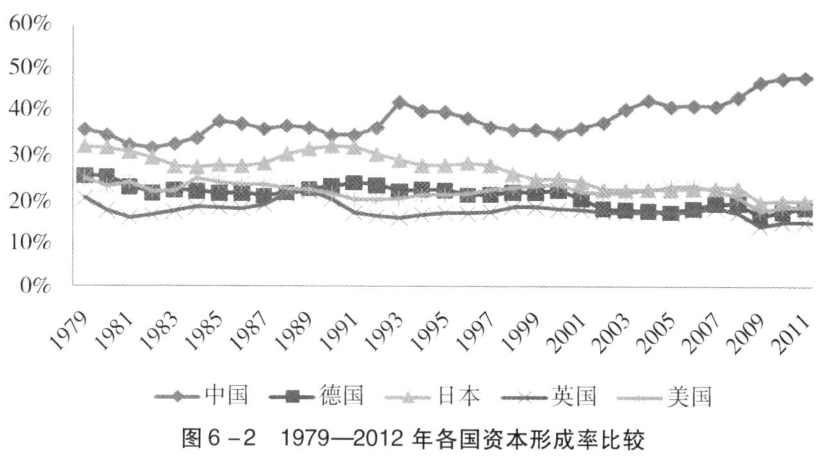

图 6－2 1979—2012 年各国资本形成率比较

数据来源：联合国统计司（UNSD）

装配业务和协作生产。加工贸易在我国蓬勃发展是基于生产要素根据比较优势理论在全球范围内进行的产业链分工，我国主要承担产业链上的生产加工环节。从产业链来看，生产加工环节对承担国的要求比较单一，要具备充裕的劳动力资源且廉价。从图 6－3 来看，加工贸易出口规模多年保持在 50% 以上，占据我国货物贸易出口的“半壁江山”，这说明我国在劳动力供应上具备比较优势。2008 年加工贸易出口占比首次跌破 50%，下降至 47%，这主要受国际金融危机的影响，2009 年又恢复至 49%，之后一直保持下降水平。加工贸易出口比重的下降主要是受国内劳动力成本上涨较快影响，但这也从一个侧面反映了我国在外贸发展上较大程度地依赖了劳动力的高投入。加工贸易的转型升级也正是我国经济发展方式在劳动力高投入方面亟须转变的重要方面。

图 6－3 2003—2013 年中国加工贸易出口占全国货物贸易出口比重

数据来源：国研网数据库

（2）自然资源的高投入。

我国国土面积辽阔，具有丰富的自然资源，但一旦计算到人均，我国则为资源弱国。自新中国成立以来，我国经济的发展在很大程度上依赖自然资源的投入，包括各类能源资源、水资源等。依靠资源高投入所带来的增长是一种掠夺式增长，不可持续，并且带来了很多环境污染问题。简新华、叶林（2011 年）采用了能源消耗强度指标来描述我国资源消耗情况，能源消耗强度 = 能源消耗量/GDP，该指标直观地反映了每一单位 GDP 所消耗的能源数量。该指标如果采取当年名义 GDP，会造成能源消耗受 CPI 上涨影响而有所下降的表现，因此，要将名义 GDP 调整为实际 GDP 指标，这就可以剔除物价上涨所造成的能源消耗强度降低的现象。从图 6 - 4 可见，2000 年以来，我国能源消费总量不断增加的同时，能源消耗强度也在增加。换言之，我国每增加一单位 GDP 所消耗的能源在增加，我国当前的经济发展方式并未提高能源的利用效率。值得注意的是，单位 GDP 所消耗能源数量在 2009 年以后开始保持相对平稳，达到历史的峰值水平。

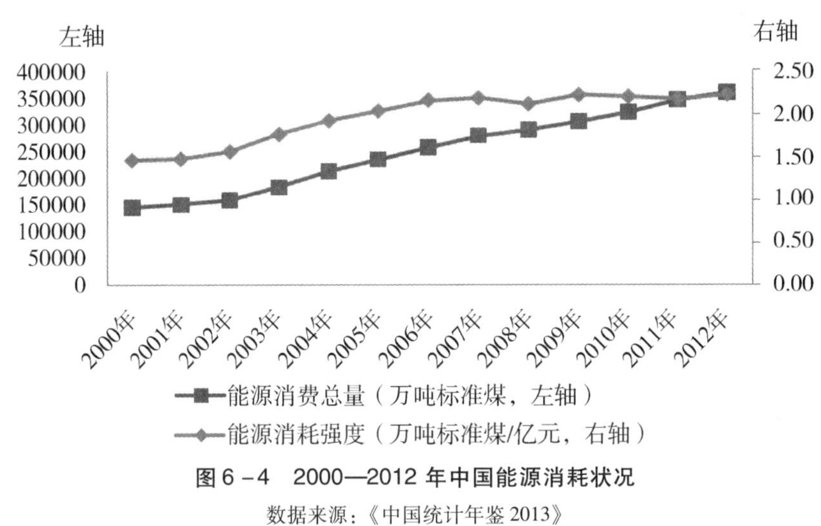

图 6 - 4　2000—2012 年中国能源消耗状况

数据来源：《中国统计年鉴 2013》

为了更好地描述我国对能源消耗的高投入，我们选取了能源消耗中比较具有代表性的电耗指标进行分析，从我国的 GDP 电耗来看（如图 6 - 5），不仅高于 OECD 国家，而且高于非 OECD 国家，同时也高于世界平均水平。由此可见，我国经济发展方式对能源投入的依赖很强，且利用效率较低，存在严重的“数量”问题。

资源大量投入带来经济增长的同时，也带来了环境污染。二氧化硫是最常见的硫氧化物，为硫酸原料气的主要成分，是大气主要污染物之一。无色气体，有强烈刺激性气味。在许多工业过程中也会产生二氧化硫。由于煤和石油通常都含有硫化合物，燃烧时会生成二氧化硫。当二氧化硫溶于水中，会形成亚硫酸（酸雨的主要成分）。我们可以通过二氧化硫的排放量来分析环境的污染。从图 6 - 6 可见，我国的工业二氧化硫排放量从 1997 年的 1500 万吨上涨至 2005 年的 2000

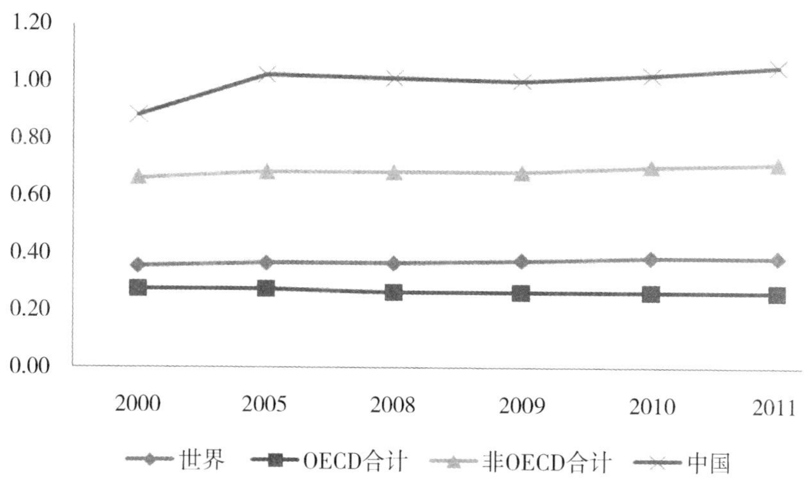

图 6－5 2000—2011 年各国 GDP 电耗比较（单位：kwh/美元）

注：以 2005 年价格为基数。

数据来源：《中国能源统计年鉴 2013》

万吨水平上，排放量随着经济发展情况出现波动，2008 年我国经济受国际金融危机影响有所下滑，故工业二氧化硫排放量也跟随下降。除此之外，大量投入自然资源给当地土壤环境带来严重的影响，如湖南某地生产的大米存在镉超标。

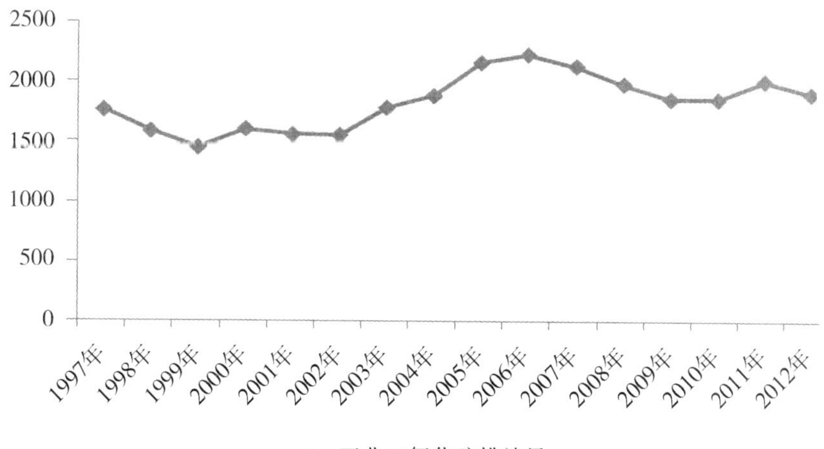

图 6－6 1997—2012 年工业二氧化硫排放量（单位：万吨）

数据来源：各年《环境统计年报》

2. 我国经济发展方式上的“结构”问题

“数量”的投入可以刺激经济发展速度，“结构”的优化可以提高经济发展质量。当前我国经济发展方式除了在“数量”上存在问题，在“结构”上也存在的问题，这主要集中在以下两个方面：一是从需求结构来看，主要依靠投资和出口，导致经济发展存在波动性；二是从产业结构来看，三大产业之间存在结构不平衡，很大程度上依赖工业。

（1）需求结构不平衡。

需求和供给是经济学的基本概念，两者相互作用决定价格走势。在宏观经济中，总需求和总供给决定经济的发展，其中，总需求是凯恩斯主义的宏观经济理论的核心。我们根据分析角度不同将需求分为投资、消费、政府支出和出口。自改革开放以来，我国经济发展的需求结构从消费为主逐步转换为以投资为主，但这种结构上的转换只是单纯地促进 GDP 增长，经济发展仍以粗放式发展为主。从图 6－7 来看，2009 年以前，经济发展基本是以消费为主，最终消费率基本在 50% 以上，2009 年以后，最终消费率和资本形成率基本相当，各占 50% 左右。进一步地，我们可以结合我国人均 GDP 水平来看最终消费率和资本形成率：2002 年，我国人均 GDP 达到 1000 美元，在此之前，最终消费率基本维持在 60% 以上；2006 年，我国人均 GDP 达到 2000 美元，最终消费率在 50%；2008 年，我国人均 GDP 达到 3000 美元，最终消费率在 48%；2010 年，我国人均 GDP 为 4000 美元，最终消费率为 48%；与之相对应的是，资本形成率从 2002 年的 37.8% 增加到 2006 年的 41.7%，2008 年的 43.8% 和 2010 年的 48.1%，资本形成率的提高对人均 GDP 的增加有更明显的拉动作用。也就是说，尽管 2009 年之前，最终消费率较高，但因人均 GDP 较低，对 GDP 增长的拉动作用有限。由此可见，我国经济发展方式在很大程度上依靠的是投资，需求结构存在不平衡。

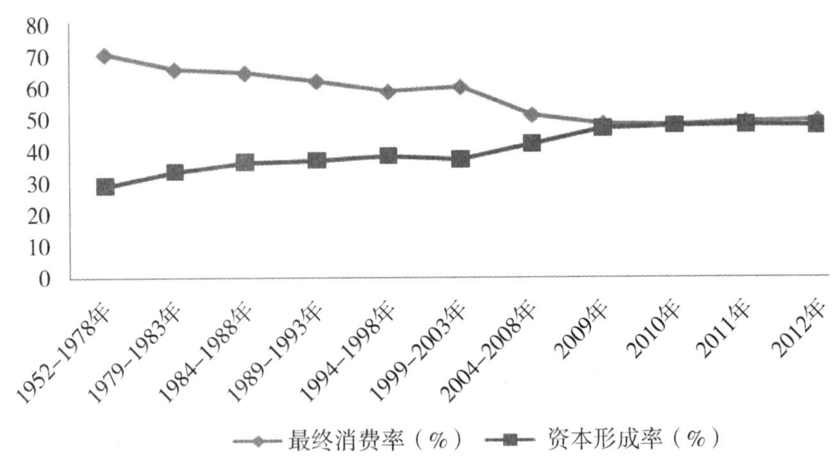

图 6－7　1979—2012 年中国最终消费率和资本形成率

注：最终消费率＝（居民消费＋政府支出）/GDP，资本形成率＝（固定资产投资形成＋存货形成）/GDP。

数据来源：《中国统计年鉴 2013》

从国际比较来看，中国的资本形成率一枝独秀，特征鲜明，保持一路向上的势头；而德、日、英、美等国的资本形成率曲线虽一路下行，但趋于稳定（图6－8）。这说明，发达国家在需求结构上不是依靠资本形成，而是依靠更具有可持续性的需求来维持GDP水平。随着中国多年来依靠大量的资本形成来保证GDP增长，势必会带来经济发展的弊端，形成经济发展的瓶颈。2012年，中国的资本形成率为48%，而发达国家则低于20%。与之相对应的是，我国的最终消费率持续走低，而发达国家则持续走高（图6－9）。

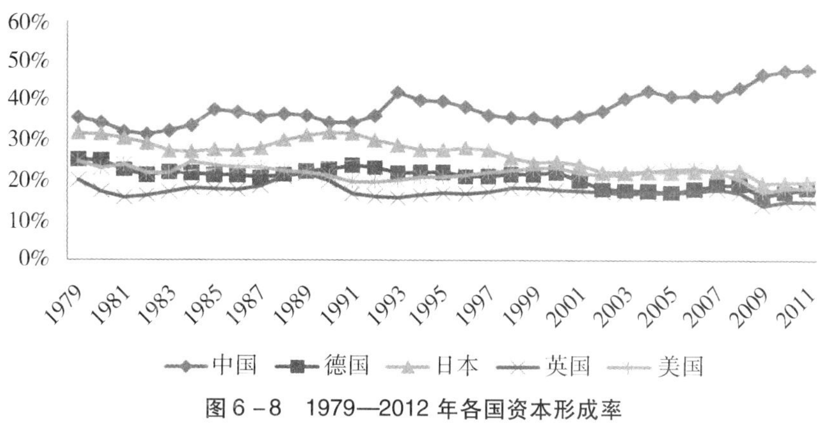

图6－8　1979—2012年各国资本形成率

数据来源：联合国统计司（UNSD）

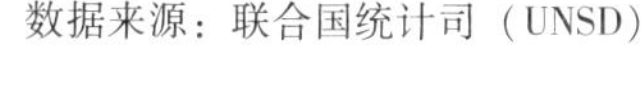

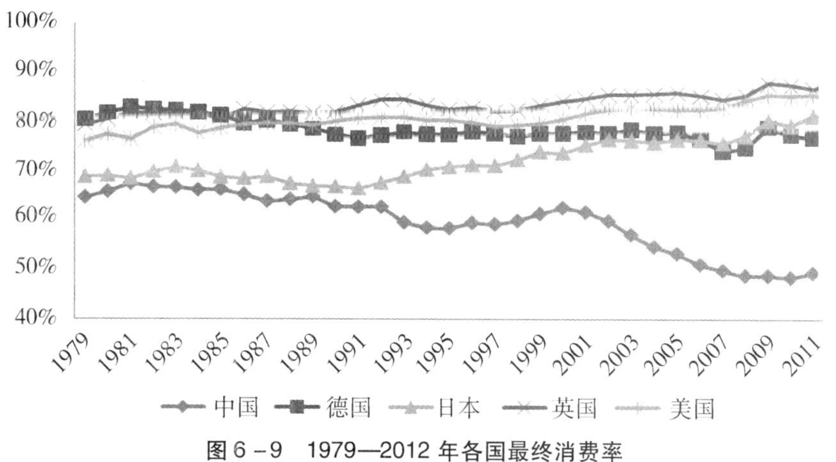

图6－9　1979—2012年各国最终消费率

数据来源：联合国统计司（UNSD）

此外，需求结构不平衡还体现在出口上，我国经济发展方式中存在较高的外贸依存度。所谓外贸依存度，是指进出口总额/GDP，反映一个地区的对外贸易活动对该地区经济发展的影响和依赖程度的经济分析指标。从图6－10可见，除了2009年受国际金融危机影响进出口额出现大幅度下降之外，2003年以后我国外贸依存度一直保持在50%以上。我国外贸依存度高，说明我国经济发展极易受国外市场的影响。但更为关键的是，我国对外出口以劳动密集型和资源密集型产业为主，实际上是一种资源的出口。

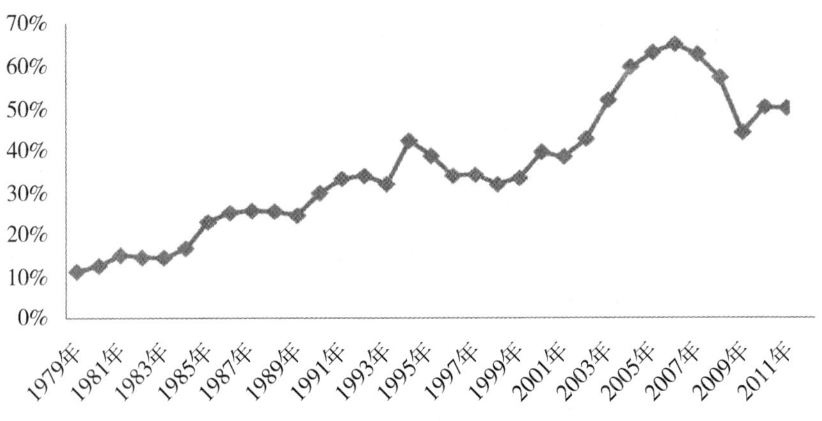

图 6－10　1979—2012 年中国外贸依存度

数据来源：《中国统计年鉴 2013》

从国际经验来看，德、英两国的外贸依存度很高，且高于中国；美、日两国的外贸依存度较低，远低于中国（图 6－11）。德国和英国处于欧洲大陆，欧洲各国之间的贸易活动非常活跃，并且两国出口的产品与中国不同，更多的是技术密集型的产品，而非资源类产品的出口。美、日两国的外贸依存度较低，两国的发展在较大程度上依靠自有市场，经济发展处于相对良性的水平上。

（2）产业结构不平衡。

经济发展方式“结构”上的问题在宏观层面上表现为需求结构不平衡，中

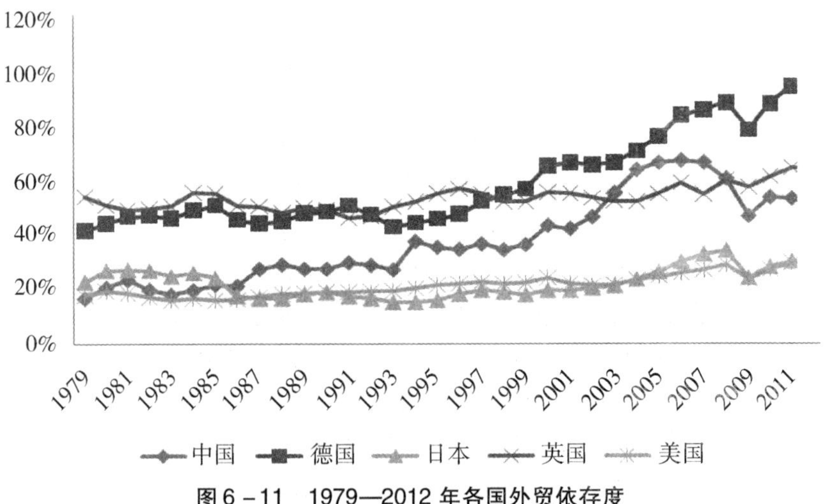

图 6－11　1979—2012 年各国外贸依存度

数据来源：联合国统计司（UNSD）

观层面上为产业结构不平衡。需求结构不平衡主要表现为我国经济发展方式对投资需求的依赖，直接作用在第二产业尤其是工业上。产业结构不平衡会导致经济发展质量不理想，并带来一系列的社会问题如居民收入较低、劳动就业岗位创造不足等。从图 6－12 可见，2012 年以前，三个产业中第二产业对 GDP 的贡献最大，基本维持在 50% 以上，而第一、第三产业对 GDP 的贡献率较低。20 世纪 80 年代，我国重点发展最薄弱落后的农业和轻工业，以纠正改革开放以前形成的“重工业太重、轻工业太轻、农业太落后、服务业太少”的畸形产业结构；90 年代转向出口加工制造业的快速发展，以增加就业和收入；1999 年开始再次以重工业为主导，以利完成工业化中期的主要任务。（简新华、叶林，2011）

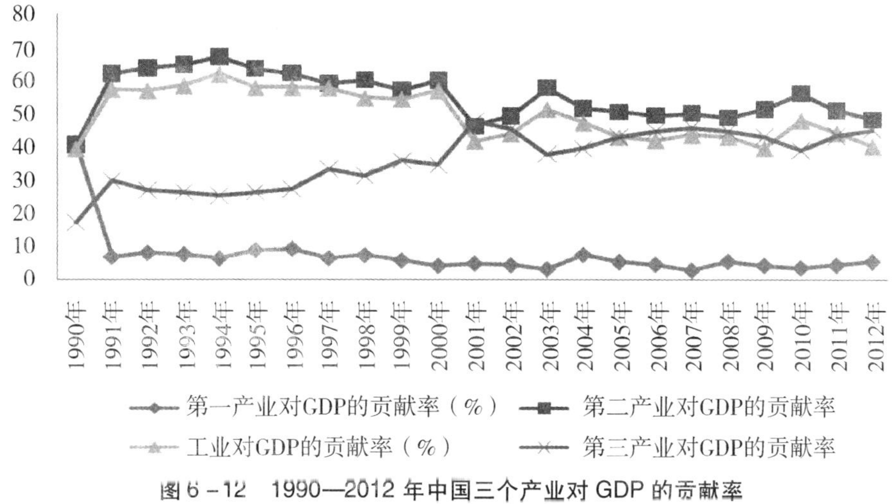

图 6－12 1990—2012 年中国三个产业对 GDP 的贡献率

数据来源：《中国统计年鉴 2013》

从国际比较来看，我国的产业结构与其他发达国家非常不一致（图 6－13、图 6－14、图 6－15）：一是第一产业增加值比重仍较大。发达国家通过产业结构调整，大幅度降低第一产业增加值的比重，基本维持在 1% 左右的水平，而我国第一产业增加值水平自改革开放以来虽然有较大的下降，但仍维持在 10% 的水平，占比偏高。二是第二产业增加值比重较大。我国依靠投资带动经济发展，使得自 2003 年以来，我国第二产业增加值比重大幅提升，至今仍保持较高水平，达到 45%。三是我国第三产业增加值比重较低。发达国家无一例外地大力发展第三产业，并对经济发展做出较大贡献，且能将经济发展维持在相对稳定的水平。事实上，2003 年是我国经济结构调整的一次倒退，在第三产业尚未发展起来的时候出现了第二产业增加值比重的快速提升，造成了经济发展方式继续沿袭高投入的粗放式经济发展方式。根据发达国家发展经验，经济发展方式的转变是在经济发展达到一定水平之后对产业结构的调整。实践表明，我国通过发展第二产业实现了经济增长，但需要通过调整产业结构来实现经济发展。

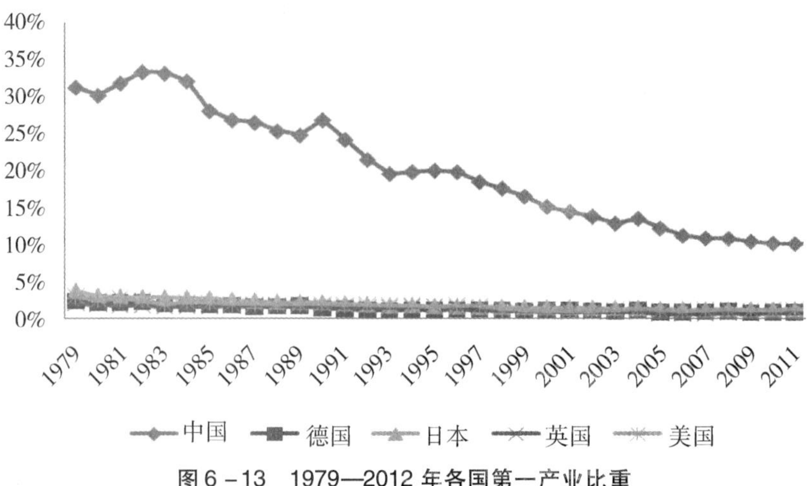

图 6－13　1979—2012 年各国第一产业比重

数据来源：联合国统计司（UNSD）

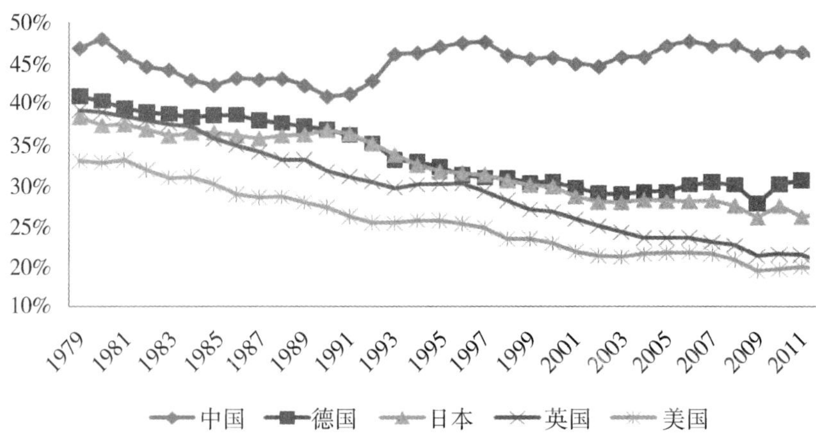

图 6－14　1979—2012 年各国第二产业比重

数据来源：联合国统计司（UNSD）

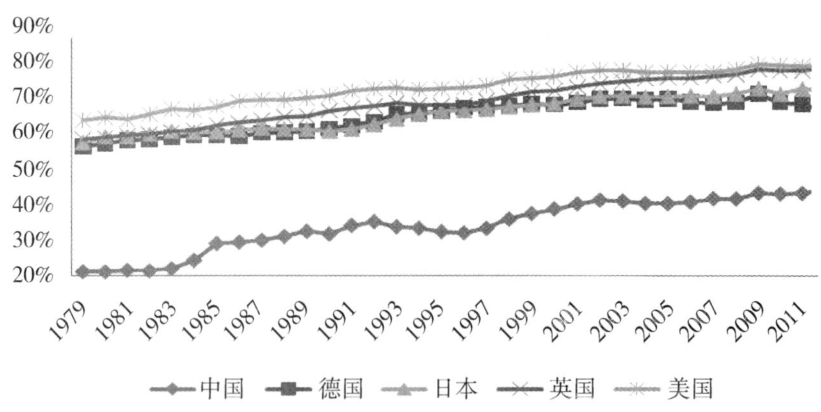

图 6－15　1979—2012 年各国第三产业比重

数据来源：联合国统计司（UNSD）

我国自改革开放以来，经济发展日新月异，创造了很多世界奇迹。但由于我国经济发展的底子薄、基础差，我国的经济发展方式存在比较严重的“数量”和“结构”问题，如果不解决经济发展方式中的“数量”和“结构”问题，高投入、高污染和需求、产业发展不平衡等问题会日渐突出，最终会形成阻碍未来经济发展的绊脚石。与国际上主要发达国家比较，我国在经济发展各方面需要进一步改善。只要有效地转变经济发展方式，才能最终在经济成果中发生质的变化，才能破解当前经济发展中存在的问题，才能形成经济的可持续性健康发展。

（三）我国转变经济发展方式的必要性和紧迫性

1. 我国处于转变经济发展方式的战略机遇

近些年来，转变经济发展方式，不仅在官方文件及各类研究论文、研讨会议材料中频繁出现，实业界对此也有强烈的呼声，这说明了不仅政府及研究部门对当前经济发展方式的可持续性有所担忧，企业也对当前经济发展方式下的企业核心竞争力及商业模式在未来的适用性有所顾虑。由此可见，政界、理论界和实业界对经济发展方式转变具有比较一致的预期或期待。政府对转变经济发展方式的期待是基于经济发展的各项指标包括 GDP、进出口、能源消耗等表现所做出的，GDP 增速放缓、进出口增速放缓以及日趋严重的环境污染问题、食品安全问题、生产安全问题等等现象促使政府部门对转变当前经济发展方式的思想认识更加深刻；理论界是基于对经济发展理论的研讨和论证后做出的判断，他们通过借鉴国际发展经验、对比分析国内的发展现实，从理论逻辑的角度做出判断；而实业界则是从企业自身的盈利能力水平的变化以及核心竞争力的构建等商业模式出发的，其在当前条件下对资源和生产要素的利用所生产的产品或服务在国际市场上不再具备优势，已感受到加快转变经济发展方式的严峻形势。总之，不管哪个层面，在加快转变经济发展方式上已基本达成共识。从各界的态度来判断我国是否处于转变经济发展方式的战略机遇是具有现实基础的，因为政府部门所关注的经济指标反映了经济发展的宏观层面，而实业界所关注的是经济发展的微观个体，两者结合起来可以较好地诠释全局的经济发展水平，理论界则提供了转变经济发展方式的理论逻辑基础。

以下，我们从一个侧面用数据来论证我国处于转变经济发展方式的战略机遇。在众多经济指标中，我们用人均 GDP 这一指标，并将这一指标与产业结构结合起来综合判断。改革开放以来，我国经济发展水平经历了翻天覆地的变化，人均 GDP 从 1970 年的 117 美元上升至 2012 年的 6070 美元（联合国统计司）。与国际上发达国家类似的，我国人均 GDP 在突破 4000 美元之后，是在 2 ~ 3 年内达到 6000 美元的水平，从这个意义上来说，人均 GDP 水平选择 6000 美元或者

4000美元均可作为分析对象。2012年，我国人均GDP水平突破6000美元，这是比较振奋人心的一个时间点，我们选取6000美元作为分析值。

国际上发达国家人均GDP突破6000美元的时间分别为（参见图6－16）：美国1972年、德国1976年、日本1977年、英国1979年。根据联合国统计司提供的GDP构成进行计算（第一产业为农林牧渔，第二产业为采矿业、制造业、建筑业及公用事业，第三产业为第一、第二产业之外的产业），人均GDP达到6000美元时，发达国家的产业结构为：第一产业比重均值为3%、第二产业比重均值为38%、第三产业比重均值为59%，发达国家之间的产业结构是比较一致的。而我国2012年的三个产业结构与发达国家的产业结构相比有较大的差异：我国的第一产业比重为10%，第二产业和第三产业的比重均为45%。发达国家在人均GDP突破6000美元时的产业结构会维持5～10年的时间，在这段时间内，发达国家的人均GDP水平实现了不同程度的增长，最高达到400%以上。也就是说，发达国家的人均GDP达到6000美元的产业结构是比较适合经济发展需要的。据此，我们做出经验性的判断：我国经济发展水平在不断提升，但经济发展方式需要转变。

从以上经验分析中我们应充分认识到，尽管每个国家都有各自经济发展的方式，但合理的产业结构能促进其经济不断发展是共性的。当前，我国经济发展要从依靠第二产业带动向依靠第一、第二、第三产业协同带动转变，转变经济发展方式的战略机遇已经到来。

2. 抓住机遇，实现经济发展方式的转变

当前既是转变经济发展方式的战略机遇，也是转变的有利时机。继党的十七大报告提出转变经济发展方式以来，党的十八大和十八届三中全会重申了该要

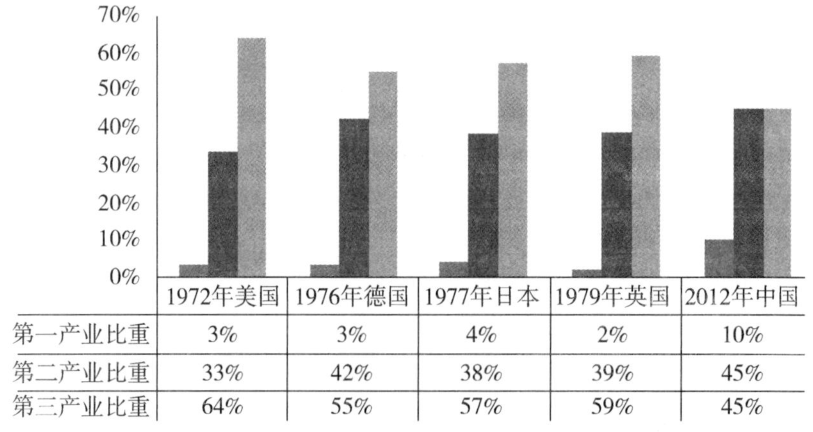

	1972年美国	1976年德国	1977年日本	1979年英国	2012年中国
第一产业比重	3%	3%	4%	2%	10%
第二产业比重	33%	42%	38%	39%	45%
第三产业比重	64%	55%	57%	59%	45%

图6－16　各国人均GDP突破6000美元的三个产业结构

数据来源：联合国统计司（UNSD）

求，全党、全社会高度关注，都在积极将党中央的精神与实际工作结合起来，落实到工作实处中。当前转变经济发展方式具有较好的政治氛围、舆论氛围，是进行转变的有利时机。因此，要抓住机遇，实现经济发展方式的转变。国家不仅在纲领性文件上要求转变经济发展方式，同时也在政策上要求各级单位落实。例如，设立中国（上海）自由贸易试验区，允许上海自贸区先行先试，利用上海作为中国乃至国际金融中心的有利优势，不仅为上海经济发展提供进一步开放的政策，更是为全国改革和制度创新做出表率。

我国经济发展方式已经错过了2003、2008年两个可以实现经济发展方式转变的有利时间窗口，当前的时间窗口更是显得弥足珍贵。2003年，我国的产业结构发生了一次“倒退性”调整，第二产业结构比重有所提升，尽管当时对产业结构调整的初衷是为了实现第二产业结构内部的升级，但实际上造成了产能过剩。2008年，国际金融危机导致我国经济发展面临较为严峻的外部环境，大量的出口型企业订单大量减少导致停产甚至关门，产业发生了转移，从东部沿海地区转移到中西部地区或劳动力成本更加廉价的东南亚、印度地区，政府推出的四万亿投资人为地扭曲了产业结构的调整方向，经济发展主要依靠投资拉动，更进一步加剧了产能的过剩。而当前的时间窗口，政府已经允许GDP增长不需要维持在8%的水平上，可以容忍较低的GDP增长速度，政府已将精力更多地关注在经济发展的质量而非经济发展的数量。这可以很好地避开经济发展方式中的“数量”问题，进而优化完善经济发展方式中的“结构”问题。

总之，我国经济发展方式的转变恰逢其时，我们应抓住这一战略机遇：政府部门减少行政审批，让市场主体根据市场运行规律来办事；企业要适应市场，培育核心竞争力，优化商业模式，切实将转变经济发展方式落实到实处。

二、转变经济发展方式的重要意义

（一）转变经济发展方式的经济意义

1. 转变经济发展方式有利于调动企业经营活力

企业一般是指以盈利为目的，运用各种生产要素（土地、劳动力、资本、技术和企业家才能等），向市场提供商品或服务，实行自主经营、自负盈亏、独立核算的具有法人资格的社会经济组织。从企业的定义出发，我们可以很清晰地看出：企业存在的价值就是为了实现利润最大化，并紧紧围绕利润最大化对资源进行配置，将有限的资源集中到最能发挥生产力的部门或项目中，最大化投入产出比。

如前文所述，传统的经济发展方式存在“数量”和“结构”问题，经济发展需要依靠高投入以及不完善的需求结构和产业结构，一旦投入减少或结构不匹配，经济发展就会受影响，也会波及经济发展中的微观主体——企业。企业是经济发展中的最小主体，在传统的经济发展方式下企业只需投入资源就能获得增长，因此会比较关注投入的短期效益，而不愿投入精力去搞研发和创新，培养和塑造核心竞争力；与此同时，企业所面对需求结构或产业结构不合理，一旦需求或产业受影响，企业正常的生产经营活动就会跟着受到影响。以加工贸易企业为例，改革开放初期，我国加工贸易企业利用国内成本低廉的劳动力资源在东部沿海地区承接“三来一补”业务，进口原材料、原配件，简单地组装、装配后再出口运往国外销售，所赚取的利润仅是整个产业链利润很小的一部分比重。加工贸易企业一方面大量投入劳动力资源，另一方面高度依赖国外市场。随着劳动力成本的提升，国外市场消费需求的变弱，加工贸易企业受到严重的影响，不少工厂选择关闭或转行。加工贸易企业是我国经济发展中非常具有典型意义的企业代表，由此我们可见，传统经济发展方式下的企业不仅经营活动容易受影响，而且利润微薄，甚至随时面临破产的境地。企业如果能以最小的投入获取最大的产出，那么我们就可以最大限度地调动企业生产经营的积极性。但是，在传统经济发展方式下，企业是无法摆脱高投入的发展困境，要有效地调动企业的经营活力，必须转变经济发展方式。

新型经济发展方式下企业的经营不再将资源的投入作为发展的基础，而是注重企业核心竞争力的构建，探寻并建立符合企业自身能力和发展需要的商业模式，重视研发和创新对业务的提升作用，力求以最小的投入获取最大的产出。以互联网企业为例，淘宝、京东等线上购物网站根据网站发展的战略定位而采取不同的商业模式，根据客户需求不断地对购物体验进行改善，培养出各自的核心竞争力，实现社会、股东和员工价值最大化。这些电子商务企业有别于传统的工业企业，他们是利用人力资源优势来发展企业，人是企业最核心的资产，企业可最大限度地调动积极性。而对于传统的工业企业而言，新型经济发展方式更是意义重大。传统工业企业往往都是依靠资源大量投入才能获得发展，以至于造成高耗能、低产出的不可持续的严重后果。通过转变经济发展方式，调动企业的经营活动，还应充分发挥市场在资源配置中起决定性作用，工业企业在市场配置资源过程中实现优胜劣汰——落后产能被淘汰，管理经验落后的企业被淘汰，经过筛选留存下来的企业在新型的经济发展方式下会更具有朝气和活力。

2. 转变经济发展方式有利于促进创新

熊彼特将创新定义为：把一种新的生产要素和生产条件的“新结合”引入生产体系，包括五种类型：引入一种新产品，引入一种新的生产方法，开辟一个新的市场，获得原材料或半成品的一种新的供应来源。这种创新概念涉及面广，

为便于分析，我们进一步将创新划分为技术创新和非技术创新即组织创新。转变经济发展方式，有利于促进技术创新，以此来带动组织创新；也可以通过组织创新来实现技术创新。创新的主体是经济发展的最小单位——企业，企业可以通过将创新成果应用于生产实践转化为现实生产力，进而进一步推动创新活动的开展。

传统经济发展方式下，企业发展模式相对简单，所采用的技术也是照搬照抄外国的，所生产的产品基本可以满足市场需求，缺乏主观上的创新动力。还是以加工贸易企业为例，原材料、原配件是从国外进口，生产工艺流程根据国外需要设计，所需要做的就是将原材料、原配件按照国外客户的需求加工或组装，就可出口供应客户。同样地，以农业主粮加工企业为例，粮食市场是以国家政策为主导的市场，加工企业的生产经营活动紧紧围绕国家政策开展即可获得利润，企业根本无须考虑商业模式是否合理的问题，在此条件下，企业根本不用去考虑创新即可获得发展。随着国内外经济形势的不断变化，加工贸易企业因劳动力成本上升而产生梯度转移，农业政策也面临调整，简单的发展模式已经无法适应形势的需要。

新型经济发展方式下，企业要获取价值链的更高溢价，政府将更少地介入市场干预，这都需要加大创新力度，包括技术创新和组织创新。企业加大研发投入，紧跟市场发展需要，不断地生产出符合客户需要的产品，与此同时，企业的发展不再依靠政府的政策，而是从市场运行的规律出发，抓住市场机会，实现利润和市场份额的双增长。企业创新的活力才会被大大激发出来。

3. 转变经济发展方式有利于改善人民生活水平

所谓生活水平，是指在一定的历史发展阶段，在一定的社会环境条件下，人民的物质、精神各方面所能享受到的平均高低程度。（张玉妹，1999）以往，我们在考察人民的生活水平时，会采用恩格尔系数这一指标。所谓恩格尔系数，就是指食品支出总额占个人消费支出总额的比重。19 世纪德国统计学家恩格尔根据统计资料，对消费结构的变化得出一个规律：一个家庭收入越少，家庭收入中（或总支出中）用来购买食物的支出所占的比例就越大，随着家庭收入的增加，家庭收入中（或总支出中）用来购买食物的支出比例则会下降。推而广之，一个国家越穷，每个国民的平均收入中（或平均支出中）用于购买食物的支出所占比例就越大，随着国家的富裕，这个比例呈下降趋势。联合国根据恩格尔系数的大小，对世界各国的生活水平有一个划分标准，即一个国家平均家庭恩格尔系数大于 60% 为贫穷；50% ~60% 为温饱；40% ~50% 为小康；30% ~40% 属于相对富裕；20% ~30% 为富足；20% 以下为极其富裕。根据我国统计局公布的数据来看，城镇居民恩格尔系数自 2000 年已经低于 40%，我国已属于相对富裕阶段。但实际上，在传统的经济发展方式下，恩格尔系数已经无法全面诠释居民生活水平了，居民生活水平的提升不再仅与经济发展水平相关，与经济发展方式也存在重要的关系。

经济发展无论采取哪一种发展方式，发展的目的都是让国家更加富裕，人民生活水平更高。从这个意义上来说，经济发展方式并无优劣之分，只是根据发展阶段不同而采取相对应的发展方式。在人均 GDP 水平较低时，传统的经济发展方式通过高投入和单一结构发展有效地提升了人民的生活水平，但是随着人均 GDP 的不断增加，经济发展带来了比较严重的环境污染问题，人民的生活水平无论是在物质上，但是精神上所能享受到的程度降低了，在改善人民生活水平上不能实现帕累托改进。物质上，食品安全问题频发、土壤重金属污染问题等等，让人民群众感受最深的是各地出现的雾霾天气，致使人们精神上的幸福感急剧下降。所有这一切都对传统的经济发展方式提出了挑战，只关注投入产出而不关注附带负效应的经济发展方式广为诟病。

通过加快转变经济发展方式有利于改善人民的生活水平。新型的经济发展方式通过改变投入产出方式，以更小的投入获取更大的产出，同时最大限度地降低对环境造成的负面影响，会将精力投入到对环境的改善上，甚至可以牺牲经济增长来减少对环境的破坏。转变了经济发展方式，经济可以获得健康良性、可持续的发展，居民的可支配收入将获得增加；同时，人们赖以生存的环境也会变得更加干净、美丽和宜居，真正有效地改善了人民的生活水平。

（二）转变经济发展方式的社会意义

1. 转变经济发展方式有利于增加就业

增加就业是国家宏观经济调控的重要目标之一。2008 年以来，我国通过政府投资以减轻国际金融危机对国内经济的影响，在拉动经济发展的同时，更是为了提供充足的就业岗位。张帅等（2009 年）评估 4 万亿可以带动长期性就业 560 万人和阶段性就业 4860 万人。王玉霞（2011 年）利用投入产出法测算了 4 万亿投资可以直接带动就业 1783 万人就业，考虑间接带动效应，累计拉动就业 4263.4 万人。由此可见，政府对就业的重视程度，以及 4 万亿对就业的带动。当然，这是政府在特殊时期所采取的应对策略，但是，这种靠政府直接投资所带来的就业岗位短期性特征比较明显，如基础设施建设项目结项后，岗位很可能就会消失。

然而，就业岗位是否持续存在及增加与经济发展方式休戚相关。在传统的经济发展方式下，产业结构以第二产业为主，需求结构以投资和对外贸易为主，这种结构安排下的就业岗位必然存在日趋减少和不稳定的状况。随着技术的进步，第二产业受劳动力成本不断增加影响，在更大范围内开始采用机械化、智能化代

替手工作业，汽车行业、钢铁冶炼以及食品加工业等均采取流水线机械作业，需要人工操作的岗位越来越少。以投资和对外贸易为主的需求结构中，以4万亿投资和加工贸易企业为典型代表，就业岗位随着投资项目结项和国际经济形势变化会出现变化。根据以上逻辑分析，传统经济发展方式下的产业结构特征对就业岗位的增加带动作用有限，甚至可能会出现负带动的状况。理论和实践表明，转变经济发展方式，会改变当前的产业结构和需求结构，可以对增加就业做出贡献。

新型经济发展方式下的产业结构和需求结构将发生改变，产业结构逐渐会提高第三产业的比重，需求结构将更多以消费需求尤其是国内消费需求为主，在这样的结构安排下，将会极大地促进就业增加。库茨涅茨（1971年），钱纳里、艾金同、西姆斯（1970年），钱纳里、鲁宾逊、赛尔奎因（1986年）等对GDP和就业在三次产业间分布结构的变化进行了实证分析，得出了各国GDP和就业结构变化的规律：第三产业比重每增加1%，所带来的就业岗位的增加远远高于第一、二产业。根据我国1978—2002年第三产业的发展数据来看，同期就业比重的增幅比第三产业增加值的增幅高出6.6个百分点。（魏作磊，2004）第三产业对就业的吸纳能力比较强。因此，转变经济发展方式可以有效地促进就业增加。

2. 转变经济发展方式有利于改善环境

人类活动对环境的破坏包括：大气污染、土壤污染和水体污染。环境污染源包括工业和生活排放的废烟、废气、废水、噪音，农业大量使用化肥、农药等化学物质的农田灌溉后流出的水等。环境污染不仅会对生态系统造成直接的破坏和影响，也会对人类造成危害。

传统经济发展方式下的生产要素和自然资源的高投入以及严重依赖第二产业尤其是工业，对环境造成较大的破坏作用。我们选取了1997—2012年我国三废排放情况，各种污染物的排放量呈上升态势。随着我国环境监测机制的不断完善，预计将会有更多的污染物被列入监测范围。各项指标上升的背后，各地出现的大气雾霾、土壤重金属含量超标或毒地和各类水污染甚至是地下水污染等现象。相伴随的是，各类严重疾病频发，降低了人民的幸福指数。事实上，环境污染在世界经济发展历史上都有出现过，1952年伦敦出现了导致上万人丧命的烟雾事件，并持续到1965年才完全销声匿迹，这与当时伦敦大量使用煤炭用于工业、生活密切相关。

新型经济发展方式下，粗放式发展向集约式发展转变，降低了对自然资源的消耗，提高了资源的使用效率，与此同时，市场参与主体也会更加强化对环境的保护意识，政府会更加严密地监督市场活动对环境造成的影响并进行惩罚。所有这一切都会有利于改善环境。环境的改善反过来也会促进经济发展方式的更进一步完善。环境的改善可以吸引更多高素质人才和有社会责任的企业聚集，资源也

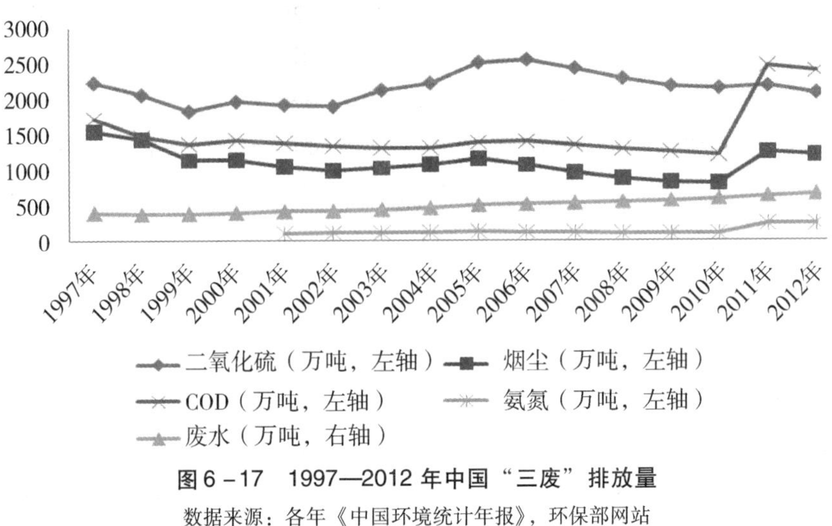

图 6－17 1997—2012 年中国“三废”排放量

数据来源：各年《中国环境统计年报》，环保部网站

会重新进行优化配置。这样，人与自然的友好互动才可推动经济进入可持续发展的良性循环。

（三）转变经济发展方式的政治意义

1. 转变经济发展方式有利于提升国际影响力

国际影响力是一个国家综合实力的外在反映。一个国家的综合实力包括经济、军事、科技等实体资源，同时也包括意识形态、思想文化等各种非实体性社会资源。（郝建，2012）我国经济已取得令人瞩目的成就，GDP 水平已经跃居国际前列，但一方面是，这一数据做人均处理后，我国就落后美国 40 多年之久（美国于 1972 年人均 GDP 超过 6000 美元，而我国于 2013 年才超过 6000 美元）。另一方面，我国拥有自主知识产权的核心技术和在国际市场上叫得响的自主品牌太少，出口商品中技术密集型产品的比重也太少。（马振岗，2006）

传统经济发展方式下，企业短期行为较多，创新自有知识产权技术的主动性差，主要是因为企业在产业链上所占有的利润比重少，无多余的资金用于研发和技术创新。一方面，在新型经济发展方式下，企业所开展的市场活动则从企业长远发展着眼，加大研发投入，培养核心竞争力，再造流程，提升产品质量和知名度，将有竞争力的产品推向世界，将中国从“世界制造”转变为“世界创造”，以此提升国际影响力。另一方面，除了在微观层面提升国际影响力之外，新型经济发展方式将进一步完善我国的产业结构和需求结构，可以带来更为健康持续的经济发展，提升我国的综合国力，增加人均 GDP 水平，降低恩格尔系数。居民收入水平的增加，会消费更多的闲暇，带动更多的出境旅游，可以在文化上、经

济上和管理上提升中国的国际影响力。（戴学锋，2011）与此同时，我国积极实行文化软实力“走出去”战略，让更多的人认识中国的传统文化和历史。经济发展了，综合国力提升了，世界各国的人们会选择到中国来旅游。日益扩大的进境旅游，不仅增加了我国的旅游收入，而且使更多的外国友人了解中国的经济发展状况和历史文化，以加深对中国认识，提升我国的国际知名度和影响力。

2. 转变经济发展方式有利于降低对外依存度

对外依存度，是指一国进出口总额占国内生产总值的比重，也就是一国经济发展与国外经济关系的紧密程度。对外依存度高，意味着一国在制定政策时所受的牵制和制约较多，需要考虑的影响因素较多。在传统的经济发展方式下，我国经济高度依赖国外经济，国际市场发生的事件会对国内市场产生重大影响。以2008年为例，国外经济因发生金融危机而出现下滑，这种影响很快会传递到国内，大量的企业倒闭，2000多万农民工返乡，对社会经济发展造成较大负面影响。我国政府为了减轻影响程度，缩小范围，推出了4万亿投资的政策。对外依存度高也与产业结构密切相关，我国的产业结构中比重最高的是第二产业，所生产的产品基本为工业品，国内利用具有比较优势的劳动力资源和自然资源发展对外依存度高的产业，可以在国内市场需求不足的条件下供应国外市场。因此，传统经济发展方式决定了我国经济发展对外依存度会比较高。

在新型经济发展方式下，我国的经济发展结构会优化完善，需求结构上调整为以消费为主，产业结构中第三产业的比重将会提升。在此条件下，我国经济发展将主要依赖于国内市场消费，第三产业中也会以国内市场为主。自然而然地，对外依存度就会随之下降。对外依存度的降低，可以使我国在制定金融政策和外交政策时更具有主动性和独立性，以利于更有效地进行宏观经济调控和微观经济转型。

3. 转变经济发展方式有利于转变政府职能

在我国经济发展的过程中，政府在市场经济中的职能定位不清的问题一直存在：政府既是市场规则的制定者（裁判员），也是参与市场竞争的参与者（运动员）。这主要表现在：一是政府在考核中片面地追求GDP的增长，盲目投资和重复建设，以破坏环境、浪费资源来换取经济在“量”上的发展；二是政府对经济活动采取行政手段进行干预，乱罚款、乱收费和以罚代管的现象屡见不鲜；三是政府主动服务意识较差，承担较多的社会公共服务职能，却未形成为社会服务的观念。所有这一切都是政府职能在传统经济发展方式下存在的弊端及问题。

转变经济发展方式可以有利于促进政府职能的转变。这是因为，在新型经济发展方式下，经济发展更加强调发展质量，强调人与自然的和谐发展，而不是一味地追求GDP增长。政府在这些经济发展目标面前就会逐步地转变职能，加强完善经济调控的职能，减少行政直接干预，强化政府对国民经济收入的再分配职能，服务民生，完善公共服务职能，减少审批权限，以充分发挥市场在资源配置中的决定性作用。

三、如何加快转变经济发展方式

（一）经济发展方式转变的评价

如上所述，既然经济发展方式要转变且要加快转变，那么如何才能更有效地转变经济发展方式呢？通过在哪些方面付出努力才能更好更快地实现经济发展方式的转变呢？本节将从经济发展方式转变的测评指标体系出发，梳理决定经济发展方式的关键因素，指出经济发展方式转变的方向，通过一定的市场机制以及政府的宏观指导来引导经济发展方式的转变。

1. 经济发展方式转变的评价体系

（1）经济发展方式转变测评的文献回顾。

“经济发展方式”一经提出，很多学者做了大量的研究。在厘清经济发展方式的基本概念和内涵范围的基础上，一些学者将研究的触角向前拓展了一步，开始对经济发展方式的评价体系进行研究（刘春宇、闫泽武，2010），进而构建了覆盖全面的指标体系，尝试从定量的角度来评价经济发展方式转变的绩效（李志平，2010；马强文，2010；李玲玲，2011；张焕波，2011；何菊莲，2012；黄永兴，2012；杜栋，2013），还有一些学者结合各省份的实际情况对转变经济发展方式做了评估（沈露莹，2010；尹奥，2012；关浩杰，2012）。综观各学者的研究成果，其思路基本相似：先是构造一组评价指标，对指标进行估值，然后根据指标数值不同，对经济发展方式转变的效果进行评价，指出经济发展方式转变中的不足，所不同的是指标体系具体指标的选择和评测方法的采用。以李玲玲（2011 年）为例，其认为：在经济发展初期，发展即是增长。而当经济增长达到中等收入水平以后，不能只强调经济增长。此时，经济发展的内涵要从经济运行行为、发展动力、发展约束适应和发展成果分享等方面进行协调，实现社会和谐发展。该作者构建了 4 个一级指标、12 个二级指标、29 个三级指标对经济发展转变进行描述和评价。我们把相关文献对经济发展方式转变测评的指标做了整理（见表 6－2），各类一级指标在选取时的出发点基本一致，覆盖了经济增长、结构、资源环境、科技创新、社会民生等方面，个别文献还考虑了区域结构、城乡结构等问题，比较全面地对经济社会发展的各个层面做了测评，具体如下：

表6－2 各学者对经济发展方式转变测评指标设定一览

发表年份	作 者	一级指标体系
2010	刘春宇、闫泽武	1. 经济结构；2. 产业结构；3. 自主创新；4. 农业发展方式；5. 生态文明建设；6. 社会事业和民生；7. 文化产业；8. 对外开放
	李志平、刘世奎	1. 拉力（高新技术产业、科学技术研发投入）；2. 推力（国内外经济的失衡、产业结构的失衡、区域结构的失衡、国有和民营经济的失衡、资源环境的失衡、生产方式的失衡）
2011	李玲玲、张耀辉	1. 经济增长；2. 发展动力；3. 资源环境支持；4. 发展成果
	张焕波、张永军	1. 经济社会发展；2. 城乡一体化；3. 需求结构；4. 产业结构；5. 要素效率；6. 创新；7. 环境
2012	何菊莲、张轲、唐未兵	1. 经济发展；2. 社会发展动力；3. 人口与自然的协调发展；4. 人的全面发展
	黄永兴、刘佩	1. 经济增长；2. 科技创新；3. 产业结构；4. 城乡结构；5. 资源环境；6. 需求结构；7. 金融发展；8. 人本保障
	王坤	1. 经济发展方式转变目标；2. 经济发展方式转变动力；3. 经济发展方式转变约束；4. 经济发展方式转变成果
	关浩杰	1. 经济增长；2. 经济结构；3. 经济效益；4. 自主创新；5. 资源环境
	尹奥、袭著燕、邢旭东	1. 经济结构优化；2. 经济增长质量；3. 科技创新；4. 经济增长对环境的影响；5. 社会和谐；6. 经济效益
2013	白雪飞	1. 经济增长；2. 经济结构；3. 经济效益；4. 人的发展；5. 社会福利；6. 社会公平；7. 资源；8. 环境；9. 生态；10. 教育；11. 技术；12. 信息化
	杨珍、吴晓云	1. 结构优化；2. 创新发展；3. 资源环境；4. 民生；5. 政府管理；6. 区域协调发展

数据来源：作者整理而得

从表6－2可见，学者们对如何测评经济发展方式转变的绩效已经做了大量细致的研究工作。在指标选取上，力求尽可能地覆盖经济发展的各个方面；在测评方法上，不断优化，除了专家评分法之外，还采用了数据包络法、计量模型等，其中专家评分法是比较普遍采用的方法。采用这套方法来测评经济发展方式转变效果，已经比较成熟。在回顾学者们的文献时，我们发现：首先，学者们在选取指标时没有标准，一般是根据自身偏好或研究兴趣而进行，于是呈现出表6

-2 中各种不同的指标体系；其次，学者们重点对经济发展方式转变的效果进行测评，而并未结合不同时期的经济发展方式的特征进行分析。我们认为，在谈及经济发展方式的转变时，最为关键的是转变的方向，没有结合转变方向，而是单纯地对指标进行测评是不能解决转变的根本性问题。因此，我们在分析经济发展方式转变时一定要紧紧结合转变方向来展开。

（2）构建经济发展方式转变的评价标准。

以往的研究主要是缺乏评价标准，转变效果的好与坏是对不同指标进行横向比较的结果。评价标准是基础性的前提假设，也是方向性的指引，只有构建出评价标准，我们才可以辨明经济发展方式转变的方向，我们才可以借助评价标准来审视当前经济发展方式是否偏离方向，是否对经济发展方式转变具有重大意义。那么，评价标准要如何构建呢？我们在第一节中将经济发展方式分为四大类，这四大类的划分依据是生产效率和发展结构，因此，我们的评价标准也要围绕着这几大因素展开。

表 6－3　经济发展方式转变的评价标准

	一级指标	二级指标	指标说明
反映外生和内生的指标	经济增长	GDP 增长率 人均 GDP	经济发展的核心
	产业结构	第二、三产业产值比重 第二、三产业就业比重 第三产业就业人员比重 工业增加值占 GDP 比重 高新技术产业占工业比重	产业之间及产业内部的结构是经济发展方式的基础
	需求结构	最终消费支出占 GDP 比重 资本形成总额占 GDP 比重 对外贸易依存度	需求结构才是决定经济发展方式内外生的关键
反映粗放和集约的指标	要素效率	单位资本产出 单位劳动力产出 全要素生产率	投入产出比
	技术创新	研发投入占 GDP 比重 每万人专利申请数 每百人研发人员全时当量科技成果产出量 科技人员占从业人员比重 对外技术依存度	决定投入产出比的关键因素

续表

	一级指标	二级指标	指标说明
反映发展质量的指标	环境指标	单位 GDP 能耗 单位 GDP 污染物排放 单位 GDP 碳排放	经济发展的附带效应
	生活质量	基尼系数 恩格尔系数 人均可支配收入 养老保险参保率 人均拥有图书馆藏量 每名医生服务公民人数 森林覆盖率 空气质量	经济发展的最终目的

资料来源：作者整理而得

2. 经济发展方式转变需要机制保障

经济发展的基础和核心是经济增长，各学者在对经济发展方式转变进行测评时都将经济增长作为重要指标纳入考虑范畴之中。实现经济增长的手段非常多，如果不顾及发展质量，就会出现我们所阐述的“数量”和“结构”问题。中国经济经过几十年的发展，依靠大量投入生产要素实现 GDP 的增长，这种增长模式已经具有一定的发展惯性，形成路径依赖，短期内要自行修正的难度较大。要改变经济发展方式，需要外力作用。从这个意义上来说，经济增长需要引导，经济发展和经济发展方式的转变同样也需要机制保障。经济发展方式转变的机制保障至少包括两方面的内容：一是市场机制，二是政府调控机制。这两方面内容相互补充，相互作用，市场机制利用价格和竞争可以充分发挥市场在资源配置中的决定性作用，实现资源配置效率最大化；但市场机制也存在失灵的地方，这就需要依靠政府加强顶层设计，做好服务和协调，弥补市场机制的不足，共同促进经济发展方式的转变。

（二）市场机制与加快转变经济发展方式

1. 市场机制与经济发展方式

（1）市场机制的定义与作用。

市场是买卖双方交易的场所，市场机制是市场运行的实现机制。市场机制是指市场经济机体内的供求、竞争、价格等要素之间的有机联系及作用机理，通过价格的波动、对利益的追求、供求的变化来调节经济运行。市场机制的目的是通过价格机制、供求机制、竞争机制和风险机制实现资源的有效配置，其中最为关键的是价格机制，市场通过价格这支指挥棒配置资源，将资源配置到最需要的地方或部门中去，实现了自发传递市场信号、自发降低交易成本、自动促进技术创新等一系列功能。从这个意义上，市场机制对经济活动的调节具有主动性、及时性和效率性，它比人为调控更能有效地做出对经济发展有利的反应。在当前大数据时代，如果要等到管理者发现问题，组织人员对问题分析，再采取针对性的措施之时，市场已经出现了新情况。上一个问题尚未解决，新的问题又出现，管理者就会对市场所出现的问题应接不暇，不但不能很好地解决问题，还会付出额外的成本。

市场机制的作用在于：市场机制对资源的配置具有自发性的，如果人为干预市场机制的运行，不仅会受到市场的惩罚，还会造成巨大的资源浪费。以农业行业为例，政府部门为了保护农民利益，采取了非市场化的手段，人为地逐年提高粮食最低保护价。该政策所导致的直接结果是：一方面农民并没有真正获利，实际获利的是组织粮食的经纪人、粮贩子，另一方面对农业产业链造成了严重的损害，给国家财政增加了负担。产业链受到损害之后，众多加工企业无法开工生产，加工企业一般是以质论价，农民也无法享受将粮食销售给加工企业所可能获得的超额利润；而国家如果启动政策性收购，需要支付收购费、保管费和利息等费用，对财政而言是一笔不小的负担。如果能够让市场机制发挥作用，国家采取市场化的举措，让农民按照市场规律销售粮食，农民损失的利益由国家直接弥补，整个产业链上下游传导顺畅，就盘活了整个行业。在我国坚持发展社会主义市场经济的今天，市场机制可对各行业资源的配置、市场的运行起到很好的调节作用，促使资源配置更有效率，市场运行更加顺畅。

我国的社会主义市场经济体制，是在 1978 年十一届三中全会以后提出，经过实践和理论的不断总结，在 1992 年 10 月党的十四大报告中正式确立的。与传统的“自然经济 - 商品经济 - 市场经济”的发展顺序不同的是，我国的市场经济体制是在社会主义初级阶段的国情之中建立的，是具有中国特色的社会主义市场经济。由于历史的原因，我国市场机制建立初期所依赖的基本条件并不十分成熟，但经过 30 余年的发展，我国社会主义市场经济体制已基本形成。对于发展中存在的问题，特别是政府和市场的关系，应按照十八届三中全会所指出的那样，“使市场在资源配置中起决定性作用和更好发挥政府作用。市场决定资源配置是市场经济的一般规律，健全社会主义市场经济体制必须遵循这条规律”，应“着力解决市场体系不完善、政府干预过多和监管不到位问题。”这也是全面深化经济体制改革的重点。

(2) 市场机制与转变经济发展方式。

不同的经济发展水平条件下的经济发展方式是不一样的，且转变是逐步进行的。当一国的经济发展水平比较落后时，该国更多地会依靠本国的优势资源和外国市场，这时候经济发展方式表现为粗放外生式；随着经济发展水平的不断提高，该国会提升本国优势资源的使用效率，并培养国内市场，此时对应的是集约外生式经济发展方式；国内市场不断成熟，慢慢地经济发展转为依靠国内市场，此时对应的是集约内生式经济发展方式。总之，不管选择哪种类型的经济发展方式，一国是以本国的实际情况为基础，结合本国的资源和能力自发选择的。

该国是否能够转向另一种经济发展方式，很大程度上取决于市场机制是否发挥作用。在市场机制作用下，该国如果持续使用大量的资源投入，而不注重利用效率的提高，那么所生产的产品的成本就会逐渐提高，无论是国际市场还是国内市场也会随之淘汰该类产品。如果该国再不进行转变，是无法继续发展的。那么该国的生产者需要引进先进技术、改进工艺，提升生产效率以保证投入产出比。但如果此时，国家对生产者盲目地实施补贴，生产者就不具有动力去降低成本，继续依靠大量投入资源来发展经济。只有让生产者切实感受到市场竞争的作用，他们才能从本质上调整生产方式，而人为的外力干预会使生产者丧失市场敏感度，阻碍了发展方式的转变，因此，转变经济发展方式需要高度依靠市场机制的作用。只有在市场环境下，企业通过直接接触市场，了解市场运作规律，掌握市场价格波动的影响因素，并据此调整生产经营活动或改进技术工艺，才能让生产效率更高，发展质量更高。

实践证明，我国经济发展方式转变要依赖市场机制。我国的经济发展方式经历了粗放内生式、粗放外生式。建国之后，国际上对我国实行经济封锁，经济基本上依靠自己力量实现发展，那时的经济发展方式是属于粗放内生式；改革开放以来，所采取的是粗放外生式，依靠国际市场，将国内具有比较优势的资源输送出去，以获得国内经济的发展。随着我国参与全球产业链分工的不断深入，在个别领域诸如高新技术领域和航天领域，我国技术不断突破，实现了从粗放式到集约式发展方式的转变。当前，我国经济发展方式面临进一步转变，要从集约外生式转变为集约内生式，并主要依靠市场机制来调整。

(3) 完善市场机制，为促进经济发展方式转变创造基本条件。

市场机制包括价格机制、供求机制、竞争机制和风险机制，这些机制紧紧围绕市场主体而发挥作用，企业是市场机制发挥作用的微观主体。经济发展方式是一种实现途径，它依赖于企业对生产经营目标和行为的转变，而企业的转变从本质上来说取决于市场机制的有效调节作用。在现代市场经济背景下，市场经济的发展使市场机制的调节功能日渐提升，以成本收益曲线的盈亏平衡点为基准，不断地促使企业自发地转变生产经营目标和行为，由主要追求产量扩张转为日益注重提高生产经营的效率和质量。（郭克莎，1995）因此，完善市场机制，就是要提升市场机制对市场主体的调节作用，关键在于深化改革。改革的内容要包括以下方面：

一是进一步完善市场体系和市场规则。作为市场机制运行基础的劳动力市场、资本市场、技术市场等构成的要素市场体系，发展程度仍较低，产品市场的价格虽然发生了变化，但却无法通过价格机制、供求机制、竞争机制发生连锁作用来对要素市场进行调节，这主要是因为这几个要素市场发育程度过低或过于缓慢。由于劳动力市场与劳动人事制度、户籍制度有关，资本市场与金融管理体制、资本市场开放程度有关，技术市场与知识产权制度有关，需要对这些相关的体制做进一步完善。市场规则是市场各方参与市场活动必须共同遵守的共同规则，一般由政府或行业协会制定，包括进入规则、竞争规则和交易规则。市场规则发挥作用的基本条件包括规则制定得合理、规则执行和管理、广泛的监督。前一段时期内，大部分市场规则的制定掺杂较多的部门利益，不透明、也不公正，人为干预现象较多，寻租导致的腐败滋生等问题也日趋严重。当前，在党的十八大之后，特别是党的十八届三中全会已开启全面深化改革的新时期，进一步加快完善现代市场体系和市场规则指日可待。

二是进一步增强市场主体的独立性。市场机制是要通过市场主体来发挥作用的，市场主体的独立程度决定了市场机制的调节效果。市场主体是产权主体、利益主体和行为主体，对于国有企业而言，要继续深化国有企业改革，明晰产权，规范企业经营中的权责利，建立企业法人治理结构；对于非国有企业而言，要提升管理水平和技术水平，建立与社会生产规模化、现代化相适应的企业制度，以推动经济更有效率、更加公平、更可持续发展。

2. 如何加快转变经济发展方式

要加快经济发展方式的转变，首先要明确转变的方向，其次要抓住影响转变方向的关键要素，重点优先考虑对这些关键要素进行调整，如此才能实现又好又快地转变经济发展方式。我们已经构建了决定经济发展方式的指标体系，并细化到二级指标，加快经济发展方式转变就是要要紧紧围绕指标体系中二级指标的改善来开展。

（1）保持经济数值合理的增长。

经济数值增长在经济发展方式转变中仍然是作为重点目标，这是因为只有保持经济数值的合理增长，才能提供充分的就业岗位，才能保证社会稳定，人民安居乐业。根据人保部的数据，GDP 每增长 1% 可新增 130 ~ 150 万就业岗位。（李克强，2013）只有经济数值合理增长，才能让人民收入有保障，生活品质有保证，这是基础也是最关键的。

表 6－4　新型经济发展方式下的经济数值增长

	经济数值年增长率	
项目	当前值	预期值
指标	7.5%	7%～7.5%

数据来源：作者根据官方公布资料整理而得，GDP 增长预期值按官方口径为准。

（2）经济结构优化。

新型经济发展方式除了保证正常的经济增长之外，经济发展方式要优化产业结构，逐步降低第二产业结构的比重，提升第三产业的比重。产业内部，第二产业要加大高新技术产业的发展，减少并陆续淘汰高能耗产业的发展；第三产业要提升生产性服务业的比重，增加附加值，与此同时，提升生活性服务业的服务水平，提升生活品质。从需求结构来看，要以投资驱动逐渐转变为消费驱动，要以对外依赖逐渐转变为兼顾国内外市场发展。

结合国际上发达国家的产业结构和需求结构，我们尝试提出新型经济发展方式下的我国对应的产业结构和需求结构（参见表 6－5）。需要说明的是，未来产业结构和需求结构的预期值作为一种转变参考并不是恒定的，是动态调整的。除此之外，产业结构和需求结构的预期值也是要根据结构内部实际发展状况而定，假如第二产业中高新技术产业发展迅猛，那么第二产业保持较高的比重也是符合新型经济发展方式的要求；假如第三产业中的生活性服务业比重过高，则不符合新型经济发展方式的内涵。除此之外，第三产业对就业人口的吸纳作用是最强的，可以更为有效地实现就业保障。在预期结构下，应该说，各领域各行业的经济发展水平比较合理，相对健康，并具有可持续性。对于对外依存度，转变的内容不在于提高或者降低对外依存度，关键还是要优化出口的产品结构，提升高附加值产品的出口比重，减少原料或基础性产品的出口比重，对加工贸易进行转型升级。

表 6－5　新型经济发展方式下的产业结构和需求结构

指 标	产业结构			需求结构		
	第一产业	第二产业	第三产业	最终资本形成额占比	最终消费额占比	外贸依存度
当前值	5%	50%	45%	50%	50%	52%
预期值	5%	35%	60%	30%	70%	50%

数据来源：作者整理而得

（3）生产效率提升。

微观上，新型经济发展方式要不断提升生产效率，一方面提高要素产出效率，另一方面加大技术创新力度。从指标体系来看，要素产出效率包括了单位资本产出、单位劳动力产出以及全要素生产率。换言之，经济的发展是靠资本、劳动力以及除以上因素之外的其他因素共同作用的。经济发展方式取决于这些要素的产出效率状况，如果要素的投入产出比较低，那么经济发展方式是一种粗放式的；反之，则是一种集约式的经济发展方式。技术创新在任何时候都是要强调的，只有技术创新才能对供给曲线做大幅度的调整，否则只能是微调，对供求曲线的影响不大。历史上发生的工业革命、计算机革命极大地提升了生产效率，引发经济社会的变革，即是最好的见证。在这部分，我们只能给出生产效率的大致数值，并以国际上发达国家的数值作为参考（参见表6－6）。

表6－6　新型经济发展方式下的生产效率

指 标	要素效率		技术创新
	单位资本产出	单位劳动力产出	全要素生产率
当前值	2.3	6.77万元/人	－3.7%*
预期值	5.3	13%复合增长率	1.49%**

注：单位资本产出＝GDP/最终资本形成额，单位劳动力产出＝GDP/劳动力。＊该数值为2010年全要素生产率。（邹心勇、赵丽芬，2013）＊＊该数值为1979—2010年全要素生产率平均值。（邹心勇、赵丽芬，2013）

数据来源：作者整理而得

（4）发展质量提升。

新型经济发展方式，要提升发展质量，惠及人民生活。首先，要降低对环境的污染和破坏。通过创新技术、改进工艺以提高能源使用效率，保证单位能耗条件下的产出最大化，此外，经济发展要切实给人民群众带来福利，包括人均可支配收入的增加，通货膨胀保持在相对稳定的水平上，贫富差距不再进一步扩大，让更广大的人民享受经济发展的成果。要实现以上的目标，一方面需要通过产业结构和需求结构的调整以保证经济增长，另一方面，要制定合理的财政和税收政策，调节收入分配。

表6－7　新型经济发展方式下的发展质量

指标	环境质量			生活质量							
	单位GDP能耗(1)	单位污染物排放(2)	单位GDP碳排放(3)	基尼系数(4)	恩格尔系数(5)	人均GDP	养老保险参保率	人均拥有图书馆藏量(6)	森林覆盖率(7)	空气质量(8)
当前值	￥14000	N. A.	7吨	0.474	35%	$6000	60%	0.52	16.5%	75
预期值	￥25000	N. A.	年下降4%	0.4	<30%	$10000	90%	3	27%	35

注：(1) 单位GDP能耗是指1标煤创造的GDP（人民币），为2012年数值，2.5万元人民币为世界平均水平，美国的水平是3.1万元人民币，日本是5万元人民币。(2) 单位污染物排放以环保部发布四项污染物排放新标准为准。(3) 7吨为人均碳排放量，单位GDP碳排放量要求每年下降4%。(4) 2013年国家统计局首次公布基尼系数，2012年为0.474，而国际上规定，如果基尼系数超过0.4，则为收入差距较大，以0.4作为预警线。(5) 2013年，国家统计局公布城镇居民恩格尔系数为35%，农村居民恩格尔系数为37.7%。国际上认为20%~30%属于富足阶段。(6) 数据来源于：《中国图书馆事业发展报告2012》，单位：册。(7) 网上公布数据，世界森林覆盖率平均值为27%。(8) 空气质量以PM2.5作为衡量指标，目前，我国的pm2.5标准值为24小时平均浓度小于75微克/立方米为达标，世界卫生组织（WHO）认为，pm2.5标准值为小于每立方米10微克。年均浓度达到每立方米35微克时，人患病并致死的概率将大大增加。

数据来源：作者根据相关资料整理而得

3. 企业是转变经济发展方式的主体

企业是以盈利为目的，运用各种生产要素（土地、资本、劳动力等），向市场提供产品或服务，实行自主经营、自负盈亏、独立核算的具有法人资格的社会经济组织。企业的出现，不仅将资金、劳动力等要素有机结合起来，还可以通过专业化操作提升了对生产要素的利用效率，根据市场的变化，迅速对经营策略进行调整，将资源配置到最有效的领域中去。要加快经济发展方式的转变，要充分利用市场机制的决定性作用，就必须要最大限度地依靠企业发挥积极性。企业在市场中与同行业的其他企业在产品市场开展竞争时，为了确保自身产品具有竞争力，首先要让产品具有成本优势，企业就会从产业链的上下游各环节控制成本，提升效率；其次，要提升终端产品的溢价能力，需要从产品力、品牌力方面加强消费终端的推广，保证企业的经营毛利空间；第三，企业会将每年盈利的一部分投入研发，加强技术、产品创新，保证企业的可持续性发展。在这个过程中，企业会根据价格机制来安排生产，调节产品的供求关系，并利用期货工具进行风险管理。企业通过自身经营行为的调整，实现资源配置最优化。我们认为，企业要发挥主体作用，需要在以下几个方面进一步完善。

（1）深化国企改革，发展混合制企业。

深化国企改革，就是让国企更加市场化。首先是所有国有企业都必须进行公司制改革；在此基础上，除极少数涉及国家安全、国防军工和国民经济命脉的国有企业保留国有独资形式之外，其他应发展为股权多元化公司；然后，探索完善国有产权、股权流转机制，发展混合所有制经济。除了企业性质的调整，更为重要的是要在国企建立现代企业管理制度，进一步提升国有企业的发展质量，不断增强国有经济的活力、控制力和影响力，可以通过引入战略投资者，不断完善公司治理结构。

（2）减少政府干预，为企业发展创造更为公平的市场环境。

新一届政府认识到当前太多的行政审批降低了企业的经营效率，浪费了资源，并将行政审批数量减少作为执行目标之一。在2014年政府工作报告中，李克强总理在报告中指出，2013年，国务院分批取消和下放了416项行政审批等事项，2014年要进一步简政放权，再取消和下放行政审批事项200项以上。李克强总理同时指出，对于确需设置的行政审批事项，要建立权力清单制度，一律向社会公开。减少行政审批，既节约了整个社会的交易费用，又为经营者创造了公平的市场环境，是政府应做的“双赢”之事。

（3）推行税制改革，引导企业加强创新研发。

推行税制改革，首先是减少企业税收负担，让企业背负较轻的成本与竞争对手展开竞争，其次是引导企业加强创新研发投入，企业每年盈利中用于开展研发投入的部分可以免税，鼓励其将更多的利润投入到创新活动中，以提升经营效率，降低经营成本。

（三）新型经济发展方式转变中的政府角色

1. 经济发展方式转变过程中的市场机制失灵现象

经济发展方式的转变在很大程度上需要依靠市场机制的作用，在市场机制条件下，企业公平地参与市场竞争，将资源配置到投资回报率最高的领域中去。在公开的市场条件下，众多市场参与主体会趋同性地将资源配置到同一领域中，这势必将导致资源的过度集中，也就是所谓的重复建设，产能过剩现象的出现。以房地产行业为例，国家将土地拿出来拍卖，开发商参与竞拍土地是市场行为，房地产建设属于市场行为，房子预售也属于市场行为，所导致的最终结果是在不同地区出现了不同程度的空城。在经济发展方式转变过程中，作为主体的企业会按照市场规则进行成本收益分析，通过价格机制对供求关系进行调整，但效果并不一定能够按照效率最大化进行资源配置的时候，市场机制失灵了。

市场机制失灵会导致资源配置无效率。无论是企业还是个人，我们在配置资源时总是希望能做到投入产出最大化，但是企业或个人都是站在微观层面上配置资源，虽然可以实现微观层面的最大化，但是反映到整个行业或产业，可能会出现重复建设的情况，出现了宏观层面的资源配置无效率。实际上，这在很大程度上是因为资源从投入到产出存在一定的时滞。以畜牧业为例，养殖户看到畜产品的价格在上涨，他们共同增加存栏数，此时对每一个养殖户而言，按当前的市场价格来测算，可以实现收益最大化，但待长成可以出栏时，会发现，出栏数量突然间增加很多，导致短期内供给过剩，结果价格出现大幅度回落，养殖户的收益受到严重的损害。其他行业也会发生类似的现象，由于信息不完全所导致的资源配置的无效率，这就是市场机制失灵的现象之一。

市场机制失灵会导致经济发展方式逆转变。我们一直在谈的经济发展方式的转变简而言之就是调结构、促效率。而市场机制失灵可能会导致经济发展方式的逆转变，也就是说，产业结构和需求结构以及要素效率不是在按照有利于发展质量提高的方向转变，而是会使得发展质量变得更差。我国人均 GDP 已经突破 6000 美元，但是很多地区出现了比较严重的环境污染，出现了很多癌症村，这就是在市场机制作用下只强调经济增长的结果。各地根据本地优势，在市场机制的作用下，根据价格机制来调整供给，此时的价格只能支撑未顾及环境污染的供给。在没有外部约束力的情况下，这样会扩大供给，实现企业的利润，但也造成外部不经济，与经济发展方式转变的方向相悖。

市场机制失灵会制约经济发展方式的转变。经济发展转变一直在强调的是，经济社会发展成果要惠及最广泛的人民，不但要为人民提供干净的空气、适宜休闲的公园，还要为人民创造精神文化娱乐条件，包括图书馆、电影院、文化广场等，而这些产品的提供在市场机制作用下是不能有效提供的。如果这些公共产品不能有效地提供，那么实现经济发展方式的转变就是一句空话，只有经济数值的增长，而没有质量，与以往的发展方式无差异。市场机制条件下是不能有效提供公共产品的，这直接制约了经济发展方式的转变效果。

2. 经济发展方式转变中的政府角色

习近平总书记在主持 2014 年 5 月 26 日第十五次集体学习时强调：“全面深化改革，使市场在资源配置中起决定性作用和更好发挥政府作用是一个有机整体，断不可相互否定、割裂开来、对立起来。使市场在资源配置中起决定性作用，要求坚持社会主义市场经济改革方向，从广度和深度上推进市场化改革，减少政府对资源的直接配置，减少政府对微观经济活动的直接干预，加快建设统一开放、竞争有序的市场体系，建立公平开放透明的市场规则，推动资源配置实现效益最大化和效率最优化。更好发挥政府作用，要求切实转变政府职能，深化行政体制改革，创新行政管理方式，健全宏观调控体系，加强市场活动监管，加强和优化公共服务，促进社会公平正义和社会稳定，促进共同富裕。政府该管的事一定要管好、管到位，该放的权一定要放足、放到位，坚决克服政府职能错位、越位、缺位现象。”以上的论述很明确地界定了政府和市场之间的关系，也为经济发展方式转变中政府的角色做了清晰的定位。

经济发展方式转变过程中政府的角色之一是加强顶层设计。中国过去几十年的发展呈现出的特征是：每个省份按照本省的比较优势发展经济，资源密集型的省份严重依赖资源的开发，沿海省份加大对外经济的发展力度。其结果是资源密集型省份肆意开发导致环境污染严重，沿海省份更多的是从事一些基础性的外贸经济，未形成核心竞争力。在未来的经济发展中，我们要提高发展质量，需要加强顶层设计，需要政府发挥作用，规划未来产业的发展以及新的经济增长点。

经济发展方式转变过程中政府的角色之二是进一步完善市场体系和市场规则。只有统一开放、竞争有序的市场体系和公平开放透明的市场规则才能充分发挥市场主体的主观能动性，提升技术水平，加强研发投入，让市场主体真正成为经济发展方式转变的主要力量。

经济发展方式转变过程中政府的角色之三是健全宏观调控体系。健全宏观调控体系的主要目标是让政府的政策更可预期，减少随意性和主观性。当前，政府在出台一些调控政策时总是“头痛医头、脚痛医脚”，更多的是治标，造成经济问题反复出现，并且政策出台缺乏科学的系统性和严谨的流程。如此的宏观调控体系会造成经济发展方式转变的反复甚至倒退。

“政府的职责和作用主要是保持宏观经济稳定，加强和优化公共服务，保障公平竞争，加强市场监管，维护市场秩序，推动可持续发展，促进共同富裕，弥补市场失灵。”十八届三中全会中的这段话，全面地总结了政府在加快转变经济发展方式中的职能。希望各级政府能够把中央的精神落实到实处。

第七章　加快建设创新型国家，推动产业结构优化升级

改革开放以来，中国经济发展谱写了人类经济发展史的新篇章。然而，今天的中国经济发展又面临着严峻的挑战：在全球经济危机尚未复苏的背景下，中国经济还将步履维艰，正处于增长速度换挡器、结构调整阵痛期、前期刺激政策消化期叠加的阶段。怎样在这一阶段保持一个中高的发展速度和发展质量？只有以改革为前提，以创新为源泉。

一、在新的历史起点上的创新型国家战略

党的十八届三中全会做出的《关于全面深化改革若干重大问题的决定》（以下简称《决定》）指出："建立健全鼓励原始创新、集成创新、引进消化吸收再创新的体制机制，健全技术创新市场导向机制，发挥市场对技术研发方向、路线选择、要素价格、各类创新要素配置的导向作用。建立产学研协同创新机制，强化企业在技术创新的主体地位，发挥大型企业创新的骨干作用，激发中小企业创新活力，推进应用型技术研发机构市场化、企业化改革，建设国家创新体系"。这一提纲挈领式的表述，指明了处于新的历史起点上的中国创新型国家战略的基本方针和具体路径。

（一）改革开放以来中国创新驱动战略的发展历程

1. 计划性特征

1978 年3 月，全国科学大会在北京召开。邓小平在会上明确指出，四个现代化的关键是科学技术的现代化，并着重阐述了科学技术是生产力的观点。邓小平同志的"科学技术是生产力"的著名论断，对中国创新驱动战略具有长远的指导意义。

全国科学大会通过了《1978—1985 年全国科学技术发展规划纲要（草案）》（以下简称《八年规划纲领》），对未来 8 年科技工作的目标和方式做出了具体

部署。

1985 年 3 月 13 日，中共中央正式发布了《中共中央关于科学技术体制改革的决定》(以下简称《决定》)，标志着中国科技体制改革由试点阶段过渡到由政府主导的系统展开阶段。《决定》的颁布和实施奠定了下一步中国科技体制改革的基本架构。

1986 年 3 月，中国启动了第一个国家级科技发展项目，即 863 计划，之后又推出了 973 计划、科技攻关计划、知识创新工程、自然科学基金资助项目等一系列科技项目及相关的配套政策。

863 计划是中国第一个覆盖面广、规范操作的国家高技术发展计划。这个计划的实施主要是由政府相关部门组织各个技术领域的专家，提出一个涵盖自然科学绝大部分领域的技术研究和发展的计划，以及相关的技术创新的项目资助和应用的总体规定。863 计划设立伊始，即瞄准国家若干重点领域关键技术突破，力争追赶国外先进前沿水平，并带动产业技术竞争力。通过 863 计划的实施，中国在已经确定的 6 个高科技领域获得一批关键技术的突破，并且形成了自己的研究基础，对于中国缩小同先进国家的差距起到了决定性作用。

2. 向产学研的转轨

产学研协同创新是指产、学、研等不同创新主体建立在共同利益基础上，以资源共享或优势互补为前提的联合创新行为。产学研协同创新一般要有明确的合作目标、合作期限和合作机制。参与合作的各方在技术创新的全过程或某些环节共同投入，共同研发，共享收益，共担风险，充分利用高校、科研机构的技术和人才资源优势进行合作，着力提升企业的技术创新能力和产业竞争力。产学研协同创新是建立以企业为主体、市场为导向的技术创新体系的需要，是创新型国家建设的重要组成部分。

1995 年，江泽民同志在全国科学技术大会上作了重要讲话，提出未来国家战略的主导方略是“科教兴国”，并且明确了科教兴国战略的内涵，即全面落实科学技术是第一生产力的思想，坚持教育为本，把科技和教育摆在经济、社会发展的重要位置，提高国家的科技实力及向现实生产力转化的能力。为了落实这个战略，中共中央、国务院颁布了《关于加速科学技术进步的决定》，这个决定正式提出了“科教兴国”战略的主导政策，即加强基础性研究和高技术研究，为经济发展提供科技动力和成果储备。

1996 年，国务院颁布了《关于“九五”期间深化科学技术体制改革的决定》，该决定围绕着科研机构成果的产业化，积极探索对高校和科研机构原有研究模式和制度的改革与创新。其中相关的鼓励政策和配套措施成为产学研协同创新模式的一个重要尝试。到 1997 年年底，国家先后组建了 76 个工程研究中心，

在203家大中型企业建立了技术开发中心。为了培养高级科技人才，国家在96所高等院校、69个国家研究机构中设立了299个博士后流动站。与此同时，国家还创办了52个国家级高新技术企业开发区，积极推动以企业集群为平台的创新活动。

1996年年底，原国家经贸委印发了《“九五”全国技术创新纲要》的通知，提出了实施技术创新工程，以提高企业竞争力为目标，建立鼓励自主创新的技术进步机制，明确了国家创新体系的三个重要子系统，即：①以企业为主体、产学研相结合的技术开发体系；②以科研机构、高等学校为主的科学研究体系；③社会化的科技服务体系。

改革开放以来，产学研协同创新在突破重大技术瓶颈、加快科技成果向现实生产力转化方面发挥了重要作用。青藏铁路、“神舟”飞船等一系列重大工程的完成都是产学研协同创新的丰硕成果。

3. 创新驱动战略的制度建设

由于创新要素和创新的市场条件存在于特定的制度环境之中，制度因素对创新发展具有深刻基础性作用。这里的制度既包含了作为创新主体的企业的产权制度，还包含了影响企业、科研机构和大学间知识流动与创新合作的各类经济、科技和法律制度及政策。纵观中国科技体制改革过程，政府角色转换不彻底、国有企业的创新激励不足、科研机构体制机制有待进一步理顺等一系列体制因素已成为创新发展的重要障碍。

应该说，从原有的计划体制转换到全面开放的市场经济体制过程中，中国的创新驱动战略制度建设总体上取得了长足进展。期间颁布的各项法规、条例其着力点放在鼓励创新、保护创新、协同创新方面。

表7-1　改革开放以来国家创新体系制度建设

时间	制度建设	主要作用
1982年	颁布《中华人民共和国商标法》	规定注册商标有效期为核准注册之日起10年
1984年	颁布《中华人民共和国专利法》	规定保护专利权具体办法
1984年	颁布《中华人民共和国科学技术进步奖励条例》	规定设立科学技术进步奖，并分为国家级和省部级两个级别，具体规定了奖励的等级、奖章及奖金额
1987年	颁布《中华人民共和国技术合同法》	规定技术开发、技术转让、技术咨询及技术服务等民事行为所涉及的民事权利与义务关系

续表

时间	制度建设	主要作用
1990 年	颁布《著作权法》	保护知识产权
1993 年	颁布《中华人民共和国科学技术进步法》	提出国家逐步提高科学技术经费投入的总体水平，并建立科学技术奖励制度
1996 年	颁布《促进科技成果转化法》	
1999 年	颁布《国家科学技术奖励条例》	设立国家最高科学技术奖、国家自然科学奖、国家技术发明奖、国家科学技术进步奖、中华人民共和国国际科学技术合作奖等科技奖项，并规定评审及颁奖程序
2002 年	颁布《中华人民共和国科学技术普及法》	适用于国家和社会普及科学技术知识、倡导科学方法、传播科学思想、弘扬科学精神的活动
2010 年	颁布《中华人民共和国专利法实施细则》	规定关于向外申请专利的保密审查、关于遗传资源信息披露制度、关于专利权评价报告制度关于强制许可制度、关于假冒专利行为的行政处罚、关于专利申请、审查程序的有关规定及其他规定
2010 年	颁布《中华人民共和国知识产权海关保护条例》	实施知识产权海关保护，促进对外经济贸易和科技文化交往，维护公共利益

资料来源：根据国家有关法律法规整理

2007 年，党的十七大报告明确指出，提高自主创新能力，建设创新型国家，是国家发展战略的核心和提高综合国力的关键。2012 年 7 月 6 日至 7 日，全国科技创新大会在北京召开，党中央、国务院对深化科技体制改革，加快创新型国家建设进一步做出重要部署。为进一步 加快推进创新型国家建设，中共中央、国务院随后印发了《关于深化科技体制改革加快国家创新体系建设的意见》。

党的十八届三中全会更是明确了创新的市场导向机制，强调了企业在技术创新中的主体地位。

4. 以企业为主体的自主创新

企业作为技术创新的主体是指企业在技术创新全过程中发挥着主导作用。这种主导性作用主要体现在三个方面：首先，必须是技术研发投入的主体，决定选题立项的路线图与时间表。其次，是技术创新成果应用的主体，选择成果运用时

机，提供产业化平台。第三，是技术创新风险承担的主体，同时也是最大利益的享用者。

十八届三中全会《决定》中明确指出，深化科技体制改革需强化企业在技术创新中的主体地位，发挥大型企业创新骨干作用，激发中小企业创新活力，推进应用型技术研发机构市场化、企业化改革。

确立企业技术创新主体地位是建设创新型国家的迫切要求。自主创新作为国家战略被正式提出最早是在1996年《“九五”全国技术创新纲要》，纲要提出自主创新必须以企业为主，实施技术创新工程，提高企业创新能力，建立鼓励自主创新的技术进步机制，并制定了相关政策。

然而，长期以来，市场在资源配置中未能全面发挥决定性作用，造成目前国家核心技术创新动力不足、自主创新成果少，对外技术依存度在60%以上，国家战略产业发展的关键技术难以突破，大量的科研成果无法直接转化为现实的生产力。相当一部分企业发展仍处于依靠资源消耗进行盲目扩张状态，使经济增长方式难以转变。企业技术创新动力的不足，导致中国在全球经济分工体系中处于劣势地位，无法在全球竞争中做大做强。

根据20世纪初熊彼特的创新理论（熊彼特，2008，中译本），创新过程中最重要的要素是企业家精神，即在市场中寻求机会、承担风险从而获得超额利润的能力。技术创新只有经过企业和企业家的运作，通过产业平台推出新产品，转化成规模产业，才有可能获得超额利润并形成新的研发投入，从而实现创新与产业发展的良性循环。在创新转变为生产力的过程中，企业和企业家具有不可替代的主体地位。在市场经济条件下，企业不仅天然具有技术创新的属性，而且企业直接联系市场，最洞悉市场和消费者需求，最能发现、最能准确把握技术创新的路线，最容易运用技术创新成果。

整体而言，中国的企业相当一部分还没有成为创新主体，由于体制原因，国有企业的高管对于技术创新冒较高风险持谨慎态度。当然，国有企业大多数处于行业相对垄断地位，也缺乏创新的动力和激励。十八届三中全会《决定》提出建立健全创新的体制机制，可谓极具针对性。

纵观世界产业发展史，新产业的兴起、新兴国家的崛起，都依赖于大量企业在技术创新上的突破及商业化的运用。高效率的技术创新企业群体对于提高整个国家的创新活力、转变一个国家的经济增长方式起到了至关重要的作用。

（二）市场导向的、企业为主体的创新国家战略

1. 围绕使市场在资源配置中起决定性作用，深化创新的体制机制改革

十八届三中全会《决定》明确指出，紧紧围绕使市场在资源配置中的决定

性作用，深化经济体制改革，坚持和完善基本经济制度，加快完善现代市场体系、宏观调控体系、开放型经济体系，加快转变经济发展方式，加快建设创新型国家，推动经济更有效率、更加公平、更可持续发展。

因此，必须积极稳妥地从广度和深度上推进市场化改革，大幅度减少政府对资源的直接配置，推动资源配置依据市场规则、市场价格、市场竞争，实现效率最大化和效率最优化。政府的职责和作用主要是保持宏观经济稳定，加强和优化公共服务，保障公平竞争，加强市场监管，维护市场秩序，推动可持续发展，弥补市场失灵。

（1）市场“基础作用”向“决定作用”转变。

《决定》对市场作用表述的升级，鲜明地确立了经济体制改革的市场化方向，也更加明确了政府职能转变的方向，有利于进一步激发企业的创新活力。

回顾35年来的改革，尤其是在社会资源配置中，对于政府与市场关系的认识，中国经历了一个摸索的过程。

改革从简政放权、培育市场关系开始。十一届三中全会开始强调价值规律、经济规律的作用。此后几年，从“计划经济为主，市场调节为辅”到“计划与市场内在统一”，中国的农业、工业、商业逐步摆脱计划经济体制的束缚，开始竞相迸发活力。

随着市场在资源配置中作用的增强，1993年，在十四届三中全会制定的新经济体制基本框架中，首次明确“使市场在国家宏观调控下对资源配置起基础性作用”。同时提出要培育和建立市场经济的四大支柱，市场主体、市场体系、宏观调控体系和法制体系。“基础性作用”一词进入了中央文件，在经过数届三中全会的继承与深化之后，已经成为推动经济体制改革快速有序开展的新动力。

2013年是改革开放的35周年，提出建立社会主义市场经济体制的20周年，完善建立社会主义市场经济体制的10周年，十八届三中全会公报以“决定性”来概括市场在资源配置中所起的作用，具有重大而深远的理论意义。中国正处于经济转型升级的关键期，让市场在资源配置中起决定性作用，为以企业为主体的自主创新拓展了巨大的发展空间，为建设创新型国家奠定了坚实的理论基础。

（2）市场在资源配置中的决定性作用有赖于体制机制的创新。

市场机制通过价格体系发挥着提供信息、经济激励和决定收入分配等功能。正是通过以上机制才形成了对创新的培育机制，即市场能够形成技术创新的自组织过程。市场需求和对市场需求的回应是企业技术创新的方向，也是企业生存和发展的基础。美国“铱星”公司的衰落、福特汽车公司的平庸等都昭示着：企业技术创新必须以市场需求为导向。

在一个有效的市场中，公开、公平的竞争机制是刺激创新最重要的动力源泉。公开、透明的技术和产权市场、完善的创新服务体系和良好的创业环境是世

界各国创新发展的必备条件。这些市场因素不仅是创新资源和信息流动与共享的基础，更是创新成果产业化的依托。世界上发达国家的创新经验告诉我们：市场机制是促进企业技术创新的有效机制。

综上所述，市场通过价格、竞争等机制对市场主体的创新行为进行调节，通过价格竞争和质量竞争迫使企业进行技术创新，通过企业对创新超额利润的追求引导企业进行创新，市场形成了企业技术创新的自组织过程。

2. 强化企业在技术创新中的主体地位

企业在技术创新中的主体地位，一方面是由于技术创新本质上要求创新成果的商业化应用，而创新成果的大规模应用也只能由市场中的企业来承担。另一方面，由于技术创新有可能增强企业的核心竞争力和获取超额利润的能力，所以，企业自然就成为技术创新的积极主动的主体。正是由于技术创新所强调的经济属性，企业也就理所当然地成为其主体。

企业作为技术创新主体的重要含义，应体现为它是创新型国家的核心。政府相关制度的创新，科研机构的知识创新等等都必须围绕着企业技术创新的需求展开，否则这些创新将是无源之水，无本之木。在整个国家创新体系之中，企业创新处于核心的主体位置。

企业在创新活动中扮演什么样的角色，在一定程度上真实地反映了一国创新发展的市场化水平。国际经验表明，企业在技术创新活动中充当主力军已被证明是经济全球化背景下的不二选择。企业自主创新是产业结构变革和产业技术水平提升的关键因素，并体现了国家自主创新水平；国家自主创新战略和产业发展规划的执行，最终要靠落实到企业自主创新的行动上。（陈劲、柳卸林，2008）因此，企业自主创新行为是建设创新型国家的核心要义。

企业创新主体地位的缺失制约了我国自主创新能力的整体提升。时至今日，中国大多数企业还没有完全走上依靠技术创新在竞争中领先对手的快车道。

数据表明，2012 年中国企业 R&D 总支出为 10298 亿元；在投入强度（企业研发经费与主营业务收入之比）上，2012 年 R&D 经费投入强度达到 1.98%，比 2005 年的 1.32% 提高了 0.66 个百分点，是 2000 年以来上升幅度最快的时期。但是我国与日本（3.39%）、美国（2.77%）、德国（2.88%）的投入强度相比仍有较大的差距。中国相当一部分企业在大量引进国外技术的同时，并没有像韩国和日本那样消化、吸收、再创新，而是陷入了落后→引进→淘汰→再引进的恶性循环。

建设创新型国家，就要拥有大量具有较强自主创新能力的企业，以华为、中兴等为代表的一批企业在我国知识产权战略的国际推进中扮演了关键角色，并在这一过程中成长为国际领先的企业，然而，目前中国这种高技术企业数量太少，而且发展不均衡。

高技术产业是随着高技术商业化而发展起来的新兴行业，具有高技术密集度、高投入、高风险、高产出的特征，其关键标准则是研究与开发（R&D）强度明显高于其他产业。表7－2给出了1995—2010年中国高技术产业规模以上企业[①]的基本情况。截至2010年，中国高技术产业规模以上企业总产值、销售收入和出口交货值已经分别达到了74708.9亿元、74482.8亿元和37001.6亿元；与1995年的水平相比，其增长幅度都接近或超过了15倍。与此同时，中国高技术产业规模以上的企业数量已经接近3万家。

表7－2 中国高技术产业规模以上企业基本情况（1995—2010年）

	企业数（个）	总产值（亿元）	增加值（亿元）	销售收入（亿元）	出口交货值（亿元）
1995年	18834	4098	1081	3917	1125
1996年	18909	4909	1272	4497	—
1997年	17411	5972	1540	5618	—
1998年	9348	7111	1785	6580	2042
1999年	9493	8217	2170	7820	2413
2000年	9758	10411	2759	10034	3388
2001年	10479	12263	3095	12015	4282
2002年	11333	15099	3769	14614	6020
2003年	12322	20556	5034	20412	9098
2004年	17898	27769	6341	27846	14831
2005年	17527	34367	8128	33922	17636
2006年	19161	41996	10056	41585	23476
2007年	21517	50461.17	11620.66	49714.1	28422.79
2008年	25817	57087.38	—	55729	31503.94
2009年	27218	60430.5	—	59566.7	29435.3
2010年	28189	74708.9	—	74482.8	37001.6

资料来源：中国主要科技指标数据库，中国科技统计网

表7－3给出中国与其他一些国家在高技术产业R&D强度方面的比较信息，

① 规模以上工业企业在2010年之前是指年主营业务收入在500万元及以上的法人工业企业；2011年后是指年主营业务收入在2000万元及以上的法人工业企业。规模以上商业企业是指年商品销售额在2000万元及以上的批发业企业和年商品销售额在500万元及以上的零售业企业。

其中第一列是中国2012年的R&D强度，而剩余各列则对应于其他国家R&D强度与中国的比值。比如，从第二列可知，与中国2012年相比，美国2009年制造业R&D强度是中国的4倍。从中不难发现，中国高新技术产业在R&D强度上与这些国家还存在较大的差距。

表7－3 部分国家制造业和高技术产业的R&D强度

	中国	美国	日本	德国	法国	英国	意大利	韩国
	2012年	2009年	2008年	2007年	2007年	2007年	2007年	2006年
制造业	1.1	4.0	3.4	2.3	1.7	2.6	0.7	1.9
高技术产业	1.8	19.7	10.5	6.9	5.6	11. 4	3.8	5.9
医药	2.0	23.6	16.4	8.3	2.6	25.1	1.8	2.5
航空航天器	9.6	18.8	2.9	8.6	5.3	11.6	13.4	9.0
电子及通信设备	1.9	21.2	8.9	6.3	10.6	6.5	4.5	6.7
电子计算机及	0.7	14.5	7.6	4.5	7.0	1.1	1.2	3.9
办公设备医疗设备及仪器仪表	2.4	16.2	17.0	6.3	6.8	4.2	2.6	2.2

资料来源：中国高技术产业数据（2013），中国科技统计网

值得注意的是，要培育国内企业成为自主创新主体，一是要处理好国内企业与外资共生过程中技术利用、技术转化和自主创新的关系。在与外资的合作中，提高技术吸收与转化能力，促进国内企业自主创新能力的提高；二是要为中小企业和民营企业创新潜能的发挥创造更好的环境和条件，加大对重点企业的研究与开发扶持，鼓励企业创建研究中心，为科技型中小企业提供创新基金支持。三是要切实推动产学研协同创新合作，促进创新良性循环，切实在关键性产业实现突破从而带动优势产业集群的市场化发育与成长。

二、目前建设创新型国家，推动产业结构优化升级面临的主要问题

创新型国家是指以技术创新为经济社会发展核心驱动力的国家。主要表现为：整个社会对创新活动的投入较高，重要产业的核心技术竞争力较强，投入产出的效率较高，科技进步和技术创新在产业发展和国家的财富增长中起重要作用。

目前，世界上公认的创新型国家有20多个，分布在四大洲，即美洲、欧洲、亚洲和大洋洲。各洲的创新型国家如下：美洲的美国、加拿大；欧洲的德国、英国、法国、瑞士、瑞典、芬兰、荷兰、丹麦、比利时、挪威、奥地利、意大利、

爱尔兰、西班牙；亚洲的日本、新加坡、以色列、韩国；大洋洲的新西兰、澳大利亚。其基本特征为：一是创新投入高，国家科技投入占国内生产总值的2%以上；二是科技进步贡献率高，通常达到70%以上；三是自主创新能力强，国家对外技术依存度一般在30%以下；四是发明专利多，上述20多个创新型国家拥有的发明专利数量约占世界总数的99%。

2005年3月，欧盟重新启动《里斯本战略》，旨在把欧盟建设成为世界上最具活力和竞争力的经济体。2006年1月，美国开始实施为期10年的《美国竞争力计划》，以提高本国的创新能力和长远竞争力。2007年6月，日本内阁通过了《创新25战略》，提出面向2025年的创新型国家远景目标和创新途径。2007年，韩国颁布了国家中长期研发战略——《国家研发事业总路线图（2007～2022）》，对韩国未来15年的研发事业进行了总体设计。除此之外，英国、加拿大和澳大利亚等国也明确发布了“国家创新战略”。

改革开放三十多年来，中国在大力推进经济体制改革的过程中，一直高度重视创新驱动战略，颁布了一系列规划、条例，尽管在发展中还有很多不尽人意之处，但相比改革开放以前，我们的创新行动毕竟取得了长足进步。

站在新的历史起点上，我们必须要有全球化视野，直面体制机制对以企业为主体的创新压抑。

（一）国家创新的制度环境和体制机制问题

《决定》中明确指出建立健全鼓励原始创新、集成创新、引进消化吸收再创新的体制机制，健全技术创新市场导向机制，发挥市场对技术研发方向、路线选择、要素价格、各类创新要素配置的导向作用。建立产学研协同创新机制，强化企业在技术创新中的主体地位，发挥大型企业创新骨干作用，激发中小企业创新活力，推进应用型技术研发机构市场化、企业化改革，建设国家创新体系。

17世纪以前，中国文明一直领先其他文明，为什么中国现在不再领先？是什么阻碍了近代以来中国科学技术的发展？这就是著名的“李约瑟之谜”。李约瑟博士认为，中国的官僚体制阻碍了重商主义价值观的形成，抑制了现代科学在中国的成长；（李约瑟，2011，中译本）林毅夫认为，是中国的激励结构（如科举制度）使知识分子无心从事科学事业。（林毅夫，2008）诺斯和托马斯将之归咎于中国当时没有建立起一套有效地保护创新、调动人的积极性的产权制度。（道格拉斯·诺斯和罗伯特·托马斯，2009，中译本）可见，制度是主要的症结。

制度作为一种环境而存在，主要是指一定社会中调节人们之间关系的一整套的经济、政治、文化、法律制度。企业技术创新的制度环境是指那些主要的、直接影响企业技术创新的制度。具体来说，这一制度环境是一个制度体系，既包括国家有关技术创新的制度安排，又包括市场制度，还包括产权制度和企业制度。

企业的制度环境为企业技术创新提供一种激励结构，是企业技术创新不可缺少的因素。

体制说到底也是一种制度，只不过它是与人类社会活动最直接相关的一种制度。直观来说，体制是国家机关企业和事业单位机构设置和管理权限划分的制度。机制就是制度加方法或者说是制度化了的方法。

虽然改革开放已历经35年历程，但计划体制和机制的影子仍然没有消除，不必要不合理的各种规定仍然束缚着企业自主创新，阻碍着中国经济的转型和结构调整。

1. 宏观规则粗放，偏重短期目标，忽视长期发展

近年来，在参与全球化，分享新技术革命成果的基础上，通过自主创新、集成创新和引进消化吸收再创新，国内企业的技术水平也有了显著的提高。为建设创新型国家奠定了必要基础。然而，创新是一个长期、艰辛，充满不确定性的过程。在几年前还是先进、高端的技术现在已经成熟和普及，曾经需要鼓励发展的一些行业已经出现产能过剩，还有一批工艺和技术明显落后，不符合国家当前对集约发展和节能减排的要求，失去了生存空间。这表明，建设创新型国家还是一个动态规划和不断推进的过程。

现行的体制机制逻辑所产生的考核指标体系，其导向原则仍然是经济发展的粗放行为，即以规模考核替代质量考核，速度考核替代效益考核，短期考核替代长期考核。这就造成了创新的长周期与行政管理业绩考核短周期之间的矛盾，从而，制约了创新主体的积极性。此外，由于忽视了创新活动厚积薄发的规律，现有体制机制无法形成对基础研究项目的长期、稳定、连续的支持。总的来说，目前我们具有核心竞争优势的学科和学科群还不多；有些政策措施还缺乏前瞻性、配套改革滞后等问题；缺乏支持创新和容忍失败的机制，各类申请和考核几乎都以成功为导向，致使研究中多为跟踪追赶型项目，原创项目有限。

2. 部门创新管理协调机制有待加强

创新型国家建设需要强有力的组织保障，部门创新管理是实现这种保障的基础和前提。部门创新管理的核心是通过建立相应协调机构和有效平台，改变目前产业、教育和科研等松散组织、重复交叉的局面，促进科技力量整合，打破部门分割，将组织协调的着力点放在建立以企业为主体、市场为导向、产学研相结合的技术创新体系方面。

（1）产学研协同创新系统。

协同创新机制，具体说来即充分利用高校、科研机构的技术和人才资源进行合作，大力提升企业的技术创新能力和产业竞争力。企业、高校和科研机构在市

场、人才、技术以及资金等方面具有各自的优势，产学研合作可以实现优势互补和资源共享，从而缩短研发周期，提高研发效率。

以往的实践表明，产业技术创新战略联盟是攻克产业共性关键技术、提高产业国际竞争力的重要组织形式。我国单个企业因研发能力、资金实力、风险承担能力以及投资收益等多种因素往往不愿或无力单独攻关。由重点企业、高等院校和科研院所联手成立的创新战略联盟，改变了过去“一家一户”独立作战的局面，克服了以项目为纽带合作的短期性和不稳定性，实现了资金、技术、人才、管理等创新要素的高效整合。因此，产业技术创新战略联盟这种组织形式对于集中力量攻克产业共性关键技术、打通科技成果转化通道、提高产业核心竞争力具有重要意义。

产业技术重大创新投入高、风险大，系统性和复杂性大大增加，要求参与单位之间形成持续稳定的战略合作伙伴关系。然而，中国目前的产学研结合组织形式尚难以适应这一要求。一是以单位项目为载体的合作关系多，围绕产业技术创新需求建立的持续性战略合作关系少。多数合作以企业向高校、研究机构一对一地委托项目，高校、研究机构组建临时性项目组的形式进行。二是面向产业长远发展的关键共性技术创新所需的跨学科、跨领域、跨行业的产学研战略合作少。三是合作的组织形式松散。意向性的合作协议多，责权利界定模糊，合同文本缺乏可执行性，缺少保障持续性战略合作关系的法律约束和组织机制。

（2）部门创新管理层面。

在建设创新型国家的实践中，虽然市场在资源配置中起决定性作用，但是，在全球化的竞争中仅靠自由竞争的市场力量是不够的，需要政府相关部门扮演积极的引导者、协调者和推动者的角色。政府可以从更为长远的、宏观动态的目标出发，通过制度供给和机制营造等手段，纠正企业因目光短浅而造成的技术研发投入不足的弊端。

在当前中国的创新体系建设过程中，政府相关部门的角色和功能定位非常关键。部门创新管理关键是要发挥好协调功能，要解决创新体系建设过程中市场失灵的问题。同时要善于从计划性主导角色向指导性角色，最后到助推功能角色的转换，否则，所谓的企业自主创新或者缺乏长远追求，或者如散兵游勇。

2008 年，中共中央《关于深化行政管理体制改革的意见》中提出了政府转型的新要求：合理界定政府部门职能，明确部门责任，确保权责一致；理顺部门职责分工，坚持一件事情原则上由一个部门负责，确需多个部门管理的事项，要明确牵头部门，分清主次责任；健全部门间协调配合机制。

科学合理的部门协调边界应是，部门之间有合理的职权划分，部门在其职权范围内能够很称职地发挥部门作用；只有在涉及跨部门议题或者是很少的职权模糊地带，才有必要通过协调机制来解决问题。在实际工作中，由于部门职权交

叉、部门职责不清以及机构设置不合理，大量的行政事务包括一些公共政策的制定、行政监管、行政执法问题，都需要依靠协调来解决。从中央到地方，政府部门之间存在各种协调机构、会签制度以及在领导人个人偏好推动下的各种协调会议、部门会商。目前的实际情况是，政府部门之间的协调活动并不少，但协调效率并不理想，其重要原因在于部门边界责任缺乏评估与监管，部门利益潜规则化。

作为政府权力运行机制的重要组成部分，中国政府部门间的内部行政协调机制一直缺乏强制性的约束和规范。行政部门各自为政、相互扯皮、政令难行的现象屡有发生，政府对社会的综合治理能力不足、行政权限割裂、效率低下，对社会组织和个人的合理诉求政府职能无法及时跟进等。这些问题的出现有政府部门职能设置的原因，更多的是由于政府部门间的协调能力不足、协调机制不健全导致的。正是基于对上述现实的清醒判断，《决定》鲜明地提出了“推进国家治理体系与治理能力的现代化”。应该说，这对推进行政管理体制的改革具有里程碑意义。

建立科学合理的部门间协调机制既符合世界范围内协同政府的发展趋势，也顺应了中国建设创新型国家和产业结构优化升级的新目标与新要求。尽管近年来各种各样的“部门协调机制”涌现出来，但仍然要防止走过场、推责任、做政绩的假协调机制。

3. 创新成果产业化市场激励不足

市场机制的功能在于能自发地培育创新，市场过程是一个对技术创新进行自组织的过程。市场对创新的自组织行为主要表现在：第一，开拓市场本身便是创新；第二，市场信息的交流与反馈可部分消除创新的不确定性；第三，市场需求拉动着技术创新并通过竞争给企业以创新压力；第四，市场自发地培育企业家的创新精神。

经验表明，国家控制资源配置导致低效率。长期以来，相对于市场激励，中国推动创新的主体是国家行政机构。这种建立在计划体制模式下的创新管理制度有利于研发项目的大范围推广，但由于研发项目的价值缺乏市场检验，科研人员的创新积极性缺乏激励机制保护，就容易出现研发效率低下，容易出现研发项目与社会需求不匹配、项目成果转化实施效率低的现象。尽管国家创新投入逐年增加，但创新管理方式依旧落后，大量的重复研发项目仍需要有效遏止，大量的研发成果因种种原因而被闲置。

企业技术创新是高风险行为，需要市场激励的补偿。技术创新风险主要有技术开发风险、市场开发风险、调动技术创新资源出现的组织风险及技术创新所形成的知识产权易受侵犯等多重风险，企业自主创新需要大量投入，而投入又存在很大风险，影响企业的即期利润，企业在投资倾向上更愿意投向资金回报率高、回收周期短的行业。较高的机会成本使企业不愿承担创新的技术和市场风险。

国有企业创新效率是一个更加引人注目的课题。国有企业改革虽然在内部治理结构及现代企业制度培育方面取得了积极的进展，但由于国有企业大多处于垄断行业，缺乏市场竞争压力，创新动力不足。由于缺乏有效的创新激励机制和监督机制，导致国有企业经营者不愿创新或者应付创新。

4. 知识产权国策意识不足与知识产权管理滞后

（1）知识产权国策意识不足。

改革开放以来，中国政府一直很注重知识产权制度建设，知识产权保护工作取得了很大成效。从 2001 年起，中国发明专利申请和授权量实现了 8 年连续性的快速、稳定增长，发明专利申请量由 2001 年的 3 万多件攀升到 2008 年的近 20 万件，发明专利申请和授权分别是 2001 年的 6 倍和 8 倍以上，且增长具有明显的连续性。2008 年《国家知识产权战略纲要》从战略的高度强化中国知识产权建设。2009 年 3 月，国务院总理温家宝在《政府工作报告》中指出，要继续实施知识产权战略，加快转变发展方式，大力推进经济结构战略性调整，继续推进国家创新体系建设，提高知识产权创造、运用、保护和管理水平。

然而，中国的知识产权保护体系仍显相对薄弱。比较而言，一些市场经济发达的国家，已经将知识产权上升到国策地位，并逐步形成国策意识。20 世纪 90 年代以后，日本连续遭受了 10 多年经济疲软和产业空心化的困扰，亚洲新兴工业化国家和地区的兴起动摇了日本传统经济发展模式的优势。这使日本认识到，必须从知识产权立国着眼，将优秀的发明、制造技术、工艺设计、商标、音乐、电影、广播、动画、游戏软件等从国家战略层面加以保护和利用。为此，从 1996 年开始，日本在知识产权方面进行了一系列改革，从法律和行政上保证了“知识产权立国”方针的实施。中国将知识产权置于战略高度无疑是历史性的进步，但相关的法律法规还不够完善。在中国已成为世界第二大经济总量大国和“使市场在资源配置中起决定性作用”的今天，我们需要确定“知识产权立国”的方针，使得知识产权保护成为政府和百姓的基本共识，最终形成基本国策。

（2）知识产权管理滞后。

当创新成为引领发展的重要引擎，特别是高科技领域的创新成为确立为未来竞争地位的基石时，保护知识产权就变得比过去处于粗放型发展阶段时更为重要。因此，保护知识产权，对鼓励企业自主创新，优化市场创新环境具有十分重要的意义。以保护知识产权为核心构建促进创新的法律体系，就是要充分发挥知识产权制度在激励创新、鼓励创新投入、优化资源配置中的重要作用。

中国的知识产权制度是伴随着改革开放的进程逐步建立起来的。从 1985 年

开始，中国先后公布实施了《商标法》《专利法》《著作权法》《计算机软件保护条例》等知识产权方面的法律法规，并按照WTO的要求全面清理和修订了有关法律法规和规章，加入了一系列知识产权国际公约，积极履行保护知识产权的国际义务，形成了行政和司法双轨的知识产权保护机制。

在知识产权体制、机制建设方面，国际上一般采取专利和商标集中管理的模式，只有极少数国家采取三家分散管理模式。目前，中国实行的专利授权、商标注册和版权等级分开管理，自成独立体系的制度分散了人力、物力，降低了管理效率。由于知识产权管理部门分散，知识产权的执法力量和执法力度明显欠缺，导致知识产权整体管理滞后。

目前，在中国迅速增长的专利申请量中，大部分专利都是由在华外资企业提出的，中国国内企业拥有核心技术和关键技术领域的自主知识产权数量偏少。同时，在中国提出的专利申请中，发明专利所占的比重十分有限，而外观专利和实用新型专利占了相当大的部分，自主知识产权的质量明显偏低。

另一方面，由于知识产权保护不力而带来的“仿冒”“假冒”等现象导致的利润损失已经成为企业自主创新面临的严峻问题，并且正在弱化和侵蚀企业自主创新的内在动力。在这样一种自主创新的环境中，企业拥有的创新成果具有效应外溢的风险。这就必然会压抑创新主体的积极性，进而压抑全社会的创新动力。

（二）创新效率：投入与产出、成果转化

1. 原始创新短缺，核心技术产出效率低下

原始创新可以分为两个方面：基础研究和应用基础研究。基础研究主要包括对未知世界知识的探索和重大发现攻关，如数学、物理中的基础性课题和国际间的人类基因组计划等。应用基础研究主要包括针对促进经济发展和提升人民生活水平而开展的研发活动，如新材料的研制、芯片的设计等。在原始创新的这两个方面中，创新主体是不同的。第一个方面的基础研究主要依赖于大学、科研院所等。第二个方面由于涉及商业应用和产品的特征，研究开发主要依赖于企业。事实表明，在市场机制相对发达的国家，企业已经成为第二方面研发的主要依靠力量。

原始创新是最本源的创新，是具有战略突破性的科学活动，有着巨大的潜在经济价值和社会效益。在某些领域，原始创新一旦取得进展和成功，给企业带来的经济效益和市场地位是不可估量的。

中国企业与创新型国家企业研发投入的一个重要区别在于，企业研发支出中基础研究和应用研究比重严重偏低，企业研发活动几乎全部为试验项目。2011年，在中国6579亿元企业研发经费支出中，科学研究经费为198亿元，仅占

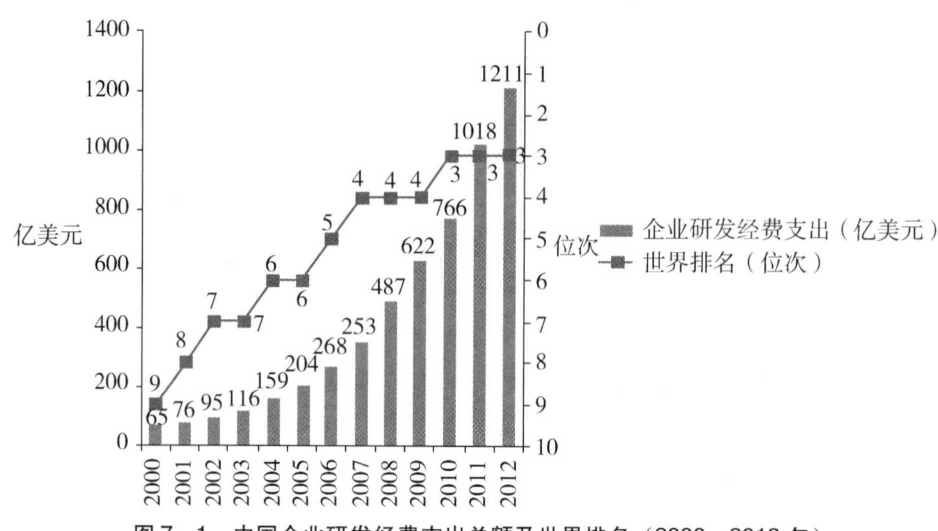

图 7－1　中国企业研发经费支出总额及世界排名（2000—2012 年）

数据来源：中国科技统计网

3%。与“十一五”期末的 2005 年相比，虽然经费规模提高了 41%，但占比却下降了 5 个百分点。数据显示，世界主要发达国家企业研发支出中科学研究所占比重普遍在 20% 以上，如美国为 24%，日本为 25%，德国则高达 56%，俄罗斯和韩国也分别达到 17% 和 28%。中国企业科学研究经费占全国科学研究经费的 14%，而发达国家这一比重一般都在 35% 以上。基础研究和应用研究是自主创新的源泉。企业研发经费中科学研究比重偏低说明企业把主要精力用于模仿创新、集成创新、引进消化吸收再创新，意味着企业原始创新不足。这将是制约中国企业核心技术创新能力可持续发展的重要因素。

近年来中国企业研发经费投入大幅提高，“十一五”期间以年均 25.4% 的速度增长，2011 年达到了 6579 亿元。中国企业研发经费总额在世界上仅次于美国、日本，居世界第三位。

虽然中国企业研发经费规模已居世界前列，但我国企业研发投入强度（企业研发经费与主营业务收入之比）与发达国家仍有很大差距。国内外一般研究表明，企业研发经费投入强度是被广泛采用的评价企业创新能力的核心指标，同时也是反映企业创新能力的重要指标。数据显示，当前中国大中型工业企业研发经费投入强度仅为 0.93%，而美国、日本、德国等发达国家则普遍在 2% 以上，其中日本达到了 3.57%。

2. 创新成果市场化转化效率不足

当今世界的科技创新竞争主要体现在创新成果的产业转化领域。创新成果转化能力是将现有的知识和技术资源，通过研发活动有效地和创造性地应用于企业

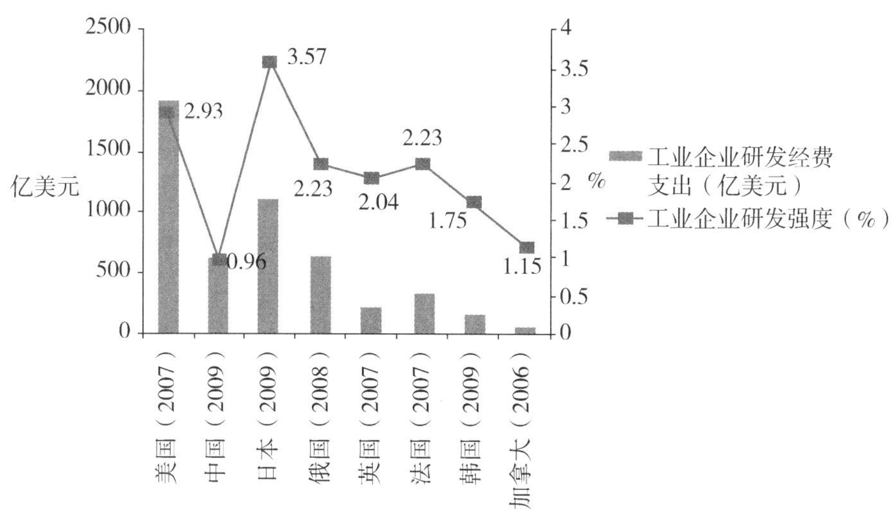

图7－2 主要国家工业企业研发经费及投入强度

数据来源：中国科技统计网，OECD数据库

技术实践，转化为企业产品竞争力的一种能力。创新成果的转化能力即成果市场化是创新竞争力的重要组成部分，体现了自主创新从知识创新阶段转变为技术创新阶段的过程。创新成果转化能力的最终标志体现为创新成果产业化，即将创新成果转化为市场认可的新产品，并且通过领先技术占据更多的市场份额。

创新成果转化率低是目前我们建设创新型国家面临的挑战性问题。虽然我国现在创新成果产出量还比较可观，但是创新成果对经济增长的贡献率，与发达国家相比却要低很多。据统计，中国创新成果转化的总体比例在10%～15%之间，发达国家则达到50%～60%之间，其转化率是中国的5—6倍。目前高校创新成果能够签约转化的不到30%，转化后能产生市场收益的成果大约只占被转化成果的30%，因此也只有约10%的成果能取得较大收益。由此可见，中国技术创新和创新成果产业化的总体水平仍不能令人满意。

目前中国大部分研发人员在大学或科研院所里，主要的创新成果也大都由这些机构所拥有，因此，必须着力强化产学研的体制机制创新，在市场配置资源的主导前提下，扭转创新成果市场化转化效率不足的局面。

三、全球化背景下的创新型国家建设

全球化对我们建设创新型国家来说既是机遇也是挑战，其中一个最关键的问题就是在全球化竞争中，中国企业的核心竞争力普遍弱化。国际经验表明，核心竞争力的关键是拥有核心技术，核心技术是买不到的，必须依靠自主创新。中国企业如何依靠自主创新培育核心竞争力，如何合理利用全球性资源进行自主创新，将是一项站在历史新起点上，建设创新型国家亟须破解的难题。

第二次世界大战结束以后，世界各国都在努力探寻实现工业化和现代化的道路。不同国家的发展道路归纳起来有三种模式：第一种是资源主导型的发展模式，以中东产油国家为主体，主要依靠自身丰富的资源创造国民财富。第二种是依附型的发展模式，主要是依附于发达国家资本、市场和技术，如一些拉美国家。第三种是创新型的发展模式，主要是把技术创新作为基本战略，着力提高核心技术创新能力，形成日益强大的产业竞争优势，我们把这一类国家称之为创新型国家，如美国、日本、德国、韩国等。

创新型国家的共同特征是：创新综合指数明显高于其他国家，技术进步对GDP的贡献率在70% 以上；创新所形成的生产率对GDP增长贡献率达50% ；R& D的投入占GDP大于2%；对外技术依赖度小于30%；目前这些国家所获得的专利数已占世界数量的绝大多数。

（一）主要国家创新体系的比较与启示

有关创新型国家的理论研究可追溯至德国古典经济学家李斯特。1841年，李斯特在《政治经济学的国家体系》一书（1961，中译本）中首先提出了国家体系这一概念。他深入研究了历史、文化和国家制度等国家特有要素对于一国经济发展和经济政策的巨大影响，明确地阐述了政府在技术经济发展中的作用。提出了后进国家在面对先进国家的技术限制和技术封锁的情况下所采取的国家技术发展战略，强调了一个国家的内生性科学技术能力的重要性。

尤为值得注意的是，以克里斯托弗·弗里曼和理查德·纳尔逊等为代表的新熊彼特主义经济学家，在李斯特理论与熊彼特理论有机结合的基础上，不断深化国家创新系统理论的研究，从不同角度提出了国家创新系统的概念与内涵。

1987年，英国经济学家弗里曼在《技术和经济运行：来自日本的经验》中，提出了国家创新系统的概念，他认为：国家创新系统是由公共部门和私营部门中各机构组成的网络，其活动和相互影响促进了新技术的开发、引进、改进和扩散。其功能是提高国家竞争力。（克里斯托弗·弗里曼，2008，中译本）1988年，美国经济学家纳尔逊在其著作《作为演化过程的技术变革》中也提出了“国家创新系统”的概念。他认为，现代国家的创新系统在制度上相当复杂，既包括各种制度因素以及技术行为因素，也包括致力于公共技术知识的高等院校以及政府的基金和规划之类的机构。（Richard. R. Nelson，1988）

在此背景下，波特于1990年出版了《国家竞争优势》一书（2012，中译本）。波特认为，解释一个国家产业竞争力的关键是该国能否有效地形成竞争性环境和推动创新，在国家创新系统中政府能否为国内的企业营造一个适宜的、鼓励创新的环境。他还指出了受政府影响的决定因素优势的四个重要条件：①要素

条件；②需求条件；③相关的支持产业；④企业的战略、结构与同业竞争状况。他认为对竞争力影响最大的是机遇和国家的作用。基于此，他提出了著名的国家创新系统钻石理论模型，为在经济全球化和区域一体化的大背景下研究和分析国家创新系统提供了较为全面的分析基础。

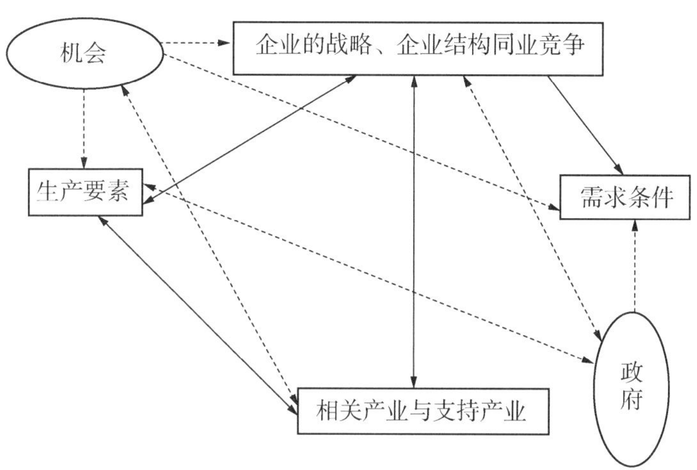

图7-3 波特国家创新系统钻石模型

在以上研究的基础上，1996年经济合作与发展组织在《国家创新系统》报告指出："创新是不同主体和机构间复杂的相互作用的结果。技术变革并不一定以一个完美的线性方式出现，而是系统内部各要素之间的相互作用和反馈的结果。这一系统的核心是企业，是企业组织生产和创新、获取外部知识的方式。外部知识的主要来源则是别的企业、公共或私有的研究机构、高等院校和中介机构"。

1. 美欧等发达国家创新体系的比较

（1）美国国家创新体系的构建。

美国是最早提出构建国家创新体系的国家。在第二次世界大战期间，美国积累了大量资金和技术人才，为其日后国家创新体系的建立提供了坚实的基础。战后近七十年，美国的国家创新体系日渐成熟并不断处于领先地位。明确的创新国家战略、严谨的法律保障、高效的运行体制以及成熟的市场环境是其国家创新体系成功的主要原因。

第一，明确的创新主体职责。在美国的国家创新体系中，企业处于核心位置。美国企业所雇佣的科技人员占全国从业科技人员总数的60%~70%，资金投入超过总投入的70%。企业是技术创新的主体。教育和科研机构主要从事基础性研究，是知识创新的主体。政府部门负责法规和政策的制定，为企业技术创新提供环境支撑。

第二，创新的企业融资渠道。融资是企业特别是中小企业面临的主要难题。美国政府在解决融资问 题上除了政策上的倾斜外，主要是通过建立风险投资机制。美国允许退休基金、保险基金和个人基金涉足风险投资业，鼓励小型高技术企业上市。同时，政府还设立创新基金，作为项目的“种子资金”，为企业创新项目提供贷款。

第三，强有力的法律和政策扶持。法律和政策扶持是美国构建国家创新体系的有力保障。美国政府为激励企业创新，出台了一系列法律法规和科技政策。早在 1980 年，美国出台第一部《技术创新法》，随后又制定了《反垄断法》和《信息法》，特别在高技术领域，美国已经形成比较完善的知识产权保障体系和机制。

（2）欧洲创新体系构建（以德国和英国为例）。

德国国家创新体系的构建注重发挥市场的基础性作用，通过法律和相关政策将社会化、专业化管理和市场化运行有机整合，形成了政府、中介机构和企业之间权责分明，既相互独立又彼此相互融合、衔接的有机系统。

第一，成熟的中小企业创新体系。德国政府早在 20 世纪 70 年代就着手倡导中小企业技术革新，大力引进现代电子信息技术，创新生产工艺，使德国中小企业具备了适应国际市场竞争的专业化生产能力。中小企业的迅速发展是德国在第二次世界大战后经济崛起的重要原因之一。

第二，完备的创新服务体系。德国的创新服务机构十分健全，除了法律事务、审计、会计、公证、人才市场等常规中介机构外，还专门成立为中小企业服务的运作政府创新基金的投资银行、生产力促进中心、贸易促进会等服务机构。

第三，多元化的创新研发体系。德国的研究与开发投入占 GDP 的比重近年来上升明显，并且其研发体系囊括了国家、大学和民营企业，形成了多元化的研发体系。在大型企业中，核心技术的研发更受重视，对提高企业和全国的技术竞争能力和产品竞争能力起到了至关重要的作用。

英国在进入 20 世纪后，往日的经济辉煌一直被持续的衰退所笼罩，尽管其科学技术的研究仍然处于世界一流的地位，但技术上的创新乏力、经济上的长期不振形成了著名的“英国病”。20 世纪 80 年代，英国政府深刻地思考了创新发展与工业衰退之间的关系，结论是：英国在注重科学研究的同时，忽略了工程技术研究，尤其是未能很好地解决创新成果的推广应用等问题。为此，英国政府以高技术为突破口，通过实施高技术政策，从企业的外部环境和内部机制人手，以发展高技术企业为重点，以其带动整个工业技术水平的提高，从而有效地促进经济增长。

英国的国家创新体系的主体是由企业、大学、政府、科研机构及其他非盈利机构组成。英国研究与发展经费的投入目前居世界第 5 位，面对经济全球化竞争

的日益加剧形势，英国政府认识到：创新是抢占世界科技制高点，是提高经济竞争力的唯一有效手段。20 世纪 90 年代由英国贸工部发表的《英国的国家创新系统》报告特别突出了产学研合作中的知识的储备、转移和流动等方面的政策主张。从 2000 年到 2001 年底，英国政府相继颁布了“科学与创新”“企业、技能与创新”“科学与创新战略”三个白皮书，出台了一系列政策与措施，从知识生产的投入、科研成果的转移和开发、企业家的进取精神和人力资源保障等国家创新的基本要素入手，加速国家创新体系的建立，同时在各个层次推动创新，以保障经济的可持续发展。

综上可见，西方发达国家在创新型国家建设过程中，共同的特点是都把企业作为技术创新的主体，并积极推进产学研融合创新。

2. 日本、韩国国家创新体系的比较

（1）日本。

第二次世界大战后日本经济迅速崛起，不仅跻身于发达国家的行列，而且一度成为仅次于美国的世界第二经济大国，其持续高效的国家创新体系居功至伟。日本在构建国家创新体系的过程中，强调政府的主导地位，实行积极的干预政策，官产学相结合的运行机制是日本国家创新体系的鲜明特点。

第一，创新战略的形成与发展。20 世纪五六十年代，日本政府提出“技术吸收”型的发展战略，大量引进西方技术，同时实施教育改革，基本形成了以教育为基础、企业为主体、官产学相结合的国家创新体系。随着日本在重化工时代经济实力的不断增强，日本面临的环境、能源等问题也不断加重，促使日本下决心战略转型，政府开始制定并实施“技术创新型”发展战略。

第二，创新模式的转变。日本在初始阶段采取的是“模仿型”技术创新模式，通过引进消化吸收再创新，许多产业获得了市场优势。然而，这种过度的模仿创新造成了日本技术对外的依赖性，产业竞争优势难以持续。于是日本政府继而推出了“模仿和自主相结合”的创新模式，在“模仿创新”的基础上加强了自主创新，使得在大量本由西方研制的高科技产品市场中，日本却可以实现竞争优势。

第三，政府的主导地位。在日本的国家创新体系中，政府居于主导地位，在制定发展战略和方针的基础上，为企业提供资金，协同科研，加强人才培养等等各环节，对创新活动采取积极的干预政策，其介入的程度比西方国家要高。

（2）韩国。

20 世纪 60 年代以来，韩国经济开始起飞，迅速发展成为新型工业化国家，并跻身号称“富国俱乐部”的经济合作组织。应该说，韩国经济现代化的进程与其长期奉行创新政策密切相关。（C. 埃德奎斯特和 L. 赫曼，2012）

韩国的国家创新体系是追赶型国家中的典型案例。在20世纪90年代和21世纪的前十年，韩国致力于发展国家创新体系，实现了从技术引进国到技术原创国的转变。

第一，科技国策战略的确立。20世纪90年代韩国的科技政策目标已经不再是跟随西方发达国家，而是转向在某些特定技术领域与西方发达国家进行竞争。1990年，韩国出台了“尖端科学技术发展5年计划”，重点推进微电子、新材料、生物工程和光纤维等7个高科技项目的研究。1991年，韩国推出了长达10年的“先导技术开发事业”（即“G7工程”），提出要在21世纪使本国科学技术赶上西方七个大国的水平。根据瑞士洛桑国际管理发展学院（IMD）公布的报告，2005年韩国的科技竞争力排名列世界第15位。短短六十年时间，韩国由一个经济落后的农业国逐渐成长为亚太地区重要的科技中心和全球高科技产业重要聚集地之一。

第二，传统文化与现代科技相融合的导向。韩国具有深厚的儒家文化传统，儒学产生于农业文明时代，强调皇权天授、等级制度森严、权大于法的人治理念，与现代社会转型要求相悖。1994年，韩国提出了“新韩国人”的教育方针。倡导新世纪的韩国公民应具备四大特征，一是“与众共生的人”——具有高度道德意识和集体意识；二是“智慧的人”——创造新知识、新科技和新信息；三是“开明的人”——能够主导国际化、顺应新时代；四是“劳动的人”——尊重劳动的价值而勤奋工作。这个公共价值体系的第一条和第四条，显然是由儒家修身伦理和工作伦理改铸而成。第二条和第四条，则体现了知识文明时代信息化、全球化的最新理念。

第三，制定大型企业优先发展战略。目前，韩国在资金、技术密集型产业领域已奠定了很强的产业竞争基础，如电子和汽车产业，都是由大型企业主导。通过对本土和国际技术资源和市场的利用，大型企业能够迅速地利用新兴技术开发和生产商品。它们甚至已经能够应付全球市场的挑战。纵观当今世界电子企业巨头，其中最被称道的公司有两家：一是美国的Apple公司，一是韩国的三星电子集团。为促进电子工业的发展，韩国继日本1956年推行“电子工业振兴法”之后，也于1969年实施本国的“电子工业振兴法”，走上了把电子工业作为国家前沿主导产业的发展道路。三星公司正是以此为契机，于当年成立了三星电子公司，并由此转变了公司的方向，奠定了当今三星产业发展的基本格局。

第四，一系列创新政策的制定。在韩国依创新立国的过程中，政府起了关键的作用。韩国科技政策是由中央政府制定的。20世纪70年代韩国走上创新发展阶段，开始把注意力转移到积极消化、吸收和扩散引进的先进技术上，并制定了一套有效的支援制度、措施，以监督和诱导技术创新活动；20世纪80年代至今是韩国的深化国家创新系统阶段，这一阶段最显著的特点是技术引进与技术创新

的重点逐步转向高技术产业。韩国政府还成立了专门的国家竞争力总统委员会，该委员会在《国家竞争力报告2009：通过国家一系列竞争力塑造未来》中指出，为了使韩国跻身世界一流国家行列，韩国需要一系列提高竞争力的战略以适应新的世界经济秩序。

以日本、韩国为代表的东亚创新特征是“政府推动”，这一成功案例也表明政府干预经济必不可少，但如果政府对经济过度干预，则容易产生各种寻租弊端。东亚的创新经验还表明，政府不要事无巨细都加以直接管理，能够交给市场配置的资源要交给市场，政府的作用在于建设和维护一个市场机制充分发挥作用的市场环境，做好制度供给工作。

3. 新兴市场国家紧追战略的比较（以印度、俄罗斯为例）

新兴市场国家（Emerging Market Countries）泛指相对于成熟或发达市场国家而言目前正处于发展中的国家。纵观中国、印度、俄罗斯、巴西、南非这五个新兴市场国家，其共同的特点是经济发展速度相对较快，总量较大，科学技术的发展已经积累了一定实力，但在国家创新竞争的格局中仍处于较为落后的阶段。

（1）印度。

1991年印度推行经济改革以来，经济持续快速增长，是世界主要经济体中经济增长速度最快的国家之一。印度经济长期保持快速增长，引起了国际社会的广泛关注。有观点认为，印度在构建国家创新体系中，尤其重视新兴产业（如软件产业）的优先发展，从而带动了相关产业的快速跟进，这或许是其近年来经济获得较快发展的重要原因。（殷永林，2010）

第一，“甘地式创新”的成功。“甘地式创新”力图通过战略定位、商业模式，以及运营战略的创新来降低成本，从而给低价格竞争提供保障。“甘地式创新”的最大特点是科研投入远远低于传统式创新，这使得“甘地式创新”的风险相对较小，有利于经济更平稳的发展。

第二，“双核心”模式的经验。印度自主创新追赶战略的“双核心”模式充分发挥了政府与企业的协同作用。政府与企业各司其职，协调配合，形成合力而不相互妨碍。政府为企业创造良好的创新环境，从制度、政策、环境、人力资源等方面出台针对性的措施，与此同时，还根据不断变化的全球化形势调整有关政策，及时淘汰已过时的政策，集中资源支持重点领域及优势行业的自主创新。企业在既有市场秩序的基础上，积极利用政府的扶持政策和措施，组合各种创新资源，不断提升自身产品的竞争力。

第三，软件产业优先发展策略。1985年，印度总理拉吉夫·甘地提出“用电子革命把印度带入21世纪”的口号。之后，政府加大对软件产业发展的扶持力度，尤其是瓦杰帕伊总理上台之后，确定了信息软件业为优先发展的支柱产业。在国家优惠政策指引和法律保障下，印度软件业迅速发展，软件开发技术产业在世界市场已占有重要地位。近十年来，印度软件业以平均每年30.88%的速度增长，软件出口则以每年34.09%的速度增长，这大大领先世界平均水平15%的速度。据世界银行的一项调查，目前在全球按客户要求设计的软件开发市场中，印度的份额已经占到16.7%。比尔·盖茨对印度的软件开发能力十分赞赏，认为它将成为“21世纪的软件超级大国”。

第四，强有力的知识产权保护。20世纪90年代以前，印度的软件业与其他发展中国家一样，备受盗版猖獗及知识产权保护不力两大问题困扰。1994年印度议会对1957年的版权法进行了彻底的修改，于1995年5月10日正式生效。一些业内观点认为，该法是世界上最严格也是最接近国际惯例的版权法之一。著作权法的修改实施以及政府强有力的执法效率，使印度的盗版率降低了30%，并且让印度软件产品免受美国301条款的制裁，最终，印度软件业已成为其在国际上最具竞争力的产业。

（2）俄罗斯。

俄罗斯继承了前苏联的绝大多数科技遗产和科研力量。然而也继承了原有科技体制的部分缺陷：科技与产业严重脱节，军事科技超前而民用科技落后；研究开发专业领域设置畸形。

国际金融危机爆发以前，俄罗斯GDP年均增长率超过7%。经济的快速发展使其成为最具增长前景的“金砖”国家之一。国际金融危机的爆发使俄罗斯“资源依赖型”的经济模式弊端暴露无遗。2009年经济增长率同比下降7.9%，成为G20中衰退最严重的国家。（许源丰、任钢，2012）经济发展过于依赖资源出口、创新乏力、劳动生产率低下等诸多弊病倒逼俄罗斯加快经济转型。基于此，普京提出了从资源依赖型经济向创新型经济转变的战略。

2008年2月8日，普京在国务委员会扩大会议上做了《俄罗斯2020年前发展战略》的报告，标志着国家创新发展战略的确立。

第一，重视人力资本投入，提高劳动生产率。普京提出，劳动生产率低下已经成为俄罗斯经济的主要问题。为此，一方面要促进高等教育体系创新能力发展，形成产学研良性互动的创新机制。另一方面，要提高政府的行政效率，促进国家创新体系的基础设施建设。2011年，俄罗斯政府预算拨款9251.1亿卢布（约占联邦总预算的8.7%），明确要求在R&D和高技术产业投入2176.8亿卢布（是2010年的1.06倍）。

第二，设立科技经济特区，打造“俄版硅谷”。到目前为止，俄罗斯政府已先后设立了三个工业生产特区，四个科技研发经济特区，三个港口特区和八个旅游休闲经济特区用以吸引外资和促进高科技产业的发展。2010年3月，梅德韦杰夫总统宣布，在斯科尔科沃建立一个现代化的高技术研发和商业化中心，使之成

为推动俄罗斯在通信技术、生物医药、空间技术、核能和能源节约这五个领域现代化进程的“俄版硅谷”。通过一系列税收减免和优惠措施，诺基亚、西门子、思科、谷歌等一大批世界一流企业已进驻该中心。

第三，明确“全系统创新”方向。俄罗斯创新动力的五大要素分别为政策支持、创新环境、经营管理创新、提高市场推动力以及提升科技创新能力。针对政策支持，俄罗斯政府建立并且完善宏观调控体系，将创新的元素注入其中，同时加强创新的法制体系建设，科学化和民主化创新决策。在此基础上建立健全合理的创新布局与体制。针对创新环境，俄罗斯出台了一系列的政策，为俄罗斯国家创新提供了较好的环境。新政策的出台和实施进一步提高了俄罗斯国家创新行动的预期，俄罗斯政府确信，创新的关键在于经营管理创新，不仅要求在管理上能够按自然和经济规律办事，同时也要求走一条科研管理之路，让科技成果转化为实际生产力。

印俄两国对保护技术创新，维护知识产权安全的问题，制定并正在完善知识产权保护方面的法律法规。但是在国家创新体系发展程度和认识方面亦存在差异。俄罗斯因继承和接收了苏联的遗产，虽然重工业基础较为雄厚，但现代制造业及其他民用技术应用领域仍落后于发达国家和一部分发展中国家，如金融服务业严重滞后。在国家创新体系建设认识发面。俄罗斯认为政府作用较大，对创新型企业培育不足，印度则以“双核心”模式滚动前行，并取得了长足进展。

（二）创新的全球化机制：技术、资本、人才、价值链

在激烈的全球化竞争中，如果一个国家的产业大部分处于高附加值的环节，那么这个国家的竞争力就越强；反之，如果一个国家的产业主要集中于低附加值的环节，长期停滞在全球产业分工体系的底层，那么这个国家的竞争力也就相对较弱，而且不容易实现新的跨越发展。因此，在全球化进程不断加快的时代背景下，对于任何国家而言，要实现国家竞争优势，都必须从全球价值链的角度审视当今以及未来相当长一段时期的国际分工，积极参与国际竞争与合作，抢占全球价值链中的优势地位。

1. 全球价值链的形成与发展

在全球化快速推进的30多年里，全球价值链经历了形成和发展阶段。所谓全球价值链，主要是指在全球范围内为实现产品或服务价值而连接研发、生产、销售、回收处理等过程的全球化跨企业网络组织，涉及从技术研发、原材料采集和运输、半成品和成品的生产和分销，直至最终消费和回收处理的过程。它包括所有参与者和生产销售等活动的组织及其价值利润分配，并且通过自动化的业务流程和供应商、合作伙伴以及客户的链接，以支持机构的效率。推进全球化快速

发展的两大动力是贸易投资自由化和信息通信技术革命，其不但是全球价值链形成的动因，而且为全球价值链的发展提供了坚实的基础。

具体来看，首先，第二次世界大战以来在美国等发达经济体的带动下，世界经济自由化、全球化趋势加强，国际商务环境也随之发生了巨大变化，各国纷纷放松贸易、金融等领域的管制，产品、服务、资金、劳动力等产品和生产要素跨国流动的制度障碍和政策壁垒大幅度降低，使企业在利润最大化驱动下在其他国家或地区寻求发展机会越来越便利。其次，国际运输通信成本大幅度降低。按照世界银行的统计，20 世纪 70 年代以来，铁路货运成本降低了一半；尽管能源和工资成本增加了，公路运输的成本仍然下降了 40%；世界航空货运的价格则低至 1955 年水平的 6%；不定期航运服务的价格也跌至 1960 年水平的 50%。（世界银行，2009）总之，世界经济自由化和技术进步使产品、服务、无形资产和人员的流动变得更为方便，企业可以远距离完成企业组织和运营，全球价值链得以形成和发展。

全球价值链的发展在贸易领域最突出的表现是产业内贸易稳定、快速的增长。根据世界银行的报告，全球的产业内贸易占全球贸易总额的一半以上，而 1962 年，这一比例仅为 1/4。中国自改革开放以后，积极融入全球化进程，已成为全球价值链上的世界性生产基地。在中国货物贸易中，产业内贸易已经超过产业间的单向贸易。以中美贸易为例，中国从美国进口的商品中近 3/4 属于产业内贸易，对美国的货物出口中超过半数以上属于产业内贸易。（张丽平、赵峥，2012）由于全球产业价值链的形成，后起国家产业升级的方向也逐渐发生变化：第一是继续像以往一样从劳动密集产业到资本技术密集产业的产业间升级，第二是向资本与技术密集的价值环节提升，第三是向信息与管理密集的价值环节的提升。不论是在传统产业还是在高技术产业方面，都存在着从低附加价值向高附加价值环节提升的趋向。在全球化条件下实现产业结构升级，实质上就是提升一国在全球价值链分工体系中的地位。

2. 全球化视野的要素价格、要素配置

（1）全球化视野下的要素价格。

从对经济全球化的要素角度来看，一般意义上的生产要素是指资本、技术、标准、品牌、优秀人才、跨国生产经营网络等等。要素特征首先表现在全球范围内的流动性。因此，产品的流动是世界市场的重要特征。产品的流动带来产品价格的均衡，从而间接影响包含在产品中的要素价格和要素供给。而在经济全球化的世界市场中，随着贸易和投资藩篱的不断拆除，各国对要素的流动采取越来越宽松的政策，使得各投入要素在世界范围的流动日趋频繁。

由于现实中要素在国际间的流动要受到很大限制，此种条件下的世界生产总

量、产品及要素的价格等，必然会与全球化经济条件下不一致。所以，对要素价格能否均等的问题，就演化为整个世界的经济要素将在各国间如何分配才能使两者趋于一致的问题。在国际经济学领域，有关要素价格机制的研究相当广泛，其中不乏很大争议。有些争议导致了对要素价格均等机制的新解释，有些新解释进一步拓展了要素价格机制的内涵，有的则主要是为贸易的研究提供更为坚实的理论基础。

（2）全球化视野下的要素配置。

在经济全球化的背景下，要素集聚是经济全球化下越来越重要的要素配置方式。要素集聚是指世界各国的生产要素集中到少数国家的现象。流动性较强的生产要素向流动性较低的生产要素所在地集聚是要素集聚的基本规律。要素集聚催生了生产型国家和消费型国家的形成。中国在改革开放的进程中集聚了来自发达国家的大量要素，在生产与交换的新格局中实现了长达三十五年的快速增长，同时也带动了全球要素配置的繁荣格局。

要素只有在流动的过程中才能获得最佳配置，实现收益最大化。如果一个国家要集聚全球要素，这个国家必须是开放型经济国家。因此，要素集聚的本质是要素流动，并且要素集聚国还要为这些要素提供配套的相关要素，如政策、法规，人文与自然环境等等，从而使要素有一个交流整合的环境。只有这样，要素集聚才能在该地区形成集聚优势，进而形成产业竞争力。

当前，要素的国际合作机制也在不断发展和完善，正在形成多层次，多领域、高效率的协商机制和多边合作机制及其平台。世界各国在一个达成相对共识的制度化框架内，可以就共同关心的问题进行磋商、决策、执行和监督，从而使一国无能为力的问题以较低的成本得到妥善的管理和解决。在国际要素集聚机制框架内，除了国际组织外，区域经济一体化组织在很大程度上也促进了要素集聚，提高了要素配置效率。欧盟是一体化程度最高的经济体，其 1993 年统一大市场的建立以及 1999 年启动的单一货币欧元，很大程度实现了要素的无障碍、低成本集聚。

在全球化的过程中，美国吸引了大量资本，有效抵消了国内私人储蓄下降和巨额贸易逆差的不利影响，促进了就业和经济增长。另外，全球化带来的人力资本的流动也为美国经济发展注入了活力。毫无疑问，美国是经济全球化的最大受益者。与此同时，全球化也为新兴国家和发展中国家提供了机遇，促进和带动了这些国家经济和社会的发展。但比较而言，新兴国家和发展中国家经济基础薄弱、经济结构单一、科学技术水平低下、发展资金匮乏，较少进行基础设施、工业项目和科学文化教育的投资。故此，全球化给这些国家带来的利益是有限的，只有将创新型国家建设与经济全球化统筹考虑，才能在全球价值链的深化发展中赢得新的机遇和主动权。

（三）创新的全球化机遇：国际技术合作、承接全球产业转移，以及推动全球开放和协同创新

1. 国际金融危机背景下的国际技术合作

国际技术合作，是指不同国家（或地区）的企业或技术研究开发机构进行技术联合，实现技术资源的共享与交流，缩短技术开发期的多赢博弈活动。它实际上是一种以契约为基础的技术交易，通过技术合作，合作方可以将各自互补的技术或技术上的比较优势结合在一起，既节省时间、资金，又快速提高技术水平。国际技术合作的迅速发展，主要是源于技术国际化、生产国际化和资本的国际流动。

肇始于2008年的国际金融危机对世界经济造成巨大冲击，本次金融危机的爆发实质上是对传统的全球经济增长模式的一次强制性的调整。这次强制性的调整成本是极其高昂的，导致了全球经济的一次重大衰退。因此，必须加强国际技术合作，铸就多赢的全球价值链体系，才能降低危机对本国产业的灾难性影响。

中国和欧盟在此次金融危机中深受影响。2009年，受国际金融危机的影响，中国对欧盟出口的降幅远超过从欧盟进口的降幅，顺差额有所减少，这表明中欧贸易结构有趋向平衡的倾向。就进出口商品结构而言，虽然在国际金融危机后双边贸易额发生剧烈波动，但欧盟向中国输出高附加值产品、中国向欧盟提供低附加值产品这种失衡的贸易结构基本没有改变。为减缓危机的冲击，欧盟采取了放松技术管制等出口鼓励措施，而中国企业也加大了对欧盟高技术产品与服务的进口力度，短期内中欧贸易结构失衡状况得到了明显改善。

自2000年以来，欧盟对华投资总额，一直占据中国前五大外资来源地的地位。即便在受到国际金融危机严重冲击的情况下，欧盟减少了其对外总体投资额度，但对中国的投资仍继续保持增长势头。截止至2011年底，欧盟对中国投资额累计达近千亿美元，占中国利用外资排行榜的第五位。总体来看，欧盟对华投资具有单向性明显、项目金额大、产业范围广、技术含量高等特点。而国际金融危机爆发后，中国也加大了对欧盟的投资力度。尽管中国对欧盟投资在逐年增加，但与欧盟对华投资相比差距仍然较大。中国与欧盟技术合作主要集中在交通、电子技术和新能源领域。由于在技术合作与转让方面采取了较美国、日本等更为灵活的政策，欧盟已成为中国的主要技术来源地，据统计，中国40%的技术引进来自欧洲。在国际金融危机期间，欧盟技术转让门槛有所降低，中欧双方技术合作更加活跃。仅2009年1月至11月，中国自欧盟引进技术2517项，合同金额达58.4亿美元，同比增长73.2%。相比之下，中国同期从美国技术引进则下降了17.3%。

2. 比较优势与全球产业转移

比较优势理论（Law of Compartive Advantage）最早由大卫·李嘉图（David Ricardo）在《政治经济学及赋税原理》（1817）（2011，中译本）中提出。按照比较优势理论进行国际分工，可以使资源配置更合理，从而增加经济总量，促进经济增长。然而，比较优势理论从一开始就遭到许多学者的质疑，他们认为，李嘉图至少忽略了两个问题：第一，比较优势是一个静态的模型，没有考察贸易过程中技术可能发生的变化和由此可能引起比较优势的逆转或技术差距的扩大，而这些都会导致双方贸易地位的变化；第二，比较优势没有注意到各国生产能力上的差异，交易数量的不对等也会导致双方贸易地位的不对等。

要素禀赋理论是由瑞典的经济学家赫克歇尔和俄林（Heckscher& Ohlin）20世纪初提出的。该理论将生产要素禀赋与价格差异和国际贸易联系起来，认为在两国技术水平相等的前提下，国际贸易产生的原因是由于存在国际分工，而国际分工产生的原因是由于不同国家的生产要素禀赋丰裕程度有所区别。通过国际贸易可以降低各国生产要素分布不均的程度，促进世界各国更加有效地利用各种生产要素，推进要素价格的均等化。（伯尔蒂尔·俄林，1986，中译本）

从经济发展史的角度考察，一些实行赶超战略的国家或经济体，因忽视自身所处的发展阶段和特有的资源比较优势，不仅未能实现预想的发展结果，反而陷入日益加深的城乡贫困化、旷日持久的高通货膨胀以及积重难返的经济结构失衡的困境中。反观一些没有采取赶超战略或早期采取赶超战略而后来逐渐放弃的发展中国家和地区，反而取得了较快速的经济增长，成为世界经济发展中的奇葩。根据赫克歇尔—俄林模型，如果一个国家劳动资源相对丰裕，该国的比较优势就在于劳动密集型产业。如果这个国家遵循比较优势多发展轻工业即劳动密集型产业，由于生产过程使用较多的廉价劳动力，减少使用昂贵的资本，其产品相对来说成本就比较低，因而具有竞争力。林毅夫等（1994）认为日本和亚洲“四小龙”经济由于人均自然资源和人口规模的制约，对这种牺牲大部分产业而集中扶持少数产业的做法所带来的巨大代价承受力较低，所以较早地放弃了赶超战略，企业从利用其劳动力丰富的优势出发，发展劳动密集型产业，反而使资源禀赋结构的提升速度加快，作为其人均资本拥有水平提高的结果，产业结构和技术结构得以更快地升级，最终进入较发达经济的行列。

产业转移是指产业由某些国家或地区转移到另一些国家或地区，是一种产业在空间上移动的现象。全球产业转移实质上是全球化经济运行在产业配置上的规律性体现。劳动力、土地等要素成本是诱发转移的直接因素，而企业则是在利益最大化原则驱使下的转移平台。

世界范围内已经发生过三次跨国跨地域的大规模产业转移。第一次产业转移发生在20世纪50年代，以美国为首的发达国家向日本、德国等国家转移以钢铁、纺织为主的传统工业；第二次是在20世纪六七十年代，主要是日本、德国向韩国、中国台湾等亚洲及部分拉美国家和地区转移以轻工业为主的劳动密集型加工产业；第三次是在20世纪80年代，以美国、日本为代表的发达国家和以韩国、新加坡为代表的亚洲新兴工业化国家将劳动密集型产业和低技术型产业进一步向发展中国家转移。应该说，中国是第三次全球产业转移的最大受益者。通过承接发达国家转移而来的产业，中国已经融入到了全球的生产体系之中。1992到2007年这十六年间，中国成为了吸收外商直接投资最多的发展中国家，累计外资投入达8200亿美元，中国正是在承接产业转移的过程中逐渐成为了“世界工厂”。

值得注意的是，2008年国际金融危机后，为复苏疲软的经济，美国和欧洲等发达国家相继提出了“再工业化”战略，在此背景下，原本在发展中国家落地的高端制造业出现了回流迹象。

相对于前三次全球产业转移，第四次全球产业转移正在出现一些新情况、新动向。首先是转移的激励背景不同，前三次转移主要是受经济全球化下生产分工的影响，企业出于追逐利润的最大化和对全球市场的占有，将一些低端制造业转移到人力和技术水平较低的新兴发展中国家，这种转移是以企业为主导的，以降低生产成本和占据市场为目的所采取的主动转移。当前中国所面临的第四次全球产业转移，则是由于近年来中国东部沿海地区劳动力成本和土地成本的快速抬升，导致企业利润下降，是一种在外力作用下企业为谋求自身生存发展而采取的非主动的转移行为。其次是转移的方向呈现多元状态，从空间上来说，前三次的产业转移是单向的，主要由发达国家向发展中国家转移其低端产业，而第四次全球产业转移则是多向的。一方面，以出口或代工为代表的劳动密集型制造业从中国东部沿海地区向马来西亚、缅甸等中国周边劳动力成本和土地成本更加低廉，相对更具有比较优势的国家转移，或继续向中国中西部地区转移；另一方面，由于美国、欧洲等发达国家“再工业化”战略的实施，相当一部分的高端制造业部分回归，向本土进行转移。此外，发达国家之间，发展中国家之间的产业转移与再整合也在进行之中。

总体来看，经过本次国际金融危机，全球产业将加快向具有低成本、高技术市场潜力大等优势的发展中国家或其他新兴市场转移的速度，并在此基础上尽早实现产业的转型或升级。处于新的变局之中，我们应对正在孕育着新的技术革命给予充分的重视。比如，新能源和环保节能产业有望引领全球产业的转型和升级。在本次金融危机过后，西方许多发达国家纷纷加大了其在新能源和环保节能等领域的技术研发投入力度，并努力推动其向产业化方向发展，希冀以此来引领全球产业结构的再升级，并拉动新一轮的全球经济增长。作为全球经济的重要力

量，西方发达国家在今后相当长一段时期内仍将在技术创新、高技术产业发展和国际分工中处于领先地位，其在大力发展新能源、环保节能等绿色产业和运用低碳技术改造提升传统产业的同时，仍会继续发展金融、保险、信息、科技、法律、咨询等现代服务业，并会在很长一段时间内保持优势。可见，新一轮的全球产业转移将呈现出多层次，多梯度和多向性，横向与纵向相互交融，在新技术、新产业的形成中呈现更加复杂的全球产业新格局。

3. 生态经济视野下的协同创新

面对全球气候变化这一空前挑战，需要全球合作与协同创新。当前，发展中国家正处在工业化、城市化快速发展的阶段及大规模基础设施建设时期，不可避免地呈现高排放特征，国际社会减缓气候变化的努力需要在合作中向新的技术革命寻找出路。对此，各国均有加以改进的强烈意愿，同时也采取了一系列积极的措施。但是，由于技术手段及大规模投入的限制，实际效果并不理想。发达国家经过多年研究探索，掌握了大量先进的气候友好技术，如果能够向发展中国家转让气候友好技术，并提供相应的资金支持，扩大技术应用范围，一定能够大大减少发展中国家在发展过程中所付出的环境代价并使人类的文明成果更好地服务于全球的共同利益。其实，以优惠条件向发展中国家转让技术是发达国家在公约和议定书下的义务，但在具体落实上，至今仍未取得实质性进展。“巴厘路线图”启动了一个加强公约和议定书全面实施的谈判进程，致力于在2009年底前取得成果，并把技术转让作为其中的一个关键性问题。能否在这一问题上取得突破，是衡量“巴厘路线图”谈判成效的重要标准。只有站在全球利益的角度，加强技术合作，推进技术转让，方能增强全球共同应对气候变化的能力。

在后国际金融危机时代，国际社会一方面要加强合作，共同消除金融危机对全球经济的影响；另一方面，应继续坚持在应对气候变化领域的合作磋商机制，加强沟通交流，视挑战为机遇，通过加大投入，加强技术创新与合作，打造全新的环保节能产业并拉动全球新一轮的经济增长。

四、以企业为主体的创新与产业结构优化升级

一个国家经济的可持续发展，其重要引擎是适应全球化竞争新格局中的产业结构优化升级。企业核心竞争力的增强，最终要靠持续创新来获得。越是核心技术，越是需要企业持之以恒的投入，越是需要政府始终不渝的政策扶持，唯其如此，才能嵌入全球产业升级序列之中，才能缩短与发达国家技术进步的差距。

（一）产业升级中的原始创新、集成创新、引进消化吸收再创新

1. 后发优势与产业升级

所谓后发优势，是指在先发地区与后发地区并存的情况下，后发地区所具有的内在的、客观的有利条件，是一种潜在优势，也是一种广义的比较优势，为后发地区实现经济的跨越发展提供可能。有学者通过归纳有关后发优势理论，认为后发优势具体表现在以下七个方面：第一，报酬递减方面的后发优势；第二，结构转变的后发优势；第三，规模扩张的后发优势；第四，技术模仿创新的后发优势；第五，组织制度和管理技术上模仿创新的后发优势；第六，发展道路上模仿创新的后发优势；第七，发展潜力的后发优势。

后发优势理论从20世纪90年代开始由西方引入中国，最初主要用于解释作为后起的发展中大国，中国应该如何利用与发达国家的差距，实现跨越式发展。郭熙宝、胡汉昌（2004年）对西方后发优势理论进行了深入的研究，他们认为，在全球化的今天，后发优势的影响更为深远，这主要是在于：一是资本流动的加快；二是技术扩散加速；三是信息技术发达。发展中国家可以充分利用这种后发优势，实现经济的赶超。后发优势是多维的，包括资本的后发优势、技术的后发优势、人力的后发优势、制度的后发优势和结构的后发优势。

改革开放以来，中国在FDI的带动下一度实现了产业的快速升级。从目前来看，中国吸引外资依靠的主要是劳动成本低廉的比较优势，然而这一低层级的后发优势，正在由于工人工资待遇的逐渐提高，和东南亚的越南、印尼、印度等国的低成本优势的有力竞争而日渐丧失。这表明，中国要实现持续性增长的根本途径是进一步拓展后发优势，从依赖劳动成本低廉的后发优势和技术模仿后发优势转到依靠人力资本投资后发优势和技术创新后发优势。尽管后进国家要实现经济赶超必须要有效利用后发优势，但先进国家也一定会利用其先发优势进行经济的“反赶超”。如果后进国家不能有效利用后发优势，还可能陷入“后发优势陷阱”，甚至陷入“赶超灾难”以致与先进国家的差距进一步扩大。这种现象又被称作“后发优势悖论”。后发优势的悖论表明，在利用后发优势进行经济追赶的过程中，既要根据经济发展所处阶段，充分利用“后发优势系统”中能够被特定社会能力的经济体所利用的后发优势类型，又要注重超前进行人力资本和社会资本投资，并不断发掘和构建不易被认识和实现的高层次后发优势，如创新型后发优势。

从工业化进程中的拉美式模式和日韩式模式，可以看到两种不同的利用后发优势的发展战略，前者仅仅停留于利用外生性后发优势，而不注重其内生化；后者则充分地将外生性后发优势转化为自身竞争力，结果出现了世界上工业化的两

种截然不同的结局。以汽车产业的后发赶超为例，拉美模式的特点是全面开放，鼓励各跨国公司合资合作，没有打造“民族汽车品牌”。而日韩则强调国家发展具有自主知识产权的汽车工业，不鼓励合资，高度重视引进消化，重视自有品牌，为保护本国的汽车工业不惜搞市场壁垒，并通过与跨国公司合作打入国际市场。

所以，真正而且持续发挥后发优势的前提条件是以自主创新为驱动，不断强化在产业升级过程中的原始创新、集成创新、引进消化吸收再创新。

2. 原始创新、集成创新、引进消化吸收再创新的良性互动

《决定》中明确指出建立健全鼓励原始创新、集成创新、引进消化吸收再创新的体制机制。据此，我们需要把科技创新放在国家发展全局的核心地位，以全球化视野谋划并推动自主创新，坚持走中国特色的自主创新道路，根据我们的发展阶段和产业特点实施原始创新、集成创新和引进消化吸收再创新相结合的自主创新发展战略。

中国《国家中长期科学和技术发展规划纲要》中定义了自主创新的内涵，主要包括三个方面：一是原始创新，以获得科学发现和技术发明为目的；二是集成创新，将多种相关技术有机融合，形成新产品、新产业；三是引进消化吸收再创新。

原始创新与集成创新及引进消化吸收再创新结合于自主创新系统之中，它是自主创新中拥有自主知识产权、技术主导性、控制权最强的创新模式，是自主创新的高级形态。集成创新形式灵活多样，从技术上，有先进技术的集成及先进技术与常规技术的嫁接，从渠道上有产业部门内部技术集成与不同产业尖端技术集成各种形式，并将产出不同的集成创新成果。相对于集成创新，原始创新具有源头性和带动性，往往导致与之相关的创新簇群或知识生产的连锁反应，因而通过与原始创新技术或其衍生技术的嫁接或二次创新，可有效地实现集成创新。而集成创新从多个不同技术来源、将不同技术集成的过程，也有可能变革既定范式，形成对原有技术的突破，成为一项重大工程自主设计与开发的创新成果，乃至孕育新兴产业的诞生。引进吸收消化吸收再创新重在消化吸收二次创新，提升自身创新能力。作为一个后发国家，通过吸收消化先进的技术来实现缩小与发达国家的技术差距，在国外先进的研发基础上进行应用性创新，在积累了一定的优势后，逐步过渡到自主的基础性研发创新已被证明是一条十分有效的技术发展道路。比较经典的案例是，20 世纪七八十年代以来，日本和韩国在美欧先进的研发基础上进行了再创新，依次节约了大量可能用于基础研发的时间与资金，并通过紧追策略取得在科技上的国际竞争优势。

大量后发国家创新经验表明，没有哪一个国家会一切从头做起，放弃技术引

进的比较利益，也没有哪一个国家会只靠技术引进，无视原始创新的战略价值。由于各国所处的发展阶段与具体条件不同，不同时期，不同产业在技术引进或原始创新上有会不同的重点选择。

（二）市场对技术研发方向、路线选择、要素价格、各类创新要素配置的导向作用

市场机制为企业自主创新提供了源源不断的动力。市场机制通过价格体系，发挥着提供信息、效率激励和决定投入方向三大功能。企业必须永远跟随国内外市场需求的变化，并确定自己认为有价值的投资项目，围绕这一项目组织各种生产资源，再通过创新要素的转化机制，将这些资源转化为市场所需的新产品。

1. 市场与技术研发方向

一个成功的企业研发机构，要想不断取得技术创新成果，尤其是原创性成果，就应该与时俱进地根据市场需求准确选择技术创新路线，并适时调整。在技术发展史上，不少顶尖企业研发机构在其辉煌的研发历程中，都有多次至关重要的技术创新路线选择和转变，使企业不断取得极具创新价值的成果，并对企业长期占领技术制高点产生了极其重要的作用。

技术路线的及时调整无不与市场有着千丝万缕的联系。市场需求的每一丝变化，竞争对手产品研发的动向，未来利润的增长点，这些信息均存在于市场之中，也只有在市场中发现、依靠市场和充分利用市场资源，及时转变企业技术研发方向，才能在激烈的市场竞争中站稳脚跟，处于不败之地。

2. 市场与各类创新要素配置

一般来说，创新要素是指包括资源、资金、技术和人才等基本要素。创新要素也是一种资源，因此，也具有稀缺性。资源的稀缺性是经济学中的一个重要前提假设，如何将稀缺的创新要素在创新主体之间进行分配，从而发挥其最大效用，同样需要发挥市场机制的功能作用。

《决定》明确指出，发挥市场对资源配置的决定性作用，这为我们处理市场与各类创新要素的关系指明了方向。根据要素流动的一般规律，创新要素总会从边际收益率低的区域向边际收益率高的区域流动。创新要素的自由流动在短期内可能会对吸引力低的创新主体产生不利影响，但从长期来看，创新要素的自由流动至少在以下两个方面，对吸引力低的创新主体产生正面的影响：第一，创新要素向吸引力高的创新主体流动会随着创新要素在吸引力高的创新体系中边际贡献率的下降，从而流向更能体现其价值的，原来吸引力相对较低的创新主体；第二，创新要素的流出，也促使吸引力低的创新主体不断调整其政策和市场环境，

从而促使创新要素流向引力低的创新主体。

充分竞争的生产要素市场能够使企业迅速实现人才、资金、技术等创新要素资源配置的良性转换，从而有效地对市场需求结构的变化做出合理反应，以新的产业结构调整消除与需求结构之间的偏差。在此，市场机制完成了对创新要素配置和再配置。

（三）产业结构优化升级的体制安排与激励机制

在全球化新一轮的竞争中，推动产业结构优化升级已成为世界各国提高自身竞争能力的重要途径和主要方式。我们应该站在新的历史起点上，把握住战略机遇期，按照《决定》指明的方向，客观评价我国产业的发展阶段和国际竞争力，正视我国产业升级面临的主要问题，探索创新型国家建设中产业升级体制与激励机制的系统化安排。

1. 创新型国家产业政策的制定

创新型国家建设是一个长期积累的过程，在经济全球化背景下，国内外竞争条件已发生巨大变化。这就需要政府运用产业政策对企业的各种创新行为进行保护或提供扶持。在这一过程中，政府的作用主要体现在以下两个方面：一是建立激励企业创新发展的制度，为整个产业的创新营造良好的市场环境。二是通过加大教育、培训等公共投入的力度，扶持和保护一些正外部性较高的创新部门的发展，以此营造整个社会的创新氛围，进而保证本国产业国际竞争力的提高和国家经济的稳定增长。

作为国家经济发展过程中一支重要的调节力量，政府可以通过财政、行政、信息等各种手段对产业结构调整进行适当干预。由于市场经济条件下产业技术发展迅速，必须建立一套完整的产业政策跟踪体系，只有这样，才能切实实现政策的可操作性。

值得注意的是，产业政策的制定和调整必须要考虑国际经济环境和其他国家产业政策的状况和变化趋势，以及本国社会经济条件的新变化，同时还必须考虑其与国内其他政策的协调和配合。产业政策的目标应是维护市场竞争秩序、促进技术创新、维护消费者利益和促进国民利益的最大化。产业政策应以激励创新为核心，通过产业政策的实施促进企业创新能力的提高，进而提高效率和规模，促进产业国际竞争力不断提高。需要强调的是，消除垄断、维护公平竞争秩序始终是产业政策的目标之一。作为市场制度尚不完善的转型国家，应努力消除和避免强势利益集团对产业政策的制定和实施的不良影响，从而维护公平竞争的市场秩序。

2. 创新型产业规制与行业整合

为了实现创新型国家建设的目标，适应经济全球化的发展趋势，中国的产业规制与行业整合将难以避免。只有推动创新型产业规制和行业整合，淘汰一大批产能渐次萎缩、技术含量低、环境污染重的企业，才能实现加快发展方式转变，推进经济结构战略性调整。

产业规制的基本要素有以下几点：一是规制的主体是政府或特定的行政机关，他们一般都获得了立法机关或法律授权。二是被规制的对象是产业内的具体企业，它明确规定企业能做什么，不能做什么，以及违反有关规定的后果。三是规制的主要依据是现有的法律法规，它可以是国家的立法，也可以是规制者根据授权原则制定的行政规章。四是政府的产业规制可采取不同的形式，如制定标准、颁布禁令、许可、反托拉斯政策等等。总之政府的产业规制是指政府部门依据有关法规，通过许可和认可等手段，对企业的市场活动施加直接影响的行为。

目前，国内很多行业在市场上处于不景气状态，然而，这恰恰带来了行业整合机会。当今企业的市场竞争已不再是单纯产品方面的竞争，而是软硬件实力、系统服务提供能力等的综合性竞争。在这样的背景下，行业整合必然成为大势所趋。现代公司的并购既有行业内也存在行业之间的整合，优势企业往往试图在通过整合不同公司资源，提高对市场控制能力，并向新市场、新行业进军以期达到进一步先动优势。

3. 产业结构优化升级的法律、政策与市场激励

一般来说，产业结构的调整包括两个相互联系的方面：一是产业结构优化，二是产业结构升级。结构优化是指国民经济中各种产业比例关系协调、合理；结构升级是指依靠技术的重大创新突破，实现产业结构向高层次递进。对产业结构进行调整，其实质就是使产业结构不断优化升级。

法律在产业结构优化升级过程中起着举足轻重的作用。具体而言，法律可以对产业政策的制定、产业政策的实施、产业部门的协调配合、产业或企业的责任，以及监督部门怎样督促检查等一系列问题加以确定。对于需要进行扶持的重点行业，利用法律形式加以明确，做出具体规定。只有建立起一整套严密的法律体系，每一个企业在成长过程中都按法规操作，才能保证产业结构优化升级的健康进行。

目前，我国正在进行的增值税改革，正是法律在适应现代市场经济的发展，对我国产业结构的优化升级的一次法律实践。我国早期的增值税法规定，只有购进原材料的费用才允许在进项税中抵扣，而对于企业大额的购进固定资产的费用则不允许抵扣。表面上看，可以在短期内保持财政收入的增加，但是这种做法在

实质上会打击企业技术改造投资的积极性，长远来看并不利于国家税收收入的增加。2009 年 1 月 1 日制定的消费型增值税规定，企业在购入固定资产时，可以一次性抵扣固定资产的进项税额。2012 年 1 月 1 日“营改增”率先在上海启动试点，通过试点，上海市 2012 年第三产业增长 10.6%，第三产业增加值占 GDP 比重首次达到 60%，信息传输与计算机软件业、现代服务业、新型服务业均呈现了比较良好的发展态势。

产业政策是建立在法律规定基础上的。这主要是因为三方面的原因：一是在很多情况下，产业政策本身就是以法律形式出现。而产业政策一旦上升为法律，它就不再是政府意志，而是一种国家意志和全民意志。二是要求有完善的经济法律体系。以法的形式贯彻产业政策，要求法律体系应当完备、相对稳定和目标一致，要能够覆盖资源分配和企业行为的各个方面，不能留有漏洞，不能朝令夕改，不能相互矛盾。三是要求有独立、公正的司法系统。有法必依，才能维护法律的权威，保证产业政策的实施效力。

市场是企业技术创新的归宿和最终评判者。市场作为一种有效的资源配置方式，必然导致企业在技术创新方面处于激励状态，创新资源最终必然流向创新成功的企业，这对创新成功者是一种激励，对创新失败者是一种惩罚。

市场是企业技术创新的归宿和最终评判者。市场作为一种有效的资源配置方式，必然导致企业在技术创新方面处于激励状态，创新资源最终必然流向创新成功的企业，这对创新成功的企业家是一种激励，对创新失败的企业家是一种惩罚。

市场不仅从需求方面为企业的技术创新提供激励，而且还从供给方面为企业技术创新提供激励条件。

第八章　推动经济更有效率、更加公平、更可持续发展

《决定》指出，紧紧围绕使市场在资源配置中起决定性作用深化经济体制改革，坚持和完善基本经济制度，加快完善现代市场体系、宏观调控体系、开放型经济体系，加快转变经济发展方式，加快建设创新型国家，推动经济更有效率、更加公平、更可持续发展。《决定》的这段表述对我国经济发展提出了新的任务和目标。

效率、公平、可持续是经济发展的三大主题，也是经济学研究的三大课题。经济更有效率、更加公平、更可持续发展目标的提出，揭示了经济发展的核心目标，抓住了经济发展的主要矛盾和主要方面，把握了经济发展基本要素之间的内在联系，标志着我们对于经济发展规律的认识又上了一个新的台阶。

经济更有效率、更加公平、更可持续发展目标的提出是有针对性的。一方面，它肯定了改革开放30多年来我们在经济发展的效率、公平和可持续方面取得了重大成果，另一方面，它又指出我们在经济发展的效率、公平和可持续方面仍存在着许多不足和问题，需要通过改革加以化解和提高。习近平同志指出："面对新形势新任务新要求，全面深化改革，关键是要更进一步形成公平竞争的发展环境，进一步增强社会经济发展活力，进一步提高政府效率和效能，进一步实现社会公平正义，进一步促进社会和谐稳定，进一步提高党的领导水平和执政能力"。（习近平，2013）这六个"进一步"就是经济更有效率、更加公平、更可持续发展的精髓。

一、推动经济更有效率发展

经济效率是指在有限资源的约束下，通过有效利用资源，最大限度地满足社会成员的需求，使社会成员的经济福利最大化。经济效率可分为生产效率和配置效率，前者是指生产所耗费的稀缺资源最少且资源成本最低；后者是指产品和要素的分配实现了最优组合，资源没有浪费地配置给了生产者和消费者。只有当生产效率和配置效率都达到时，经济体才存在经济效率。（芒迪，2009）

经济更有效率的发展是指，在已经取得的有效率发展的基础上，努力解决发展道路上的困难和问题，更有效地利用和配置资源，实现社会成员经济利益的最大化。因此，要推动经济更有效率的发展，首先我们必须明确阻碍经济更有效率发展的障碍在哪里？问题有哪些？

（一）妨碍经济更有效率发展的主要问题

经过30多年的改革开放，我国经济发展取得了长足的进步，经济效率大幅提高，这主要表现在以下几个方面：

第一，随着市场化改革的不断深化，我国已经初步建立了社会主义市场经济体制，市场在资源配置中发挥着越来越重要的作用。理论和实践都证明，市场决定资源配置是最有效率的形式。（习近平，2013）随着市场作用的不断提高，我国经济效率也在不断提高。

第二，通过改革，我国基本建立起以市场形成价格为主的机制，95%以上的商品和服务已由市场决定价格。同时，我国也建立了多层次的市场，劳动力、土地、资本、技术等生产要素市场迅速发展。各类市场在相互联系、相互作用中，逐步形成了体系完整、机制健全、统一开放、竞争有序的现代市场体系，使各类商品交换能够以最有效率的方式进行。（贺耀敏，2014）

第三，通过所有制改革和现代企业制度建设，我国企业已经基本成为了自主经营、自负盈亏、自我发展的经济组织，企业效率明显增强。国有企业焕发了活力，实现了制度创新和机制转换，成为经济发展的生力军；民营经济在宽松的经济环境下得到了蓬勃发展，迅速壮大，占据了半壁河山。多种所有制企业相辅相成、协调发展，推动了我国经济效率的明显提高，迎来了我国经济长达10多年的黄金发展期。

第四，通过转变政府职能，我国宏观调控的效率和水平不断提高。我国已经建立健全了国家计划和财政政策、货币政策相互配合的宏观调控体系，调控宏观经济的能力和水平明显提高。通过深化行政审批制度改革，政府管理经济的职能逐步转为主要为市场主体服务和创造良好发展环境，为经济效率的提高营造了有利的环境。通过完善财税体制和深化金融改革，逐步建立起公共财政体制，健全了金融调控机制，为宏观经济平稳有效的运行奠定了良好的基础。以上这一切，都明显提高宏观经济的运行效率。

虽然我们取得了很大的成绩，但是我们也要清醒地看到，在经济效率的提升方面，我们还有许多不足，还面临许多困难和问题，还有较大的提升空间。当前，要推动经济更有效率的发展，将必须解决以下我们面临的难点问题：

1. 市场秩序不规范，以不正当手段谋取经济利益的现象广泛存在

第一，市场透明度不够，各种潜规则盛行。在一些经济领域，缺乏公平竞

争，存在着规则和程序透明度低的问题，这滋生了寻租和腐败行为，产生了大量的灰色收入和不当得利。尤其在招标、采购和项目审批方面，上述问题表现得更为严重。在资本市场，有效信息披露不足的问题也长期存在，少数人利用内幕信息和交易信息的非对称性谋取不正当利益，损害了大多数投资者（特别是中小投资者）的权益。

第二，重要的生产要素存在多重价格，寻租问题比较严重。在我国，产品市场的市场化程度已经很高了，基本上由市场决定价格。但在要素市场，市场化的程度还比较低，一些重要的生产要素价格或由政府定价，或在价格形成中受到政府的干预。其结果是，重要的生产要素价格出现了多重价格。比如，作为资金价格的利率，就有法定利率、政策利率、管理利率、市场利率、民间利率、高利贷等之分。土地有征地价格、拍卖价格、交易价格之分。工资随所有制性质和行业部门的不同有很大的差异，甚至在同一单位，按照就业性质的不同也有不同的标准和分类。生产要素价格的多重性，拓宽了权力寻租的空间，形成了我国特有的灰色市场和黑色市场，使得用不正当手段获取利益的行为能大行其道。这不但滋生腐败行为，破坏正常的市场秩序，而且损害了资源的合理配置，阻碍了经济效率的提高。

第三，市场监管不到位，商业欺诈行为盛行。我国的市场秩序混乱与监管不力有很大的关系。目前我国市场监管存在的问题，一是政出多门，多头管理；二是地方保护主义严重；三是存在选择执法、重复执法、错位执法、无人执法的情况。监管的不力导致以质量欺诈和价格欺诈为特征的商业欺诈行为屡禁不止，并且有愈演愈烈之势，已经成为经济社会发展的一个顽疾。

2. 生产要素市场发展滞后，要素配置效率亟待提高

我国生产要素市场的发展长期滞后于经济发展和经济的市场化程度。2008年，我国产品市场的市场化程度已经达到95.7%，但生产要素市场的市场化程度却只有87.5%。（贺耀敏，2014）生产要素市场的发育程度明显落后于产品市场。进一步，如果我们不仅从数量关系上看生产要素市场发展的滞后，更重要的是从市场化质量的角度看问题，那么，生产要素市场发展的滞后问题就更加严重。从土地市场看，农村土地制度改革不到位，国有和集体土地同地不同权，加上政府对城市建设用地一级市场的独家垄断，不仅造成土地价格扭曲和低效配置，而且引发大量的社会问题。在劳动力市场方面，户籍制度妨碍了劳动力在城乡之间的自由流动。即使在城市之间，户籍制度和公共服务体系也阻碍了劳动力的自由流动。同时，在就业收入方面，基于所有制、部门、用工性质等不同，形成了不同的劳动者身份，产生了差别很大的工资和福利待遇。在就业和工资上存在的歧视性问题，阻碍了劳动力的合理流动，压抑了劳动者的积极性，导致了在

劳动力配置方面的效率损失。在金融市场，国有银行一统天下，股份制银行和民营金融机构明显不足。金融资源优先配置给国有经济，民营经济所得到的金融资源甚少，这与其在国民经济发展中的作用明显不符；中小企业的贷款难问题成为了长期困扰我国经济发展的大难题。同时，金融资源的错配问题也比较严重，影子银行、理财产品等方面的问题已经影响到我国的金融安全。金融资源配置的低效率，不仅影响了我国的经济发展、结构调整和经济转型，而且容易引发货币泡沫、信贷泡沫和债务问题，对我国经济的健康发展构成潜在威胁。在资本市场，仍存在明显的行政管制色彩。交易所和银行间债券市场的参与主体、交易品种和托管清算局均未实现统一，企业债券市场的发展明显滞后；股票的发行和上市交易受到行政审批限制，股票市场层次较为单一，养老金和保险等长期机构投资者发展迟缓等。（编写组，2013）生产要素市场发展滞后和资源配置的低效率，一方面使得大量的要素闲置，得不到有效利用，另一方面，大量的有效需求却得不到满足，资源配置出现明显的错位。这意味着社会资源的巨大浪费。因此，生产要素配置资源的效率亟待提高。

3. 市场规则不统一，部门保护主义和地方保护主义大量存在

市场规则是参与市场活动的各方必须共同遵守的行为准则。一般由政府或行业协会制定。

包括市场进入规则、市场竞争规则和市场交易规则。在市场规则方面，我国现存的问题是，政府部门和地方政府作为市场规则的制定者和执行者，往往出于本位利益的考虑和被利益集团的俘获，对不同企业实行不同的标准，或过度使用自由裁量权，保护一些企业，歧视另一些企业，形成了部门保护主义和地方保护主义，造成了巨大的社会福利损失。（刘志彪、姜付秀，2003）部门保护主义主要表现在市场准入条件方面，集中体现在对民营企业的歧视上。在一些重要领域，国有企业可以自由进入，而民营企业却受到诸多限制；在一些重要部门，外资企业可以进入，而民营企业却被挡在门外。目前，国内 80 多个行业中，允许国有企业进入的有 72 个，允许外资企业进入的有 62 个，允许民营企业进入的只有 41 个。（邓荣霖，2011）地方保护主义主要表现在以下几个方面：一是地方政府直接干预经济，在招商引资方面恶性竞争，重复建设，导致各地产业结构趋同，产能过剩，社会资源浪费严重；二是地方政府滥用行政权力人为设置障碍，阻止其他地区有竞争优势的产品和要素流入本地市场，其结果阻碍了全国统一市场的形成；三是地方政府忽视维护公平竞争，执法手段和执法力度明显不够，导致一些不正当竞争和扰乱市场的行为得不到惩处。市场规则是市场健康有序运行的制度基础。市场规则的不统一，必然导致市场的紊乱，扭曲市场机制的作用，造成资源配置的效率损失。

4. 市场竞争不充分，阻碍优胜劣汰和结构调整

我国正处于经济发展方式的转换期，需要借助市场竞争的作用，通过市场导向和优胜劣汰完成产业结构调整和产业升级。但是，由于地方保护主义的大量存在，我国通过市场机制实现结构调整和结构升级的进程严重受阻。一是为了本地利益，地方政府对本地区在全国同行业中处于竞争劣势的企业加以保护，使处于竞争劣势的企业和产品因受到保护而不能按照优胜劣汰机制退出市场，从而降低整个产业的竞争力和整体优势。二是当地方政府恶性竞争，重复建设，某个行业或产品出现产能严重过剩时，地方政府不是主动压缩本地区的产能，而是竭力保护，希望在与其他地方政府的博弈中保全本地区已经过剩的产能。更严重的是，一些地方政府对中央限产压库、削减产能的政策阳奉阴违，消极抵抗，致使全国的产业结构调整步履维艰。

（二）推动资源配置依据市场规则、市场价格、市场竞争实现效益最大化和效率最优化

针对我国经济发展在效率方面存在的问题，《决定》指出了解决问题的基本方向，这就是，“必须积极稳妥从广度和深度上推进市场化改革，大幅度减少政府对资源的直接配置，推动资源配置依据市场规则、市场价格、市场竞争实现效益最大化和效率最优化”。(《决定》，2013）从中可以看出，“大幅度减少政府对资源的直接配置”是推动经济更有效率发展的关键环节。

怎样才能“大幅度减少政府对资源的直接配置”呢？从原则上来说，就是要界定政府的职能，改变原有体制下政府无所不管的状况。市场可以办的，由市场去办；社会组织可以办好的，交给社会组织去办；只有市场和社会组织做不了或做不好的，才由政府去办。(吴敬琏，2013)

1. 建立公平开放透明的市场规则

市场规则是市场经济健康运行的基础。要提高市场经济的运行效率，就必须建立起公平开放透明的市场规则。

所谓公平，是指在政府允许进入的行业和领域，所有企业，无论是内资还是外资，无论是国有还是民营，都具有相同的权利和义务，在进入标准上一视同仁，不存在歧视性或差别性的规定，不存在身份的特殊性。所有的企业在同等条件下展开公平竞争。

所谓开放，是指在政府允许进入的行业和领域，对所有的企业平等地开放，既对内资企业开放，也对外资企业开放；既对国有企业开放，也对民营企业开放。尤其是对民营企业的开放是未来一段时期工作的重点。开放的另一层含义是

指，在政府允许进入的行业和领域，要全面开放，而不能在开放的行业和领域中，个别业务只对特定的企业开放，而不是同等地对所有企业开放，也就是说，开放不留死角。

所谓透明，是指在政府允许进入的行业和领域，所有规则和程序的设定都是清晰的，信息披露是公开、充足、及时的，不存在潜规则或规则及程序的灰色地带。在透明的市场规则中，不应存在部门保护主义和地方保护主义，也不应存在过大的自由裁量权，更不允许选择执法、重复执法和错位执法的存在。所有企业都能根据透明的市场规则和充足的信息，正确评估自己所面临的风险、收益和能力，做出适合自己的经营决策和投资决策。

公平开放透明的市场规则的核心是统一，只有统一的市场规则才可能做到公平、开放和透明。目前，建立公平开放透明的市场规则主要有两大任务，一是实行统一的市场准入制度，二是要实行统一的市场监管。

首先，要实行统一的市场准入制度。实行统一的市场准入制度，主要是实行负面清单准入管理模式。负面清单准入管理模式，是指政府以列出清单的方式规定哪些行业、领域和业务不开放，除了清单上禁止的，其他行业、领域和业务都被许可。我国所建立的负面清单准入管理模式，体现了建立市场规则公平、开放和透明的基本要求。

从公平方面看，负面清单准入管理模式原为对外投资领域的一种管理方式，现在则扩展到国内市场，适用于所有的企业，包括内资企业和外资企业、国有企业和民营企业。各类市场主体平等进入，依法经营。

从开放方面看，各类市场主体都可依法平等进入清单以外的领域。只要是清单没有明确禁止的领域，各类企业都可以平等进入。同时，负面清单取消了“鼓励类”项目，杜绝了开放的死角，使得一些企业再也不能拿着批条寻求优惠政策的支持。

从透明方面看，负面清单明确规定企业“不能做什么”，条款清晰，信息充足，便于企业理解和把握。同时，负面清单收缩了政府的审批范围，减少了自由裁量权，因而大大压缩了寻租空间，有利于各类企业公平竞争。

负面清单准入管理模式的实行，将在很大程度上纠正我国在市场规则方面存在的问题，转变政府职能，提高办事效率，推动公平开放透明市场规则的建立。这是一项重大且意义深远的改革。

其次，要实行统一的市场监管。《决定》指出，建设统一开放、竞争有序的市场体系，是使市场在资源配置中起决定性作用的基础。而要建成统一开放、竞争有序的市场体系，就必须消除阻碍全国统一市场形成的各种市场壁垒，实行统一的市场监管。

实行统一的市场监管，一是要清理和废除妨碍全国统一市场和公平竞争的各种规定和做法，主要是清理和废除一些地方和部门出台的带有地方保护主义和部门保护主义色彩的政策、规章、条例、细则等。二是严禁和惩处各类违法实行优惠政策的行为，主要是禁止和惩处那些保护落后、限制竞争，过度使用自由裁量权的潜规则行为。三是反对地方保护，在明目张胆的地方保护主义逐渐销声匿迹的情况下，反对地方保护，主要是反对那些隐蔽性的地方保护主义行为，比如多重标准、繁多的行政许可、不合理收费等。四是反对垄断和不正当竞争，这是我们一项长远而十分艰巨的任务。此外，实行统一的市场监管，还必须建立健全社会征信体系和优胜劣汰的市场化退出机制。

2. 完善主要由市场决定价格的机制

《决定》指出："市场决定资源配置是市场经济的一般规律。"而价格是市场配置资源的中心，是资源配置的指示器。通过竞争形成的价格，可以正确反映资源的稀缺程度，有效调节市场供求，引导生产要素和产品合理流动，最终实现资源的合理配置，提高经济效益。因此，要使市场在资源配置中起决定性的作用，就必须建立主要由市场决定价格的机制。

首先，凡是能由市场形成价格的都交给市场，政府不进行不当干预。由市场形成的价格，具有四大功能：调节社会资源实现有效配置；促进企业改进技术和改善经营管理；引导并调节消费的方向和结构；调节社会物资利益关系。（何干强，2004）价格机制的这四大功能是在正常的市场条件下形成并发挥作用。如果政府进行不当干预，那么，就会扭曲价格，产生错误的调节信号，造成资源配置结构的不合理和低下的配置效率。因此，在市场经济中，凡是能由市场形成价格的都要交给市场完成，政府不能进行不当干预。

当然，政府不进行不当干预，并不意味着政府完全不干预，放任市场自流。当出现破坏统一市场规则（如不正当竞争等）、扰乱市场秩序（如商业欺诈等）的行为时，政府必须对市场进行干预。但这种干预是为了维护市场的正常运行，使市场正常发挥决定价格的作用，而不是替代价格的作用。

其次，合理界定政府的定价范围。《决定》指出，政府定价范围主要限定在重要公用事业、公益性服务、网络型自然垄断环节，提高透明度，接受社会监督。《决定》的这一规定，在界定政府定价的同时，事实上将政府定价和市场定价的范围做了明确划分：政府定价主要限于公共产品价格和特殊的自然垄断——网络型自然垄断环节的价格，而除此之外，所有要素和产品的价格都由市场决定。市场决定价格的范围包括：①所有竞争性环节的价格由市场决定。②现在仍处于自然垄断环节（网络型自然垄断环节除外）和行政垄断环节的价格，将从现存的政府定价的范围中分离出去，交由市场决定。③一些不重要且适合市场决定价格的公用事业环节，其价格由市场决定。

对政府定价范围的限定，给出了政府定价改革的基本方向。一是在政府职能转变的基础上，较大幅度地减少政府定价的种类，缩小政府定价的范围；二是深化垄断行业改革，引入竞争机制和市场决定价格的机制；三是改进政府定价方法，规范政府定价行为；四是推进价格政务信息公开，更好地接受社会监督。

再次，深化重点领域价格形成机制的改革。《决定》提出，推进水、石油、天然气、电力、交通、电信等领域价格改革。这些领域，主要是基础产业和服务业，是目前政府价格管制比较多的领域。这些领域的改革，要坚持市场化方向，提高市场化程度。凡是能够通过市场竞争形成的价格，都要放开价格管制，由市场决定和调节。暂不具备调节完全放开的，也要积极建立符合市场导向的价格动态调整机制。

3. 完善有效的市场竞争机制

我们知道，市场经济有一只看不见的手在发挥作用，它引导资源合理流动，调节市场参与者的利益关系，通过不断整合资源提高资源的配置效率。这只看不见的手就是竞争，它是市场经济活的灵魂。要使市场在资源配置中发挥决定性的作用，就必须实行有效竞争。

有效竞争是一种比较理想的竞争状态。它的形成需要具备以下条件：第一，企业是自主经营、自负盈亏的商品市场者和经营者，它们在经济地位上具有平等性，不存在具有特殊身份的企业。第二，市场存在众多的市场主体，没有垄断现象的存在，因为垄断是竞争的直接对立物。第三，生产要素可以自由流动，企业进入或退出一个行业没有壁垒，但存在优胜劣汰的压力。第四，市场存在一定的集中度，资源会适度向效率高、规模适当的企业集中。

经过30年的改革开放，我国已经初步建立了市场经济体制，市场的有效竞争有了很大的发展，但仍在一些领域存在着有效竞争不足的问题，需要在深化改革中不断完善有效的市场竞争机制。

首先，要建立统一开放、竞争有序的市场体系，这是有效竞争发挥作用的基础。一是要清理和废除妨碍全国统一市场和公平竞争的各种规定和做法，严禁和惩处各类违法实行优惠政策的行为，反对垄断和不正当竞争，营造有利于有效竞争发挥作用的环境。二是严格界定政府定价的范围，凡是能由市场形成价格的都交给市场，政府不进行不当干预，完善主要由市场决定价格的机制。三是要推进要素市场的改革和建设。在土地市场，允许农村集体经营性建设用地出让、租赁、入股，实行与国有土地同等入市、同股同权；在金融市场，扩大金融业对内对外开放，在加强监管的前提下，允许具备条件的民间资本依法发起设立中小型银行等金融机构；在技术市场，要建立健全鼓励原始创新、集成创新、引进消化吸收再创新的体制机制，发挥市场对技术研发方向、路线选择、要素价格、各类创新要素配置的导向作用。

其次，要健全优胜劣汰市场化退出机制，完善企业破产制度。优胜劣汰既是有效竞争发挥作用的条件，也是有效竞争发挥作用的结果。当前，我国经济面临的一个亟待解决的问题是产能严重过剩问题，而要解决这一问题，出路就在于发挥好有效竞争、优胜劣汰的作用，让市场决定哪些企业可以继续生存，哪些企业必须淘汰退出。为此，要反对部门保护主义和地方保护主义，把所有的企业都置于有效竞争下，让市场对企业的命运进行选择。同时，积极推动跨部门、跨地区的兼并收购、资产重组，让过剩的产能转化为流动的资源，提高社会资源的利用效率。最后，政府应把主要精力放到有效竞争、优胜劣汰环境的建设上，完善制度建设，完善社会保障，完善人力资本培育，减轻优胜劣汰机制对社会的冲击，使得有效竞争在我国的经济生活中发挥越来越大、越来越好的作用。

（三）健全宏观调控体系，提高宏观经济效率

市场配置资源是最有效率的形式，但市场不是万能的，市场在一定程度上也存在着自发性、盲目性和滞后性。如果完全放任市场自发地发挥作用，就会出现市场失灵的情形，造成社会财富的巨大浪费，带来资源配置的效率损失。因此，要提高整体经济的效率，科学的宏观调控是必不可少的。正如习近平所指出的，“市场在资源配置中起决定性作用，并不是起全部作用。”“发展社会主义市场经济，既要发挥市场作用，也要发挥政府作用”。（习近平，2013）科学的宏观调控就是发挥政府作用的主要形式。

从推动经济更有效率发展的角度看，发挥政府的作用就是要健全宏观调控体系，提高整体经济的配置效率。目前，健全宏观调控体系要从以下几个方面入手。

1. 科学界定宏观调控的主要任务

《决定》指出：“宏观调控的主要任务是保持经济总量平衡，促进重大经济结构协调和生产力布局优化，减缓经济周期波动影响，防范区域性、系统性风险，稳定市场预期，实现经济持续健康发展。”《决定》所界定的宏观调控的主要任务主要包括以下几个方面的内容。

第一，总量平衡。经济总量平衡是指社会总需求与社会总供给的平衡。社会总需求大于社会总供给会产生经济过热，引发通货膨胀；社会总需求小于社会总供给会产生经济收缩，引发通货紧缩。这两种情况都不利于宏观经济的稳定，因此有必要对社会总需求与社会总供给进行管理，使两者保持相互适应的状态。

第二，结构协调。一般来说，重大经济结构主要包括产业结构、所有制结构、分配结构、城乡和区域结构等。这些结构的协调发展，是国民经济持续健康

发展的前提。因此，有必要从宏观层面，运用政策工具协调各结构的关系，使它们的关系保持相对的稳定和平衡。当然，结构协调并不等于结构固化，而是要根据生产力发展的要求，不断优化生产力在结构间的布局，在优化经济结构的基础上实现重大经济结构的协调发展。

第三，减缓波动。经济发展的历史证明，经济发展是有周期性的。经济的周期波动会影响宏观经济稳定，带来区域性风险和系统性风险，造成资源配置效率的损失和社会财富的浪费。经济周期波动不能消除，但可以减缓。宏观调控的主要任务之一就是正确判断形势，运用政策手段进行反周期操作，从而达到减缓经济波动的目的。在反周期操作中，防范区域性风险和系统性风险是重要的一环。只有防范风险工作做得好，经济才可能不出现大的波动，经济才能稳定健康发展。因此，防范风险、减缓波动是最能考验宏观调控能力和水平的一项任务。

2. 健全以国家发展战略和规划为导向、以财政政策和货币政策为主要手段的宏观调控体系

第一，要加强国家发展战略和规划的导向作用。国家发展战略是指国家对较长时期（如10年、20年或更长）国民经济和社会发展的全局性重大问题的部署和安排，它关系一国经济和社会发展的前景，是指导国家发展的重要依据。国家发展规划是对国家发展战略的具体落实，其基本任务就是根据国家发展战略的要求，对规划期内经济、社会发展进行具体部署和安排。（刘瑞，2009）加强国家发展战略和规划的导向作用，一是要合理确定宏观调控目标，明确宏观调控重点，做好宏观调控布局，引导宏观调控的主要进程和步骤；二是要努力克服宏观调控的空泛化、庸俗化、随意化，增强宏观调控的前瞻性、针对性、协同性，把握好宏观调控的力度、节奏、重点；三是要发挥好国家发展战略和规划对宏观调控的统筹协调作用，推进宏观调控的制度化、规范化、机制化建设，提高宏观调控的效率。

第二，发挥好财政政策和货币政策的作用。财政政策和货币政策是宏观调控的两大政策工具。如果说国家发展战略和规划是宏观调控的中心的话，那么财政政策和货币政策就是两个基本点，它们是宏观调控的两个支柱。因此，要健全宏观调控体系，就必须发挥好财政政策和货币政策的作用。一是要发挥财政政策总量调节、结构调节和利益调节的功能，合理使用政府支出、税收、财政预算、国债、转移支付等政策工具，实现财政政策的目标。二是要发挥货币政策总量调节、币值稳定和治理通货膨胀的功能，合理使用一般性政策工具、选择性政策工具、行政工具和道义规劝，实现货币政策的目标。在现代经济中，金融成为了经济运行的中心，货币政策在宏观调控中发挥着越来越大的作用，我们要注重对货币政策的使用。我们既要发挥好传统货币政策工具的作用，也要根据时代发展的需要，创新政策工具，更多地使用市场化的工具，通过市场参数来实现宏观调控的目标。

第三，加强各项政策手段的协调配合，提高相机抉择水平。宏观调控的政策手段主要有财政政策、货币政策、产业政策、价格政策等。各项政策具有不同的调控功效，其作用方向、时间和程度也各异。因此，在实践中不能单独地使用某一项政策，而应该将各项调控政策协同配合，充分发挥其协同效应。在政策搭配使用中，要仔细研究各项政策之间的内在联系，关注各项政策工具对调控目标可能产生的交叉作用和矛盾，避免单项政策各自为政，政策之间效力相互抵消或过度叠加。同时，要根据调控目标和市场情况，有选择地采取一项或多项政策，提高相机抉择水平。

第四，加快形成参与国际宏观经济政策协调的机制，推动国际经济治理结构完善，营造有利于我国经济发展的外部环境，维护我国的开放利益。

3. 深化投资体制改革，确立企业投资主体地位

目前，我国仍处于经济转型期，受国际环境的影响，外贸对经济增长的拉动作用在减弱。消费的力量还相对弱小，对经济的拉动作用还不大，拉动经济增长的主要力量是投资。事实上，改革开放 30 多年来，引起宏观经济波动，造成宏观调控困难的主要是投资。目前我国经济中存在的主要问题，比如房地产问题、货币超发问题、环境资源问题、产能过剩问题等，都与投资体制现存的问题直接相关。因此，要健全宏观调控体系，提高宏观调控的效能，就必须改革投资体制，从“源头”上解决宏观经济问题。

我国投资体制现存的问题主要是政府对企业投资活动施加了过多的干预，因此，投资体制改革的首要任务就是要减少政府的干预，确立企业投资主体地位。企业投资项目，除关系国家安全和生态安全、涉及全国重大生产力布局、战略性资源开发和重大公共利益等项目外，一律由企业依法依规自主决策，政府不再审批。充分发挥市场机制的作用，通过加强对投资活动的土地使用、能源消耗、污染排放等管理，发挥法律法规、发展规划、产业政策的约束和引导作用，避免重复建设和无序竞争，防止出现区域性、系统性问题。（徐绍史，2013）

4. 完善发展成果考核评价体系

我国宏观经济存在的问题与我国现存的考核评价体系有关。我国现存的考核评价体系偏重考核经济指标，而忽视了对人文指标、环境指标、资源指标的考核；在经济指标中，偏重考核经济增长指标，而忽视了对效益指标、创新指标、经济安全等指标的考核，造成了一系列影响我国经济稳定健康发展的问题。针对这些问题，我们必须完善发展成果考核评价体系，纠正单纯以经济增长速度评定政绩的偏向，加大资源消耗、环境损害、生态效益、产能过剩、科技创新、安全

生产、新增债务等指标的权重，更加重视劳动结业、居民收入、社会保障、人民健康状况。加快建立国家统一的经济核算制度，编制全国和地方资产负债表，建立全社会房产、信用等基础数据统一平台，推进部门信息共享。（《决定》，2013）

二、推动经济更加公平发展

公平主要指经济公平，它涉及资源的使用、财富的分配和社会成员权利与义务等方面的公平。经济公平主要包括两方面的内容：一是资源配置的公平，它是指市场参与者（企业和个人）能够自主经营、自主决策、自由选择、自由流动、公平竞争，平等地参与市场经济活动。它们（他们）除了能力上的差别外，不应该存在身份、特权、寻租等方面非能力的差别。二是财富分配的公平，它涉及经济发展的成果在多大程度上惠及全体人民。其中，收入分配的公平是重要的一环。

经济更加公平的发展是指，在已经取得的公平发展的基础上，努力解决发展道路上的困难和问题，在公平竞争、平等择业的基础上，使经济发展成果更广泛地惠及全体人民。分析公平的经济发展，首先要从现存的问题入手。

（一）妨碍经济更加公平发展的主要问题

经过30多年的改革开放，我国在公平发展方面取得了很大的成绩。在资源配置公平方面，在国家鼓励民营经济发展政策的支持下，民间资本开始进入以国有企业垄断为主的领域，形成了一定的投资规模；随着城乡统筹协调发展，城乡分割、要素流动受限的状况得到了一定的缓解，城乡关系正走向良性发展的轨道；就业歧视的状况有了一定的好转，农民工成为了城市建设的生力军。在财富分配公平方面，经济发展的成果越来越多地为广大人民群众分享，人民生活总体上达到了小康水平，吃穿住行用水平明显提高；社会保障体系逐步完善，覆盖面越来越广；国家努力缩小城乡、区域行业收入差距的努力也取得了明显的效果……这些成绩是我们推动经济更加公平发展的基础和资本。

在新的形势下，推动经济更加公平发展还面临许多困难和问题，这是我们前进道路上的拦路虎，是我们今后必须重点解决的问题。归纳起来，这些问题和困难主要有以下两大类。

1. 资源配置方面的公平问题

第一，非公有制经济发展在权利、机会和规则上存在不公平现象。这种不公平主要表现在两个方面：一是一些不合理的规定限制了非公有制经济的发展。在企业设立和注册方面，存在着针对非公有制经济的条件限制，过高的设立注册条件，过多的前置审批事项，过严的资本募集方式，等等，束缚了非公有制经济的发展。在市场准入方面，在传统国有经济控制的行业和领域，对非国有经济设置了很高的进入门槛，或对非公有制经济的活动范围做出限制。在税费方面，还存在一些针对非公有制企业的不合理收费项目，与公有制企业相比，非公有制企业负担仍然较重。二是存在着一些限制非公有制经济发展的隐性壁垒。随着有关非公有制经济发展政策的落实，一些阻碍非公有制经济的“铁门”被打破，但出现了诸如“玻璃门”“弹簧门”“旋转门”等隐性的壁垒，依然阻碍着非公有制经济的发展。在企业融资方面，虽然政府出台了缓解中小企业融资难的政策，但由于一些隐性障碍的存在，大多数小微企业仍无法获得有效的融资支持。

第二，城乡分割的局面依然没有消除。由户籍管理制度、社会保障制度、就业制度、财政税收制度、教育制度、医疗卫生制度等构成的二元经济社会体制，分割了城乡关系，造成了城乡在资源配置上的不公平。一是形成了城乡生产要素的单向流动，造成城市配置的生产要素（资金、技术、人才等）越来越多，而农村配置的生产要素越来越少。二是城乡土地市场的分割，使得土地资本化的收益大都流向城市，而农民无法享受土地资本化的好处。三是城乡劳动力市场的分割，使得农民难以取得与城市居民平等的身份进入城市劳动力市场，只能进入所谓的农民工市场。

第三，就业不公平问题依然严重。地区性户籍制度的存在，使得就业歧视覆盖了劳动力跨区域流动就业的全过程，既有行业性、职业性、制度性的人为限制，也有当地公共资源和服务对异地劳动者的排斥，劳动力跨地区就业存在明显的就业歧视现象。此外，性别歧视、年龄歧视、学历歧视、经验歧视等在劳动者就业中也经常出现。

2. 财富分配方面的公平问题

第一，劳动者报酬和居民收入占 GDP 的比重偏低且持续下降。2007 年，我国初次分配中劳动者报酬占 GDP 的比重为 42% 左右，相比 1995 年下降约 10 个百分点。而同期企业所得、政府生产税净额占 GDP 的比重则明显上升。受劳动收入持续下降影响，加上居民财产性收入占比的下降，2008 年，居民收入占 GDP 的比重为 55% 左右，相比 1995 年下降了 10 个百分点。（课题组，2013）劳动者报酬和居民收入占 GDP 的比重偏低意味着劳动者和居民不能与经济发展同步分享发展的成果。

第二，居民收入差距扩大，贫富悬殊问题凸显。改革开放之初，我国反映居民收入差距的基尼系数只有 0.16，1988 年为 0.341，1995 年为 0.389。2000 年超过 0.4 的警戒线，2007 年升至 0.48。居民收入差距过大，其直接后果就是社会

财富在少数人手中高度集中。据财政部2009年的调查，我国10%富裕家庭占有45%的城市居民财产，而10%的最低收入家庭，其财富仅占全部居民财产的1.4%，两类家庭的财产相差32倍。（张银平，2013）世界银行的一项研究报告显示，我国1%的家庭掌握了全国414%的社会财富，远远超过美国5%的家庭掌握60%财富的财富集中度。（黄泰岩等，2013）我国如此之高的收入分配差距，不仅与一般的市场经济体制不相容，更有悖于我国以公有制为基础的社会主义市场经济体制。

第三，地区和行业的收入差距仍在扩大。一是城乡收入差距在扩大。我国的城乡收入差距1983年为1.8倍，20世纪90年代中期为2.5倍，现在为3.3倍。如果城镇居民收入加上各种福利，农村居民减去农业生产资料支出，城镇居民收入则为农村居民收入的5倍~6倍。（张银平，2013）二是地区收入差距在扩大。从城镇居民人均可支配收入来看，全国最高省份和最低省份之比，由本世纪初的2.2倍扩大到2010年的2.4倍；农村居民人均纯收入之比2006年达到高点4.6倍后虽有所回落，2010年仍高达4.08倍。（课题组，2013）三是行业收入差距在扩大。改革开放之初，我国各行业之间收入水平差异不大，最高与最低之比为1.8倍，随后呈逐步扩大之势，2000年达到2.62倍。（课题组，2013）人力资源和社会保障部工资研究所发布的数据显示，目前，行业收入差距为16倍。其中，金融保险业的职工收入是建筑业、餐饮业职工工资的20倍~40倍。（张银平，2013）地区和行业收入差距的扩大导致社会矛盾的产生，不利于调动人民群众的积极性，并影响到经济的健康发展。

第四，收入分配秩序不规范，灰色收入问题突出。在分配领域，目前存在着潜规则、寻租等不规范行为和权钱交易的腐败行为，形成巨量的灰色收入和腐败收入，主要集中在工程建设、土地出让、产权交易、干部人事、公务消费、招标采购、医药推销以及认证、评审、行政执法等环节。据王小鲁主持的抽样调查，2008年全国存在5.4万亿元灰色收入，比2005年增长了1倍。2008年灰色收入占到GDP的15%，80%以上的灰色收入集中在20%的城市最高收入家庭。（张银平，2013）

第五，社会保障体系仍不完善。一是覆盖范围比较窄。社会保险是我国社会保障体系的核心部分，而养老保险是其中覆盖面最广、所占比例最大的一个项目。即使是养老保险，其参保人员也主要是城市居民，城镇参保人员较少，农村人口基本没有。二是城乡发展不平衡。受城乡二元结构和户籍制度的影响，社会保障制度的城乡不平衡仍严重存在。不管是养老保险、医疗保险，还是低保制度和社会福利服务，在缴费标准、待遇给付、救助水平、服务质量等方面，城乡居民在收益水平上仍存在明显的差距。三是保障水平低。社会保障基金是社会保障体系建设的基础，但这个基础目前十分脆弱，部分地区社会保障基金入不敷出，个人账户空账运行问题严重，存在支付危机的危险。

（二）公平竞争、平等就业、平等获益，提高资源配置的公平性

针对我国在公平发展方面存在的问题，《决定》从多个方面提出了解决问题的思路，概括起来主要有两大类：一是提高资源配置公平性的思路和办法；二是提高财富分配公平性的思路和方法。

“提高资源配置的公平性”是一种新的提法，表明我们对于公平的认识又前进了一大步。公平不仅仅是对发展成果的公平分享，对发展过程也要提出公平的要求，这就是权利平等、机会平等、规则平等。在公平的环境下，让市场参与者参与市场竞争，自主配置自己掌握的资源，获得自己相应的合理收益，即公平竞争、平等就业、平等获益。当前，要提高资源配置的公平性，必须做好以下几方面的工作。

1. 创造公平竞争的市场环境，支持非公有制经济健康发展

第一，废除对非公有制经济各种形式的不合理规定。在鼓励和支持非公有制经济的发展过程中，我国也曾出台了一些政策，要求清理和修改不利于非公有制经济发展的法规政策规定。但在具体执行过程中，由于对于清理和修改的内容存在着不同的认识，因而这些政策在落实过程中并不得力，依然存在着限制非公有制经济发展的歧视性政策和不合理规定。《决定》提出，“废除对非公有制经济各种形式的不合理规定”，（《决定》，2013）明确对于这些各种形式的不合理规定，不再是清理和修改，而是坚决废除，这将扫除影响非公有制经济发展的制度障碍，有力地促进非公有制经济的健康发展。特别是《决定》提出，“实行统一的市场准入制度，在制定负面清单基础上，各类市场主体可依法平等进入清单之外领域”。（《决定》，2013）这就使得非公有制经济在公平开放透明的市场规则下获得了极大的发展空间。

第二，消除各种妨碍非公有制经济健康发展的隐性壁垒。虽然现有的政策明确规定要清理和修改不利于非公有制经济发展的法规政策规定，但在实际操作过程中，由于存在着政府部门自由裁量权过大的问题，一些不合理的规定表面上被清理了，但却以隐性壁垒的形式继续发挥作用，造成了诸如“玻璃门”“弹簧门”“旋转门”等现象。《决定》提出，要消除妨碍非公有制经济健康发展的各种隐性壁垒，这就从操作层面给出了解决上述问题的指向。它的落实必将极大地促进非公有制经济的发展。

第三，制定非公有制经济进入特许经营领域具体办法。特许经营领域主要包括供水、供电、供热、公共交通等公共资源配置的行业。这些行业中，一直存在着公有制经济垄断和效率不高的问题，非公有制经济受到各种显性和隐性的限

制，很难进入这些领域。非公有制经济进入特许经营领域有助于促进竞争，提高公共资源的配置效率，增进人民群众的社会福利。我们要制定非公有制经济进入特许经营领域的具体办法，提高非公有制企业进入这些行业的可操作性，解决非公有制企业不愿进、不敢进的问题，通过推动公共资源配置效率的提高，带动非公有制经济的发展。

2. 健全城乡发展一体化体制机制

《决定》指出："必须健全体制机制，形成以工促农、以城带乡、工农互惠、城乡一体的新型工农城乡关系，让广大农民平等参与现代化进程、共同分享现代化成果"。(《决定》，2013)《决定》的这段话指明了消除城乡分割局面的方向和道路。

第一，建立城乡统一的建设用地市场，赋予农民更多财产权利。一是在符合规划和用途管制前提下，允许农村集体经营性建设用地出让、租赁、入股，实行与国有土地同等入市，同权同价。使得农村集体土地在财产权利、市场准入、收益分配等方面取得与国有土地平等的地位。二是缩小征地范围，规范征地程序，完善对被征地农民合理、规范、多元保障机制。要进一步规范和约束政府的征地行为，防止地方政府滥用征地权。要从就业、住房、社会保障等方面采取措施保护被征地农民的权益，使被征地农民生活水平有所提高，长远生计能得到保障。三是建立兼顾国家、集体、个人的土地增值收益分配机制，合理提高个人收益。在国家征地的过程中，不仅要对被征地的农村集体和农民进行合理的补偿，还要通过一定的方式给予被征地的农村集体和农民一定比例的增值收益。四是保障农民集体经济组织成员权利，积极发展农民股份合作，赋予农民对集体资产股份占有、收益、有偿退出及抵押、担保、继承权。五是保障农户宅基地用益物权，改革完善农村宅基地制度，选择若干试点，慎重稳妥推进农民住房财产权抵押、担保、转让，探索农民增加财产性收入渠道。

第二，推进城乡要素平等交换和公共资源均衡配置。一是要维护农民生产要素权益。在劳动方面，要加快相关立法和建立工资集体协商制度，保障农民工同工同酬。在土地方面，通过建立国家、集体、个人土地增值收益分配机制，保障农民公平分享土地增值收益。在资金方面，要着力改变农村资金单向流往城市的流向，保障金融机构农村存款主要用于农业农村，解决农村农业发展资金缺乏的问题。二是鼓励社会资本投向农村建设，允许企业和社会组织在农村兴办各类事业。城乡发展的一体化应该是要素双向流动的一体化。(厉以宁，2010)

我们要通过制度创新，营造一种良好的环境，吸引城市的资金、技术、人才下乡，推动农村经济的发展。特别是要鼓励资本下乡，以资本为龙头，带动其他要素进入农村，发展农村经济和各类事业。要实现双向的城乡一体化，吸引生产要素进入农村，就必须突破现有的制度障碍，在承包土地使用权和宅基地使用权方面做出有益的尝试。三是统筹城乡基础设施建设和社区建设，推进城乡基本公共服务均等化。城乡基本公共服务均等化主要是指教育、卫生、文化、社会保障等公共资源在城乡之间的均衡配置。推进城乡基本公共服务均等化关键是要建立城乡统一的公共服务体制。在教育方面，要建立城乡统一的义务教育体制，促进城乡教育均衡发展，使城乡孩子享有均等的义务教育机会。在医疗卫生方面，要建立城乡统一的公共医疗卫生体制，实现医疗机构和卫生资源在城乡合理配置。在社会保障方面，要建立城乡统一的社会保障体制，全面落实农村最低生活保障，健全农村养老保险制度，切实做好被征地农民的就业培训和社会保障工作。

第三，推进农业转移人口市民化，逐步把符合条件的农业转移人口转为城镇居民。一是要创新人口管理，加快户籍制度改革，全面放开建制镇和小城市落户限制，有序放开中等城市落户限制，合理确定大城市落户条件，严格控制特大城市人口规模。二是稳步推进城镇基本公共服务常住人口全覆盖，把进城落户农民完全纳入城镇住房和社会保障体系，在农村参加的养老保险和医疗保险规范接入城镇社保体系。三是建立财政转移支付同农业转移人口市民化挂钩机制，从而合理供给城市建设用地，提高城市土地利用率。

3. 建立健全平等就业的体制机制

建立健全平等就业的体制机制，一是要规范招人用人制度，消除城乡、行业、身份、性别等一切影响平等就业的制度障碍和就业歧视。要清理违反平等就业原则和法律的有关地方和部门的政策规定，取消各类歧视性的就业条件、内容和行为。通过制定和完善平等就业的法律法规，使得任何招聘用人单位不得在招人用人时附加限制性条款，在裁员时也必须遵守平等就业原则和法律规定。二是要完善城乡均等的公共就业服务体系，构建劳动者终身职业培训体系。要建立和完善城乡统一的就业和失业登记制度，使城乡劳动者都能享受到公共就业服务、就业扶持政策和申领失业保险待遇，实现城乡劳动者就业机会、就业保障、就业培训、就业扶持的均等化。要建立与各类教育相互整合的终身职业培训体系，打破当前各种类型教育之间的壁垒，构建统一的、相互衔接的教育体系。

（三）促进公平正义，让发展成果更多更公平惠及全体人民

《决定》指出，社会主义市场经济的改革方向，以促进社会公平正义、增进人民福祉为出发点和落脚点。让发展成果更多更公平惠及全体人民，就是实现社会公平正义、增进人民福祉的集中体现。而要做到这一点，就必须加快相关社会事业改革，解决好人民群众最关心最直接最现实的利益问题。

1. 形成合理有序的收入分配格局

第一，着重保护劳动所得，努力实现劳动报酬增长和劳动生产率提高同步，提高劳动报酬在初次分配中的比重。一是要健全工资决定和正常增长机制。将工资水平与利润挂钩，确保职工收入与企业经济效益同步增长，解决企业普通职工工资偏低、工资增长缓慢等问题。二是要完善最低工资和工资支付保障制度。每年根据经济和社会发展情况，考虑物价指数等因素，合理提高最低工资标准，增加中低收入者的收入，更好地发挥最低工资制度“保低”的作用。三是完善企业工资集体协商制度，通过平等协商来确定本单位的工资水平、工资制度、工资标准和工资支付办法等。四是要改革机关事业单位工资和津贴补贴制度。针对机关事业单位名目繁多的津贴、补贴、各种福利和职务消费，应调整优化工资结构，降低津贴、补贴所占比例，提高基本工资占比。同时，还要完善艰苦边远地区津贴增长机制。在实施以上措施的时候，我们务必要注意，提高劳动报酬在初次分配中的比重应避免政府对劳动力市场的不当干预，应以不损害市场效率为前提。

第二，健全资本、知识、技术、管理等由要素市场决定的报酬机制，多渠道增加居民财产性收入。一是要健全多层次资本市场体系，优化上市公司投资者回报机制，保护投资者尤其是中小投资者合法权益。二是要建立城乡统一的建设用地市场，赋予农民更多的财产权利。三是深化利率市场化改革，改变长期负利率状态，保护存款人权益。四是创新金融体系，强化投资理财渠道监管，丰富债券基金、货币基金等基金产品，让居民选择多样性金融理财工具和产品。五是有条件的企业要发展员工持股计划，将企业利益与员工利益捆绑，在推动企业成长的同时，让员工同步分享企业发展的成果。六是要发展其他实业投资和租赁服务业务，规范房屋租赁、收藏品投资、房地产等市场，保护居民合法增收权益。

第三，完善以税收、社会保障、转移支付为主要手段的再分配调节机制。一是要加大税收调节力度。合理运用税收政策工具，减轻中低收入者的税负，加大对高收入者的税收调节力度，不断健全公共财政体系，提高公共服务支出在财政支出中的比重。二是要完善转移支付制度。要完善一般性转移支付增长机制，重点增加对革命老区、民族地区、边疆地区、贫困地区的转移支付。同时清理、整合、规范专项转移支付，以期发挥更好效益。三是要建立公共资源出让收益合理共享机制。包括国有土地、海域、森林、矿产、水等公共资源，其出让收益主要用于公共服务支出。提高国有资本收益上缴公共财政比例，2020 年提高到 30%，更多用于保障和改善民生。四是要完善慈善捐助减免税制度，支持慈善事业发挥扶贫济困积极作用。

第四，规范收入分配秩序，逐步形成橄榄型分配格局。“橄榄型”是两头小、中间大的通俗比喻，是指中等收入者占多数，扶贫对象大为减少，绝对贫困基本消除，低收入者和高收入者均占少数的形态。要实现这一形态，就必须规范收入分配秩序，在收入分配的体制机制创新方面推出举措。一是要加强收入分配领域法制建设，不断完善收入分配调控体制机制和政策体系，重点通过建立个人收入和财产信息系统，健全财产登记制度，完善财产法律保护制度，保障公民合法财产权益。二是要完善制度建设，健全现代支付和收入检测体系，推进薪酬支付的工资化、货币化和电子化，清理规范工资外收入、非税收入等隐性收入。三是要加大反腐倡廉力度，打击取缔各种非法收入，在信息公开、社会监督、技术保障等方面要有新举措，建立起预防腐败、发现腐败的体制机制。在规范收入分配秩序的基础上，通过增加低收入者的收入，扩大中等收入者比重，努力缩小城乡、区域、行业收入分配差距，我们就一定能够形成合理有序的收入分配格局，即橄榄型的分配格局。

2. 建立更加公平可持续的社会保障制度

第一，建立更加公平的社会保障制度。一是要坚持社会统筹和个人账户相结合的基本养老保险制度，完善个人账户制度，健全多缴多得激励机制，确保参保人权益，实现基础养老金全国统筹，坚持精算平衡原则。以基本养老保险为重点，逐步推进社会保障制度的全国覆盖和全国统筹，在更高的层次上实现社会公平。二是要推进机关事业单位养老保险制度改革。按照社会统筹与个人账户相结合的原则，改革机关事业单位养老保险制度，尽早实现机关事业单位养老保险与企业养老保险的统筹整合和有效衔接。三是整合城乡居民基本养老保险制度、基本医疗保险制度。着力解决我国社会保障制度的“碎片化”问题，把新型农村社会养老保险制度和城镇居民基本养老保险制度整合为城乡居民基本养老保险制度，把新型农村合作医疗制度和城镇居民基本医疗保险制度整合为城乡居民基本医疗保险制度，增强社会保障制度的公平性。四是要推进城乡最低生活保障制度统筹发展。在城市要逐步稳定最低生活保障制度的覆盖范围和救助对象，在农村则要扩大“低保”的范围。无论是城市，还是农村，都要根据经济社会发展水平，逐步解决目前“低保”水平偏低的问题，提高“低保”人群的社会保障水平。五是要建立健全合理兼顾各类人员的社会保障待遇确定和正常调整机制。以职工和居民收入为基础合理确定社会保障水平。建立综合考虑收入增长、物价变动等主要因素的正常调整机制，实现社会保障待遇与经济社会发展相联系的合理增长。六是要完善社会保险关系转移接续政策，扩大参保缴费覆盖面，适时适当降低社会保险费率。

第二，建立可持续的社会保障制度。一是要健全社会保障财政投入制度，完善社会保障预算制度。按照公共财政的要求，提高各级政府财政用于社会保障支

出的比重，逐步形成与经济发展水平相适应的社会保障待遇调整机制。要建立健全社会保障预算，使社会保障收支活动受到严格的预算监督，提高资金使用效率。二是要加强社会保险基金投资管理和监督，推进基金市场化、多元化投资运营。在社会保障基金的管理上，既要考虑安全，也要考虑效率。在确保支付安全和运营安全的前提下，建立社会保险投资运营制度，适当拓宽投资渠道，推进市场化、多元化投资运营。要建立有效的社会保障基金监督机制，健全法律监管和行政监管相结合、内部监管与社会外部监管相结合的监管体系，完善社会保险基金预警监测机制，确保基金安全和有效使用。三是积极发展补充社会保险和商业保险，制定实施免税、延期征税等优惠政策，加快发展企业年金、职业年金、商业保险，构建多层次社会保障体系。

三、推动经济更可持续发展

可持续发展是指，在不超越资源和环境承载能力的条件下，实现经济的良性发展、资源的永续利用和社会成员的代际平衡，走生产发展、生活富裕、生态良好的文明发展道路。可持续发展要求我们在经济发展中，既要考虑当前发展的需要，也要考虑未来发展的需要，不能以牺牲后代人的利益为代价来满足当代人的利益，实现经济社会与人口资源环境的协调发展。

经济更可持续发展是指，在已经取得的可持续发展成果的基础上，通过转变经济发展方式，合理调节自然、经济、社会复合系统的关系，促进经济社会与人口资源环境更进一步的协调发展，以更低的生态环境代价和社会成本实现经济社会持续协调健康的发展。

（一）妨碍经济更可持续发展的主要问题

党和政府非常重视经济可持续发展，制定了一系列的方针政策来指导我国的经济可持续发展实践。全国人大八届四次会议将可持续发展正式确定为中国经济和社会发展的两大基本战略之一；党的十六届三中全会明确提出了以人为本、全面、协调、可持续的发展观；党的十七届五中全会提出要加快转变经济发展方式……在可持续发展战略和科学发展观的指引下，我国在经济可持续发展方面取得了重大成就。在经济发展方面，国民经济实现了持续、快速、健康发展，综合国力明显增强，人民生活水平和生活质量有了较大幅度的提高，经济发展模式正在由粗放型向集约型转变，经济结构逐步优化。在社会发展方面，人口增长过快的势头得到遏制，科技教育事业取得积极进展，社会保障体系建设、消除贫困、防灾减灾、医疗卫生等方面均取得显著成效。在生态建设和环境保护方面，国家用于生态建设、环境治理的投入明显增强，能源消费结构逐步优化，重点江河的水污染综合治理力度得到加强，大气污染防治有所突破，资源综合利用水平明显提高，生态环境的恢复与重建取得成效。在可持续发展能力建设方面，各地区、各部门已将可持续发展思想纳入各项规划和计划中，全民可持续发展意识有明显提高，与可持续发展相关的法律法规相继出台并得到不断完善和落实。

在我们看到成绩的同时，也要注意到我们发展道路上面临的问题和困难。要实现经济更可持续发展，以下问题和困难就是我们必须清除的“拦路虎”。

1. 转变经济发展方式面临的困难和问题

我国现有的经济发展方式是一种外延扩张粗放式的发展方式，以高投入、高消耗、高成本、高污染、低效率为基本特征，在资源和环境的趋强约束下难以持久发展，因而需要转变经济发展方式，从数量型、规模扩张型、高成本型、投资和资源驱动型的经济发展方式，向质量型、效率提高型、低成本型和创新驱动型经济发展方式转变。（郑新立，2011）目前，转变经济发展方式还面临着一些问题和困难。

第一，资源已成为我国经济发展的瓶颈，经济发展的可持续性面临挑战。我国是人均资源短缺的国家，人均矿产资源是世界人均水平的58%，人均水资源是世界平均水平的四分之一，人均耕地面积不到世界人均水平的40%。（秦刚，2013）在人均资源相对较少的情况下，我国的资源利用效率却较为低下，资源消耗程度比较高。我国单位产值能耗是世界平均水平的两倍多，比美国、欧洲、日本、印度分别高2.5倍、4.9倍、8.7倍和43%。中国经济增长成本高于世界先进水平25%以上。（李连仲，2004）在经济发展过程中，我国面临严重的资源短缺瓶颈。

第二，结构问题依然突出。在需求结构上，经济增长高度依赖投资和出口，消费对经济增长的拉动作用减弱；投资率偏高，消费率偏低，投资与消费的比例失衡；外需过大，内需不足，内需和外需失衡的趋势仍在加大。在产业结构上，长期形成的结构性矛盾尚未根本改变，农业基础薄弱，工业科技水平不高，经济增长高度依赖第二产业特别是工业的扩张，服务业发展滞后，第三产业比重较低。产业结构的不合理加大了资源环境的压力，影响经济整体素质和效益的提高，影响经济的稳定性。在要素投入结构上，我国经济增长高度依赖成本资源和生产要素的投入，科技进步和创新对经济增长的贡献偏低。在城乡结构上，城乡二元结构的矛盾依然突出，农村发展滞后，城乡居民收入差距持续扩大，城乡间引发和潜伏着诸多社会问题，这将影响到经济发展方式的转变。此外，区域结构、收入分配结构等方面也存在着一些问题，对转变经济发展方式造成困难。

第三，体制改革的任务依然很重。当前制约经济发展方式转变的障碍依然很多。主要是市场在资源配置中的决定性作用还发挥的不够，各级政府掌握着过多

的资源配置权力，对经济的不当干预过多。市场体系不完善、市场秩序不规范、市场规则不统一、市场竞争不充分的问题依然突出，要素价格扭曲的现象依然很严重，健全宏观调控体系和深化科技体制改革的任务依然很重。体制改革的不足和不到位，影响着我国经济发展方式的转变。

2. 人口、资源与环境方面的问题

第一，人口方面的问题。虽然经过我们长期不懈的努力，我国人口增长过快的势头得到了遏制，但我国的人口压力依然很大。到21世纪中叶，我国人口将达到16亿左右，庞大的人口将引发人口与资源和环境的紧张关系。一是资源的人均占有量下降，不断考验资源和环境的承载能力，形成经济可持续发展的瓶颈。二是新增人口抵消了经济发展成果，消耗了一定比例的新增国民收入，减少了社会资本积累。三是人口老龄化加快，给社会保障带来很大压力。（何干强，2004）

第二，资源方面的问题。我国经济发展已经进入消费结构、工业化、城镇化发生明显变化的阶段，其必然是人均资源消费量增长较快的时期。从资源供给来看，我国人均占有的资源水平比较低，国内资源保证需求的比重逐步下降，资源的对外依存度逐步上升。我国人均矿产资源拥有量为世界水平的58%，几种主要自然资源人均拥有量仅为世界水平的三分之一到二分之一。我国水资源人均拥有量只有世界水平的四分之一，水资源短缺严重。（刘治彦，2003）面临资源消耗总量不断上升的局面，如何缓解和解决资源瓶颈问题，是我国经济可持续发展面临的重要挑战。

第三，环境方面的问题。我国的生态环境不容乐观。一是水污染严重。由于化学农业的面状污染和城镇、工矿业的点状污染，全国80%以上的河流收到不同程度的污染。（刘治彦，2003）根据2003年的数据，流经城市的河段90%受到严重污染，75%的湖泊出现富营养化，有近3亿农村人口饮用不合格的水。（张宇、卢荻，2012）二是大气污染严重。有学者根据中国37个工业行业主要废气排放数据发现，1996—2009年，中国工业废气排放总量由11.12万亿标立方米上升到43.61万亿标立方米，增长了约292.1%。（李斌、赵新华，2011）

工业废气等废气的排放造成了严重的空气污染，全国近三分之一的城市人口生活在严重污染的空气环境中，酸雨区约占国土面积的三分之一。（张宇、卢荻，2012）三是固体废弃物污染严重。工业排放的固体废弃物，全国目前年产生量达8亿多吨，并以每年8%的速度增加。全国工业固体废弃物占地面积达700多平方公里，累积储存量近70亿吨。（刘治彦，2003）四是生态恶化。我国水土流失面积占国土面积的16.7%，年水土流失总量达46亿吨；（刘治彦，2003）我国现有荒漠化土地面积达267.4平方公里，占国土面积的27.9%，而且每年仍以1

万多平方公里的速度在递增。（张宇、卢荻，2012）环境污染对我国经济造成了巨大的经济损失，2004 年全国因环境污染造成的经济损失 5118 亿元，占当年 CDP 的 3.05%。（步雪琳，2006）

（二）加快转变经济发展方式，促进经济更可持续发展

要实现经济的更可持续发展，主要有两条路径：一是加快转变经济发展方式；二是实现人口、资源、环境系统的协调发展。

1. 深化经济体制改革

在我国体制转轨和经济转型的过程中，还存在着一些计划经济遗留下来的体制因素，成为影响经济发展方式转变的重要体制障碍。因此，我们需要深化经济体制改革，完善现代市场体系，消除经济发展方式转变过程中的体制障碍，让市场充分发挥在资源配置中的决定性作用。一是要加强顶层设计和总体规划，深入推动重点领域里的改革，协调好各领域改革的推进，使改革在一些领域实现实质性的突破。二是加快形成企业自主经营、公平竞争、商品和要素自由流动、平等交换的现代市场体系，着力消除市场壁垒，建立公平开放透明的市场规则。三是不失时机地推出资源和要素价格改革，完善主要由市场决定价格的机制，通过深化国有企业和垄断行业的改革，发挥市场在价格形成中的作用，建立节地、节水、节能、节材的生产方式和消费方式。四是切实加强对资源、环境、质量、安全等方面的社会规制，着力完善社会保障和基本公共服务体系，发挥政府在转变经济发展方式中的作用，改变社会发展与经济发展不相协调的状况。五是大力推进技术创新，促进经济结构优化升级。

2. 促进经济结构优化升级

第一，在需求结构方面，要大力推动我国经济增长由主要依靠投资和出口拉动向主要依靠消费、投资和出口协调拉动转变。关键在于扩大内需、增加消费。一是要改变国民收入分配格局，提高劳动报酬在初次分配中的比重，增加农民和城市居民的收入，提高低收入群体的收入水平。二是要完善社会保障体系，扩大社会保障的覆盖面，为扩大消费提供基础保障。三是要健全工资增长的长效机制，提高各级各类职工的工资收入，努力实现工资增长与劳动生产率提高同步。四是要促进消费结构的转变和升级。扩大非生活必需品的消费，尤其是增加劳务性非生活必需品的消费。五是要以改善民生为重点，保证五项“人人享有”，即免费的义务教育和中职教育、少量收费的基本卫生保健、适当的住房救助、最低生活保障、社会养老安排。

第二，在产业结构方面，要大力推动我国经济增长由主要依靠第二产业带动

向主要依靠三次产业协调带动转变。一是要加快发展现代农业，加强农业基础地位。二是要大力发展现代服务业，重视生产性服务业对产业结构优化升级的促进作用，逐步提高服务业在GDP中的比重。三是要大力发展先进制造业，提高制造业在国际分工中价值地位和竞争力，走新型工业化的道路。四是要大力发展战略性新兴产业，加快我国产业结构向技术、信息密集型转变，培育新的经济增长点。五是要加强三大产业的协同和互动发展，将产业升级和工业化、城镇化有机结合起来。

第三，在要素投入结构方面，要大力推动经济增长由主要依靠增加物质资源消耗向主要依靠科技进步、劳动者素质提高、管理创新转变。优化要素投入结构的关键是推进科技进步和自主创新。自主创新能够克服资源利用瓶颈，提高资源利用效率，保障经济发展的可持续性。因此，我们要坚持走原始创新、集成创新、引进消化吸收再创新的中国特色自主创新道路，把增强自主创新能力作为科技进步的战略基点和调整产业结构、转变经济发展方式的中心环节。

第四，在区域结构方面，要大力推动区域结构由生产力布局不合理、地区发展差距过大、公共服务不均衡向区域优势特色明显、经济社会发展比较均衡、公共服务均等化转变。一是要继续实施区域发展总体战略，推动发达地区支持和帮助不发达地区发展的合作机制和互动机制。二是要推动城镇化健康发展，在形成以大城市为依托的城市群的基础上，培育各具特色的区域新的经济增长点。三是要协调区域间经济社会发展，逐步实现公共服务的均等化。

3. 加快转变对外经济发展方式

加快转变对外经济发展方式，一是统筹国内发展和对外开放，扩大开放领域，优化开放结构，提高开放质量。二是要完善内外联动、互利共赢、安全高效的开放型经济体系，把“引进来”和“走出去”更好结合起来，形成经济全球化条件下参与国际经济合作和竞争新优势。三是要适当控制对外贸、外资、外技、“外源”的依存度，调整相关政策，扩大对外投资，促进国际收支平衡，使国内发展与对外开放相协调。

4. 建设资源节约型、环境友好型社会

建设资源节约型、环境友好型社会，一是要坚持节约资源和保护环境的基本国策，完善有利于节约能源资源和保护生态环境的法律和政策。二是要保护土地和水资源，全面加强节能、节水、节地和资源综合利用工作，提高能源资源利用效率。三是要发展环保产业，加强城乡污染综合治理，促进生态修复。四是要大力发展清洁能源和可再生能源，因地制宜发展生物质能源，逐步提高非化石能源占一次能源生产和消费的比重。

（三）促进人口、资源、环境与经济的协调发展，提高经济发展的可持续性

人口、资源、环境是经济发展必不可少的基础和条件，它们既承载着经济发展，也制约着经济发展。只有把经济发展与人口、资源、环境协调起来，才能使国民经济走上良性循环的轨道，达到可持续发展。

1. 调控人口数量，提高人口素质

第一，继续坚持计划生育的基本国策，促进人口长期均衡增长。我国已经从高出生率、高死亡率、高自然增长率的国家转变为低出生率、低死亡率、低自然增长率的国家，但人口增长的高峰还没有到来，人口增长的拐点也还没有出现，人口数量对经济增长的压力依然很大，因此，我们还必须继续坚持计划生育的国策，适度控制人口增长。然而，我国也应该看到，随着低生育率的持续，人口减少的问题已经在局部开始出现，带来了一些经济社会问题，因此，我国有必要调整目前的人口政策，渐进放开生育政策（如二孩政策），使人口保持长期均衡增长。

第二，努力提高人口素质。一是要提高我国的人口素质。坚持优生优育的理念和方针，提高出生人口素质；大力开展健康教育和全民健身活动，提高人民身体素质；提高城乡医疗保健水平和公共卫生服务水平，保障居民健康；建立重大疫病有效的危机管理机制，提高应对突发事件的能力。二是要提高我国人口的科学文化素质和思想道德素质。加大对教育事业的投资力度，加速我国教育事业的发展；改革教育体制，优化教育结构，提高劳动者的市场适应力和竞争力；加强职业技术培训，加速技能人才的培养；构建完善的终身学习体系，使劳动者始终具有社会所需要的知识和技能。

2. 合理利用资源，节约资源

第一，建立合理、有效的资源开发利用与管理制度。一是要健全自然资源资产产权制度。要对水流、森林、山岭、草原、荒地、滩涂等自然生态空间进行统一确权登记，形成归属清晰、权责明确、监管有效的自然资源资产产权制度。二是要健全国家自然资源资产管理体制。建立统一行使全民所有自然资源资产所有权人职责的体制，落实全民所有自然资源资产的所有权，享有所有者权益，实现权责利的统一。三是完善自然资源监管体制，统一行使所有国土空间用途管理职责。四是实现资源有偿使用制度。该制度要求将资源开采和利用的全部社会成本都反映在资源的定价中，以纠正对资源的过度利用和低效率配置，促进合理开发资源和更好地保护环境。因此，我们要加快自然资源及其产品价格改革，全面反

映市场供求和资源稀缺程度，逐步将资源税扩展到占用各种自然生态空间。

第二，全面促进资源节约。一是要节约集约利用资源，推动资源利用方式的根本转变。在空间格局上，通过国土规划，形成各具特色的主体功能区，形成节约资源的空间格局。在产业结构上，把节约资源作为发展产业的先决条件，鼓励节约资源产业的发展，限制高消耗产业的发展。在企业，要广泛采用节能、节水、节地的生产技术和工艺，实行全过程节约管理，形成节约资源的生产方式。二是要推动能源生产和消费革命，控制能源消费总量，加强节能降耗，支持节能低碳产业和新能源、可再生能源发展，确保国家能源安全。三是要促进资源替代使用和综合利用。一方面，要积极依靠科技进步，研究资源替代，最大程度地节约稀缺资源；另一方面，对具有多种用途的自然资源要综合管理、综合开发、综合加工，努力发挥各种资源的利用潜力。四是要加强重要资源的管理。要加强水源地保护和用水总量控制，推进水循环利用，建设节水型社会。要严守耕地保护红线，严格土地用途管理。

第三，大力发展循环经济。循环经济就是按照自然生态系统物质循环和能量转换的规律重构经济系统，通过资源的循环利用，使资源利用效率最大化和废弃物排放最小化，将经济系统和谐地纳入到自然生态系统的物质循环过程中，从而实现经济与环境协调发展的经济。（周玉梅，2007）循环经济是一种节约资源的经济。它可以循环使用资源，不断提高自然资源的利用效率，使得资源在承载能力之内得到良性循环，从而实现了经济系统与资源系统和环境系统的协调发展。发展循环经济，其重点一是要大力推进节约降耗，在生产、建设、流通、消费各个领域节约资源。二是要全面推行清洁生产，从源头上减少废物的产生，实现由末端治理向污染预防和生产全控制转变。三是要大力开展资源综合利用，最大限度地废物资源化和再生资源回收利用。大力推进技术进步，为资源高效利用、循环利用和减少废物排放提供技术保障。

3. 加强生态文明建设

生态文明是人类文明发展的一个新的阶段，即工业文明之后的文明形态。生态文明是人类遵循人、自然、社会和谐发展这一客观规律而取得的物质与精神成果的总和；生态文明是以人与自然、人与人、人与社会和谐共生、良性循环、全面发展、持续繁荣为基本宗旨的社会形态。生态文明有两个基本支点，节约资源和保护环境。在上面我们分析了如何利用资源，节约资源，在这里我们主要从保护环境的角度讨论如何建设生态文明。

第一，推进生态文明制度建设。一是要建立生态环境损害责任终身追究制。实行生态环境损害责任终身追究制，就是要通过制度严格规范作用，强化生态环境保护责任，促使各级政府官员坚守生态底线，减轻经济发展对生态环境的损害。通过建立生态绩效离任审计和后评价制度，将官员的责任与环境保护牢牢捆绑在一起，明确不管当初决策人职务是否变动、是否在职，都要承担与考核评价结果相应的责任，甚至承担刑事责任。二是要实行污染者付费制度。污染者付费制度的原则是，谁污染环境，谁破坏生态，谁来付费。通过建立污染排放权的交易制度，让污染排放权在企业之间进行交易，一方面可以使得企业更加注重环境保护，减少污染排放，另一方面，可以集中治理污染，将各个企业的治污转化为社会治污，从而使得污染治理具有更高的效率和更低的成本。为此，要完善污染物排放许可制，实行企事业单位污染物排放总量控制制度。三是要建立生态补偿制度。重点生态功能区的环境保护实际上是向社会提供了生态产品，具有外部性，受惠于其他地区。同时，生态产品是一种特殊的公共产品，难以采取直接收费的形式向消费者收费，以补偿其对生态产品的生产。因此，应按照谁受益，谁补偿的原则，主要采取财政转移支付的形式，完善对重点生态功能区的生态补偿机制，推动地区间建立横向补偿制度。四是要实行损害赔偿制度。对于企业和个人违反法律法规，造成生态环境严重破坏的，要追究法律责任，对造成的后果作出赔偿，让违法者付出沉痛代价。通过提高环境损害的成本来抑制损害环境行为的发生。

第二，改革生态环境保护管理体制。一是要建立统一监管所有污染物排放的环境保护制度，独立进行环境监管和行政执法。在监管的内容上，对所有的污染排放物实行统一监管，发挥综合监管的优势，实现污染治理的全防全控。在监管的体制上，实行统一监管、分工负责的体制。明确规定只有环境保护行政主管部门才具有统一监管环境保护工作的职能，其他部门只具有防治污染和保护环境的责任和职能，但没有监督管理环境保护工作的职能。在监管方式上，环保部门独立进行环境监管和行政执法，加强对有关部门和地方政府执行国家环境保护法律法规和政策的监督，坚决抵制一些部门的地方政府对环境保护的不当干预。二是要建立陆海统筹的生态系统保护修复和污染防治区域联动机制。生态系统的整体性决定了生态保护修复和污染防治的整体性，需要陆地与海洋保护统筹考虑，各区域污染防治统筹考虑。对海洋污染的防治要与陆源污染防治相结合，对大气污染和水污染的防治要与区域联动相结合，只有这样，生态修复和污染防治才能取得良好的效果。三是要健全国有林区经营管理体制，完善集体林权制度改革。在国有林区，要健全国有森林资源监督管理体系，搞活企业经营机制，完善政策支持体系，推动林区经济转型。在集体林区，继续坚持家庭承包经营制度，大力促进绿色富民产业发展，切实规范和监督林地流转，探索林木采伐管理制度改革。四是要及时公布环境信息，健全举报制度，加强社会监督。强化环境信息公开，保障公众环境知情权、参与权和监督权。鼓励公民、法人对生态问题进行举报，切实变化举报人的合法权益。

第三，要优化国土空间开发格局。一是要按照人口资源环境相均衡、经济社会生态效益相统一的原则，控制开发力度，调整空间结构，促进生产空间集约高效、生活空间宜居适度、生态空间山清水秀。二是要加快实施主体功能区战略，推动各地区按照主体功能定位发展，构建科学合理的城市化格局、农业发展格局和生态安全格局。

第四，推动生态环境科技进步。一是要重视科学技术对环境保护的作用，改造传统产业，减轻污染排放，从源头上控制污染。二是要大力发展环保产业，促进污染治理、生态恢复技术的进步与创新，加快高效节能技术和清洁技术的发展，为有效治理污染提供技术和产业保障。三是要推进环境保护科技重大专项，加快推进水体污染、土壤污染和大气污染的治理。

参考文献

[1] 埃德奎斯特，C L 赫曼．全球化、创新变迁与创新政策——以欧洲和亚洲 10 个国家（地区）为例．中译本．北京：科学出版社，2012.

[2] 白雪飞．我国经济发展方式转变协调度研究——基于 1995—2010 年的数据．辽宁大学学报，2013（5）.

[3] 本书编写组．《中共中央关于全面深化改革若干重大问题的决定》辅导读本．北京：人民出版社，2013.

[4] 步雪琳．环境污染造成年经济损失逾五千亿元．中国环境报，2006－09－08.

[5] 蔡昉．市场怎样重新配置劳动力资源——中国城乡劳动力市场的形成与发育．北京：社会科学文献出版社，2002.

[6] 载王桥，驮田井正．东亚社会经济发展比较——中日社会经济国际研讨会论文集．北京：社会科学文献出版社，2002.

[7] 查尔斯·林德布洛姆．政治与市场——世界的政治—经济制度．上海：上海三联书店，1994.

[8] 陈德铭．实行更加积极主动的开放战略 全面提高开放型经济水平．求是，2012（24）.

[9] 陈德铭．完善互利共赢、多元平衡、安全高效的开放型经济体系//本书编写组．新思想·新观点·新举措．北京：学习出版社，红旗出版社，2012.

[10] 陈德铭．全球化背景下的市场体系和国际规则．[2014－03－30]. http://www.caixin.com/

[11] 陈劲，柳卸林．国家自主创新与国家强盛建设——中国特色的创新型国家中的若干问题与对策研究．北京：科学出版社，2008.

[12] 陈清．加入 WTO 与中国的公司治理改革．人民日报，2002－06－01.

[13] 陈文敬．中国对外开放三十年回顾与展望．国际贸易，2008（3）.

[14] 陈晓红，闫立如．我国对外开放理论创新的历程．中共太原市委党校学报，2010（2）.

[15] 陈甬军，等．市场通论．北京：中国人民大学出版社，2006.

[16] 陈雨松．中国贸易摩擦形势严峻　中国积极参与 WTO 争端解决机制．法制日报，2014-01-07.

[17] 陈志勇，陈莉莉．“土地财政”：缘由与出路．财政研究，2010（1）.

[18] 大卫·李嘉图．政治经济学及赋税原理．中译本．南京：译林出版社，2011.

[19] 戴学锋．出境旅游应成为扩大中国国际影响力的重要手段．旅游学刊，2011（8）.

[20] 道格拉斯·诺思，罗伯斯·托马斯．西方世界的兴起．北京：华夏出版社，2009.

[21] 邓小平．在中央顾问委员会第三次全体会议上的讲话//邓小平．邓小平文选：第 3 卷．北京：人民出版社，1993.

[22] 邓小平．在武昌、深圳、珠海、上海等地的谈话要点//邓小平．邓小平文选：第 3 卷．北京：人民出版社，1993.

[23] 董辅礽．中华人民共和国经济史．北京：经济科学出版社，1999.

[24] 董晓宇，郝灵艳．中国市场化进程的定量研究：改革开放 30 年市场化指数的测度．当代经济管理，2010（3）.

[25] 董兆武．新时期中国共产党对社会主义市场经济认识的四次飞跃．实事求是，2014（1）.

[26] 董志凯．中国计划经济时期计划管理的若干问题．当代中国史研究，2003（5）.

[27] 杜栋，何慧玲，庞金鑫，等．经济发展方式转变的成效如何测度研究．经济发展研究，2013（9）.

[28] 杜守杰，徐辑方．深化经济体制改革进一步完善社会主义市场经济制度．山东省农业管理干部学院学报，2009（1）.

[29] 伯尔蒂尔·俄林．地区间贸易和国际贸易．中译本．北京：商务印书馆，1986.

[30] 恩格斯．反杜林论//马克思，恩格斯．马克思恩格斯选集：第 3 卷．中译本．北京：人民出版社，1995.

[31] 恩格斯．社会主义从空想到科学的发展，马克思，恩格斯//马克思恩格斯选集：第 3 卷．中译本．北京：人民出版社，1995.

[32] 冯朴．关于中国宏观调控的看法和建议．国际经济评论，2008（9）.

[33] 冯梅，王之泉．中国宏观调控的回顾与展望．经济问题，2010（9）.

[34] “改革的重点领域与推进机制研究”课题组．改革攻坚（上）——改革的重点领域与推进机制研究．北京：中国发展出版社，2013.

[35] 高波，卢霖，辛公舜．浅析产业政策转型与经济发展．中国商贸，

2013（18）.

［36］高岚侯．比较优势、后发优势与后进国家产业升级．开发研究，2006（2）.

［37］高新才，咸春林．开放型经济：一个文献综述．经济问题探索，2012（3）.

［38］顾钰民．完善社会主义市场经济体制的意义和着力点．思想理论教育导刊，2004（1）.

［39］关浩杰．经济发展方式转变评价指标体系构建及应用研究．河北工程大学学报，2012（12）.

［40］郭克莎．经济增长方式的转变和条件．中国社会科学，1995（6）.

［41］郭丽．后发优势理论演进及其启示．当代经济研究，2009（4）.

［42］郭熙宝，胡汉昌．后发优势新论．武汉大学学报，2004（5）.

［43］国务院发展研究中心课题组．加快转变经济发展方式的目标要求和战略举措．理论学刊，2010（5）.

［44］韩俊．建设统一开放竞争有序的市场体系．人民日报，2013－11－20．

［45］郝建．国际社会资本——提升中国国际影响力的规范逻辑．贵州社会科学，2012（12）.

［46］何干强．当代中国社会主义经济．北京：中国经济出版社，2004.

［47］何干强．论完善社会主义市场经济体制的方向．当代经济研究，2009（1）.

［48］何菊莲，张轲，唐未兵．我国经济发展方式转变进程测评．经济学动态，2012（10）.

［49］贺耀敏．中国经济发展的轨迹．北京：中国人民大学出版社，2014.

［50］胡成．对开放型经济发展战略的几点思考．［2013－07－30］. http：//cpc. people. com. cn/

［51］胡成．新时期我国开放型经济发展战略研究．北京：对外经济贸易大学，2013.

［52］胡改蓉．国有公司董事会独立性之保障．华东政法大学学报，2011（3）.

［53］胡建荣，陈俊艺．强化“环境是对外开放第一竞争力”理念　努力营造良好的投资环境．福建日报，2012－03－20.

［54］胡锦涛．坚定不移沿着中国特色社会主义道路前进，为全面建成小康社会而奋斗．单行本．北京：人民出版社，2012.

［55］胡培兆．现代市场经济的新特点．人民日报，2005－07－25.

[56] 黄泰岩，等．中国经济热点前沿：第 10 辑．北京：经济科学出版社，2013.

[57] 黄永兴，刘佩．中国经济发展方式转变效果测评与路径选择．安徽工业大学学报，2012（11）.

[58] 黄振奇．在完善社会主义市场经济体制方面迈出新的步伐．宏观经济管理，2014（1）.

[59] 纪宝成．社会信用制度：建设现代市场体系的必要条件．人民日报，2003－10－28.

[60] 简新华，叶林．改革开放前后中国经济发展方式的转变和优化趋势．经济学家，2011（1）.

[61] 蒋省三，刘守英，李青．土地制度改革与国民经济成长．管理世界，2007（9）.

[62] 江必新．推进国家治理体系和治理能力现代化．光明日报，2013－11－15.

[63] 江泽民．加快改革开放和现代化建设步伐，夺取有中国特色社会主义事业的更大胜利．单行本．北京：人民出版社，1992.

[64] 凯恩斯．就业、利息和货币通论．中译本．北京：华夏出版社，2005.

[65] 克里斯托弗·弗里曼．技术和经济运行：来自日本的经验．中译本．长沙：中南大学出版社，2008.

[66] 寇宗来．通往创新国家之路——改革年代的产业创新．上海：上海世纪出版集团，2008.

[67] 黎峰．开放型经济理论在中国的发展与创新．江苏社会科学，2010（5）.

[68] 李翀．战略抉择——中国经济发展方式的现状和转型．学术月刊，2012（1）.

[69] 李斌，赵新华．经济结构、技术进步与环境污染——基于中国工业行业数据的分析．财经研究，2011（4）.

[70] 李炳炎．我国社会主义市场经济改革的理论思考．当代经济研究，2007（7）.

[71] 李克强．在中国工会第十六次全国代表大会上所作的经济形势报告．工人日报，2013－11－04.

[72] 李连仲．我国 2004 年下半年经济形势及对策建议．经济研究参考，2004（73）.

[73] 李玲玲，张耀辉．我国经济发展方式转变测评指标体系构建及初步测评．中国工业经济，2011（4）.

[74] 李斯特．政治经济学的国民体系．中译本．北京：商务印书馆，1961．

[75] 李晓西．改革开放30年对外开放理论回顾．北京师范大学学报，2008（5）．

[76] 李新家．《社会主义市场经济主体论》读后感．南方经济，1993（4）．

[77] 李 扬，殷剑峰．中国高储蓄率问题探究——1992—2003年中国资金流量表的分析．经济研究，2007（6）．

[78] 李约瑟．中国科学技术史．中译本．北京：科学出版社，2011．

[79] 厉以宁．论城乡一体化．中国流通经济，2010（1）．

[80] 林 峰．对外开放战略的历史考察与理论创新．湖南师范大学社会科学学报，2009（1）．

[81] 梁慧星．中国民事立法评说：民法典、物权法、侵权责任法．北京：法律出版社，2010．

[82] 林毅夫．制度：技术与中国农业发展．上海：上海三联书店，上海人民出版社，2008．

[83] 林毅夫，蔡昉，李周．中国的奇迹：发展战略与经济改革．上海：上海三联书店，1994．

[84] 刘国光，赵人伟．论社会主义经济中计划与市场的关系．经济研究，1979（5）．

[85] 刘瑞．国民经济管理学概论．北京：中国人民大学出版社，2009．

[86] 刘瑞明，白永秀．晋升激励、宏观调控与经济周期：一个政治经济学框架．南开经济研究，2007（5）．

[87] 刘少波，蒋海．信誉机制、信用资源的有效供给与信用缺失治理——对中国当前信用缺失问题的信息经济学分析．金融研究，2004（1）．

[88] 刘树成．现代经济辞典．南京：凤凰出版传媒集团，江苏人民出版社，2004．

[89] 刘伟．中国市场经济发展研究——市场化进程与经济增长和结构演进．北京：经济科学出版社，2009．

[90] 刘伟，蔡志洲．经济周期与宏观调控．北京大学学报：哲学社会科学版，2005（2）．

[91] 刘伟，李绍荣．市场制度的价值取向与经济结构的市场调整．中国工业经济，2004（5）．

[92] 刘春宇，闫泽武．构建转变经济发展方式的指标体系．宏观经济管理，2010（6）．

[93] 刘志彪．新形势下全面提升我国开放型经济发展水平的战略及政策．审计与经济研究，2012（4）．

［94］刘志彪，姜付秀．我国产业垄断的制度成本估计．江海学刊，2003（1）．

［95］刘治彦．我国可持续发展面临的挑战与对策．人民论坛，2003（1）．

［96］隆国强．大调整时代的世界经济．中国经济时报国研视点，2014－02－18．

［97］路德维希·冯·米塞斯．社会主义制度下的经济计算．现代国外经济学论文选．第九辑．北京：商务印书馆，1986．

［98］马洪超．制定负面清单让政府市场各就各位．经济日报，2013－12－10．

［99］马克思．资本论：第1卷．中译本．北京：人民出版社，1975．

［100］马克思．资本论：第3卷．中译本．北京：人民出版社，1975．

［101］马克思．哥达纲领批判//马克思，恩格斯．马克思恩格斯选集：第3卷．中译本．北京：人民出版社，1995．

［102］“马克思主义政治经济学概论”编写组．马克思主义政治经济学概论．北京：人民出版社，高等教育出版社，2011．

［103］马强文，任保平．中国经济发展方式转变的绩效评价及影响因素研究．经济学家，2010（11）．

［104］迈克尔·波特．国家竞争优势．中译本．北京：中信出版社，2012．

［105］逄锦聚，等．政治经济学：第二版．北京：高等教育出版社，2004．

［106］裴长洪．中国开放型经济建立的经验分析．财经问题研究，2009（2）．

［107］裴长洪．全面提高开放型经济水平的理论探讨．中国改革论坛，2013－12－20．

［108］钱津．论市场经济与商品经济的区别．社会科学研究，2011（3）．

［109］青木昌彦．比较制度分析．中译本．上海：远东出版社，2001．

［110］秦刚．中国特色社会主义理论体系．北京：中共中央党校出版社，2013．

［111］邱家洪．建国以来中国经济体制的历史变迁与经验教训——纪念中国经济体制改革30年．长江论坛，2008（3）．

［112］尚前名．中国全球战略结构转型，将积极参与全球经济治理．瞭望新闻周刊，2010（10）．

［113］萨缪尔森．经济学．中译本．北京：中国发展出版社，1992．

［114］商务部．全国商品市场体系建设研究总报告．［2010－10－20］．http：//wenku.baidu.com．

［115］斯蒂芬·芒迪．市场与市场失灵．中译本．北京：机械工业出版社，2009．

[116] 斯蒂格利茨．政府经济学．北京：春秋出版社，1988.

[117] 沈露莹．上海转变经济发展方式的评价指标体系与阶段评估．上海经济研究，2010（6）.

[118] 沈宗武．新中国模仿苏联模式建设社会主义的原因、过程、表现和结果．中共云南省委党校学报，2003（2）.

[119] 世界银行．2009 年世界发展报告：重塑世界经济地理．北京：清华大学出版社，2009.

[120] 石淑华．行政垄断的经济学分析．北京：社会科学文献出版社，2006.

[121] 史晋川．论经济发展方式及其转变——理论、历史、现实．浙江社会科学，2010（4）.

[122] 史忠良．新编产业经济学．北京：中国社会科学出版社，2007.

[123] 述平．"转变经济发展方式"战略思想是怎样形成的．瞭望新闻周刊，2012－11－03.

[124] 唐双宁．关于民营资本进入银行业问题//北京大学民营企业投资与发展论坛报告．[2006－04－21]．http：//theory. people. com. cn.

[125] 万君康．创新经济学．北京：知识产权出版社，2013.

[126] 汪洋．构建开放型经济新体制．人民日报，2013－11－22.

[127] 王诚．中国的经济改革与宏观调控的边界．国家行政学院学报，2010（5）.

[128] 王佳菲．中国特色社会主义经济建设．北京：中共中央党校出版社，2011.

[129] 王坤．资源型地区经济发展方式转变的指标构建及测评．工业技术经济，2012（6）.

[130] 王玉霞，张斌彬．四万亿投资拉动就业效果的实证研究．理论探讨，2011（2）.

[131] 王子先．实施积极主动服务业开放战略．中国金融，2011（3）.

[132] 魏作磊．对第三产业发展带动我国就业的实证分析．财贸经济，2004（3）.

[133] 武力．略论新中国 60 年经济发展与制度变迁的互动．中国经济史研究，2009（3）.

[134] 吴进红．开放经济与产业结构优化升级．北京：社会科学文献出版社，2007.

[135] 吴敬琏．论竞争性市场体系．北京：中国大百科全书出版社，2009.

[136] 吴敬链．在新的历史起点上全面深化改革．前线，2013（12）.

［137］吴敬琏，张问敏．社会主义市场经济理论//张卓元．论证与发展：中国经济理论50年．昆明：云南人民出版社，1999.

［138］吴亚卓，吴英杰．宏观经济调控研究．北京：邮电大学出版社，2005.

［139］习近平．关于《中共中央全面深化改革若干重大问题的决定》的说明．求是，2013（22）.

［140］习近平．中国愿同东盟国家共建21世纪“海上丝绸之路”．新华网，2014－10－03.

［141］西蒙·库茨涅茨．各国的经济增长．中译本．北京：商务印书馆，1999.

［142］夏杰长，李勇坚，刘奕，霍景东．迎接服务经济时代来临．北京：经济管理出版社，2010.

［143］夏杰长，张晓兵．积极应对服务业开放的战略思考．［2012－03－19］. http：//www. people. com. cn/

［144］谢伏瞻，刘世锦．完善社会主义市场经济体制研究报告之四——国务院发展研究中心“完善社会主义市场经济体制”课题组．陈小洪，执笔．中国经济时报，2003－07－17.

［145］熊彼特．经济发展理论．中译本．北京：北京出版社，2008.

［146］徐绍史．健全宏观调控体系．人民日报，2013－12－18.

［147］徐蔚冰．世界经济大调整带给中国机遇和挑战．中国经济时报，2014－02－18.

［148］许源丰，任钢．俄罗斯“创新型经济战略”评析及其对中国的启示．生产力研究，2012（8）.

［149］薛荣久．我国开放经济体系探究．国际贸易，2008（4）.

［150］亚当·斯密．国民财富的性质和原因的研究：上卷．北京：商务印书馆，1972.

［151］亚当·斯密．道德情操论．北京：北京出版社，2008.

［152］杨凤鸣，薛荣久．加入WTO与中国“开放型经济体系”的确立与完善．国际贸易，2013（11）.

［153］杨省贵，顾新．区域创新体系间创新要素流动研究．科技进步与对策，2011（23）.

［154］杨珍，吴晓云．转变经济发展方式评价指标体系研究——以山东省为例．理论学刊，2013（12）.

［155］姚洋．政府改革迫在眉睫——北京大学国家发展研究院“中国经济改革新阶段”系列简报之一．简报，2014（25，总1120）.

[156] 姚洋，郑东雅．重工业与经济发展：计划经济时代再考察．经济研究，2008（4）．

[157] 尹奥，袭著燕，邢旭东．山东经济发展方式转变评价指标体系构建研究．科技与产业，2012（4）．

[158] 殷永林．印度经济持续快速增长的动力因素分析．东南亚南亚研究，2010（1）．

[159] 于光远，社会主义市场经济主体论．北京：中国财经出版社，1992．

[160] 袁志田，曾向东．中国宏观调控的动力机制分析．南京社会科学，2009（11）．

[161] 张炳君，于淑娥．青岛经济发展方式转变指标体系的定量分析．青岛行政学院学报，2010（4）．

[162] 张焕波，张永军．转变经济发展方式评价指数研究．中国经贸导刊，2011（4）．

[163] 张井．要进行完善社会主义市场经济体制的改革．南方经济，2009（4）．

[164] 张军扩，等．现代市场经济的五大特征．中国经济时报，2003－07－16．

[165] 张丽平，赵峥．产业升级与国家竞争优势．北京：北京师范大学出版社，2012．

[166] 张胜军．构建开放型经济新体制．［2013－11－14］．http：//finance.people.com.cn/

[167] 张帅，张本波．四万亿投资计划的就业效应评估及建议．中国经贸导刊，2009（15）．

[168] 张银平．纵览中国经济——名家论改革．合肥：安徽人民出版社，2013．

[169] 张宇，卢荻．当代中国经济．北京：中国人民大学出版社，2012．

[170] 张玉姝．现阶段我国居民生活水平评价．中国统计，1999（11）．

[171] 张志敏，冯春安．中国宏观调控理论的演变、纷争与挑战．经济学动态，2009（11）．

[172] 张卓元．确立建立社会主义市场经济体制改革目标的重大实践和理论意义．新视野，2012（4）．

[173] 赵昌文．深化国企改革的共识与争议——北京大学国家发展研究院“中国经济改革新阶段”系列简报之四．简报，2014（28，总1120）．

[174] 赵凌云．1949—2008年间中国传统计划经济体制产生、演变与转变的内生逻辑．中国经济史研究，2009（3）．

[175] 赵英奎．我国对外开放30年的回顾与展望．理论学刊，2009（2）．

[176] 郑新立．加快转变经济发展方式研究（2010—2011）．北京：社会科学文献出版社，2011．

[177] 郑瑛琨．我国社会主义市场经济体制的发展历程与创新完善．辽宁行政学院学报，2012（1）．

[178] 郑玉歆．全要素生产率的测度及经济增长方式的“阶段性规律”．经济研究，1999（5）．

[179] 钟文．工商行政管理学．武汉：武汉大学出版社，1998．

[180] 钟祥财．计划经济的技术和市场经济的价值．学术月刊，2012（4）．

[181] 周玉梅．中国经济可持续发展研究．长春：吉林大学出版社，2007．

[182] 周小川．全面深化金融业改革开放，加快完善金融市场体系．人民日报，2013－11－28．

[183] Chenery H B, H Elkngton, C Sims. A Uniform Analysis of Development Pattern; Harvard University Center For International Affairs. Economic Development Report, 1970.

[184] Lange O. On the Economic Theory of Socialism, In Lippincott, B., editor, On the Economic Theory of Socialism. New York: McGraw-Hill, 1938.

[185] Mises, von, L. Economic Calculation in the Socialist Commonwealth, In von Hayek, F A, editor, Collectivist Economic Planning. London: Routledge and Kegan Paul, 1935.

[186] Nelson R R. Understanding Technical Change As an Evolutionary Process, Amsterdam, Elsevier Science Ltd, 1987.

[187] Syrquin M, H B Chenery. Three Decades of Industrialization. The World Bank Review, Vol. 3, 1989.

后　　记

本书作为丛书中的一部，是在主编的直接指导下完成的，尤其是张卓元老师，对本书写作提纲的形成提供了具体的指导，在此表示衷心的感谢！在此还要感谢广东经济出版社姚丹林社长和责任编辑对本书出版的大力支持！

本书写作的具体分工如下：第一章，郑红亮（中国社会科学院经济研究所）；第二章，冯科（北京大学经济学院）；第三章，王利娜（中国社会科学院经济研究所）；第四章，周文（云南师范大学）、陈跃（云南财经大学）；第五章，盖翊中、黄苹（广东金融学院）；第六章，王迎新、杨锦权（中国社会科学院财经战略研究院）；第七章，张永山（中国社会科学院经济研究所）、郭少晨（中国政法大学商学院）；第八章，王碧峰（中国人民大学）。

全书各章写作主题由郑红亮首先提出，各位作者分工后，分别列出每一章的详细写作提纲，由郑红亮协调内容后开始写作。初稿完成后，郑红亮作了初步的审阅，并就各章体例、参考文献格式等作了一些调整修改。由于各章作者的学术背景和偏好有所不同，因而各章之间的写作风格可能会有很大的差异，这使全书在整体性方面无疑有所欠缺。尤其是因为写作时间紧，全书难免存在这样或那样的不足，恳请广大读者批评指正！

作者

2014 年 7 月